人权蓝皮书

BLUE BOOK OF CHINA'S HUMAN RIGHTS

中国人权事业发展报告

No.4（2014）

ANNUAL REPORT ON CHINA'S HUMAN RIGHTS

No.4 (2014)

中国人权研究会／编

主　　编／李君如

执行主编／常　健

社会科学文献出版社

SOCIAL SCIENCES ACADEMIC PRESS (CHINA)

图书在版编目（CIP）数据

中国人权事业发展报告. 4，2014/李君如主编. —北京：社会科学文献出版社，2014.8
（人权蓝皮书）
ISBN 978 - 7 - 5097 - 6211 - 0

Ⅰ. ①中…　Ⅱ. ①李…　Ⅲ. ①人权 - 研究报告 - 中国 - 2014
Ⅳ. ①D621.5

中国版本图书馆 CIP 数据核字（2014）第 141835 号

人权蓝皮书
中国人权事业发展报告 No. 4（2014）

编　　者 / 中国人权研究会
主　　编 / 李君如
执行主编 / 常　健

出 版 人 / 谢寿光
出 版 者 / 社会科学文献出版社
地　　址 / 北京市西城区北三环中路甲 29 号院 3 号楼华龙大厦
邮政编码 / 100029

责任部门 / 社会政法分社（010）59367156　　责任编辑 / 芮素平　赵建波
电子信箱 / shekebu@ssap.cn　　责任校对 / 安瑞匣
项目统筹 / 刘骁军　芮素平　　责任印制 / 岳　阳
经　　销 / 社会科学文献出版社市场营销中心（010）59367081　59367089
读者服务 / 读者服务中心（010）59367028

印　　装 / 北京季蜂印刷有限公司
开　　本 / 787mm × 1092mm　1/16　　印　　张 / 28.75
版　　次 / 2014 年 8 月第 1 版　　字　　数 / 465 千字
印　　次 / 2014 年 8 月第 1 次印刷
书　　号 / ISBN 978 - 7 - 5097 - 6211 - 0
定　　价 / 99.00 元

人权蓝皮书编辑委员会

主要编撰者简介

李君如 男，研究员，博士生导师，中国人权研究会副会长，中共中央党校原副校长，第十届全国政协委员、第十一届全国政协常委，国务院政府特殊津贴享受者。曾发表《中国在人权事业上的历史性进步》《人权实现及其评估方法研究》《社会建设与人权事业》《“十二五”规划与中国人权事业发展》《中国的文化变革与人权事业的进步》《中国梦，中国人民的人权梦》等学术论文，曾获联合国艾滋病规划署颁发的“艾滋病防治特殊贡献奖”。

常　健 男，博士，教授，博士生导师，中国人权研究会理事，南开大学人权研究中心副主任，南开大学周恩来政府管理学院副院长。曾出版《人权的理想·悖论·现实》《当代中国权利规范的转型》《效率、公平、稳定与政府责任》《中国公共冲突化解的机制、策略和方法》等学术专著，参与主编《人权知识公民读本》《中国人权建设60年》《中国人权在行动》（2003～2004、2005、2006～2007、2008～2009、2010、2011、2012），参与翻译《人权百科全书》《领导学》《公共部门管理》，并发表《人权入宪后的法律界定、限定、约定和设定》《论人权的平等保护与特殊保护》《论经济增长与权利保障的携手共进》《新时期中国人权发展的挑战与战略选择》《中国住房保障制度与公民住房权保障》《价值内涵与实现方式：人权研究的两个视角》《强调人格尊严：中国人权事业的新发展》《利益与自由：人权的两个内在维度》《人权教育需要明确的六个定位》《辩证看待人权利益论与自由论之争》《人权理念在中国的本土化进程》《人权理念在中国特色社会主义价值体系中地位的提升》《中国在国际人权领域的学习、交流与合作》《科学理解和把握中国人权保障政策》《人权保障与公共冲突化解》《人权间冲突的主体间分析》等学术论文。

摘　要

这是有关中国人权事业发展的第四本蓝皮书，重点分析研究2013年中国人权事业的最新进展。

全书包括总报告、专题报告、调研报告和案例研究以及附录。

总报告包括了3篇文章。中国人权研究会会长罗豪才撰写的《协力促人权　共筑中国梦》分析了中国梦与中国人权事业的关系；中国人权研究会副会长李君如撰写的《在本根上推进中国人权事业进步的2013年》总结了2013年中国人权事业的总体进展；常健撰写的《中共十八届三中全会文件的人权解读》分析了《中国共产党第十八届中央委员会第三次全体会议公报》和《中共中央关于全面深化改革若干重大问题的决定》对中国人权事业发展提出的新要求。

17篇专题报告聚焦于2013年中国人权事业发展中的最重要问题。在经济、社会和文化权利方面，有3篇报告分别涉及劳动报酬权、健康权和环境权保障；在公民权利和政治权利方面，有6篇报告分别从协商民主、反腐败、被羁押人获得法律帮助、劳动教养制度改革、公益诉讼和社区矫正等方面讨论了人权保障的意义；在特殊群体的人权保障方面，有5篇报告分别探讨了遭受家庭暴力的妇女、农村留守儿童、遭受性侵的女童、海外中国公民以及戒毒人员的权利保障问题；此外，还有3篇报告对2013年国家人权立法、中国开展国际人权合作与交流以及2003~2013年中国大陆出版的人权著作进行了分析。

在调研报告和案例研究部分，主要涉及四川农村妇女土地权益保障情况、深圳"残友"的自主就业模式以及刑事错案的纠正和预防。

4篇附录分别涉及2013年中国接受联合国人权定期审议、中国第三次当选联合国人权理事会理事、2013年中国人权大事记以及2013年制定、修订或修改的与人权直接相关的法律法规。

所有报告的撰写都本着严肃认真的科学态度，遵循蓝皮书关于权威性、前沿性、原创性、实证性、前瞻性、时效性的要求，实事求是地反映 2013 年中国人权事业的实际发展，客观地分析取得的进步和存在的问题，并在充分研究的基础上提出促进各项人权保障的政策建议，对中国人权事业发展的前景做出展望。

关键词： 人权　中国　人权保障

目录

𝔹Ⅰ　总报告

𝔹.1　协力促人权　共筑中国梦 …………………………… 罗豪才 / 001

𝔹.2　在本根上推进中国人权事业进步的2013年 ……… 李君如 / 004

𝔹.3　中共十八届三中全会文件的人权解读 ………………… 常　健 / 010

𝔹Ⅱ　专题报告

经济、社会和文化权利

𝔹.4　2013年劳动者劳动报酬权利保障 ……………………… 陈　超 / 022

𝔹.5　公民健康权利保障与公立医院试点改革 ……………… 满洪杰 / 036

𝔹.6　生态文明建设中公民环境权益保护的进展 …………… 唐颖侠 / 062

公民权利和政治权利

𝔹.7　社会主义协商民主和公民参与权利保障 ……………… 郭道久 / 081

𝔹.8　反腐败与人权保障 ……………………………………… 李云龙 / 106

𝔹.9　被羁押人获得法律帮助权利保障的新进展 …………… 丁　鹏 / 126

𝔹.10　中国劳动教养制度改革与人权保障 ………………… 陈佑武 / 139

𝔹.11　公益诉讼与人权保障 ……………………… 周　伟　刘红春 / 150

𝔹.12　社区矫正人员权利保障 ……………………………… 吕　涛 / 169

特殊群体的人权保障

𝔹.13　反家庭暴力与妇女权利保障 ………… 张晓玲　李　思　王浩东 / 187

B.14 农村留守儿童的权利保障 …………………… 项 焱 白 露 / 209
B.15 2013 年中国女童免遭性侵的法律保护报告 ……………… 赵树坤 / 230
B.16 海外中国公民的正当权益保护 ………………… 刘 杰 石冬旭 / 248
B.17 戒毒人员的权利保障 …………………………………… 李 昊 / 262

人权立法和国际合作

B.18 2013 年国家人权立法分析报告 ……………………………… 班文战 / 285
B.19 2013 年中国开展国际人权合作与交流的进展 …………… 罗艳华 / 300

人权研究状况

B.20 2003 ~2013 年中国大陆出版的人权著作分析报告 ……… 许 尧 / 318

BⅢ 调研报告和案例研究

B.21 2012 ~2013 年四川农村妇女土地权益保障
调查报告 …………………… 何 霞 施克玲 钱晓蓉 张虹玉 / 334
B.22 深圳"残友"自主就业模式调研报告 ………… 李 成 周 佺 / 355
B.23 纠正、预防刑事错案与人权保障 ……………… 周 伟 张明涛 / 372

BⅣ 附录

B.24 2013 年中国接受联合国人权定期审议记述 ……………… 常 健 / 388
B.25 2013 年中国第三次当选联合国人权理事会理事记述 …… 常 健 / 398
B.26 中国人权大事记·2013 …………………………………… 许 尧 / 407
B.27 2013 年制定、修订或修改的与人权直接
相关的法律法规（数据库） ………………………………… 班文战

Abstract ………………………………………………………………… / 431
Contents ………………………………………………………………… / 433

皮书数据库阅读**使用指南**

总　报　告

General Reports

B.1

协力促人权　共筑中国梦

罗豪才*

摘　要：

实现中华民族伟大复兴的中国梦，对进一步推动人权发展提出了明确要求。要始终坚持以人为本，注重突出民生先导，整体推进各项人权；要坚持把发展作为第一要务，全面深化改革，构建可持续的人权发展环境；要继续推进法治中国建设，切实尊重和保障人权。

关键词：

中国梦　人权发展　尊重和保障人权

人权是全人类的普遍理想，是世界自由、正义与和平的基础，也是评判社会发展与文明进步的共同标准。实现中华民族伟大复兴的中国梦，是以习近平

---

* 罗豪才，中国人权研究会会长，北京大学法学教授，博士生导师。

同志为总书记的新一届中央领导集体提出的重大战略思想，是党和国家未来发展的政治宣言。中国梦沟通、涵盖了历史、现实和未来，总结了中华民族几千年辉煌文明史和一百多年的苦难史，是对当下我们正在进行的中国特色社会主义国家建设的高度概括，昭示着国家富强、民族振兴、人民幸福的美好前景。中国梦这一提法，既有对中华民族历史传统的清醒认知，又有对当下我们所走的道路的真诚信念，还有对未来前景的美好憧憬。

中国共产党第十八届三中全会通过的《中共中央关于全面深化改革若干重大问题的决定》，是在新形势新任务下，全面建成小康社会，进而建成富强民主文明和谐的社会主义现代化国家、实现中华民族伟大复兴中国梦的纲领性文件，也对进一步推动人权发展提出了明确要求。在人权工作中，我们应进一步落实十八届三中全会精神，协力共筑中国梦。

一是要始终坚持以人为本，注重突出民生先导，整体推进各项人权。人权的核心和焦点始终应该是“人”。而中国梦归根结底是人民的梦，必须紧紧依靠人民来实现，也必须不断为人民造福。中国自古以来就有着丰富的民生、民本思想，极为注重民生保障。中国政府也历来重视百姓生活和民生建设，2014 年李克强总理在《政府工作报告》中明确提出，要“始终把改善民生作为工作的出发点和落脚点”。我们一方面要坚持人权的普遍性，坚持以人为本，维护人民权益，整体推进各项人权协调发展；另一方面也要尊重人权的特殊性，从实践出发，坚定走中国特色的人权发展道路。当前，全社会法律意识、权利意识不断增强，法治化程度不断提高，中国人权保障状况持续改善。但也应清醒地认识到，现阶段是改革的关键期，也是矛盾的凸显期，社会矛盾在个别地区还出现激化。这就要求我们的人权工作要更接地气，多关注现实，在实践中发现问题，坚持科学分析和研究，在实践和人民群众中寻找解决问题的办法，更好地为人权保障献计出力。

二是要坚持把发展作为第一要务，全面深化改革，构建可持续的人权发展环境。我国将长期处于社会主义初级阶段，发展仍是解决我国所有问题的关键。而发展必须紧紧依靠改革。① 全面深化改革的总目标是完善和发展中国特色社会主义制度，推进国家治理体系和治理能力现代化。“国家治理体系和治

① 李克强：《关于深化经济体制改革的若干问题》，《求是》2014 年第 9 期。

理能力是一个国家制度和制度执行能力的集中体现。”[①] 转变政府职能，创新社会治理体制，进一步推进法治中国建设，切实尊重和保障人民各项合法权益，是推进国家治理体系和治理能力现代化的重要内容。要大力推动政府转变职能，正确处理政府与市场、政府与社会的关系，深化体制机制改革，推动社会治理创新，简政放权，激发社会活力。要保障人民的知情权、参与权、表达权、监督权，在充分知情的基础上，保障人民能够广泛参与、顺畅表达，积极创造条件让人民群众监督公权力，真正做到把权力关进制度的笼子，把人民群众的基本权利落到实处，推进人权全面、协调、可持续发展。

三是要继续推进法治中国建设，切实尊重和保障人权。《世界人权宣言》指出，“有必要使人权受法治的保护”。[②] 人权与法治不可分割，人权保障离不开法治建设，而法治建设也在推动人权保障中不断完善。法治是改革发展稳定的强大动力，是治国理政的基本方式，也应是化解矛盾、解决问题的基本途径。一方面要继续加强法治政府建设，提高公务人员运用法治思维与法治方式的能力，坚持人民授权原则和职权法定原则，严格遵循法律规则、遵守法定程序，切实保护人民各项权利；另一方面也要大力推动法治社会建设，在全社会进一步普及和增强法律意识，让全社会学法、懂法、守法、用法，遵循法律途径表达自身诉求，运用法律手段维护合法权益。全面推进科学立法、严格执法、公正司法、全民守法，坚持法治国家、法治政府、法治社会一体建设，推动人权事业不断进步。

实现中华民族伟大复兴的中国梦，就是要实现国家富强、民族振兴、人民幸福。[③] 从根本上来讲，这三者是统一的，是不能分开的。没有强大国家的支撑和保障，人民幸福就难以得到真正的实现；而国家富强和民族振兴的最终目的也还是要落实人民幸福。“中国梦”体现了中华民族和中国人民的整体利益，具有强大的凝聚力和感召力。我们应始终坚持对基本人权的尊重，大力促进社会公平正义，努力增进人民福祉，同心共筑中国梦。

---

① 《完善和发展中国特色社会主义制度　推进国家治理体系和治理能力现代化》，《人民日报》2014 年 2 月 18 日，第 1 版。

② 见《世界人权宣言》序言。

③ 《习近平解读中国梦：国家富强、民族振兴、人民幸福》，中国青年网，http：//news. youth. cn/zt/ffzgm/wztt/201303/t20130325_ 3019618. htm。

B.2

在本根上推进中国人权事业进步的2013年

李君如*

摘　要：

2013年是中国人权事业走向全面进步的一年。在中共十八大做出的全面深化改革的决定指引下，中国在价值观、吏治和制度创新三个方面从本根上推进中国人权事业的发展和进步。

关键词：

中国人权事业　中共十八大　全面深化改革

2013年，是中国各项事业从新的历史起点出发大踏步前进的一年，也是人权事业在党的十八大发出全面深化改革的动员令下，走向全面进步的一年。在迄今为止的中国人权发展史上，2013年中国人权事业呈现突飞猛进的气象，写下了浓墨重彩的一页。

在中国，人权事业的发展从来都是与党和国家全局的发展紧密联系在一起的。2013年，是贯彻落实党的十八大精神的第一年。在这一年，有五件全局性的大事，对中国人权事业的发展和进步产生了直接而又深远的影响。一是“中国梦”的宣传；二是以为民务实清廉为主要内容的群众路线教育实践活动在中央部委办和地方省区市领导部门、领导班子、领导干部中开展；三是中纪委采取果断措施包括派出中央巡视组加强对各级领导干部的纪律检查，依靠群众严厉打击腐败；四是在中共十八届三中全会上通过了中国到2020年的全面

* 李君如，中国人权研究会副会长，中共中央党校原副校长，研究员，博士生导师。

深化改革的纲领；五是明确提出培育和践行社会主义核心价值观的任务。与此同时，在全面深化改革的动员令下，社会舆论多年来广泛关心的劳教制度改革等一系列具体领域的改革也相继推出。这些大事、好事，不是在某一个或几个领域推进了中国人权事业的发展，而是在价值观、吏治、制度创新这些本根上推动了中国人权事业的发展和进步。

一　从价值观上推进中国人权事业的进步

“国家尊重和保障人权”已经载入国家宪法和中国共产党的党章。在中国，要做到依法尊重和保障人权，有三个层次：一是执政的中国共产党要依法尊重和保障人权；二是政府要依法尊重和保障人权；三是国人自己要依法尊重和保障人权。人权，是人人生而有的权利。尊重和保障人权，是一种价值观或价值取向。这就要求，执政党、政府和公民都要在思想上把“国家尊重和保障人权”的理念，作为一种价值观牢固地确立起来。

我们注意到，2013年的中国有两件大事，从价值观这一最深刻的层次，解决领导干部怎样对待人民群众，全社会怎样认识民主、自由、平等、公正、法治等大是大非问题。这些举措，对于中国在人权理念上的普及和人权事业的进步，具有极其重要的影响。

一是，在掌握公共权力的领导干部中进一步确立“为民、务实、清廉”的价值取向。2013年，根据党的十八大的决策，在中央部委办和地方省区市领导部门、领导班子、领导干部中，开展了党的群众路线教育实践活动。2014年，还要在地方区县级开展第二批群众路线教育实践活动。在某种意义上可以说，这场扎实推进的群众路线教育实践活动，就是尊重和保障人权的教育实践活动。因为，这次以群众路线为主题的集中教育实践活动，通过让广大干部“照镜子、正衣冠、洗洗澡、治治病”，清除改革开放以来在干部队伍中滋生蔓延的形式主义、官僚主义、享乐主义、奢靡之风等歪风恶习，进一步树立新形势下共产党人为民、务实、清廉的价值取向。因此，这次群众路线教育实践活动，从表面上看集中解决的是干部的作风问题，实际上是保障广大人民群众权益的问题，其中包括人民群众的生存权和发展权，以及公民权利和政治权利等基本人权。可以说，这次群众路线教育实践活动，受教育的是领导干部，得实惠的是人民群众；整的是干部队伍中漠视人民群众、脱离人民群众的歪风，保的是公民在经济社会生活中依法应该享有的人权。这次群众路线教育实践活动，推动手中掌握公共权力的领导干部进一步增强了以人为本、执政为民的执政意识，从而在怎样正确对待人民群众这一根本的价值观问题上增强了“国家尊重和保障人权”的理念。

二是，在全社会倡导社会主义核心价值体系和社会主义核心价值观。2013 年一个非常重大的决策，就是一手在党内抓领导干部的群众观点和群众路线教育，一手在全社会培育和弘扬社会主义核心价值观。2013 年 2 月 24 日，习近平总书记围绕“培育和弘扬社会主义核心价值观、弘扬中华传统美德”这个主题，主持了中央政治局集体学习。他强调，要把培育和弘扬社会主义核心价值观作为凝魂聚气、强基固本的基础工程，不断夯实中国特色社会主义的思想道德基础。如果说，开展群众路线教育实践活动，解决的是党员干部的尊重和保障人权的问题，那么，培育和弘扬社会主义核心价值观，解决的则是全社会的尊重和保障人权问题。经过充分的调查研究，2013 年底，中共中央办公厅印发了《关于培育和践行社会主义核心价值观的意见》，明确提出了“24 字价值观”。这就是，在国家层面上，倡导富强、民主、文明、和谐的价值目标；在社会层面上，倡导自由、平等、公正、法治的价值取向；在个人层面上，倡导爱国、敬业、诚信、友善的价值准则。这“24 字价值观”中，虽然没有“人权”两个字，但是熟悉人权理论的人都知道，无论在价值目标还是在价值取向、价值准则中，特别是其中关于民主、自由、平等、公正、法治的价值观，都已经具体体现了尊重和保障人权的要求。如果我们在全社会形成这样的社会主义核心价值，“国家尊重和保障人权”就能够从一种宪法和党章上的文字规定，变成全社会的行为规范。

所以，我们说 2013 年在迄今为止的中国人权发展史上，呈现了突飞猛进的气象，首先指的就是在执政党的作风自律和价值取向教育中，在全社会的价值观重构中，中国的人权理念和人权事业获得了实实在在的进步。

二 从吏治上推进中国人权事业的进步

人权，一要尊重，二要保障。尊重，是个理念和认识问题；保障，是个制度、纪律、法律及执纪执法问题。也就是说，人权的理念要通过制度和法律获得保障，而制度和法律对人权的保障又要通过执纪执法的强有力的行动来实现。人权理念的进步，最终还是要体现在行动上。

历史告诉我们，保障人权的行动，既包括建设性行动，也包括排除障碍的行动。中国人权事业的实现和保障，就是在这两种行动的协同推动下不断向前拓展的。在人权事业的发展遇到各种困难和挑战的情况下，排除障碍的行动更能够推进人权事业的发展和进步。

从旧中国走过来的中国人，之所以能够认同中国共产党的人权理念，是因为他们不仅在中国共产党的领导下获得了政治经济上的解放，获得了做人的尊严，而且从中国共产党人全心全意为人民服务、为人民牺牲的模范行动中，感受到了“人民”两字在共产党人心目中的崇高地位。

改革开放的实践证明，今天对中国人的人权伤害最大的，是不断滋生和蔓延的腐败问题。事实上，领导干部的腐败，不仅侵犯了广大人民群众的人权和切身利益，而且极大地败坏了中国共产党的形象，动摇了中国共产党的执政基础。古人说：“庆父不死，鲁难未已。”对于今天中国的人权事业来说，吏治不严，腐败难消；腐败不除，人权不保。从严治吏，已经成为尊重和保障人权的治本之策。

让我们高兴的是，2013年是中国共产党从纪律申饬到利剑出鞘，反腐倡廉工作取得进展最大的一年。以习近平同志为总书记的党中央不仅颁布了严格自律的“八项规定”，提出要把权力关进制度的笼子里，而且以踏石留印、抓铁有痕的决心和作风，严肃党的纪律，提出要坚持“老虎”“苍蝇”一起打，出实招，动真格，见实效，抓出了一个又一个、一窝又一窝的腐败官员，大得人心、大顺民心。

本来，改革开放和现代化建设时期是中国人的人权保障最好的历史时期。但由于历史前进的车轮是在不平坦的道路上行进的，前进的道路又是在探索中开辟和拓展的，人权的实现和保障也是在不断解决新问题、不断排除障碍中发展的。从吏治上推进中国人权事业的进步，是2013年中国共产党尊重和保障人权的重要经验。

所以，我们说2013年在迄今为止的中国人权发展史上，呈现了突飞猛进的气象，其实指的就是这样以雷霆万钧之力，从严治吏，通过反腐倡廉的果敢行动，把中国人权事业的进步真真实实地呈现在世人面前。

三　从制度创新上推进中国人权事业的全面进步

从2013年4月开始，中共中央开始部署和筹备党的十八届三中全会。这次具有划时代意义的全会于11月召开，通过了《中共中央关于全面深化改革若干重大问题的决定》，制定了中国到2020年的改革纲领。这个纲领，也为中国人权事业的发展指明了前进的方向。从某种意义上说，这个纲领，也是中国到2020年人权事业发展的纲领。

这个纲领的主题词是“全面深化改革”。也就是说，这场改革以经济体制改革为重点，政治体制、文化体制、社会体制、生态文明体制和党的建设体制改革协同配合，以促进社会公平正义、增进人民福祉为出发点和落脚点，以敢于啃硬骨头、敢于涉险滩的勇气，进一步解放思想、解放和发展社会生产力、解放和增强社会活力，完善和发展中国特色社会主义制度，推进国家治理体系和治理能力现代化。

考察这个纲领的全部内容，包括全面深化改革的指导思想、总目标、总任务，处处体现了“坚持人民主体地位”的中国特色社会主义的基本要求，处处体现了“国家尊重和保障人权”的基本精神。

特别是，这个纲领提出的全面深化改革的总目标，是制度现代化的目标。这个目标，既强调完善和发展中国特色社会主义制度要体现推进国家治理体系和治理能力现代化的要求，又强调推进国家治理体系和治理能力现代化要坚持中国特色社会主义的根本方向。中国特色社会主义是亿万人民群众自己的事业，是人民当家作主的事业；国家治理体系和治理能力现代化是在多元社会里，通过民主和法治，自下而上与自上而下相结合，领导国家和社会的方式。

人民、人民利益、人权，是连接“中国特色社会主义”和“国家治理体系和治理能力现代化”的纽带。这样，就从“中国特色社会主义”和“国家治理体系和治理能力现代化”两个方面，突出了人民的主体地位，反映了人民的根本利益，体现了尊重和保障人权的要求。

事实上，这个纲领在具体内容上已经充分展现了这一鲜明特点。比如在推进法治中国建设的有关举措中，明确提出要“完善人权司法保障制度”。提出要“进一步规范查封、扣押、冻结、处理涉案财物的司法程序。健全错案防止、纠正、责任追究机制，严禁刑讯逼供、体罚虐待，严格实行非法证据排除规则。逐步减少适用死刑罪名”，提出要“废止劳动教养制度，完善对违法犯罪行为的惩治和矫正法律，健全社区矫正制度”，还提出要“健全国家司法救助制度，完善法律援助制度。完善律师执业权利保障机制和违法违规执业惩戒制度，加强职业道德建设，发挥律师在依法维护公民和法人合法权益方面的重要作用”。

所以，我们说2013年在迄今为止的中国人权发展史上呈现突飞猛进的气象，指的就是在全面深化改革的历史性变革中，我们已经明确了以完善和发展中国特色社会主义制度，推进国家治理体系和治理能力现代化为总目标，通过经济、政治、文化、社会、生态文明体制和党的建设制度的改革创新，切切实实推进中国人权事业的发展和进步。

总之，生活在中华大地上的中国人，在过去的一年里，不仅为中国通过了联合国第二轮国别人权审议，并高票当选为联合国人权理事会理事而感到由衷的高兴，更为重要的是，中国人从自己的生活中体会到了，自2004年和2007年先后把“国家尊重和保障人权”写入宪法和中国共产党党章以来，2013年的中国坚持以人为本，以法为绳，以价值观建设为先导，以制度现代化为目标，从严治党、从严治政、从严治吏，从本根上猛击侵害人权的丑陋现象，深挖损害人权的社会根源，在制度的改革创新中把尊重和保障人权的理念转化为具有震撼力的行动和现实。

这种历史性的进步，就是2013年中国人权事业发展的主流。

B.3

中共十八届三中全会文件的人权解读

常　健*

摘　要：

中共十八届三中全会的会议公报和关于全面深化改革的决定，为中国人权事业的进一步发展提出了新的要求和具体的措施。词频分析显示，公报更加强调人民群众的主体地位、与人权相关的各种价值理念、改革与制度建设以及人权保障各领域的平衡。决定提出的各领域具体改革措施中许多涉及人权保障和人权发展，在推进人权保障和发展方面的突出特点是“实”。

关键词：

中共十八届三中全会　中国人权事业　全面深化改革

中国共产党第十八届中央委员会第三次全体会议于2013年11月9～12日在北京举行。会议所发表的公报和通过的《中共中央关于全面深化改革若干重大问题的决定》，为中国人权事业的进一步发展提出了新的要求和具体的措施。

一　十八届三中全会公报与以往四次三中全会公报中有关人权的词频分析

从历史来看，中国共产党历届中央委员会通常会召开五次全体会议。第一次全体会议（一中全会）通常紧接该次党代会召开，主要讨论党内人事安排

* 常健，南开大学人权研究中心（国家人权教育与培训基地）副主任，南开大学周恩来政府管理学院教授、博士生导师、副院长。

和近期的重大政策方针；第二次全体会议（二中全会）一般召开于次年元旦后“两会”前，议题集中在一府两院及其所属部门的机构、编制变动和人事安排上；第三次全体会议通常会推出深层次的改革政策，指明较长时期的改革方向，因而会受到特别关注。将十八届三中全会公报与以往四次三中全会公报有关人权的词汇进行频数分析，可以从一个角度为我们理解公报的内容提供一些启发和线索。

十八届三中全会公报的总字符数达到了5077个。与此相比，十七届三中全会公报为4914个字符，十六届三中全会公报为3898个字符，十五届三中全会公报为2489个字符，十四届三中全会公报为1951个字符。从总体趋势来看，五个公报的总字符数呈现逐步上升的趋势。由于五个三中全会公报的总字数差别较大，因此，对其做词频比较只是涉及词频出现大幅增减的情况，或者是对词频的相对比例进行比较。

从人权的角度来看，十八届三中全会公报明确提出“完善人权司法保障制度”，并且强调要“维护人民权益”，“赋予农民更多财产权利”，“维护最广大人民根本利益”，“解决好人民最关心最直接最现实的利益问题，更好满足人民需求”。[①] 这表明本次公报将人权保障作为一个重要的基本原则。

对公报的词频和具体内容的分析显示，与以往四届的三中全会公报相比较，本次公报有四个比较突出的特点。

第一，更加强调人民群众的主体地位。如表1所示，在十八届三中全会公

表1　五次三中全会公报中与人权相关的主体类词汇的频数

公报 / 用词	十八届三中全会	十七届三中全会	十六届三中全会	十五届三中全会	十四届三中全会
民	42	36	20	20	10
人	32	11	13	4	8
人民	23	3	6	2	3
群众	8	4	4	0	2
合计	105	54	43	26	23

资料来源：根据相关各届公报文本进行的统计。

① 《中国共产党第十八届中央委员会第三次全体会议公报》，2013年11月12日。

报中，对“民”、“人”、“人民”和“群众”四个词的使用呈现较大幅度的上升之势。

公报反复强调，要以“增进人民福祉为出发点和落脚点”，以“人民当家作主”为根本，“坚持以人民为中心的工作导向”，“坚持以人为本，尊重人民主体地位，发挥群众首创精神，紧紧依靠人民推动改革，促进人的全面发展”，“让人民监督权力”，“确保人民安居乐业”，“关心群众特别是困难群众生活”，扎实推进“党的群众路线教育实践活动”。[①] 这体现出对人和人民群众主体地位的重视，体现了以人为本的基本人权原则。

第二，更加强调与人权相关的各种价值理念。如表2所示，与人权相联系的词汇，如“民主”、“公平”、“法治”、“自由”、“平等”、“正义”和“公正”等的出现频数，在十八届三中全会公报中都大幅增加。

表2　五次三中全会公报中与人权相关的价值词汇的频数

用词＼公报	十八届三中全会	十七届三中全会	十六届三中全会	十五届三中全会	十四届三中全会
民主	13	4	2	3	1
公平	11	1	0	0	1
法治	5	0	0	0	0
自由	4	0	1	0	0
平等	3	0	1	0	0
正义	2	1	0	0	0
公正	2	0	1	0	0
合计	40	6	5	3	2

资料来源：根据相关各届公报文本进行的统计。

十八届三中全会公报不止一次提到要让“发展成果更多更公平惠及全体人民”，“促进社会公平正义”，“法治中国”，并具体谈到“公平竞争”，“建立公平开放透明的市场规则”，“促进社会公平”，“建立更加公平可持续的社会保障制度”；“加快建设公正高效权威的社会主义司法制度”，“确保依法独立公正行使审判权检察权”；“让广大农民平等参与现代化进程、共同分享现

① 《中国共产党第十八届中央委员会第三次全体会议公报》，2013年11月12日。

代化成果”，“推进城乡要素平等交换和公共资源均衡配置”；“加快形成企业自主经营、公平竞争，消费者自由选择、自主消费，商品和要素自由流动、平等交换的现代市场体系”；要“依法治国”，“建设社会主义法治国家”，“推进法治中国建设”，建设“法治政府”。[①] 这显示了人权的价值理念全面渗透于这次全会公报的内容中。

第三，对人权的保障更加强调改革与制度建设。如表 3 所示，“改革”、“制度”、“体制”、“机制” 和 “治理” 等表示制度建设的词汇频数，在十八届三中全会公报中都达到了最大值，而且频数增加的幅度很大。“法” 字的频数在十六届三中全会公报中达到最大值，在十七届三中全会公报中缩到最小值，在十八届三中全会公报中恢复到次高值。

表 3　各届三中全会公报中改革和制度类词汇的频数

用词＼公报	十八届三中全会	十七届三中全会	十六届三中全会	十五届三中全会	十四届三中全会
改革	59	31	26	10	19
制度	44	11	23	4	8
体制	37	7	24	2	23
法	17	1	26	6	2
机制	11	4	4	0	3
治理	9	0	1	2	1
合计(除“法”字)	160	53	78	18	54

资料来源：根据相关各届公报文本进行的统计。

制度类词汇频数的大幅增加，与这次全会确定的到 2020 年实现制度定型化的目标有直接的联系。公报要求“到 2020 年，在重要领域和关键环节改革上取得决定性成果，形成系统完备、科学规范、运行有效的制度体系，使各方面制度更加成熟更加定型”，“坚持用制度管权管事管人”，“把权力关进制度笼子”。公报中所涉及的制度建设包括经济制度、政治制度、司法制度、生态文明制度，并具体提到了产权保护制度、现代企业制度、财政制度、预算管理制度、税收制度、事权和支出相适应的制度、自然资源资产产权制度和用途管制制度、资源有偿使用制度和生态补偿制度、军队政策制度、干部人事制度

① 《中国共产党第十八届中央委员会第三次全体会议公报》，2013 年 11 月 12 日。

等。在体制改革方面，公报谈到了经济体制改革、政治体制改革、文化体制改革、社会体制改革、生态文明体制改革，完善党的领导体制，特别具体涉及文化管理和文化生产经营、社会治理、国土空间开发、资源节约利用、生态环境保护的体制机制；“深化财税体制改革，健全城乡发展一体化体制机制，构建开放型经济新体制”，[①] 深化科技体制改革、行政体制改革、司法体制改革、行政执法体制改革、医疗卫生体制改革、军队体制编制改革；加强反腐败体制机制创新和制度保障，完善文化管理体制，健全促进就业创新体制机制，创新有效预防和化解社会矛盾体制，完善国家安全体制，改革生态环境保护管理体制，建立集聚人才体制机制，等等。

第四，在人权保障的领域方面更加注重平衡。代表五个领域的用词频数如表 4 所示。

表 4　各届三中全会公报中领域类词汇的频数

用词＼公报	十八届三中全会	十七届三中全会	十六届三中全会	十五届三中全会	十四届三中全会
经济	34	26	47	21	36
政治	15	8	10	4	5
文化	19	5	4	4	0
社会*	30	31	23	5	11
生态	12	2	0	1	0
合计	110	72	84	35	52

＊“社会”的词频数中减去了“社会主义”的词频数。

资料来源：根据相关各届公报文本进行的统计。

由表 4 可见，“经济”词频的相对比例呈现逐步缩小的趋势，而“政治”、“文化”和“生态”的词频所占的相对比例呈现逐步扩大的趋势，在十八届三中全会公报中达到最大值。“社会”词频的相对比例在十七届三中全会公报中达到峰值后在十八届三中全会公报中缩减回十六中全会公报的水平。从总体变化趋势来看，各领域的比例呈现日益均衡的态势。这显示出在关注经济领域的同时，其他四个领域也正在得到越来越多的关注，各类人权的保障将更加均衡（如图 1 所示）。

---

① 《中国共产党第十八届中央委员会第三次全体会议公报》，2013 年 11 月 12 日。

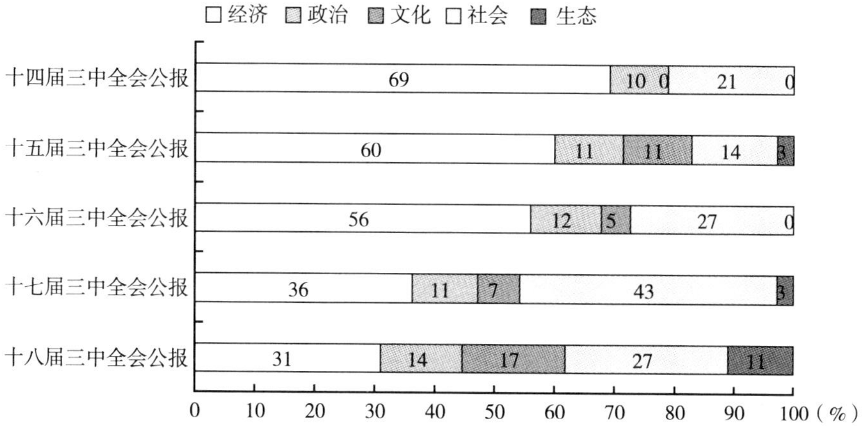

图1　各届三中全会公报中五个领域用词频数的相对比例

资料来源：根据表4数据制图。

在对各领域改革的论述中，渗透着人权保障的基本原则。在经济领域，公报强调公平、自由、平等的经济体制，指出必须加快形成企业自主经营、公平竞争，消费者自由选择、自主消费，商品和要素自由流动、平等交换的现代市场体系，着力清除市场壁垒，提高资源配置效率和公平性；要建立公平、开放、透明的市场规则，并特别指出："城乡二元结构是制约城乡发展一体化的主要障碍。必须健全体制机制，形成以工促农、以城带乡、工农互惠、城乡一体的新型工农城乡关系，让广大农民平等参与现代化进程、共同分享现代化成果。要加快构建新型农业经营体系，赋予农民更多财产权利，推进城乡要素平等交换和公共资源均衡配置，完善城镇化健康发展体制机制。"①

在政治领域，公报特别强调民主政治建设，提出："发展社会主义民主政治，必须以保证人民当家作主为根本"，② 要"更加注重健全民主制度、丰富民主形式，充分发挥我国社会主义政治制度优越性。要推动人民代表大会制度与时俱进，推进协商民主广泛多层制度化发展，发展基层民主"。③

① 《中国共产党第十八届中央委员会第三次全体会议公报》，2013年11月12日。
② 《中国共产党第十八届中央委员会第三次全体会议公报》，2013年11月12日。
③ 《中国共产党第十八届中央委员会第三次全体会议公报》，2013年11月12日。

在文化领域，公报要求“坚持以人民为中心的工作导向”。①

在社会领域，公报强调公平享受发展成果，提出：“实现发展成果更多更公平惠及全体人民，必须加快社会事业改革，解决好人民最关心最直接最现实的利益问题，更好满足人民需求。要深化教育领域综合改革，健全促进就业创业体制机制，形成合理有序的收入分配格局，建立更加公平可持续的社会保障制度，深化医药卫生体制改革。”②

二 《中共中央关于全面深化改革若干重大问题的决定》中涉及人权保障和发展的措施

2013 年 11 月 12 日，中国共产党第十八届中央委员会第三次全体会议通过了《中共中央关于全面深化改革若干重大问题的决定》（本文以下简称《决定》）。《决定》再次强调“国家尊重和保障人权”，并提出“完善人权司法保障制度”。它将十八届三中全会公报中提出的五大领域改革原则细化为各项具体的改革措施，其中许多措施涉及人权保障和人权发展。

（一）经济体制改革所涉及的人权保障与发展

在经济体制改革方面，主要涉及财产权特别是农民财产权利的保障、就业权利和平等就业权利的保障、工作报酬权利以及劳动者表达权利的保障，如表5 所示。

表5　经济体制改革所涉及的人权保障与发展

涉及权利	相关措施
个人财产权利	完善产权保护制度。公有制经济财产权不可侵犯，非公有制经济财产权同样不可侵犯。国家保护各种所有制经济产权和合法利益。
平等权利	保证各种所有制经济依法平等使用生产要素、公开公平公正参与市场竞争、同等受到法律保护。坚持权利平等、机会平等、规则平等，废除对非公有制经济各种形式的不合理规定，消除各种隐性壁垒，制定非公有制企业进入特许经营领域具体办法。 允许农村集体经营性建设用地出让、租赁、入股，实行与国有土地同等入市、同权同价。 维护农民生产要素权益，保障农民工同工同酬，保障农民公平分享土地增值收益。

① 《中国共产党第十八届中央委员会第三次全体会议公报》，2013 年 11 月 12 日。

② 《中国共产党第十八届中央委员会第三次全体会议公报》，2013 年 11 月 12 日。

续表

涉及权利	相关措施
农民财产权利	赋予农民更多财产权利。保障农民集体经济组织成员权利,赋予农民对集体资产股份占有、收益、有偿退出及抵押、担保、继承权。保障农户宅基地用益物权;慎重稳妥推进农民住房财产权抵押、担保、转让,探索农民增加财产性收入渠道。建立农村产权流转交易市场,推动农村产权流转交易公开、公正、规范运行。坚持农村土地集体所有权,依法维护农民土地承包经营权,赋予农民对承包地占有、使用、收益、流转及承包经营权抵押、担保权能,允许农民以承包经营权入股发展农业产业化经营。 缩小征地范围,规范征地程序,完善对被征地农民合理、规范、多元保障机制。建立兼顾国家、集体、个人的土地增值收益分配机制,合理提高个人收益。
就业权利	健全促进就业创业体制机制。建立经济发展和扩大就业的联动机制,健全政府促进就业责任制度。完善扶持创业的优惠政策,形成政府激励创业、社会支持创业、劳动者勇于创业新机制。完善城乡均等的公共就业创业服务体系,构建劳动者终身职业培训体系。增强失业保险制度预防失业、促进就业功能,完善就业失业监测统计制度。促进以高校毕业生为重点的青年就业和农村转移劳动力、城镇困难人员、退役军人就业。
平等就业的权利	规范招人用人制度,消除城乡、行业、身份、性别等一切影响平等就业的制度障碍和就业歧视。
获得工作报酬权利	形成合理有序的收入分配格局。着重保护劳动所得,努力实现劳动报酬增长和劳动生产率提高同步,提高劳动报酬在初次分配中的比重。健全工资决定和正常增长机制,完善最低工资和工资支付保障制度,完善企业工资集体协商制度。改革机关事业单位工资和津贴补贴制度,完善艰苦边远地区津贴增长机制。
劳动者的表达权利	创新劳动关系协调机制,畅通职工表达合理诉求渠道。

资料来源:《中共中央关于全面深化改革若干重大问题的决定》, 2013 年 11 月 12 日。

(二)政治体制改革所涉及的人权保障与发展

在政治体制改革方面，涉及人权保障和发展的内容主要包括生命权、人身自由权、法律面前的平等权利、协商民主权利、基层民主权利、知情权、参与权、表达权和监督权，以及获得公正审判的权利，如表6所示。

表6　政治体制改革所涉及的人权保障与发展

涉及权利	相关措施
生命权	逐步减少适用死刑罪名。
人身自由权	废止劳动教养制度,完善对违法犯罪行为的惩治和矫正法律,健全社区矫正制度。
法律面前的平等权利	维护宪法法律权威,进一步健全宪法实施监督机制和程序。坚持法律面前人人平等,任何组织或者个人都不得有超越宪法法律的特权,一切违反宪法法律的行为都必须予以追究。

续表

涉及权利	相关措施
协商民主权利	推进协商民主广泛多层制度化发展。构建程序合理、环节完整的协商民主体系,拓宽国家政权机关、政协组织、党派团体、基层组织、社会组织的协商渠道。深入开展立法协商、行政协商、民主协商、参政协商、社会协商。加强中国特色新型智库建设,建立健全决策咨询制度。
基层民主权利	发展基层民主。畅通民主渠道,健全基层选举、议事、公开、述职、问责等机制。开展形式多样的基层民主协商,推进基层协商制度化,建立健全居民、村民监督机制,促进群众在城乡社区治理、基层公共事务和公益事业中依法自我管理、自我服务、自我教育、自我监督。健全以职工代表大会为基本形式的企事业单位民主管理制度,加强社会组织民主机制建设,保障职工参与管理和监督的民主权利。
知情权	推行地方各级政府及其工作部门权力清单制度,依法公开权力运行流程。完善党务、政务和各领域办事公开制度,推进决策公开、管理公开、服务公开、结果公开。实施全面规范、公开透明的预算制度。推行新提任领导干部有关事项公开制度试点。
参与权	推动人民代表大会制度与时俱进。坚持人民主体地位,推进人民代表大会制度理论和实践创新,发挥人民代表大会制度的根本政治制度作用。加强人大常委会同人大代表的联系,充分发挥代表作用。通过建立健全代表联络机构、网络平台等形式密切代表同人民群众联系。完善人大工作机制,通过座谈、听证、评估、公布法律草案等扩大公民有序参与立法途径,通过询问、质询、特定问题调查、备案审查等积极回应社会关切。
表达权	建立畅通有序的诉求表达、心理干预、矛盾调处、权益保障机制,使群众问题能反映、矛盾能化解、权益有保障。改革行政复议体制,健全行政复议案件审理机制,纠正违法或不当行政行为。完善人民调解、行政调解、司法调解联动工作体系,建立调处化解矛盾纠纷综合机制。改革信访工作制度,实行网上受理信访制度,健全及时就地解决群众合理诉求机制。把涉法涉诉信访纳入法治轨道解决,建立涉法涉诉信访依法终结制度。
监督权	让人民监督权力,让权力在阳光下运行,是把权力关进制度笼子的根本之策。健全民主监督、法律监督、舆论监督机制,运用和规范互联网监督。
获得公正审判的权利	完善人权司法保障制度。确保依法独立公正行使审判权检察权。改革司法管理体制,推动省以下地方法院、检察院人财物统一管理,探索建立与行政区划适当分离的司法管辖制度。改革审判委员会制度,完善主审法官、合议庭办案责任制,让审理者裁判、由裁判者负责。进一步规范查封、扣押、冻结、处理涉案财物的司法程序。健全错案防止、纠正、责任追究机制,严禁刑讯逼供、体罚虐待,严格实行非法证据排除规则。健全国家司法救助制度,完善法律援助制度。完善律师执业权利保障机制和违法违规执业惩戒制度,加强职业道德建设,发挥律师在依法维护公民和法人合法权益方面的重要作用。

资料来源:《中共中央关于全面深化改革若干重大问题的决定》,2013 年 11 月 12 日。

(三)文化体制改革所涉及的人权保障与发展

在文化体制改革方面,主要涉及知识产权和共享文化成果权利的保障和发展,如表 7 所示。

表 7　文化体制改革所涉及的人权保障与发展

涉及权利	相关措施
知识产权	加强知识产权运用和保护,健全技术创新激励机制,探索建立知识产权法院。
共享文化成果的权利	构建现代公共文化服务体系。建立公共文化服务体系建设协调机制,统筹服务设施网络建设,促进基本公共文化服务标准化、均等化。建立群众评价和反馈机制,推动文化惠民项目与群众文化需求有效对接。推动公共图书馆、博物馆、文化馆、科技馆等组建理事会,吸纳有关方面代表、专业人士、各界群众参与管理。

资料来源:《中共中央关于全面深化改革若干重大问题的决定》, 2013 年 11 月 12 日。

(四)社会体制改革所涉及的人权保障与发展

在社会体制改革方面,主要涉及迁徙权、受教育权利、社会保障权利、健康权利、生育权利、结社权利和特殊群体权利,如表 8 所示。

表 8　社会体制改革所涉及的人权保障与发展

涉及权利	相关措施
迁徙权	推进农业转移人口市民化,逐步把符合条件的农业转移人口转为城镇居民。创新人口管理,加快户籍制度改革,全面放开建制镇和小城市落户限制,有序放开中等城市落户限制,合理确定大城市落户条件,严格控制特大城市人口规模。稳步推进城镇基本公共服务常住人口全覆盖,把进城落户农民完全纳入城镇住房和社会保障体系,在农村参加的养老保险和医疗保险规范接入城镇社保体系。
受教育权利	大力促进教育公平,健全家庭经济困难学生资助体系,构建利用信息化手段扩大优质教育资源覆盖面的有效机制,逐步缩小区域、城乡、校际差距。统筹城乡义务教育资源均衡配置,实行公办学校标准化建设和校长教师交流轮岗,不设重点学校重点班,破解择校难题,标本兼治减轻学生课业负担。加快现代职业教育体系建设,深化产教融合、校企合作,培养高素质劳动者和技能型人才。创新高校人才培养机制,促进高校办出特色争创一流。推进学前教育、特殊教育、继续教育改革发展。
社会保障权利	建立更加公平可持续的社会保障制度。坚持社会统筹和个人账户相结合的基本养老保险制度,完善个人账户制度,健全多缴多得激励机制,确保参保人权益,实现基础养老金全国统筹,坚持精算平衡原则。推进机关事业单位养老保险制度改革。整合城乡居民基本养老保险制度、基本医疗保险制度。推进城乡最低生活保障制度统筹发展。建立健全合理兼顾各类人员的社会保障待遇确定和正常调整机制。完善社会保险关系转移接续政策,扩大参保缴费覆盖面,适时适当降低社会保险费率。研究制定渐进式延迟退休年龄政策。加快健全社会保障管理体制和经办服务体系。健全符合国情的住房保障和供应体系,建立公开规范的住房公积金制度,改进住房公积金提取、使用、监管机制。

续表

涉及权利	相关措施
健康权利	深化医药卫生体制改革。统筹推进医疗保障、医疗服务、公共卫生、药品供应、监管体制综合改革。深化基层医疗卫生机构综合改革,健全网络化城乡基层医疗卫生服务运行机制。加快公立医院改革,落实政府责任,建立科学的医疗绩效评价机制和适应行业特点的人才培养、人事薪酬制度。完善合理分级诊疗模式,建立社区医生和居民契约服务关系。充分利用信息化手段,促进优质医疗资源纵向流动。加强区域公共卫生服务资源整合。取消以药补医,理顺医药价格,建立科学补偿机制。改革医保支付方式,健全全民医保体系。加快健全重特大疾病医疗保险和救助制度。
生育权利	启动实施一方是独生子女的夫妇可生育两个孩子的政策。
结社权利	激发社会组织活力。正确处理政府和社会关系,加快实施政社分开,推进社会组织明确权责、依法自治、发挥作用。适合由社会组织提供的公共服务和解决的事项,交由社会组织承担。支持和发展志愿服务组织。限期实现行业协会商会与行政机关真正脱钩,重点培育和优先发展行业协会商会类、科技类、公益慈善类、城乡社区服务类社会组织,成立时直接依法申请登记。加强对社会组织和在华境外非政府组织的管理,引导它们依法开展活动。
特殊群体权利	积极应对人口老龄化,加快建立社会养老服务体系和发展老年服务产业。健全农村留守儿童、妇女、老年人关爱服务体系,健全残疾人权益保障、困境儿童分类保障制度。

资料来源:《中共中央关于全面深化改革若干重大问题的决定》, 2013 年 11 月 12 日。

(五)生态环境体制改革所涉及的人权保障与发展

在生态环境体制改革方面，主要涉及环境权利的保障与发展，如表 9 所示。

表 9　生态环境体制改革所涉及的环境权利保障措施

相关制度	具体措施
总体要求	建设生态文明,必须建立系统完整的生态文明制度体系,实行最严格的源头保护制度、损害赔偿制度、责任追究制度,完善环境治理和生态修复制度,用制度保护生态环境。
考评指标	完善发展成果考核评价体系,纠正单纯以经济增长速度评定政绩的偏向,加大资源消耗、环境损害、生态效益、产能过剩、科技创新、安全生产、新增债务等指标的权重,更加重视劳动就业、居民收入、社会保障、人民健康状况。
资源有偿使用制度和生态补偿制度	加快自然资源及其产品价格改革,全面反映市场供求、资源稀缺程度、生态环境损害成本和修复效益。坚持使用资源付费和谁污染环境、谁破坏生态谁付费原则,逐步将资源税扩展到占用各种自然生态空间。稳定和扩大退耕还林、退牧还草范围,调整严重污染和地下水严重超采区耕地用途,有序实现耕地、河湖休养生息。建立有效调节工业用地和居住用地合理比价机制,提高工业用地价格。坚持谁受益、谁补偿原则,完善对重点生态功能区的生态补偿机制,推动地区间建立横向生态补偿制度。发展环保市场,推行节能量、碳排放权、排污权、水权交易制度,建立吸引社会资本投入生态环境保护的市场化机制,推行环境污染第三方治理。

续表

相关制度	具体措施
生态环境保护制度	改革生态环境保护管理体制。建立和完善严格监管所有污染物排放的环境保护管理制度，独立进行环境监管和行政执法。建立陆海统筹的生态系统保护修复和污染防治区域联动机制。健全国有林区经营管理体制，完善集体林权制度改革。及时公布环境信息，健全举报制度，加强社会监督。完善污染物排放许可制，实行企事业单位污染物排放总量控制制度。对造成生态环境损害的责任者严格实行赔偿制度，依法追究刑事责任。

资料来源：《中共中央关于全面深化改革若干重大问题的决定》，2013年11月12日。

从上述梳理的情况来看，《决定》在推进人权保障和发展方面的一个突出特点是“实”。根据对《决定》的词频分析，“实”字共出现了95次，出现的词汇分布如表10所示。

“实”字的高频率出现，显示了《决定》更加强调实施和落实，这种务实的精神与中共十八大报告所强调的“人权得到切实尊重和保障”的要求是一脉相承的。

表10 “实”字在《决定》中出现的词频分析

词 汇	频数	词 汇	频数
实 行	27	实 际	3
实 施	17	实事求是	1
实 现	16	事 实	1
落 实	11	实 处	1
实 践	7	充 实	1
切 实	5	实 力	1
务 实	3	实 缴	1

资料来源：《中共中央关于全面深化改革若干重大问题的决定》，2013年11月12日。

专题报告

Thematic Reports

B.4

2013年劳动者劳动报酬权利保障

陈 超*

摘　要：

2013年，中国将保障劳动者劳动报酬权利纳入收入分配格局调整的重要内容。中国政府通过大面积提高最低工资标准、调整工资指导线、进一步扩大集体合同覆盖范围、落实新修订的《劳动合同法》保障劳动者同工同酬权利等措施，形成了以最低工资权利、集体协商权利和同工同酬权利为重点的劳动报酬权利推进格局。但是，中国劳动者劳动报酬权利保障仍然面临挑战，需要从加快最低工资标准和工资指导线的调整、完善调整工资集体协商法律框架、发挥企业工会作用三个方面改进现有措施体系。

关键词：

劳动报酬权利　最低工资标准　工资集体协商　工会

---

* 陈超，法学博士，四川大学中国西部边疆安全与发展协同创新中心助理研究员，主要研究方向为宪法、人权法。

2013年是实施“十二五”规划的中期之年，中国将保障劳动者劳动报酬权利纳入收入分配格局调整的重要内容，提出将“完善工资指导线制度”、“调整最低工资标准”、“推行工资集体协商”和“落实新修订的劳动合同法”作为促进劳动者工资合理增长的机制保障并设定了量化指标。[①] 中国政府围绕上述目标推进四项重要机制建设，较好地实现了劳动者劳动报酬权利。

一　中国劳动者劳动报酬权利保障的新进展

中国的《宪法》《劳动法》《劳动合同法》均明确规定，[②] 劳动者享有获得劳动报酬的权利。让劳动者获得更好的工资收入，不仅是实现劳动者劳动报酬权利的必然要求，也是让发展成果更多更公平惠及全体人民的重要途径。2013年2月，国务院批转发展改革委等部门《关于深化收入分配制度改革的若干意见》（本文以下简称《意见》），将“促进中低收入职工工资合理增长”作为完善分配机制的重要举措，并提出“完善工资指导线制度”、“调整最低工资标准”、“推行工资集体协商”和“落实新修订的劳动合同法”四项机制。2013年2月以来，各级政府围绕四项机制建设开展大量工作，形成了以最低工资权利、集体协商权利和同工同酬权利为重点的劳动者劳动报酬权利推进格局。

（一）最低工资标准进一步提高

获得最低工资的权利是劳动者劳动报酬权的重要组成部分，也是劳动者个人及其家庭维持基本生活的重要保障。1993年，原劳动部公布的《企业最低工资规定》（现已失效）附件中便使用了“国际上一般最低工资相当于平均工资的40－60%”的表述。2013年2月，《意见》提出了“到2015年绝大多数地区最低工资标准达到当地城镇从业人员平均工资的40%以上”的要求。2013年，中国有27个地区调整了最低工资标准（见表1），而2012年和2011年调整最低工资标准的地区数量分别为25个和24个。从调整内容上来

① 《国务院批转〈关于深化收入分配制度改革的若干意见〉》，《人民日报》2013年2月6日，第2版。

② 《宪法》第42条第2款，《劳动法》第3条第1款，《劳动合同法》第4条第2款。

看，力度最大的是江西，最低工资调整幅度达到41.4%；上海的最低工资标准系全国最高，为1620元；北京和新疆的小时最低工资标准最高，均为15.2元。①

表1　2013年中国各地区调整最低工资标准情况总览

地　区	2013年最低工资	2012年最低工资	增长幅度(%)
上　海	1620	1450	11.7
深　圳	1600	1500	6.7
广　东	1550	1300	19.2
新　疆	1520	1340	13.4
天　津	1500	1310	14.5
江　苏	1480	1320	12.1
浙　江	1470	1310	12.2
北　京	1400	1260	11.1
山　东	1380	1240	11.3
内蒙古	1350	1200	12.5
福　建	1320	1200	10.0
吉　林	1320	1150	14.8
辽　宁	1300	1100	18.2
湖　北	1300	1100	18.2
宁　夏	1300	1100	18.2
山　西	1290	1125	14.7
云　南	1265	1100	15.0
湖　南	1265	1160	9.1
安　徽	1260	1010	24.8
河　南	1240	1080	14.8
江　西	1230	870	41.4
广　西	1200	1000	20.0
甘　肃	1200	980	22.4
四　川	1200	1050	14.3
陕　西	1150	1000	15.0
海　南	1120	1050	6.7
贵　州	1030	930	10.8
平　均	1328	1157	14.8

注：各地区最低工资分为不同档次的，以最高档次标准计算。

资料来源：各地区人力资源和社会保障厅（局）网站。

① 《中国24个地区调整最低工资标准，平均调增幅度18%》，中国新闻网，http://www.chinanews.com/gn/2013/10－25/5424131.shtml。

（二）企业工资指导基准线调整

工资指导线的重要作用之一，是为企业与工会开展工资集体协商及确定工资增长提供依据。在工会普遍推动企业工资集体协商和《意见》提出集体合同覆盖率目标之后，各级政府根据经济发展、物价变动等因素合理制定工资指导线愈发重要。2013 年，全国共有 20 个省区发布了工资指导线，其中有 4 个省区提高了基准线，2 个省区降低了基准线，基准线平均为 13.6%（见表 2），不再有省区工资指导线的底线负增长。

表 2　2013 年中国各省区工资指导线及其变化

单位：%

省　区	基准线	较 2012 年变化	省　区	基准线	较 2012 年变化
甘　肃	17.0		福　建	13.0	
天　津	16.0		湖　南	13.0	
新　疆	16.0		陕　西	13.0	
山　西	15.0		江　西	13.0	
山　东	15.0		北　京	12.0	0.5
吉　林	15.0		上　海	12.0	
宁　夏	15.0	1.0	内蒙古	12.0	-2.0
海　南	14.6		辽　宁	12.0	
云　南	14.0	1.0	广　东	10.5	
四　川	14.0	1.0	青　海	10.0	-2.0

资料来源：北大法宝“中央法规司法解释”及“地方法规规章”数据库，各省区人力资源和社会保障厅（局）网站。

（三）集体合同覆盖面加速扩展

2010 年 7 月，全国总工会十五届六次主席团会议提出了“两个普遍”，即推动企业依法普遍建立工会和普遍开展工资集体协商。2012 年 7 月，国务院在《关于印发国家基本公共服务体系“十二五”规划的通知》中，提出“集体合同签订率达到 80%”的目标要求。2010 年以来，中国企业集体合同覆盖面总体上呈加速扩展趋势（见图 1）。从 2010 年到 2012 年 9 月底，全国签订集体合同的数量逐年增长 12.9%、27.4% 和 25.2%；覆盖企业数量依次增长 15.4%、48.0% 和 60.5%；覆盖职工人数分别增长 14.0%、20.8% 和

19.7%。[①]截至2012年9月底，中国集体合同覆盖职工26719.7万人，占全国职工总数的76.4%。[②]

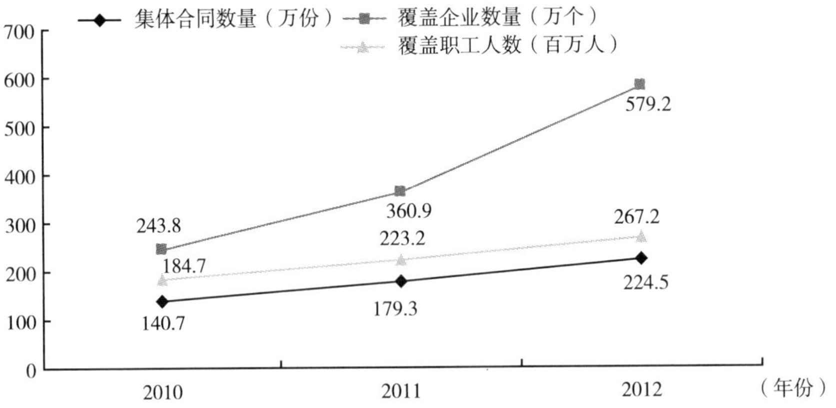

图1 2010～2012年中国集体合同覆盖面情况

说明：2012年数据是截至2012年9月的数据。目前还未公布2013年数据。

资料来源：历年《工会组织和工会工作发展状况统计公报》数据汇总。

在集体合同覆盖面扩大的同时，中国劳动关系实践中逐步形成了以工资集体协商为推动劳动者工资增长的主要动力机制。例如：截至2011年，沈阳集体合同覆盖面达到96.5%，签订集体合同的一线职工年平均工资收入比未签订集体合同的高出32个百分点；[③] 2012年沈阳市一线职工的平均收入较2011年增长14.4%，连续两年高于全市GDP和城镇居民可支配收入的增速。[④] 武汉市餐饮行业于2011年4月23日正式签订餐饮行业工资专项集体合同，该合同约定：将全行业最低工资标准提高至武汉市最低工资标准的130%，且不包括延长工作时间的加班工资；2011年行业职工工资涨幅不低于9%。2013年签订的

① 数据来自历年《工会组织和工会工作发展状况统计公报》的数据汇总，参见中国工会统计调查网，http：//stats. acftu. org/。

② 依据《2012年工会组织和工会工作发展状况统计公报》统计的全国工会会员人数（28021.3万人，全国职工入会率为80.1%）和集体合同覆盖职工人数计算得出。参见中国工会统计调查网，http：//stats. acftu. org/。

③ 丁军杰、顾威：《总揽“两个普遍”彰显工会作为》，《工人日报》2012年7月17日，第1版。

④ 潘跃、刘维涛：《探索职工工资的双赢之道》，《人民日报》2013年6月30日，第5版。

合同约定，最低工资标准增长不低于 10%，职工工资增长不低于 10%。[①]

2013 年 2 月，《意见》提出“积极推行工资集体协商和行业性、区域性工资集体协商”和“到 2015 年，集体合同签订率达到 80%”的目标要求。2013 年 2 月以来，共有 10 个地区以这一目标为基础，结合自身实际情况，对集体合同设定了量化指标要求（见表 3）。

表 3　2013 年各地区推进集体合同覆盖率的目标要求

地 区	发布时间	规范文件	目标要求
福 建	2013 年 3 月 4 日	福建省人民政府《关于印发福建省推进基本公共服务均等化“十二五”规划的通知》（闽政〔2013〕17 号）	已建工会的企业基本实行集体合同制度
安 徽	2013 年 3 月 7 日	安徽省人力资源和社会保障厅《关于印发安徽省 2013 年人力资源和社会保障事业发展计划的通知》（皖人社发〔2013〕13 号）	2013 年底，集体合同签订率达到 60% 以上
新 疆	2013 年 3 月 8 日	新疆维吾尔自治区人力资源和社会保障厅《关于印发 2013 年自治区人力资源和社会保障事业发展计划的通知》（新人社发〔2013〕26 号）	2013 年底，集体合同签订率达到 68%
河 南	2013 年 3 月 17 日	河南省人民政府《关于批转河南省促进就业规划（2011 – 2015 年）的通知》（豫政〔2013〕28 号）	企业集体合同签订率达到 80%
山 西	2013 年 3 月 18 日	山西省人民政府办公厅《关于印发山西省基本公共服务体系“十二五”规划的通知》（晋政办发〔2013〕31 号）	企业集体合同签订率达到 80%
江 苏	2013 年 8 月 5 日	江苏省人民政府办公厅《关于印发江苏省“十二五”基本公共服务体系规划的通知》（苏政办发〔2013〕152 号）	已建工会企业集体合同签订率达到 95%
广 西	2013 年 9 月 12 日	广西壮族自治区人力资源和社会保障厅《关于进一步加强劳动合同集体合同签订和工资集体协商工作的通知》（桂人社发〔2013〕45 号）	2013 年底，集体合同签订率达到 50% 以上
河 北	2013 年 9 月 30 日	河北省人力资源和社会保障厅、河北省总工会、河北省企业家协会、河北省工商业联合会《关于推进劳动合同和集体合同签订工作的通知》（冀人社字〔2013〕279 号）	2013 年底，集体合同签订率达到 84% 以上
南 京	2013 年 2 月 28 日	中共南京市委办公厅、南京市人民政府办公厅《关于印发〈南京市 2013 年社会建设工作目标任务分解方案〉的通知》（宁委办发〔2013〕21 号）	企业工资集体合同建制率达 85% 以上
西 宁	2013 年 3 月 5 日	西宁市人民政府《关于印发进一步推进企业工资集体协商工作实施意见的通知》（宁政〔2013〕26 号）	企业应全面建立工资集体协商制度

资料来源：北大法宝数据库及各地区人力资源和社会保障厅（局）网站。

① 潘跃、刘维涛：《探索职工工资的双赢之道》，《人民日报》2013 年 6 月 30 日，第 5 版。

（四）保障劳动者同工同酬权利

中国《劳动法》第46条第1款规定："工资分配应当遵循按劳分配原则，实行同工同酬。"实现劳动者的同工同酬权利，是让发展成果更多更公平惠及全体人民的重要保障。2012年12月，全国人民代表大会常务委员会对《劳动合同法》进行修改，[①] 修法的重点内容在于加强对劳务派遣工同工同酬权的法律保障。2013年2月，《意见》提出"落实新修订的劳动合同法，研究出台劳务派遣规定等配套规章，严格规范劳务派遣用工行为，依法保障被派遣劳动者的同工同酬权利"的要求。2013年2月以来，中国政府保障劳动者同工同酬权利采取的举措主要集中在两个方面。

第一，完善劳务派遣行政许可制度。2013年6月，人力资源和社会保障部发布《劳务派遣行政许可实施办法》（人力资源和社会保障部令第19号），对劳务派遣行政许可的申请受理、审查批准、监督检查和法律责任等问题进行了具体规范。2013年以来，共有24个省区和较大的市根据各自实际情况制定了劳务派遣行政许可的实施细则，各地共同的做法有：（1）衔接、理顺人力资源社会保障行政部门与工商部门的管辖职权；（2）开展劳务派遣行政许可的宣传和培训；（3）加强对劳务派遣单位的服务和管理。除此之外，各地还制定了更加细化的内容。例如，《北京市劳务派遣行政许可事项申办工作通告》（京人社发〔2013〕6号）对劳务派遣行政许可的变更程序、延续程序、异地经营备案程序等进行了细化规范。广州市人力资源和社会保障局《关于印发〈广州市劳务派遣行政许可工作指引〉的通知》（穗人社发〔2013〕103号），对劳务派遣经营状况的年度报告流程、撤销和注销流程、补证流程进行了详细规定。

第二，开展劳务派遣专项行动。2013年以来，共有10个省区和较大的市开展了劳务派遣专项行动，行动内容包括四种类型：（1）宣传劳动法规，组织行政执法工作人员培训。（2）调查劳务派遣实践情况。例如，江苏省人力

---

① 《全国人大常委会关于修改〈中华人民共和国劳动合同法〉的决定》，《人民日报》2012年12月29日，第4版。

资源和社会保障厅《关于开展用人单位遵守劳动用工和社会保险法律法规情况专项检查的通知》（苏人社函〔2013〕273 号）提出，专项检查的范围除了劳务派遣单位和用工单位之外，还应包括“招用农民工较多的建筑企业、纺织服装等加工制造企业、住宿餐饮企业，以及其他中小型劳动密集型企业和个体经济组织”，并列举了“签订劳动合同情况”“参加社会保险情况”等 7 项检查内容。（3）清理相关政策法规。（4）纠正和查处劳务派遣中的违法行为。例如，吉林省人力资源与社会保障厅在《关于印发〈吉林省劳动用工管理规范年活动实施方案〉的通知》（吉人社办字〔2013〕26 号）中，提出到 2013 年底，“劳务派遣用工进一步规范，用人单位劳动用工备案率达到 95% 以上，企业劳动合同签订率达到 98% 以上”。

二　实现劳动者劳动报酬权利面临的挑战

2013 年，中国在劳动者劳动报酬合理决定与正常增长的机制建设方面取得了显著进展。但是，这套机制要进一步发挥实效，实现发展成果更多更公平惠及全体人民的目标，仍面临以下几个方面的挑战。

（　）最低工资和工资指导线仍有较大的调整空间

2013 年，中国调整最低工资标准的地区数量增多，但是调整幅度收缩。2012 年，全国调整最低工资标准平均增幅为 20.2%，而 2013 年的平均增速为 14.8%，收缩了 5.4 个百分点。这一变化带来的直接影响是最低工资增长速度趋近城镇平均工资增长的区间，不利于最低工资标准在平均工资中占比的提高。国家统计局数据显示，2012 年全国城镇非私营单位就业人员月均工资 3897.4 元，较 2011 年增长 9.0%；私营单位就业人员月均工资 2396 元，较 2011 年增长 14.0%。2013 年最低工资标准平均增速仅比 2012 年高出 5.8 和 0.8 个百分点，鉴于已经公布数据的省市尚未有最低工资标准达到平均工资 40% 的情况，且多数省市的比例较低，因此增速放缓将给实现《意见》要求的最低工资占比 40% 的目标带来压力（见表 4）。

表 4　2012 年部分省市最低工资与平均工资增长对比

单位：元，%

地区	2012 年最低工资	2012 年月均工资	最低工资占平均工资比例	2012 年最低工资增长速度	2012 年平均工资增长速度
上海	1450	4692	30.9	11.7	8.3
天津	1310	3872	33.8	14.5	
浙江	1310	3341	39.2	12.2	12.2
北京	1260	5223	24.1	11.1	11.8
陕西	1000	3694	27.1	15.0	
无锡	1320	4615①	28.6	12.1	9.9

注：截至 2013 年 11 月 20 日，各省市人力资源和社会保障厅（局）网站共 5 个省区和 1 个较大的市公布了平均工资数据。

①不含私营单位从业人员平均工资。

资料来源：北大法宝数据库及各省市人力资源和社会保障厅（局）网站。

在工资指导线方面，虽然 2013 年上调工资指导线基准线的省区较多，但是工资指导线的上限则出现了一定程度的回落，20 个省区中仅有宁夏上调了上限，7 个省区下调了上限，平均下调幅度为 1.7%（见表 5），表明各省区政府对于工资指导线变化及其可能带来的企业用工成本增长等影响持更加保守的态度。

表 5　2013 年各省区工资指导线上限变化

单位：%

省区	上限	较 2012 年变化	省区	上限	较 2012 年变化
甘肃	20.0		天津	22.0	
新疆	19.0	-1.0	海南	16.0	
山东	22.0		青海	17.0	-2.00
宁夏	19.0	2.0	广东	16.0	
山西	20.0	-2.0	上海	12.0	
吉林	17.0	-3.0	北京	16.5	
云南	20.0		陕西	19.0	
四川	20.0		江西	17.0	-1.0
福建	13.0		内蒙古	17.0	-1.0
辽宁	17.0	-2.0	湖南	20.0	

资料来源：各省区人力资源和社会保障厅（局）网站。

（二）工会推动工资增长的作用有待进一步挖掘

2010 年以来，从集体合同签订率和覆盖面来看，中国的工资集体协商已经取得了积极成效。然而，工资集体协商在实践中仍存在“企业不愿谈，职工不敢谈，代表不会谈”的现象。[①] 产生这种现象的重要原因之一，在于部分劳动者害怕与用人单位协商会失去工作，而用人单位在主体力量对比、信息占有等方面有优势，导致其协商意愿不强。因此，中国《工会法》赋予工会与用人单位“进行平等协商，签订集体合同”的权利，通过劳动者集体的力量与用人单位进行平等的工资协商，实现“维护职工的合法权益”的职责。[②] 目前，中国工会在推动工资集体协商方面的作用还有待进一步增强。其一，中国工会的数量和覆盖面发展迅速。据中华全国总工会统计，截至2013年6月底，中国工会已拥有2.8亿会员，覆盖全国80.1%的职工，是世界上最大的工会组织。近3年来，中国工会平均每年净增会员1795.7万人[③]（见图2）。工会的快速发展为其更好地发挥作用奠定了基础，同时也带来了劳动者对工会在维护权益方面更高的心理期待。其二，工会发展尚未充分转化为实现劳动者权益的力量。政府部门、企业组织、工会组织三方协调劳动关系、化解劳动争议是市场经济国家的普遍做法，[④] 中国近年来也逐步建立了协调劳动关系的三方机制。但目前，中国的三方机制呈现政府主导和指标管理的特点。这在推动覆盖率方面有明显效果，且通过集体合同签订的过程，有效促进了劳动者与用人单位沟通理解和提高劳动报酬，有利于保障劳动者权益和劳动关系和谐稳定。然而，2012年，各级仲裁机构立案受理的劳动争议数量在连续3年（2009～2011年）减少后，首次出现上升。[⑤] 这表明在集体合同覆盖面达到一定程度后，对于保障劳动者权益和促进劳动关系和谐稳定的边际效应逐渐递减，实践中出现了在集体合同签订率的指标压力下“重形式轻履行”的现象。[⑥] 因此，进一步推动劳动者和用人单位平等协商，需要更加重视发挥工会的作用。

---

① 叶祝颐：《工资协商关键在于主体权利地位独立》，《中国商报》2013年5月10日，第2版。

② 参见《工会法》第20条第2款，第2条第2款。

③ 王燕琦：《中国工会会员总数达到2.8亿》，《光明日报》2013年10月12日，第1版。

④ 张鸣起：《以和谐劳动关系助推和谐社会建设》，《人民日报》2012年7月9日，第7版。

⑤ 参见2009～2012年《人力资源和社会保障事业发展统计公报》，人力资源和社会保障部网站，http：//www.mohrss.gov.cn/SYrlzyhshbzb/zwgk/szrs/。

⑥ 吴清军：《集体协商与“国家主导”下的劳动关系治理——指标管理的策略与实践》，《社会学研究》2012年第3期。

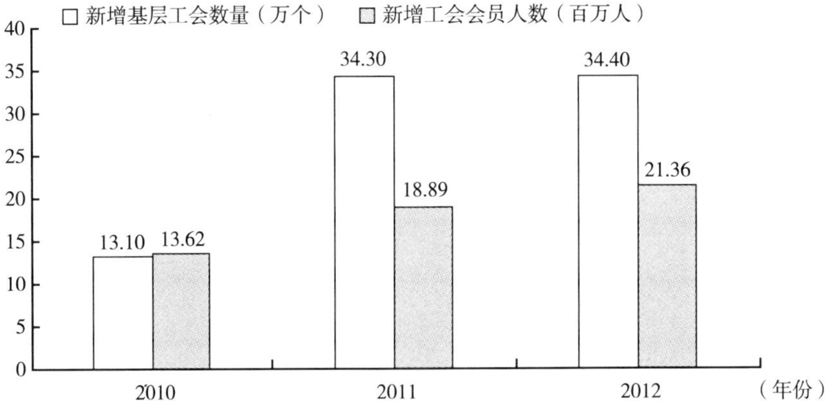

图 2　2010 ~ 2012 年中国基层工会发展情况

资料来源：历年《工会组织和工会工作发展状况统计公报》数据汇总。

（三）保障劳动者劳动报酬权利的法律框架尚需完善

2013 年以来，虽然中国在保障劳动者同工同酬权利、提高最低工资标准及集体合同覆盖率方面取得了显著进展，但是从国家法层面考察，现有法律对于劳动报酬权和集体协商权的制度支持落后于现实发展，主要表现在三个方面。其一，立法层级较低。目前，在国家法层面尚无劳动报酬和集体协商的专门性法律。虽然《劳动法》《劳动合同法》《工会法》对工资报酬、工资集体协商做出了规定，但主要侧重于原则性和宏观性指导，缺乏可操作性。而《最低工资规定》《集体合同规定》《工资支付暂行规定》在法律位阶中属于部门规章，难以为劳动报酬权和集体协商权提供有效的法律支持。其二，刚性约束不足。《劳动法》和《劳动合同法》中对企业一方开展集体协商和签订集体合同采取了非强制性规定，法律条文中使用的是“可以”的表述，[①] 为实践中一些用人单位拒绝工资集体协商留下了制度缺口。《工会法》规定，在企业违反集体合同时，工会“可以”要求其承担责任；因履行集体合同发生争议时，工会“可以”提起仲裁和诉讼。[②] 但当工会不作为导致劳动者权益受损时，劳动者无法依法要求工会承

① 《劳动法》第 33 条第 1 款，《劳动合同法》第 51 条第 1 款。

② 《工会法》第 20 条第 4 款。

担责任。其三，立法存在疏漏。中国法律对劳动报酬权和集体协商权的保障还存在一些盲点，如存在未对不当劳动行为进行规制、[①] 最低工资统计口径不统一、[②] 劳动定员基准的缺失、[③] 尚未明确集体协商权的主体、[④] 法律责任规定有待完善等问题，都可能导致劳动者在维护自身合法权益时无法可依。

三 思考与建议

《意见》提出的"完善工资指导线制度"、"调整最低工资标准"、"推行工资集体协商"和"落实新修订的劳动合同法"四项措施并非平面关系，而是呈互相促进、层次推进的体系关系。要更好地实现劳动者劳动报酬权利，需要完善工资决定和增长机制的基础层、动力层和指引层的措施与规范。

（一）加快最低工资标准和工资指导线的调整

在实现劳动者劳动报酬权利过程中，最低工资标准和工资指导线起到了基础性作用。从保障劳动者劳动报酬权的国家法角度来看，制定最低工资标准是以国家权力的刚性约束为劳动合同和集体合同中的劳动报酬划定基线，而工资指导线则以非强制性的方式为工资集体协商提供指引。然而，若最低工资标准和工资指导线低于适当区间，则会导致对于工资的集体协商起点低，不利于劳动者劳动报酬权的实现。《意见》提出的"最低工资标准达到当地城镇从业人员平均工资的40%以上"的要求，既符合国际通行惯例，也为中国立法所肯定。[⑤] 因此，适当加快最低工资标准的调整速度，使其达到40% ~60%的合理区间，是实现健全工资决定和正常增长机制的前提保证。

---

① 参见常凯《论不当劳动行为立法》，《中国社会科学》2000 年第 5 期。

② 参见董保华《最低工资立法之"提水平"与"统范围"》，《探索与争鸣》2010 年第 9 期。

③ 参见王全兴、沈同仙、冯彦君、王文珍《专家谈：劳动基准问题》，《中国劳动》2011 年第 5 期。

④ 参见刘诚《论集体谈判权主体》，《工会理论研究》2013 年第 2 期。

⑤ 最低工资标准不得低于月平均工资的 40% 的比例规定，最早见于 1993 年原劳动部公布的《企业最低工资规定》的附件"最低工资率测算方法"中，2004 年劳动和社会保障部公布的《最低工资规定》在附件部分重申了这一规定。

（二）增强工会能力建设，发展基层工会作用

在实现工资报酬合理增长的四项机制体系中，工资集体协商起到了主要动力机制的作用。要进一步发挥工资集体协商推动劳动报酬增长的实际效果，工会能力的提高是重要的影响因素。在市场经济劳动关系中，劳动者处于相对弱势的地位，这种特点使得个体劳动者无法与用人单位平等地协商工资报酬等条件。集体协商制度的逻辑起点在于，劳动者自愿结成工会组织，通过集体的力量与用人单位形成主体的对等，进而实现平等协商。因此，完善工资集体协商制度包含着对工会能力的更高要求。目前，在中国增强工会能力有两种路径。其一，“自上而下”的政府主导模式。目前，中国集体协商的开展呈现政府主导的特点，但是2012年劳动争议案件反弹的迹象表明，在集体合同覆盖面达到一定程度后，这种模式对于保障劳动者权益的边际效应正在递减。其二，“自下而上”的企业工会直选模式。通过民主选举任命工会主席的方式，增强了基层工会对劳动者的号召力和凝聚力，是增强工会能力建设的另一条有效路径。《工会法》第9条第2款规定：“各级工会委员会由会员大会或者会员代表大会民主选举产生。”以2012年5月深圳欧姆电子公司企业工会主席直选为标志，[①] 企业工会主席直选发展速度加快。在实践中，一些企业也积累了有益经验。例如，深圳市理光工业发展有限公司的工会在推动工资集体协商过程中，通过对食品价格涨幅、育儿支出增幅、幼儿教育支出涨幅、住房租金涨幅等进行周密的调查，将公司提出的工资涨幅8%提升到15%，被冠以“理光模式”的头衔。[②] 目前，企业工会直选开展的范围还很有限，应当总结当前经验，在条件较为成熟的地区开展更大范围试点，进一步探索工会直选对增强企业工会能力的效果。

（三）完善工资集体协商法律调整的规范框架

在实现劳动者劳动报酬权利的法律规范与指引层面，完善调整工资集体协

① 秦淮川：《工会直选工人更有话语权》，《法制日报》2012年5月31日，第7版。

② 申欣旺、闵杰、周挺、夏康炎：《企业工会直选：把选择权交给工人》，《检察日报》2012年8月20日，第5版。

商法律的任务较为紧迫。目前，中国调整工资集体协商的国家立法存在立法层级较低、刚性约束不足、规范内容疏漏等问题，因此制定集体合同法具有现实必要性和紧迫性。从 20 世纪 90 年代末开始，中国地方立法便在这一领域进行探索，并积累了大量经验。从 1996 年广东省颁布第一个集体合同地方性法规至 2013 年底，中国有 26 个省区共颁布“集体协商”与“集体合同”地方性法规 15 部、地方政府规章 26 部。地方立法总的经验与趋势是强化法律责任等强制性规范，主要体现在两个方面。其一，明确企业拒绝协商或者对集体协商设置障碍的法律责任。例如，《重庆市集体合同条例》第 41 条规定，违反该条例并且逾期不改的，劳动保障行政部门可以对其处以 2000 元以上 2 万元以下罚款；《江苏省集体合同条例》第 38 条将罚款金额提高到了 3000 元以上 3 万元以下；《黑龙江省集体合同条例》第 45 条规定最为严格，不仅将罚款金额提高到 1 万元以上 5 万元以下，同时要求向社会公布。其二，规定劳动行政部门和工会工作人员的责任。例如，《重庆市集体合同条例》第 45 条规定，劳动保障行政部门工作人员有徇私舞弊、滥用职权、收受贿赂等行为的，需要承担行政处分直至追究刑事责任。《浙江省集体合同条例》第 45 条规定了工会工作人员的责任。总结地方立法经验，可为中央立法提供有效的法制资源支持。

B.5

公民健康权利保障与公立医院试点改革

满洪杰*

摘　要：

公立医院是我国医疗服务体系的主体，但现有的公立医院存在医疗资源分配不均衡、政府投入不足、医院营利化倾向严重、医疗服务竞争不公平等问题。2009年以来的新医改，将公立医院试点改革作为医疗体制改革的重点之一。2013年，各级政府不断加大对公立医院的投入，在取消以药养医、理顺医药价格体系，完善公立医院布局以提高医疗资源的可获得性，建立医疗联合体实现医疗服务的均质化，发展基层公立医院促进医疗资源分配的平等性，改革公立医院管理体制提高医疗服务的效率等方面取得了突出的成就，为公立医院改革的全面启动积累了丰富的经验。

关键词：

公立医院　试点　改革　健康权利

一　公民健康权需求是公立医院试点改革的要求和动力

顾名思义，公立医院是由各级政府设立的医院，是我国医疗服务体系的主体和核心力量。截至2013年9月，在全国2.4万个医院中，公立医院共有

* 满洪杰，山东省济南市人，法学博士，山东大学法学院副教授，研究专业为人权法学、民商法学，主要研究方向为医疗人权保障、侵权责任法、人格权法、医事法学。

13427 个，占全部医院数量的 56%。[①] 而在提供医疗服务方面，公立医院更是绝对主力。以 2013 年 9 月为例，公立医院诊疗人次为 2 亿，而私立医院的诊疗人次则仅为 0.2 亿，相差 9 倍多。[②] 公立医院在机构数量和服务能力上的压倒性优势，决定了其在我国医疗卫生体系中的重要地位。

《世界人权宣言》第 25 条第 1 款规定："人人有权享受为维持他本人和家属的健康和福利所需的生活水准，包括食物、衣着、住房、医疗和必要的社会服务；在遭到失业、疾病、残废、守寡、衰老或在其他不能控制的情况下丧失谋生能力时，有权享受保障。"联合国《经济、社会、文化权利国际公约》第 12 条规定："一、本公约缔约各国承认人人有权享有能达到的最高的体质和心理健康的标准。二、本公约缔约各国为充分实现这一权利而采取的步骤应包括为达到下列目标所需的步骤：（甲）减低死胎率和婴儿死亡率，和使儿童得到健康的发育；（乙）改善环境卫生和工业卫生的各个方面；（丙）预防、治疗和控制传染病、风土病、职业病以及其他的疾病；（丁）创造保证人人在患病时能得到医疗照顾的条件。"中国作为上述公约的缔约国，对于公民的医疗权利在宪法中做了明确规定。《宪法》第 14 条第 4 款规定："国家建立健全同经济发展水平相适应的社会保障制度。"第 21 条规定："国家发展医疗卫生事业，发展现代医药和我国传统医药，鼓励和支持农村集体经济组织、国家企业事业组织和街道组织举办各种医疗卫生设施，开展群众性的卫生活动，保护人民健康。国家发展体育事业，开展群众性的体育活动，增强人民体质。"第 45 条第 1 款规定："中华人民共和国公民在年老、疾病或者丧失劳动能力的情况下，有从国家和社会获得物质帮助的权利。国家发展为公民享受这些权利所需要的社会保险、社会救济和医疗卫生事业。"因此，在公立医院改革中，落实和明确政府的办医职责，不仅是履行我国政府在上述国际人权公约中的义务，也是保障宪法规定的公民基本权利的重要体现。

---

① 2013 年 9 月底全国医疗卫生机构数量，见中华人民共和国国家卫生和计划生育委员会网站，http://www.nhfpc.gov.cn/mohwsbwstjxxzx/s7967/201311/fd0cdd9166544e03a6efd0358f7acfa3.shtml，2013 年 11 月 25 日访问。

② 2013 年 9 月全国医疗服务情况，见中华人民共和国国家卫生和计划生育委员会网站，http://www.nhfpc.gov.cn/mohwsbwstjxxzx/s7967/201311/e6e3a15e59434ae993036376ffcf13c6.shtml，2013 年 11 月 25 日访问。

然而，长期以来形成的公立医院在管理模式、资源配置、服务方式等方面的问题和不足，成为我国医疗卫生体制中的一大难题，使公立医院远远不能满足人民群众日益增长的健康需求，“看病难”“看病贵”成为医疗服务中的主要矛盾。

（一）“看病难”制约了公民公平获得医疗救助权的实现

“看病难”，表现为看专家难，候诊时间长，住院病床不足等，其实质是优质医疗资源的可及性差，影响到公民公平地获得医疗救助。“看病难”产生的根本原因，在于公立医院的布局不合理，医疗资源分配过于集中。长期以来，我国的公立医院医疗资源在布局上过度向大城市、发达地区、大型医院倾斜，导致医疗资源的分配极度不均衡，表现为：布局方面，公立医院总体布局不合理，条块分割、交叉重叠，城乡、区域发展严重不平衡；层次方面，分工协作体系不健全，基层服务能力薄弱；结构方面，部分服务领域如老年护理、康复、精神卫生等比较薄弱。

例如，到2011年，全国公立医院床位中，东部地区为1388017张，中部和西部分别为1006229张和849412张，每千人口医疗卫生机构床位数东、中、西部分别为4.21、3.52和3.62张，其中北京为7.40张，上海为7.55张，山东为4.34张，江西为2.85张，贵州仅为2.77张。从各地医务人员的分布上看，2011年每千人口执业医师和注册护士的数量，东、中、西部分别为2.18、2.03、1.61和1.46、1.60、1.40。其中，北京为5.45和5.68，上海为3.79和4.15，山东为1.94和1.78，江西为1.32和1.36，贵州为1.07和0.98。城乡之间在医疗服务水平、公共卫生服务能力、医疗保障覆盖的广度和深度等多方面还有很大差异。[①] 由于医疗设备、人力资源等的过度集中，导致求医者向医疗技术水平较高的大城市、大医院转移，出现了北京、上海等地的大医院“一号难求”，中小城市、农村的中小医院、乡镇卫生院门可罗雀的情况。而这种利用上的差距更加剧了医疗资源分配的进一步两极化。

---

① 参见中华人民共和国国家卫生和计划生育委员会《2012年中国卫生统计提要》，2012年6月6日发布。见国家卫生和计划生育委员会网站，http：//www.nhfpc.gov.cn/mohwsbwstjxxzx/s7967/201206/55044.shtml，2013年11月24日访问。

（二）“看病贵”限制了公民获得药物救助的权利

“看病贵”，表现在医药服务，特别是药品价格过高，超出了一般社会公众的承受能力，这造成贫困人口和医疗保障覆盖水平较低的人口，因医疗费用问题限制了其获得医疗服务的可能性，乃至出现了“因病致贫”的现象。究其原因，是在之前的医疗改革中，未能确立和全面贯彻公立医院的“公益性”属性。公立医院，由各级政府以财政税收建立和运营，理应服务于社会大众，体现国家税收“取之于民，用之于民”的公益性质。然而，由于我国在市场经济改革初期资源短缺，医疗保障体制改革走了一条畸形市场化、医疗机构营利化的道路。这导致了在我国作为医疗服务主力军的公立医院，一方面接受政府资金的支持，另一方面将医疗服务作为营利项目来经营，形成了以药养医、高收费等现象，使公立医院的公益性无从得到体现，加剧了人民群众看病难、看病贵的情况。

（三）公民的医疗选择权受到制约

公民现有的医疗选择权，是以各种医疗服务机构的充分发展和市场化竞争为前提的。然而，我国当前的医疗服务市场，公立医院一家独大，利用紧靠政府的“公立”地位，和其市场中的营利性与支配性，在政府与市场的双重体制中左右逢源，确立和不断强化其在医疗服务市场中的垄断地位，严重压缩了其他医疗服务机构生存和发展的空间。而公立医院本身管理模式落后，在体制上职责不清、权责不明，多重的管理体制造成了管理成本高企。医院缺乏自主权，医疗服务成本被人为地低估，医疗服务不能体现其应有价值，使现有的医疗价格体系无法反映医疗服务成本和供需变化，并迫使医院和医务人员通过“以药养医”解决医疗成本问题。医院内部管理模式落后，医疗人事制度与医疗服务活动的特征不相符，上下级医疗机构之间医务人员缺乏流动，导致医疗人力资源配置失衡。

二　2013 年公立医院改革试点的进展和成就

2009 年 3 月 17 日，根据十七大精神，中共中央、国务院发布了《关于深化医药体制改革的意见》，即通称的“新医改方案”。新医改方案指出，医疗体制改革应着眼于实现人人享有基本医疗卫生服务的目标，特别强调了公共医疗卫生的公益性质，要求通过实行政事分开、管办分开、医药分开、营利性和非营利性分开，强化政府责任和投入，鼓励社会参与，建设覆盖城乡居民的基本医疗卫生制度。作为新医改的基本目标之一，方案要求公立医院改革试点要明显提高基本医疗卫生服务可及性，有效减轻居民就医费用负担，切实缓解“看病难”“看病贵”问题。

根据新医改方案的要求，2009 年 12 月 22 日，国务院医改领导小组召开第五次会议，确定辽宁省鞍山市等 16 个（后增加至 17 个）城市为公立医院改革国家联系试点城市。试点城市共覆盖 8000 余万人口，占全国总人口的 6.09%，共有公立医疗机构 3956 家。各省区也确定了 31 个省级试点城市承担本地区改革探索任务。

2010 年 2 月，卫生部等部委发布的《关于公立医院改革试点的指导意见》（卫医管发〔2010〕20 号），提出了公立医院改革“适度规模、优化结构、合理布局、提高质量、持续发展”方针。

2011 年 2 月，国务院办公厅印发了《2011 年公立医院改革试点工作安排的通知》（国办发〔2011〕10 号），要求在全国推行惠民便民措施，充分调动医务人员积极性，推进形成多元化办医格局，并提出要优先发展县级医院，将县级医院作为公立医院的重点。

2012 年 6 月，国务院办公厅印发了《关于县级公立医院改革综合试点的意见》，提出要通过对县级公立医院的体制改革，统筹县域医疗卫生体系发展，力争使县域内就诊率提高到 90% 左右，基本实现大病不出县，并在全国选择 300 个左右县（市）作为改革试点。

2012 年 8 月，卫生部等部委印发了《关于做好 2012 年公立医院改革工作的通知》，明确 2012 年所有公立医院改革国家联系试点城市都要启动破除以药补医的探索，要求做好国家联系试点城市的评估工作，总结推广地方的成熟改革经验，形成向全国推广的公立医院改革基本路子，推动公立医院改革由“局部试点”转向“全面推进”。

2013 年是公立医院改革试点的第四年，也是进入深水区和攻坚的一年。2013 年 1 月 5 日，时任中共中央政治局常委、国务院副总理、国务院深化医药卫生体制改革领导小组组长的李克强主持召开医改领导小组第十二次全体会议。李克强指出，要推进和扩大公立医院改革试点，通过创新体制增强活力。发挥社会力量和市场机制作用，打破行政区域限制，推动医疗资源有机结合，建立合理分级诊疗模式，更好、更有效地服务群众，向改革要利益、要效益。[①]

2013 年 8 月，国务院医改领导小组办公室下发了《关于开展县级公立医院综合改革试点自评估工作的通知》（国医改办函〔2013〕1 号），要求全面总结县级公立医院综合改革试点的做法和进展，总结经验，评估改革取得的成效，同时要发现制约改革深化的主要因素，分析问题产生的原因；评价不同改革措施的可推广性，形成县级公立医院改革的基本路子，从而为全面推进县级公立医院改革打下基础。

2013 年 9 月，国务院下发了《国务院关于促进健康服务业发展的若干意见》（国发〔2013〕40 号），指出加快发展健康服务业，是深化医改、改善民生、提升全民健康素质的必然要求，是进一步扩大内需、促进就业、转变经济发展方式的重要举措，对稳增长、调结构、促改革、惠民生，全面建成小康社会具有重要意义。《意见》提出，到 2020 年，基本建立覆盖全生命周期、内涵丰富、结构合理的健康服务业体系，打造一批知名品牌和良性循环的健康服务产业集群，并形成一定的国际竞争力，基本满足广大人民群众的健康服务需求。健康服务业总规模达到 8 万亿元以上，成为推动经济社会持续发展的重要力量。在医疗服务领域，要使医疗卫生服务体系更加完善，形成以非营利性医疗机构为主体、营利性医疗机构为补充，公立医疗机构为主导、非公立医疗机构共同发展的多元办医格局。康复、护理等服务业快速增长。各类医疗卫生机构服务质量进一步提升。

2013 年 11 月，党的十八届三中全会通过的《中共中央关于全面深化改革若干重大问题的决定》提出，要统筹推进医疗保障、医疗服务、公共卫生、药品供应、监管体制综合改革。决定特别强调，要加快公立医院改革，落实政府责任，建立科学的医疗绩效评价机制和适应行业特点的人才培养、人事薪酬制度。

① 《李克强主持召开国务院医改领导小组第十二次全体会议》，卫生部公立医院改革简报第 289 期，国家卫生和计划生育委员会网站，http：//www.moh.gov.cn/tigs/s3582/201301/f8ea34d0f9544ad3af5333673afbeb10.shtml，2013 年 11 月 20 日访问。

加强区域公共卫生服务资源整合。取消以药补医，理顺医药价格，建立科学补偿机制。鼓励社会办医，优先支持举办非营利性医疗机构。社会资金可直接投向资源稀缺及满足多元需求服务领域，多种形式参与公立医院改制重组。

《决定》的要求，为今后公立医院的改革指明了方向。2013 年 11 月，国家卫生和计划生育委员会主任李斌在《求是》杂志撰文提出，当前要把县级医院改革作为重点，力争 3 年内全面完成，切实发挥好县域内龙头医院的作用。同时深化拓展城市公立医院综合改革，加强顶层设计，进行系统性的改革试点，形成改革政策的叠加效应。公立医院改革要切实履行好政府办医职责，合理定位公立医院功能、数量、规模、结构和布局，坚持公立医疗机构面向城乡居民提供基本医疗服务的主导地位。以破除以药补医为关键环节，统筹推进管理体制和价格、药品供应改革，理顺医药价格，建立科学的补偿机制。推进建立公立医院内部治理机构，深化人事分配等机制综合改革。[①] 而根据《人民日报》报道，到 2015 年全国公立医院改革将全面铺开，使 90% 的病能够在县域内解决。[②]

（一）落实政府对公立医院的投入政策，保障公民医疗权利

在公立医院改革试点中，最为核心和引人注目的，是如何突破现有的公立医院的经费保障体制，改变当前公立医院以药养医的局面，真正实现公立医院的公益化。党的十八届三中全会指出，公立医院改革要落实政府责任。政府举办公立医疗机构，是国家保障公民医疗权利的重要职责。

关于明确政府办医职责，国务院医改办主任孙志刚提出，主要是要全面落实政府在公立医院的基本建设、设备购置、重点学科发展、公共卫生服务、符合国家规定的离退休人员费用和政策性亏损补贴等六个方面的投入政策。[③] 近年来，随着医疗改革的深化，政府卫生支出不断增加。特别是 2011 年以来，政府卫生支出增加迅速，从 2010 年的 5732.49 亿元，增加至 2011 年的 7378.95 亿元，增长率超过 28.7%；2012 年政府卫生支出达到 8365.98 亿元。政府卫生支出占卫生总费用支出的比例，也从 2010 年的 28.7% 增长到 2011 年

① 李斌：《深化医药卫生体制改革》，《求是》2013 年第 23 期。

② 白剑峰、李红梅：《医改：看病更省心更省钱》，《人民日报》2013 年 11 月 10 日，第 2 版。

③ 吕诺、胡浩：《公立医院改革要做好三篇文章》，《人民日报》2013 年 12 月 2 日，第 16 版。

的30.7%，2012年为30%。这是从1987年以来政府卫生支出首次在卫生总费用构成中所占比例超过30%。详见图1。

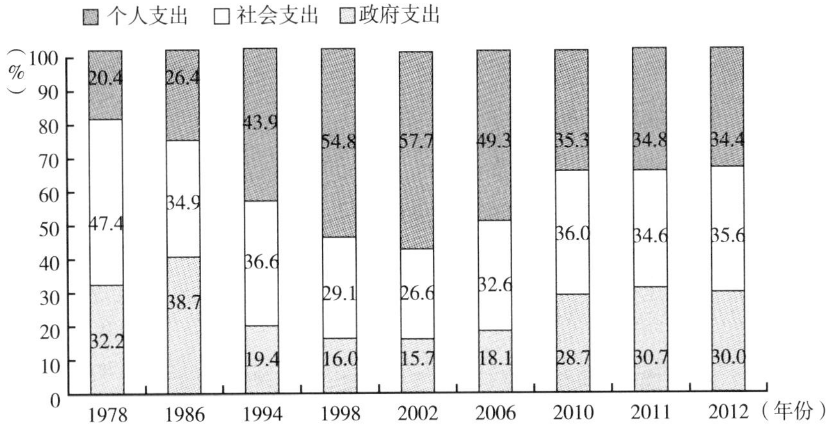

图1　1978～2012年我国卫生总费用构成比例变化图

数据来源：《2013中国卫生统计年鉴》，见国家卫生和计划生育委员会网站，http://www.nhfpc.gov.cn/mohwsbwstjxxzx/tjnj/list.shtml，2013年11月25日访问。

政府卫生支出占财政支出的比重，2011年达到了6.83%，占国内生产总值的比重也达到了1.58%；2012年这两个比重分别为：6.65%、1.61%，后者为历史新高。如图2所示。

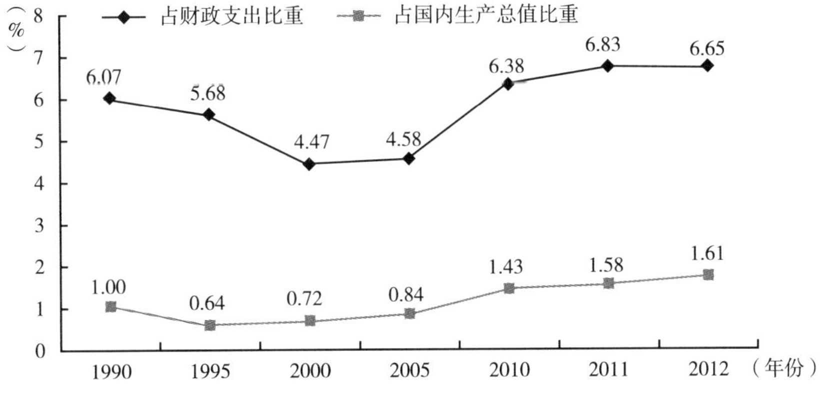

图2　1990～2012年政府卫生支出占财政支出及国内生产总值比重变化趋势

数据来源：《2013中国卫生统计年鉴》，见国家卫生和计划生育委员会网站，http://www.nhfpc.gov.cn/mohwsbwstjxxzx/tjnj/list.shtml，2013年11月25日访问。

而在2013年3月提请第十二届全国人民代表大会第一次会议审议的中央和地方政府预算中，中央政府预算医疗卫生支出2602.53亿元，增长27.1%。①

（二）取消以药养医，提供医药资源的可获得性

取消以药补医，理顺医药价格，建立科学补偿机制，是公立医院改革试点的关键所在，也是十八届三中全会确定的公立医院改革的基本步骤。长期以来，公立医院实行以药补医政策，通过药品的加价获得高额收益，药品收入在公立医院收入中所占比例过大。例如，2012年全国公立医院收入来源情况，及2008~2012年公立医院出院病人人均医药费用组成情况分别见表1及图3。

表1 2012年每所公立医院平均收入金额及构成

收入来源	收入金额(万元)	所占比重(%)
财政补助收入	892.8	8.15
医疗收入(不含药品收入)	5406.9	49.38
药品收入	4388.8	40.07
科教项目收入	50	0.46
其他收入	212	1.94
总收入	10950.5	100

由表1可见，在公立医院收入中，药品收入仍然占到近半壁江山，而财政补助收入未超过公立医院总收入的10%。为此，公立医院试点改革提出要逐步取消药品加成政策，将医院的补偿由服务收费、药品加成收入和财政补助三个渠道，改为调整服务收费和增加财政补助两个渠道。② 在2013年，全国各试点改革地区陆续取消了药品加成。

——2013年国家确定的311个试点县基本取消了15%的药品加成，全国范围内有700多个县取消了药品加成。③

---

① 《2013年中央预算医疗卫生支出拟增长27.1%》，中华网，http://news.china.com/focus/2013lh/news/11136226/20130305/17711873.html，2013年11月20日访问。

② 吕诺、胡浩：《公立医院改革要做好三篇文章》，《人民日报》2013年12月2日，第16版。

③ 《全国公立医院改革2015年全面铺开》，人民网，http://www.people.com.cn/24hour/n/2013/1111/c25408-23494963.html，2013年12月2日访问。

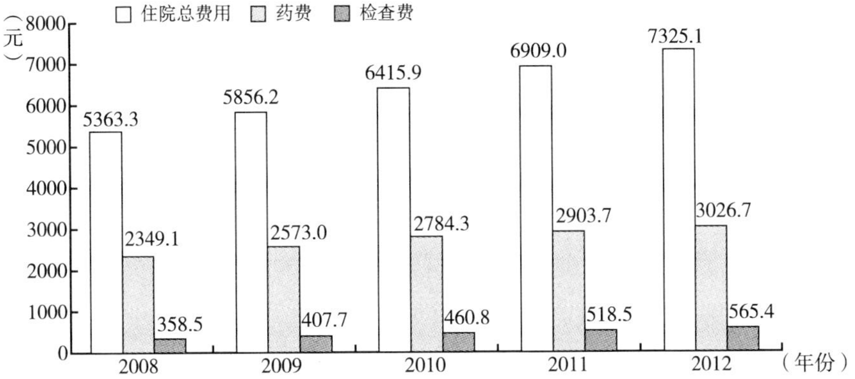

图3　2008～2012 年公立医院出院病人人均医药费用及组成情况图

数据来源：《2013 中国卫生统计年鉴》，见国家卫生和计划生育委员会网站，http：//www. nhfpc. gov. cn/htmlfiles/zwgkzt/ptjnj/year2013/index2013. html，2014 年 6 月 14 日访问。

——陕西、安徽、浙江、青海等省，取消药品加成已经在全省范围内推开。①

——自 2013 年 10 月 1 日起，成都市 36 个县级公立医院取消药品加成，即将全市除五城区（含高新区）以外的其他区（市）县级公立综合医院及中医院共 36 家纳入试点范围。

——广东清远 3 家县级公立医院 2013 年 12 月亦加入试水破除“以药养医”的队伍中。②

各地也采取不同的措施，稳步推行医药分开。例如，上海市在《上海市进一步深化公立医院体制机制改革三年行动计划（2013－2015 年）》中提出，从 2013 年起全面实现“四个分开”。在 4 家郊区新建三级医院实施医药分开改革试点，取消药品加成，同时调整医疗服务价格，建立新的公立医院补偿机制。明确对 4 家新建三级医院取消现行医院药房经营的各种各类药品的批零售价，按进价销售，同步提高门诊诊查费和住院诊查费、护理费、床

① 《全国公立医院改革 2015 年全面铺开》，人民网，http：//www. people. com. cn/24hour/n/2013/1111/c25408－23494963. html，2013 年 12 月 2 日访问。

② 《国家卫计委主任：3 年内完成县级公立医院改革》，每经网，http：//www. nbd. com. cn/articles/2013－12－03/791868. html，2013 年 12 月 2 日访问。

位费等。①

各地对医院减少的收入采取三种补偿模式：一是通过增加财政投入予以补偿，如陕西、青海采取了这种模式。二是通过调整医疗服务价格予以补偿。如浙江调整诊疗费用，限定调价总量不超过药品差价的90%，医院自行消化减少收入的10%，政府财政承担兜底责任。三是调整医疗服务价格和增加财政投入“双管齐下”补偿。在安徽，政府财政补偿25%，其余75%通过调整服务价格，采用医保报销形式补足。② 山东省则在其《关于实施县级公立医院能力提升工程的意见》中要求，对县级医院补偿由服务收费、药品加成收入和政府补助改为服务收费和政府补助两个渠道。通过规范药品和医用耗材采购供应，要求试点县（市、区）的县级医院配备使用的药品（国家另有规定的除外）全部通过省药品集中采购平台采购。提高县级医院配备使用基本药物的比例，原则上基本药物销售额占全部药品销售额的比例不低于35%。同时，通过调整医疗服务价格，侧重提高体现医务人员技术劳务价值的诊疗、手术、护理等项目价格，原则上调整医疗服务价格的总量不超过2011年度药品合理价差总量的80%，增加的医疗服务收费纳入医保支付范围。在此基础上，落实和完善政府投入政策，提出县级政府对所办医院履行出资责任，禁止县级医院举债建设，将所需政府投入纳入预算，并及时拨付到位。全面落实对县级医院基本建设、大型设备购置、重点学科发展、人才培养、符合国家规定的离退休人员费用、政策性亏损补贴、承担公共卫生任务和紧急救治、支边、支农等公共服务的投入政策。增加的政府投入，省级财政结合中央支持给予适当补助，市、县级财政按照实际情况调整支出结构，切实加大投入。③

---

① 《上海启动公立医院改革“三年行动计划”》，卫生部公立医院改革简报第283期，中华人民共和国国家卫生和计划生育委员会网站，http://www.moh.gov.cn/tigs/s3582/201212/933de43ce7684ad8babb7676297b37ff.shtml，2013年11月20日访问。

② 《全国公立医院改革2015年全面铺开》，人民网，http://www.people.com.cn/24hour/n/2013/1111/c25408-23494963.html，2013年12月2日访问。

③ 《山东省稳步推进县级公立医院综合改革》，卫生部公立医院改革简报第287期，国家卫生和计划生育委员会网站，http://www.moh.gov.cn/tigs/s3582/201301/73282134733642b1993ac43712f5e5bd.shtml，2013年11月20日访问。

（三）完善公立医院的布局，提高医疗资源的可及性

当前我国公立医院的一大问题就是布局不均衡、不合理。公立医院，特别是具有较高医疗水平的大型三级医院和专科医院，集中于少数大城市和东部经济发达地区，农村地区、中西部地区公立医院较少，医疗服务能力不足。如图4所示。

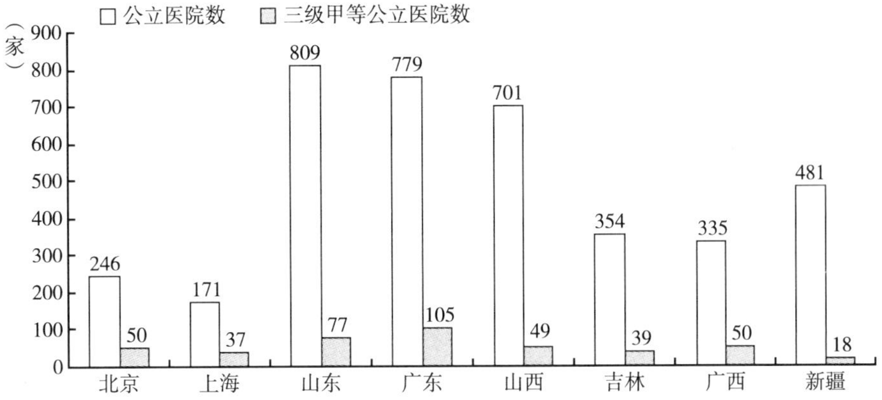

图4　2012年各省区公立医院及三级甲等公立医院数量

数据来源：《2013中国卫生统计年鉴》，见国家卫生和计划生育委员会网站，http://www.nhfpc.gov.cn/htmlfiles/zwgkzt/ptjnj/year2013/index2013.html，2014年6月14日访问。

从图4可以看出，东、中、西部省区之间，在公立医院特别是三级甲等公立医院数量上有较大差距。即使是在医疗资源丰富地区，医疗资源的分布也存在相对不均衡、结构不合理、整体使用效率不高，分级有序的医疗服务体系尚未形成等问题。

针对这种状况，各试点地区根据自身情况，采取各种措施合理配置医疗资源。2013年2月，北京市印发了《北京市医疗机构设置规划》，以“人人享有基本医疗卫生服务”为目标，优化医疗资源配置，逐步缩小医疗卫生资源在城乡、区域之间的差异，加强医疗资源优化结构和完善体系等整体规划工作。确定了“统一规划，分级实施；城乡统筹，均衡发展；提升水平，注重内涵；公平可及，保障健康”的总体原则，以实现“增加总量、盘活存量、提高质量”的规划目标。具体措施包括：

——根据人口规模变化情况，按照床位配置标准合理增加医疗资源总量。增量主要满足区域医疗中心、康复医院和护理院以及供需矛盾突出的薄弱专科发展需要。

——对区域内存量资源进行优化，积极推进城市资源密集区的优质医疗资源向郊区县、新城和资源薄弱地区转移和发展。

——严格控制中心城区公立医院规模，加强医疗机构内涵建设，着力提高服务效率和水平。以提高整体使用效率和技术服务水平为主要方向，重点改造陈旧老化的基础设施，将医院“做精、做强”。

——大力发展康复医院和护理院。规定各区县政府要根据本辖区常住人口规模，按照卫生部《医疗机构基本标准》中康复医院的设置标准和《护理院基本标准2011版》，大力推动康复医院和护理院发展，“十二五”时期逐步达到配置标准要求。

——优化综合性床位资源配置，对资源密集地区，严格控制床位规模，通过资源结构优化和转移等方式使为常住人口服务的床位规模逐步稳定在配置标准上；对资源不足地区，通过引入资源密集区资源和增加资源等方式使床位规模逐步接近配置标准，满足服务人口医疗需求。

——重点加强区域医疗中心建设。由市级卫生行政部门按30万至50万人口规模规划设置，建立为辖区居民提供急、危、疑难重症诊疗服务的，学科设置齐全、服务能力强、地理位置能够有效覆盖服务人口的二级及以上综合医院，建立与周边社区卫生服务机构的定向转诊机制，推进形成分级有序的就医模式。①

江苏省则立足省情，以满足城乡居民医疗服务需求为出发点，制定医疗机构设置规划，加强政府对医疗事业的宏观调控，科学、合理配置和利用医疗卫生资源，构建科学、完善的医疗服务体系。

——着重规划三级医院的性质、规模、布局和数量，为发挥其以技术服务和管理为核心的龙头带动作用，整合卫生资源，建立分工协作机制，推动优质资源合理均衡布局搭建良好框架。确定三级医院的增量主要用于鼓励发展医疗卫生

---

① 《北京市科学规划全市医疗机构》，卫生部公立医院改革简报第310期，国家卫生和计划生育委员会网站，http://www.moh.gov.cn/yzygj/s10006/201303/a9d0cee94d054ea986ae488a6c3929f7.shtml，2013年11月25日访问。

服务体系中比较薄弱、百姓需求迫切、医改任务明确重点发展的专科，到2015年全省新增的三级医院2/3是专科医院，主要是传染、精神、儿童、康复等。

——避免重复设置和建设，规定城市500米直径范围内不得重复设置同类别的医疗机构；城区门诊部、诊所纳入社区卫生服务机构规划设置；省辖市区域内一、二、三级医疗机构的机构数比例32∶4∶1为指导，一、二、三级医疗机构拥有的床位数比例4∶3∶2为指导。

——总体控制公立医院数量。除公益性强或属于公共卫生体系范畴内的医疗机构外，规定各级政府不应再新增其他类型的公立医疗机构，区门诊部及以下规模的医疗机构原则上不应突破现有总量，主要发展二级及以上有规模、有特色的民办和中外合资合作医疗机构。

——加强农村医疗服务体系建设，要求县一级加强县级医疗中心（县级综合医院和中医院）和急救医疗站建设，切实承担农村医疗、急救等服务以及对基层卫生机构和人员的业务指导与培训职责。

——构建科学合理的城市医疗服务体系，全省各市老城区原则上不再新设置各级综合医院和专科医院，主要提高服务能力水平和服务质量。政府举办的区级医院、街道卫生院以及企事业单位所属医疗机构等实施重组、改造或功能转换，转为符合要求的社区卫生服务机构。①

（四）建立医疗联合体，实现医疗服务的均质化

各地在公立医院改革试点中，积极尝试建立各种模式的医疗联合体，形成公立医院之间、公立医院与基层医疗卫生机构之间的分工协作机制，推动医疗资源纵向流动。

城区医疗联合体一般由一所公立医院联合若干不同层级医疗机构组成，包括集团化、医院托管、院办院管、医疗协作、联合兼并等五种主要模式。

——镇江、芜湖、马鞍山等地积极探索了集团化模式，即通过以资产或管理为纽带，以一所三级医院为核心，联合若干所二级医院、专科医院、社区卫

① 《江苏科学布局全省医疗机构》，卫生部公立医院改革简报第307期，国家卫生和计划生育委员会网站，http：//www.nhfpc.gov.cn/tigs/s3582/201303/cd372ca0f6ba49d581518ba67460f0c3.shtml，2013年11月30日访问。

生服务中心，组成以集团章程为共同规范的联合体组织。

——武汉、鄂州、上海实行了医院托管模式，即在机构性质不变、隶属关系不变、人员身份不变、职责不变，同时保持各级政府财政投入和相关政策不变的前提下，将医疗机构的经营管理权和行政、人事调配权进行委托管理。

——深圳、厦门、徐州则试点了院办院管模式，由城市医院直接出资举办社区卫生服务机构，对社区卫生的人、财、物实行统一管理，社区卫生服务机构不仅能够获得人员、技术、服务和管理支持，而且在设施设备、资金支持上能够得到医院的帮扶，实现资源共享，提高设备利用效率。

——苏州市试点了联合兼并模式，通过兼并、联合，使不同层级的医疗机构资产完全融合。

——很多地方的大医院采用医疗协作模式，与专科医院、二级医院及基层医疗机构进行上下联动，通过签订合作协议，建立技术支持、人员培训、双向转诊等制度，促使联合体内医疗机构之间的业务协作、分级诊疗。①

各地还纷纷试点省域医疗机构的联合，主要是由省级大医院牵头，以技术、服务、经营管理等要素为纽带，吸纳省内若干医疗机构组建而成的松散型医疗联合体，主要实行医疗技术的合作。例如，由湖北省人民医院牵头，宜昌市中心医院、襄樊市中心医院等16家三级甲等医院自愿联合，组建成立湖北省人民医院医疗集团。四川省肿瘤医院、自贡市第一人民医院、宜宾市第二人民医院、广元市人民医院和攀钢（集团）职工总医院等5家医疗机构通过自愿联合，组建了跨地区、全省性的四川省肿瘤医疗集团。山东大学齐鲁医院等以投入品牌、技术、资金等形式对其他医疗机构进行参股重组，对基层医院进行参股，加挂分院牌子。②

医疗联合体的建立，不仅可以使医疗资源得到合理分配，还有助于规范和形成基层首诊、双向转诊的就医秩序。例如，通过联合体，上海市居民可以共

---

① 《各地组建多种模式的医疗联合体》，卫生部公立医院改革简报第300期，国家卫生和计划生育委员会网站，http://www.moh.gov.cn/zhuzhan/s10006/201304/0fc5d7c8bbda49de8713290e62f82bac.shtml，2013年11月26日访问。

② 《各地组建多种模式的医疗联合体》，卫生部公立医院改革简报第300期，国家卫生和计划生育委员会网站，http://www.moh.gov.cn/zhuzhan/s10006/201304/0fc5d7c8bbda49de8713290e62f82bac.shtml，2013年11月26日访问。

享医联体内医疗机构诊疗信息健康档案，在社区卫生服务中心可预约联合体内三级医院专家门诊、大型医疗检查，并每年享受一次免费的专家面对面健康咨询等。[①] 联合体充分利用各级医疗机构资源，优势互补，协同发展。三级医疗机构发挥医疗资源优势，使专家下沉到基层，解决老百姓“看病难”的问题；二级医疗机构通过与三级医院的协作，不断提升医疗技术水平和医院管理水平，发挥承上启下的枢纽作用；社区基层医疗机构则发挥其综合、便利、低廉的服务优势，节省患者费用支出，帮助需转诊患者合理选择专家和医院。社区医生通过到二、三级医疗机构学习和培训，达到为三级医院康复期病人、慢性病患者提供医疗服务的能力。

各地在试点中，还注意通过利用现代信息技术手段，实现医疗资源的共享。例如，上海市崇明县投入4300余万元用于信息化的硬件和软件建设，平台已实现上线单位的健康档案调阅、基本数据分析，糖尿病、高血压、死亡、心脑、结核病、肿瘤等六个相关数据库已进入测试运行和数据上传阶段。闵行区充分发挥区域卫生信息化的优势，建立了区域医疗联合体，截至2013年5月，已开展PACS（放射影像）会诊224801次，MUSE（心电图）会诊71709次。[②]

（五）着重发展基层公立医院，促进医疗资源分配的平等性

截至2012年，我国135404万人口中，有64222万人生活在农村，占全国总人口的47.4%。[③] 为农村居民提供便利、有效、可及的医疗服务，是保障公民医疗权利的重要内容。县级公立医院，是在广大农村地区提供医疗服务的最重要的医疗机构，同时也为县级及以下小城镇居民提供医疗服务。加强以县级公立医院为核心的基层公立医院建设，是实现医疗资源城乡分配平等性的重要

① 《上海市以点带面　医疗联合体多点开花》，公立医院改革简报第316期，国家卫生和计划生育委员会网站，http：//www.moh.gov.cn/yzygj/s10006/201305/4fcc8e649ded4a07b78f1982f7d21a56.shtml，2013年11月28日访问。

② 《上海市以点带面　医疗联合体多点开花》，公立医院改革简报第316期，国家卫生和计划生育委员会网站，http：//www.moh.gov.cn/yzygj/s10006/201305/4fcc8e649ded4a07b78f1982f7d21a56.shtml，2013年11月28日访问。

③ 《2013中国卫生统计年鉴》，国家卫生和计划生育委员会网站，http：//www.nhfpc.gov.cn/mohwsbwstjxxzx/tjnj/list.shtml，2013年11月25日访问。

举措。从2012年起，开展县级公立医院综合改革试点就成为公立医院改革的重要组成部分。《关于县级公立医院综合改革试点的意见》指出，县级公立医院要定位为县域内的医疗卫生中心和农村三级医疗卫生服务的龙头，并与城市大医院分工协作，为县域居民提供基本医疗服务。要按照保基本、强基层、建机制的要求，遵循上下联动、内增活力、外加推力的原则，围绕政事分开、管办分开、医药分开、营利性和非营利性分开的改革要求，以破除“以药补医”机制为关键环节，以改革补偿机制和落实医院自主经营管理权为切入点，统筹推进管理体制、补偿机制、人事分配、价格机制、医保支付制度、采购机制、监管机制等综合改革，建立起维护公益性、调动积极性、保障可持续的县级医院运行机制。

根据该《意见》的要求和公立医院试点改革的整体思路，2013年各地在公立医院改革中，采取了多种措施着重做好县级公立医院的改革工作。

作为公立医院改革国家联系试点城市，2012年以来山东省潍坊市列入国家试点的8个县（市），全面启动了县级公立医院综合改革试点工作，具体措施包括：

——以破除“以药补医”为关键环节，重构补偿机制。截至2012年底，8家县级公立医院全部取消了药品加成政策，改革后群众个人负担减少1781万元，较改革前下降21.2%，让人民群众共享改革红利。对于取消药品加成后医院减少的收入，通过加大政府补助，以及全面落实对政府投入政策来进行补偿。

——创新医院管理制度，落实医院自主经营管理权。明确各县（市）公立医院管理委员会为县级医院举办主体，建立现代医院法人治理结构。改革人事分配制度。创新编制和岗位管理，变身份管理为岗位管理，赋予县级医院用人自主权，实行全员聘用制。试点医院在年度用人编制总量内，自主招聘、择优录用，建立“能进能出”的用人机制。完善医院内部收入分配激励机制。院长实行年薪制，其他人员按照“定岗定薪、以绩取酬”的原则，确定收入分配方式。

——科学调配医疗资源，提升县域医疗服务水平。该市出台《潍坊市医疗机构设置规划（2012－2015年）》《潍坊市公立医院床位核定管理办法（试行)》，合理配置县域医疗资源，提升资源利用效率。出台了《关于进一步促进和发展医疗联合体的指导意见》，各县市分别组建和发展1～3家纵向紧密型医疗联合体，促进优质医疗资源下沉，建立起县级医院与基层医疗卫生机构、城市三级医院长期稳定的分工协作机制。截至2013年2月，8个试点县（市）通过组建医疗联合体或医疗集团，使基层首诊、分级医疗、上下联动、双向转诊的医疗服务模式逐步形成。①

山东省2012年10月出台了《关于县级公立医院综合改革试点工作的实施意见》，在30个县（市、区）开展县级公立医院综合改革试点，具体措施包括：

——在2012年12月31日前全部取消药品加成，通过调整医药价格、改革医保支付方式、规范药品供应机制和落实政府办医责任等综合措施和联动政策，破除以药补医机制。

——开展县级医院标准化建设，加强县级公立医院的基础设施条件建设，鼓励资源集约化，支持建立区域检查检验中心，推行临床检验结果和影像检查结果互认。力争2013年底30个试点县（市、区）医院全部达标，2015年底前实现所有县级医院全部达标。

——完成县级医院评审评价工作，计划在2014年底前完成县级医院评审评价工作。

启动全省县级医院临床重点专科建设，选择常见病种、外转率较高的病种，血液透析、医院感染管理、手术室等重点部门，以及医学检验、医学影像、病理等平台科室，设置20个左右专业。

——深化城市三级医院对口支援县级医院工作。由21家三级综合医院连续3年对口支援30个试点县（市、区）的县级医院，其他市属三级医院对口支援其他县级医院。

——加大县级医院人才培养力度。实施县级医院骨干医师培训项目，每年为县级医院培训不低于200名骨干医师。实施专科护士培训项目，每年为县级

① 《潍坊市全力推进县级公立医院综合改革试点》，卫生部公立医院改革简报第299期，国家卫生和计划生育委员会网站，http：//www.moh.gov.cn/mohzcfgs/s9661/201302/405553dfeec84ca58dd7903711a2eeed.shtml，2013年11月30日访问。

医院培训不低于300名专科护士。①

为了进一步提高县级公立医院的服务能力，各地采取经营托管模式、技术帮扶模式等，在城乡医院对口支援中建立起城市大医院与县级医院的联动和支援模式，主要以提升基层医疗水平为重点，将优质医疗资源向基层纵向流动，使患者得到优质的医疗服务。浙江、山西、辽宁、贵州等地试点了经营托管模式，即城市大医院在对口支援中，对受援医院在资产归属、财政拨款渠道以及职工身份等不变的情况下，进行经营决策权的委托管理。技术帮扶模式主要是通过技术帮扶、远程会诊、信息资源共享等方式，建立大医院对县级医院及基层医疗机构联结帮扶的医疗联合体。辽宁省盛京医疗联盟联合了辽中县人民医院、新民市人民医院等73家基层医院，以信息网络技术为平台，通过联盟医院间挂号预约、医技预约、患者互转、远程会诊等方式，拓展和延伸了盛京医院优良医疗资源的服务范围。江苏省人民医院集团吸收新疆伊犁州友谊医院为成员单位，通过远程医疗和教育，实现了医疗技术帮扶和资源共享。②

同时，各改革试点地区以县级公立医院为核心，推动县域医疗机构的联动，构建以县级公立医院为基础的农村、小城镇医疗卫生体系，通过推进县乡纵向技术合作或纵向一体化，提高农村卫生服务体系的整体效益。

——陕西、云南、山东、湖北、福建、重庆等我国大多数省区都开展了县乡纵向一体化改革工作，主要是以县级公立医院为龙头，通过开展纵向管理帮扶、技术合作、人才交流、设备支持等多种形式，与乡镇卫生院建立比较紧密的县乡纵向一体化医疗服务体系，从而形成县乡村三级联动、以县带乡、以乡促村的县域医疗服务格局。

——黑龙江勃利县、湖北南漳县等地采取了县乡纵向技术合作。一般是县级医院与乡镇卫生院通过签订合作协议，建立人员培训、技术支持、双向转诊

① 《山东省稳步推进县级公立医院综合改革》，卫生部公立医院改革简报第287期，国家卫生和计划生育委员会网站，http://www.moh.gov.cn/tigs/s3582/201301/73282134733642b1993ac43712f5e5bd.shtml，2013年11月28日访问。

② 《各地组建多种模式的医疗联合体》，卫生部公立医院改革简报第300期，国家卫生和计划生育委员会网站，http://www.moh.gov.cn/zhuzhan/s10006/201304/0fc5d7c8bbda49de8713290e62f82bac.shtml，2013年11月26日访问。

等制度，促使县域分级诊疗。①

——山东省济宁市的乡镇卫生院“入托”公立医院，是由县级公立医院托管乡镇卫生院。该市制定了《济宁市县级以上医院帮扶式托管乡镇卫生院指导意见》，通过构建上下联动的一体化管理构架，使城市医院医生“沉”下去，带动基层医疗卫生机构能力提升和共同发展。②

（六）改革公立医院管理体制，提高医疗服务的效率

公立医院管理模式的落后，不仅造成了公立医院外部与作为主办者的各级政府责、权、利不明，在内部人员的管理和资源等配置上不符合医务活动的需求，也直接造成了公立医院和医务人员的医疗服务不能体现应有价值，形成和强化了以药养医模式，从而有损于公立医院医疗服务的效率。因此，改革现有的公立医院管理体制，就成为当前公立医院改革试点的重要内容。

公立医院管理体制改革，首要的是人事制度改革。各地在公立医院人事制度上，开拓了不同的改革思路。例如，江西省在推进县级公立医院综合改革试点过程中，不断深化人事制度改革，探索建立竞争性的用人机制，具体措施包括：

——合理确定岗位总量，确保专业技术岗位占主体地位。按实际开放床位数、病床使用率等综合因素确定县级试点公立医院岗位总量。以专业技术岗位为主体，合理配置医、药、护、技各岗位。各县级公立医院专业技术岗位不低于单位岗位总量的85%，且卫生专业技术岗位不低于岗位总量的80%。

——实行竞聘上岗。要求各医院结合实际情况，综合考虑岗位的知识、技能、责任、风险等因素，制定县级试点公立医院专业技术岗位的具体条件，并根据医院事业发展和人员队伍状况等情况合理使用新增岗位，预留一定比例的岗位用于引进高层次人才，建立竞争激励机制和动态管理机制，实行竞聘上

① 《各地组建多种模式的医疗联合体》，卫生部公立医院改革简报第300期，国家卫生和计划生育委员会网站，http://www.moh.gov.cn/zhuzhan/s10006/201304/0fc5d7c8bbda49de8713290e62f82bac.shtml，2013年11月26日访问。

② 《山东省济宁市力推乡镇卫生院“入托”公立医院》，公立医院改革简报第324期，国家卫生和计划生育委员会网站，http://www.nhfpc.gov.cn/tigs/s3582/201305/9cc1558f4f9d4d539615e17559b6f101.shtml，2013年11月30日访问。

岗，择优聘用。

——建立动态管理制度。要求合理调整县级公立医院人员结构，空缺岗位一律面向社会公开招聘专业技术人员，且报考同一岗位人数与招聘人数之比原则上不能低于3∶1。①

各地在改革试点中，积极探索建立体现公益性和高效率的新的绩效考核和分配制度，探索符合行业特点的薪酬制度，调动医务人员的积极性。福建省三明市在院长、医生（技师、临床药师）（以下简称医生）薪酬改革方面进行了积极探索，实行年薪制改革。具体措施包括：

——市辖区内二级以上（含二级）公立综合医院、中医医院院长和在职聘用的临床医师类和技师类（包括临床药师）医务人员可享受年薪制。院长年薪按照医院诊疗量、类别（综合类、中医类）、等级综合设定若干类；医生年薪按照其专业技术职称设置等级和档次。

——院长年薪根据医院院长履职情况和综合考核结果确定，考核优秀的全额发放年薪，考核得分在70～89分的按得分率来计算发放年薪，考核不合格的仅发给基本年薪。实行年薪制医院的院长不实行职称年薪及其他分配形式，不得再从单位领取年薪制以外的职务津贴、福利费、兼职薪酬等。

——各医院医生年薪总额，由同级卫生行政主管部门提出方案，送公务员局、财政局审核批准，原则上一年调整一次；绩效年薪考核必须与岗位工作量、医德医风和社会评议相挂钩，科室业务收入不列入绩效年薪考评内容。年薪从医院的医疗收入中支付，当医疗收入不足以支付基本年薪时，不足部分由各级财政予以保障。享受年薪制的医务人员，不再执行绩效工资制度，各医院不得再以任何形式发放与职工个人有关的津补贴及奖金等。②

建立现代医院管理制度，还必须推动医院内部管理的科学化、规范化和精细化。辽宁省鞍山市在全市公立医院改革中建立了公立医院运行管理“三三

① 《江西省推进县级公立医院人事制度改革》，卫生部公立医院改革简报第306期，国家卫生和计划生育委员会网站，http://www.nhfpc.gov.cn/tigs/s3582/201303/ac7c715368a74d5db64a1dfba17a8819.shtml，2013年11月30日访问。

② 《福建省三明市实行公立医院院长、医生年薪制改革》，公立医院改革简报第329期，国家卫生和计划生育委员会网站，http://www.nhfpc.gov.cn/tigs/s3582/201305/56b15b26dfeb4b4db45eb2de0d4a82f4.shtml，2013年11月25日访问。

模式”，即第三方院长任期目标考核评价、第三方患者满意度调查和医院三级回访制度。

——第三方院长任期目标考核评价，通过引入第三方权威机构确定了考核评价标准，从“社会指标、效率指标、质量指标、成本指标、发展指标”五个维度，客观真实地评价医院运行中的成绩和不足，运用PDCA原理促进医院持续整改。

——第三方患者满意度调查，委托辽宁省统计局鞍山市调查队对市属公立医院开展以“患者满意度”为主要内容的问卷调查。

——医院“三级回访”制度，对出院患者在康复期的不同阶段进行跟踪了解，及时掌握患者在住院期间的感受与需求，从而持续改进患者就医感受、提升服务品质。①

2013年7月，中国人民大学卫生医疗体制改革与发展研究中心发布了《公立医院改革试点评估报告》，对17个医改试点城市的医改政策制定和执行情况进行了评估。评估报告通过对17个试点城市政策要点分布情况进行分析，认为试点城市在加强医疗服务质量管理，加大政府投入，建立公立医院之间以及公立医院与城乡基层医疗卫生机构的分工协作机制，提高医院信息化水平，深化公立医院人事制度改革、完善分配激励机制五个方面政策覆盖得最多；在完善医院内部决策执行机制，积极探索管办分开的有效形式，加强公立医院医疗服务安全质量监管，推进医药分开、改革以药补医机制，明确各级政府举办公立医院的职责方面推出的政策最少。②

三　发展与展望

2009年底启动的公立医院试点改革，根据我国地域广阔、人口众多、各地差异较大的实际，采取了由中央确定改革的目标和方向，由部分地区担当改

① 《创新机制　强化监管　鞍山市建立公立医院运行管理“三三模式”》，公立医院改革简报第323期，国家卫生和计划生育委员会网站，http://www.nhfpc.gov.cn/tigs/s3582/201305/dd0602b83cbf43e2a1a550e5d1468cc6.shtml，2013年11月20日访问。

② 王丹：《〈公立医院改革试点评估报告〉发布》，《健康报》2013年7月22日，第1版。

革的“试验田”的改革模式。经过全国各级试点地区4年多来的实践与探索，改革已经进入评估、归纳、总结阶段。通过对各试点地区改革措施的深入检讨与研究，下一步将总结各地改革的经验和教训，为2015年在全国全面推进公立医院改革打下了坚实的基础。

2013年7月，中国人民大学医疗体制改革与发展研究中心发布了《公立医院改革试点评估报告》，对17个医改试点城市的医改政策制定和执行情况进行了评估。评估报告通过对17个试点城市政策要点分布情况进行分析，认为试点城市在加强医疗服务质量管理，加大政府投入，建立公立医院之间以及公立医院与城乡基层医疗卫生机构的分工协作机制，提高医院信息化水平，深化公立医院人事制度改革、完善分配激励机制五个方面政策覆盖得最多；在完善医院内部决策执行机制，积极探索管办分开的有效形式，加强公立医院医疗服务安全质量监管，推进医药分开、改革以药补医机制，明确各级政府举办公立医院的职责方面推出的政策最少。[①]

从这一评估结果看，4年来公立医院试点改革虽然取得了突出的成绩，但也已经走入改革阻力最大、情况最为复杂的深水区。对此，我们提出以下建议和展望。

（一）公立医院改革应实现以保障公民医疗权利为基础的法制化

公立医院改革是保障公民医疗权利的重要步骤，涉及政府职能转变、财政体系改革、医疗保障制度改革、人事制度改革等方方面面，既有一个地区横向层面的问题，也有各个政府部门纵向管理体制的问题。特别是改革进入深水区后，必将触动各个不同的利益群体的利益。这些问题，往往是某一城市、某一县域自己所无法解决的。这也是当前试点中对某些比较容易入手的问题改革得多，比较困难的问题解决得少的重要原因。对此，除了在总结试点经验教训的基础上尽快启动全面的公立医院改革外，尽快将公立医院改革纳入法制化轨道，在法律层面上推动改革是当务之急。纵观世界各国医疗体制的重大改革，无一不是以保障公民医疗权利的人权理念出发，以人权带动立法的发展，进而推动改革的全面

① 王丹：《〈公立医院改革试点评估报告〉发布》，《健康报》2013年7月22日，第1版。

展开。只有这样，才能使改革突破旧有体制和既得利益的束缚，实现改革所设定的目标，并保障改革措施的规范化与合法化。当然，对于公立医院体制改革的立法，应当考虑到我国各地经济社会发展水平差异极大的现实，在具体的改革措施上具有弹性，通过改革以最终实现全国医疗服务均质化的目标。

（二）公立医院改革应与医疗保障体制改革紧密结合，实现保障公民健康权利整体目标

公立医院改革，是医疗卫生改革的重要组成部分，与医疗卫生改革的其他内容，特别是医疗保障体制改革必须相互协调，相互保障，方能实现保障公民医疗权利的共同目标。公立医院改革，可以确保医疗机构所提供的医疗服务具有有效性、便利性、公正性；而医疗保障体制改革，则可以保障医疗服务对于人民群众健康需求的可及性。没有公立医院改革做保障，就会造成医疗资源的过度使用乃至浪费，最终会使医疗保障体制难以为继。同时，通过合理地设计医疗保障体制，可以从医疗费用支出的环节严格控制医药费用，避免社会整体医疗成本的过高。在公立医院价格改革中，应当同时尽快推动医疗城镇职工医疗保险、城镇居民医疗保险、新农合实施付费方式的改革，在费用总量控制的基础上，推行人头付费（capitation payment）和按病种付费制度等付费机制，以激励医院节约医疗经费资源，并从根本上断绝公立医院通过医药营利的可能性。在这个问题上，其他国家的经验，如泰国在其全民健康保险中采用的按人头付费为基础的总额支付（global budget）加诊断相关组（diagnoses related groups，DRG）权重住院费用调整的模式值得我们借鉴。①

（三）应进一步明确政府发展公立医院、保障公民医疗权利的义务

公立医院改革，一方面强化了各级政府举办和发展公立医院的义务，另一方面又强调“管办分离”，避免公立医院成为政府的附属部门。这就对如何明确各级政府在公立医院管理上的职能定位在制度和法律上设置了难题。对此，

① Thailand's Universal Coverage Scheme: Achievements and Challenges: An Independent Assessment of the First 10 Years (2001 - 2001), Nonthaburi, Thailand: Health Insurance System Research Office, 2012, p. 39.

要借鉴国外先进经验，充分调动社会力量，依靠现代法人治理结构管理公立医院。公立医院的管理层不应当再是政府下设机构，而应当是具有专业性和独立性的管理团体，其中应当包括作为出资人的政府的代表、医院医务工作者的代表，以及医院所服务的社区和人群的代表。

同时，随着我国医疗保障体制改革的完善，城镇职工医疗保险、城镇居民医疗保险、新农合这三种全民医疗保障已经成为医疗服务的最大购买者。地方各级政府，既是作为主要医疗服务提供者的公立医院的开办者，也是其所提供服务的主要购买者，这种服务提供者与服务购买者合一的情况，可能会引发利益上的冲突，例如医疗服务提供者为了自身的利益提高服务价格，或者向患者提供不必要的高价服务，从而在整体上损害对医疗保障经费的控制。为此，在今后的改革中，应当注意此种身份的分离，使医疗机构开办者和医疗保障经费管理者的职责由不同层级的政府承担。

（四）通过保障患者投诉建议权，强化对公立医院的考核与监督

公立医院改革的重要内容是政府对于公立医院的投入。从各地试点情况看，加大公立医院投入，必须同时加强对公立医院的监管，才能提高政府投入的效益，提高医疗资源利用效率。在对公立医院的考核中，应当彻底摒弃市场化的倾向，不再将赢利情况作为衡量医院、医务人员工作业绩的指标，而应当将医院和医务人员所提供医疗服务的数量和质量作为考核的主要指标，将保障和实现患者医疗权利的情况作为考核公立医院的业绩指标。为此，应当加强患者的监督，特别是保障患者投诉建议权的实现，建立患者投诉和建议机制，及时收取和分析患者意见，使患者的满意度成为决定公立医院工作情况的主要依据。

（五）通过关注医务工作者的利益实现公民医疗权利

公民的医疗权利，最终有赖于医务工作者的专业服务才能得以实现。公立医院改革，就是要改变原有的不符合公立医院属性和不能满足为社会公众提供充分、普遍医疗服务的旧有体制。在这种体制下，医务工作者的专业性劳动并未得到充分尊重，不能实现其应有价值，从而迫使医院、医务工作者走上了以

药养医的道路。要改变这种情况，必须在进行医药分离改革的同时，赋予医院和医务工作者以充分的自主权，建立合理的医疗服务价格体系、补偿体系、分配体系，尊重专业技术能力所应具有的价值。只有这样，才能保障医疗事业的长期稳定和可持续发展，激励医院和医务人员回归其公益服务的本质，从根本上解决公立医院存在的过度市场化的问题。

（六）积极推动非公立医疗机构发展，实现医疗资源的多元化

积极推动公立医院改革，并不是否定非公立医疗机构在医疗服务中的地位和作用。当前，我国非公立医疗机构发展迅速。截至 2013 年 9 月，我国共有公立医院 13427 个，民营医院 10795 个。与 2012 年 9 月底比较，公立医院数量持平，而民营医院则增加 1500 个,① 增长率超过了 16%。非公立医疗机构，正日益成为我国医疗服务体系重要的组成部分。在公立医院改革中，要遵循对于公立医院和非公立医院平等对待的原则，促进非公立医院的快速发展，最终形成以公立医院为骨干，公立医院和民营医院协调发展的医疗服务体系。

① 2013 年 9 月底全国医疗卫生机构数，见中华人民共和国国家卫生和计划生育委员会网站，http：//www. nhfpc. gov. cn/mohwsbwstjxxzx/s7967/201311/fd0cdd9166544e03a6efd0358f7acfa3. shtml，2013 年 11 月 25 日访问。

B.6

生态文明建设中公民环境权益保护的进展

唐颖侠*

摘　要：

2013年中国面临日益突出的环境问题，生态文明建设受到高度关注，公民环境权益保护在各方积极努力下取得一些初步成效，但仍有如大面积雾霾天气、水污染、重金属污染等严峻问题亟待解决。为此，政府举措与市场手段相互配合治理环境，《环境保护法》修改过程亮点频出，环境司法领域司法解释与典型案例并进，中国政府还积极参与国际环境条约进程，保护公民环境权益。

关键词：

公民环境权益　大气污染　水污染　排放权交易

一　公民环境权益保护面临日益严峻的挑战

我国生态环境形势十分严峻。污染物排放总量居高不下，环境质量状况堪忧。除生产领域产生的环境问题之外，服务业和消费领域造成的污染逐步加重，新型、复合型大气污染问题（如PM 2.5问题）逐步显现，重点流域、湖泊水污染不容乐观，地下水污染蔓延，土壤污染问题凸显，区域性环境健康问题日益显现。

---

* 唐颖侠，法学博士，南开大学法学院副教授，南开大学人权研究中心（国家人权教育与培训基地）副主任，主要研究方向为国际法、人权法、能源与气候变化法。

（一）大气污染

2013 年 1 月，中国大陆发生了持续性、大规模的雾霾天气，雾霾覆盖范围涉及了 17 个省区 1/4 的国土面积，影响人口约 6 亿。根据环保部门监测的数据，1 月份全国 74 个城市空气质量总体超标天数的比例为 68.4%，重度和严重污染的比例高达 30.2%，其中 PM 2.5 超标最为严重，平均超标率为 68.9%，最大日均值达到 766μg/m^3。①

2013 年 10 月 21 日是哈尔滨市的年度冬季燃煤取暖系统开启的第二天，以中国东北地区哈尔滨为中心，包括吉林省、黑龙江省、辽宁省在内的地区发生大规模雾霾污染。由于东北地区冬季普遍燃烧煤炭取暖，大量烟尘因此直接排到空中，被认为是本次污染事件的主因。东北地区大部均被浓密的雾霾覆盖。在哈尔滨市，PM 2.5 的日平均值一度达到每立方米 1000 微克，超出世界卫生组织安全标准 40 多倍。能见度大幅下降，机场被迫关闭，2000 多所学校停课。雾霾也导致黑龙江省境内的多条高速公路被迫关闭。②

2013 年 12 月 2 ~ 14 日发生的中东部重度雾霾事件，是 2013 年入冬后最大范围的雾霾污染，几乎涉及中东部所有地区。天津、河北、山东、江苏、安徽、河南、浙江、上海等多地空气质量指数（AQI）达到六级严重污染级别，使得京津冀与长三角雾霾连成片（详见表 1）。首要污染物 PM 2.5 浓度日度平均值超过 150 微克/立方米，部分地区达到 300 ~ 500 微克/立方米，其中上海市在 12 月 6 日上午 10 时污染达到 416 微克/立方米。此次重度雾霾污染最为严重的区域位于江苏中南部，南京市空气质量连续 5 天严重污染、持续 9 天重度污染，12 月 3 日 11 时的 PM 2.5 瞬时浓度达到 943 微克/立方米。③

① 《我国将建立雾霾健康影响监测网络》，2013 年 10 月 29 日，《南方周末》，http：//www.infzm.com/content/95493。

② 杨静、王舒：《哈尔滨重度雾霾第二日：全市停课　交通瘫痪》，中国新闻网，http：//www.chinanews.com/sh/2013/10－21/5402132.shtml，2013 年 10 月 21 日。

③ 《长三角遭遇重度霾　专家称石油化工和尾气是主因》，2013 年 12 月 13 日，人民网，http：//finance.people.com.cn/n/2013/1213/c66323－23828723.html。

表1　2013年11月28日至12月8日部分严重雾霾地区省会城市AQI指标

单位：微克/立方米

日期	上海	南京	杭州	合肥	济南	石家庄	天津
11月28日	76	82	62	72	66	89	64
11月29日	85	90	63	74	81	111	143
11月30日	126	122	91	111	150	139	111
12月1日	243	215	118	148	134	248	139
12月2日	275	209	147	188	179	356	284
12月3日	181	231	152	211	273	270	221
12月4日	148	377	257	374	143	290	288
12月5日	264	327	278	342	205	183	125
12月6日	416	325	305	363	130	289	115
12月7日	193	365	402	328	258	400	316
12月8日	154	318	393	263	382	419	294
12月9日	216	209	233	242	128	75	38
12月10日	99	100	90	148	124	134	126
12月12日	119	151	158	175	111	121	83
12月13日	145	163	193	242	118	135	78
12月14日	70	150	183	244	271	237	118
12月15日	113	209	178	234	376	345	164
12月16日	36	63	58	109	367	397	209
12月17日	22	73	33	86	287	223	124
12月18日	61	135	64	220	98	222	98

注：0~50为优；51~100为良好；101~200为中轻度污染；201~300为重度污染；>300为严重污染。
数据来源：PM 2.5检测网：http：//www. cnpm2. 5. cn。

世界卫生组织下属国际癌症研究机构2013年10月17日发布报告，首次指认大气污染“对人类致癌”，并视其为普遍和主要的环境致癌物。报告说，有充足证据显示，暴露于户外空气污染中会致肺癌，而且患膀胱癌的风险会相应增加。大气污染致癌的危险程度已经与石棉、紫外线和烟草等致癌物处于同一等级。①

雾霾天气已经成为影响公民环境权益的首要环境污染问题，2013年多次集中、大面积爆发持续性的雾霾，严重影响了公民的身体健康和正常生产、生活秩序。

① 《新浪2013环保观察：雾霾之后》，2013年12月23日，新浪网，http：//green. sina. com. cn/news/roll/2013－12－23/205429061587. shtml。

（二）水污染

中国的水环境不容乐观。2013 年，全国地表水总体为轻度污染，部分河段污染较重。[①] 环保部发布的《2013 年中国环境状况公报》显示：在 2013 年全国 198 个地市级行政区开展的 4778 个地下水水质监测点中，水质呈较差级及极差级的监测点共占 59.6%。[②] 全国地表水国控断面的水质“总体为轻度污染”。大范围地表水、地下水被污染，并通过大气污染、渗透等方式，蔓延影响到饮用水水源，直接影响了饮用水源水质，威胁人们饮水安全。全国地下水仅有 10.4% 达到优良级的水质。全国 198 个地市级行政区共有 4778 个地下水水质监测点，其中综合评价水质呈较差级的监测点为 2097 个，占 43.9%，水质呈极差级的监测点共 750 个，占 15.7%。其中主要超标组分为铁、锰、氟化物、“三氮”（亚硝酸盐氮、硝酸盐氮和铵氮）、总硬度、溶解性总固体、硫酸盐、氯化物等，个别监测点存在重（类）金属项目超标现象。[③]

2013 年也是水污染事件频发的一年。

1. 昆明东川小江变“牛奶河”事件

2013 年 4 月 1 日，云南省昆明市东川区出现了“牛奶河”，据调查获悉是由当地工矿业排放出来的尾矿水，直接注入该河流中。污染持续多年，造成周边群众灌溉用水安全引发各方关注。村民称直接用河水浇灌会导致西瓜减产，严重污染周边的农田。违法企业排放的最主要污染物是黄原酸盐，直接排放或流失造成了水体和土壤污染，并危害水生物，淤塞河流、湖泊。检察机关已经介入，以涉嫌污染环境罪批捕昆明东川“牛奶河”事件中的 8 名责任人。[④]

2. 贵阳境内多条河流污染严重，危及贵阳母亲河

2013 年 4 月 27 日，贵阳境内多条河流污染严重，河流两岸沿线生活垃

① 《2013 年中国环境状况公报》，2014 年 5 月 27 日，环保部官网，http/jcs. mep. gov. cn/hjzl/zkgb/。

② 《2013 年中国环境状况公报》，2014 年 5 月 27 日，环保部官网，http/jcs. mep. gov. cn/hjzl/zkgb/。

③ 《我国 4 成地下水监测点水质较差　优良级水质仅 1 成》，2013 年 4 月 22 日，《中国日报》，http：//www. chinadaily. com. cn/hqgj/jryw/2013－04－22/content_ 8829147. html。

④ 《云南东川小江污染事件追踪：“牛奶河”流出了什么秘密?》，2013 年 7 月 8 日，新华网，http//news. xinhuanet. com/local/2013－07/08/c1164520312. html。

圾、工业污染随处可见，已危及贵阳母亲河“南明河”的水质。附近的玻璃厂、水泥厂经常把机油直接排进河里，河水受到了严重的污染，导致庄稼收成和村民饮水安全受到了严重影响。①

3. 华北平原局部地区地下水重金属超标

环保部初步调查表明，华北平原局部地区地下水存在重金属超标现象，主要污染指标为汞、铬、镉、铅等。这些地下水重金属超标地区主要分布在天津市和河北省石家庄、唐山以及山东省德州等城市周边及工矿企业周围。值得关注的包括北京昌平地区与铅污染，石家庄市峡石沟生活垃圾填埋场等地的铅、汞污染，邯郸东部地区铅、铬、汞、镉污染，山东省滨州、德州、东营、济南、聊城等市铅污染。②

4. 广西贺江水污染事件

2013 年 7 月 1 ~5 日，贺江贺街至合面狮水域陆续出现死鱼现象。广西环保厅对贺州市送来的水样进行检测，结果发现，在贺州市与广东省交界断面的扶隆监测点水质镉超标 1.9 倍，铊超标 2.14 倍。③ 导致西江水质受到影响，下游贺州市信都镇、广东肇庆等地存在饮用水安全隐患。此次贺江被污染河段从上游的贺江马尾河段到与封开县交界处，共约 110 公里，不同断面污染物的浓度超标从 1 ~5.6 倍不等。④

（三）土壤重金属污染

我国受重金属污染的耕地面积已达 2000 万公顷，占全国总耕地面积的 1/6，防治形势十分严峻，并且还呈现不断加剧的趋势。全国 3 亿亩耕地正在受到重金属污染的威胁，占全国农田总数的 1/6。环保部文件显示，在对

---

① 《贵阳境内多条河流污染严重　危及贵阳母亲河“南明河”》，2013 年 4 月 27 日，中国广播网，http：//china. cnr. cn/xwwgf/201304/t20130427512468542. shtml。

② 《环保部：华北局部地下水重金属超标》，2013 年 4 月 26 日，财新网，http：//china. caixin - com/2013 - 04 - 26/100521291. html。

③ 《广西紧急处置贺江水污染事件》，2013 年 7 月 7 日，人民网，http：//www. people. com. cn/24hour/n/2013/0707/c25408 - 22104413. html。

④ 《广西贺江遭重金属污染水库关闭》，2013 年 7 月 8 日，中国水网，http：//news. h2o - china. com/html/2013/07/118674_ 1. shtml。

我国30万公顷基本农田保护区土壤有害重金属抽样监测时发现，有3.6万公顷土壤重金属超标，超标率达12.1%。国土资源部的统计表明，目前全国耕种土地面积约有10%以上已受重金属污染。① 长江中下游某些区域普遍存在着镉、汞、铅、砷等重金属异常现象。城市及其周边普遍存在汞、铅异常，部分城市明显存在着放射性异常。湖泊中有害元素富集，土壤的酸化问题严重。②

土壤遭到镉、铅等重金属污染后，生长在其上的农作物的镉含量会超标。广州餐饮环节食品及相关产品抽检结果显示，44.44%的大米存在着镉含量超标，引发民众的广泛关注。"镉米"出现的重要原因之一是一些大米产地的土壤遭受镉等重金属污染。广州市食品药品监督管理局在其网站公布了2013年第一季度抽检结果，大米及米制品抽检的18批次中只有10批次合格，合格率为55.56%。其中，不合格的8批次都是由于镉含量超标。③ 经溯源查实，其中6个批次来自湘江流域的工业重镇湖南省株洲市攸县和衡阳市衡东县。

我国土壤正出现越来越多本来没有或微不足道的危险元素。土壤一旦被污染，通过自净能力完全复原周期长达千年。为人类健康，必须持续加大对污染行为的监管和惩治力度。

二　2013年公民环境权益保护的进展

面临严峻环境形势，中国政府积极行动，通过政府举措与市场手段相互配合治理环境，同时，《环境保护法》的修改过程亮点频出，在环境司法领域两高颁发新的司法解释，并集中处理了一批重大环境污染案例，积极参与国际环境条约进程，公民环境权益保护取得新的进展。

① 《我国1/6耕地重金属污染　欲修复恐花数万亿》，2013年6月17日，新华网，http://news.xinhuanet.com/politics/2013-06/17/c_116163904.htm。

② 《中国正绘制土壤重金属"人类污染图"》，2013年6月12日，新华网，http://news.xinhuanet.com/politics/2013-06/12/c_116121822.htm。

③ 《"镉米"凸显土壤重金属污染治理刻不容缓》，2013年5月19日，新华网，http://news.xinhuanet.com/fortune/2013-05/19/c_115824556.htm。

（一）保护公民环境权益的政府举措

1. 我国统一发布 PM 2.5 监测信息

自 2013 年 1 月 1 日起，公众可以通过互联网对 PM 2.5、臭氧等监测信息进行实时查询。国家环境空气质量监测网络各站点的监测数据除了在各城市发布外，同时在国家层面统一发布。①

2. 三类企业须投保环境污染强制责任险

1 月 21 日，环保部与保监会联合制定《关于开展环境污染强制责任保险试点工作的指导意见》，明确了涉重金属企业、按地方有关规定已被纳入投保范围的企业以及其他高环境风险企业必须强制投保社会环境污染强制责任险，否则在环评、信贷等方面将受到影响。解决环境污染问题，通过保险工具，利用社会化、市场化的途径，不仅能够促使企业加强环境风险管理，减少污染事故发生；而且有助于迅速应对污染事故，并及时补偿、有效保护污染受害者。此类保险“模式”将有效地遏制能源环境问题的持续恶化。②

3. 六大重污染行业被限值排放

2 月 19 日，环境保护部决定，在包括 47 个地级及以上城市在内的重点控制区，对火电、水泥、钢铁、石化、有色等重污染行业及工业燃煤锅炉的新建项目，火电、钢铁、石化工业以及燃煤工业锅炉的现有项目，实施特别排放限值。③

4. 七部委联合开展“治排”专项行动

环境保护部、国家发改委、工信部、司法部、住房城乡建设部、工商总局和安全监管总局联合印发了《关于 2013 年开展整治违法排污企业保障群众健康环保专项行动的通知》，决定于 2013 年 5 ~ 11 月在全国组织开展整治违法排

---

① 张妍：《2013 年中国生态建设印记》，《民主与法制时报》2014 年 1 月 6 日，民主与法制网，http：//www. mzyfz. com/html/1404/2014 - 01 - 06/content - 942758. html。

② 张妍：《巍巍峰峦凝翠绿——2013 年中国环境保护及生态矿业大事件回顾》，《中国矿业报》2014 年 1 月 2 日。

③ 张妍：《巍巍峰峦凝翠绿——2013 年中国环境保护及生态矿业大事件回顾》，《中国矿业报》2014 年 1 月 2 日。

污企业、保障群众健康的环保专项行动。[①]

5. 规范突发环境事件损失评估

8月2日，环境保护部印发了《突发环境事件应急处置阶段污染损害评估工作程序规定》，该规定认定突发环境事件应急处置阶段污染损害评估是指对突发环境事件应急处置期间造成的直接经济损失进行量化，评估其损害数额的活动。直接经济损失包括人身损害、财产损害、应急处置费用以及应急处置阶段可以确定的其他直接经济损失。[②]

6.《大气污染防治行动计划》发布

9月12日，国务院发布了《大气污染防治行动计划》，确定了10项具体措施，为当前和今后一段时期全国大气污染防治工作制定了行动指南，并设定了大气污染防治工作目标，即经过5年努力，使全国空气质量总体改善，重污染天气较大幅度减少；京津冀、长三角、珠三角等区域空气质量明显好转；力争再用5年或更长时间，逐步消除重污染天气，全国空气质量明显改善。[③]

7. 30家地质公园获评“中国最美”

9月16日，由3700多万名网民、游客参与投票评选出全国首届中国最美地质公园。其中，内蒙古阿拉善沙漠地质公园、云南石林国家地质公园、河南嵩山国家地质公园等30家地质公园榜上有名。[④]

8. 三中全会提出“用制度保护生态环境”

在中国共产党十八届三中全会上，党中央指出，建设生态文明，必须建立系统完整的生态文明制度体系，实行最严格的源头保护制度、损害赔偿制度、责任追究制度，完善环境治理和生态修复制度，用制度保护生态环境。要健全自然资源资产产权制度和用途管制制度，健全国家自然资源资产管理体制。划

---

① 张妍：《巍巍峰峦凝翠绿——2013年中国环境保护及生态矿业大事件回顾》，《中国矿业报》2014年1月2日。

② 张妍：《巍巍峰峦凝翠绿——2013年中国环境保护及生态矿业大事件回顾》，《中国矿业报》2014年1月2日。

③ 张妍：《巍巍峰峦凝翠绿——2013年中国环境保护及生态矿业大事件回顾》，《中国矿业报》2014年1月2日。

④ 张妍：《巍巍峰峦凝翠绿——2013年中国环境保护及生态矿业大事件回顾》，《中国矿业报》2014年1月2日。

定生态保护红线，对限制开发区域和生态脆弱的国家扶贫开发重点县取消地区生产总值考核；探索编制自然资源资产负债表，对干部实行自然资源资产离任审计；实行资源有偿使用制度和生态补偿制度，谁受益，谁补偿；发展环保市场，推行环境污染第三方治理；改革生态环境保护管理体制，对造成生态损害的责任者依法追究刑事责任等。①

9. 发布《中国应对气候变化的政策与行动2013年度报告》

11月5日，《中国应对气候变化的政策与行动2013年度报告》（以下简称《报告》）发布。《报告》全面介绍了中国应对气候变化方面所采取的一系列政策、措施、行动和取得的成效。《报告》通过九个部分，分别介绍了中国应对气候变化面临的形势、完善顶层设计和体制机制、减缓气候变化、适应气候变化、开展低碳发展试点示范、加强基础能力建设、全社会广泛参与、建设性参加国际谈判、加强国际交流与合作等。《报告》指出，中国应对气候变化工作面临新的形势，中国政府加强了应对气候变化重大战略研究和顶层设计，进一步完善了应对气候变化的管理体制和工作机制，应对气候变化在国民经济社会中的战略地位显著提升。未来一个时期是中国全面建成小康社会的关键时期，中国将更加注重追求经济增长的质量和效益，大力推进生态文明建设，努力控制温室气体排放。②

10. 环保部发文对环评违法“零容忍”

2013年12月，环保部发布了中华人民共和国环境保护部公告2013年第73号，宣布下放部分项目的环评审批权限；同时还配套印发了《建设项目环境影响评价政府信息公开指南》和《关于切实加强环境影响评价监督管理工作的通知》两个文件，旨在加大环评政府信息公开，强化环评事中、事后监管。目前，环境保护部正在研究修订《建设项目环境影响评价分类管理名录》，合理调整环境影响报告书、报告表和登记表编制范围，简化部分环评审批项目。③

---

① 《2013年环保新政：三中全会提用制度保护生态环境》，2013年12月23日，中国新闻网，http：//www. chinanews. com/gn/2013/12－23/5649387. shtml。

② 《中国发布应对气候变化的政策与行动2013年度报告》，2013年11月5日，中国网，http：//www. china. com. cn/news/2013－11/05/content_ 30530155. htm。

③ 《2013年环保新政：三中全会提用制度保护生态环境》，2013年12月23日，中国新闻网，http：//www. chinanews. com/gn/2013/12－23/5649387. shtml。

（二）碳排放交易试点启动

根据国家发展改革委《关于开展碳排放权交易试点工作的通知》，北京、天津、上海、重庆、湖北、广东、深圳等7省市2013年正式启动碳交易试点工作，计划于2015年后在全国范围内实施碳交易。交易市场制定碳排放总量控制目标，并以发放碳排放配额的形式将总量控制目标分解到各类碳排放主体，利用市场化手段和金融创新方式，实现社会节能减排效率最大化、总成本最小化。其中，深圳、上海、北京、广东、天津已启动碳交易，且各自探索出不同的碳交易模式：广东成为第一个拍卖配额的试点；北京则在各试点中首先发布了场外交易的细则；上海配额分配设置了鼓励先进企业的“先期减排配额”。

1. 深圳

作为中国第一个正式运行的强制碳交易市场，2013年6月18日启动首日共完成8笔交易，成交21112吨配额，最低成交价为每吨28元，最高成交价为每吨32元。深圳已将635家工业企业纳入碳交易市场中，首先将重点企业和大型公共建筑作为碳排放管控单位，管控单位碳排放总量占全市总量约40%。首批纳入碳交易的635家工业企业2010年碳排放总量合计3173万吨，占全市碳排放总量的38%，工业增加值合计占全市工业企业增加值的59%，占全市GDP的26%。635家工业企业2013～2015年获得的配额总量合计约1亿吨，到2015年这些企业平均碳强度比2010年下降32%，2013～2015年均碳强度下降率达到6.68%，这不仅高于全市平均21%的减排目标，也高于制造业25%的“碳强度”下降要求。同时，深圳排放权交易所创设公益会员的会员形式，公民和社会团体在降低自身碳排放的同时，通过购买配额注销的方式抵消无法避免的碳排放，培养公众的减排意识。[①]

2. 上海

2013年11月26日，上海碳排放交易市场正式开市启动。这是继2013年

① 《深圳市碳排放权交易试点运行首日完成8笔交易》，2013年6月19日，南方网，http://finance.southcn.com/jrcj/content/2013-06/19/content_71296781.htm。

6月深圳开市以来，国内首批试点的7省市中第二个开启碳排放交易市场的地区。上海碳排放交易市场开市后，2013年配额、2014年配额、2015年配额的交易价格分别为每吨人民币27元、26元、25元，成交量分别为5000吨、4000吨、500吨。首日累计成交量为1.2万吨，成交金额达31.7万元。① 根据2013年11月20日正式颁布实施的《碳排放管理试行办法》，上海建立碳排放配额管理、监测、报告和核查制度，并实行碳排放交易制度，交易标的为碳排放配额。已经纳入配额管理的单位，如未按规定履行配额清缴义务，最高可处以10万元的罚款。②

3. 北京

2013年11月28日，北京市碳排放权交易在北京环境交易所开市。截至上午休市，实际发生交易量达4.08万吨，成交额为204.1万元。③ 北京市制定的《关于开展碳排放权交易试点工作的通知》规定，北京市碳排放权交易只针对二氧化碳一种温室气体，实行二氧化碳排放总量控制下的配额交易机制。这个交易体系中，超额排放企业须在北京市环境交易所购买碳排放权，排放企业则可通过技术创新等手段把二氧化碳排放量降低，卖出富余的碳排放权配额，从而实现整体节能减排。

4. 广东

2013年12月19日，广州碳排放权交易市场正式启动。碳交易启动首日，共有7家企业成功实现7笔交易，总成交量为120029吨，累计成交金额722.174万元，最高成交价61元/吨，最低成交价60元/吨。广东省将电力、水泥、石化、钢铁行业的202家控排企业和40家新建项目企业纳入了首批碳排放权管理和交易范围。12月6日，广东省完成了免费碳排放权配额发放，共发放碳排放权配额3.18亿吨。12月16日，在广东省的组织下，进行了全国首次有偿碳排放权配额竞价发放，最终竞买统一价格为60

---

① 《上海开启碳交易银行备战“碳金融”》，2013年11月27日，中国能源网，http：//www.china5e.com/index.php？m=content&c=index&a=show&catid=13&id=853349。

② 《上海出台碳排放管理办法：单位最高可罚10万元》，2013年11月22日，中国能源网，http：//www.china5e.com/index.php？m=content&c=index&a=show&catid=13&id=852705。

③ 《北京碳交易市场开市　首日交易量超四万吨》，2013年11月29日，中国能源网，http：//www.china5e.com/index.php？m=content&c=index&a=show&catid=13&id=853542。

元/吨，共发放300万吨碳排放权配额。[①]12月17日，广东省政府常务会议已审议并原则通过了《广东省碳排放管理试行办法》，将以省政府规章形式颁布。

5. 天津

在2013年12月26日的启动仪式上，共8家企业签订碳配额交易协议，分别以每吨28元出售碳配额指标。当日碳排放权交易市场共完成协议交易5笔，成交量4.5万吨，交易额125万元。天津市已将2009年以来石化、钢铁、化工、油气开采、电力热力等5个行业年排放二氧化碳2万吨以上的114家企业或单位纳入初期试点范围，并完成了碳排放配额的初始发放，发布了《天津市碳排放交易管理暂行办法》指导并规范交易活动。[②] 允许试点企业通过购买核证自愿减排量抵扣其部分碳排放量，但比例不得超过年度排放量的10%。此外，试点企业当年结余配额可结转至下年度继续使用，对逾期未能足额上缴配额的试点企业，通过从次年分配配额扣减等手段进行约束。

利用市场机制手段促进环保效果的碳排放交易制度已成为应对气候变化的重要政策工具，同时也是绿色金融产业的组成部分。各地碳排放交易市场的不断建立和推进，将对我国环境保护起到一定的促进作用。

（三）环保法律修订过程公开，保障公民环境表达权和参与权

2013年10月21日，环境保护法修订案草案进入十二届全国人大常委会第五次会议的三审程序。自1989年实施以来，这是《中华人民共和国环境保护法》的第一次修订。其中，环保法修法过程中的信息公开与公众表达权、参与权的保障尤为值得关注。2012年草案一审稿在民意征求中即引发了一场广泛关注的公众表意“风暴”，此后又进行了“第二次民意征求”。环保部向全国人大常委会法工委报送了对环保法修正案草案的意见和建议等内容，也通

① 《广东启动碳排放交易　首日成交12万吨》，2013年12月19日，搜狐网，http://business.sohu.com/20131219/n392074577.shtml。

② 《天津市碳排放权交易正式启动》，2013年12月27日，天津政务网，http://www.tj.gov.cn/zwgk/wmsz/zwgkfsz/cjd/cjdzwhd/201312/t20131227_227692.htm。

过官网向全社会全部公开。

本次修订通过人大立法会、专家讨论、民众参与等程序，充分而广泛地吸收了各方面的意见，使得修改预案立足现实，具备可执行性。在三审稿中环境公益诉讼主体范围的修订是各方关注的焦点。由于环境公益诉讼是一项新制度，专家建议在确定环境公益诉讼主体范围时应慎重稳步进行，综合考虑诉讼主体的专业能力、社会信誉等因素，以防止滥诉现象的发生。因此，建议将环境公益诉讼的主体，由二审稿的“中华环保联合会及在省（区、市）里的环保联合会可向人民法院提起诉讼”修改为三审稿的“对污染环境、破坏生态、损害社会公共利益的行为，依法在国务院民政部门登记，专门从事环境保护公益活动连续 5 年以上且信誉良好的全国性社会组织可以向人民法院提起诉讼”。[①] 总之，环境保护法的修改涉及各方的利益，又与公民环境权息息相关，只有在修法程序公开透明，最大限度吸收公众和利益相关方意见的基础上，才有助于法案执行力的提高。

（四）环境司法与重大环境污染案例

2013 年 6 月 18 日，最高人民法院、最高人民检察院发布了《关于办理环境污染刑事案件适用法律若干问题的解释》。新司法解释“降低了环境犯罪的门槛”，确定了“严重污染环境”的 14 项标准，从严打击环境污染犯罪。对环境监管部门的“监管失职罪”提出了比较严厉的追加处罚措』施。

2013 年最高人民法院、最高人民检察院通报了紫金矿业集团紫金山金铜矿重大环境污染事故案，云南阳宗海重大环境污染事故案，重庆云光化工有限公司污染环境案，胡文标、丁月生投放危险物质案等 4 起典型案件（详见表 2）。[②]

（五）生态文明贵阳国际论坛成功举办

生态文明贵阳国际论坛的前身是生态文明贵阳会议，于 2009 年在贵阳召

---

① 杜文骄：《用法治保障生态文明建设》，《学习时报》2013 年 11 月 11 日。

② 《最高人民法院今日通报四起环境污染典型案例》，新华网，2013 年 6 月 18 日，http://news.xinhuanet.com/legal/2013-06/18/c_124871317.htm。

表 2　2013 年最高人民法院、最高人民检察院通报的 4 起重大环境污染案例

案　由	时　间	事　件	判　决
紫金矿业集团紫金山金铜矿重大环境污染事故案①	2010 年 7 月	紫金矿业集团紫金山金铜矿湿法厂生产产生的铜酸性废水先后两次泄漏流入汀江，造成污染和鱼类大量死亡，福建省上杭县城区部分自来水厂停止供水。	法院以重大环境污染事故罪判处紫金山金铜矿罚金 3000 万元；紫金山金铜矿湿法厂原厂长林文贤、原副厂长王勇、环保车间原主任刘生源三年至三年零六个月不等的有期徒刑，并处罚金 30 万元；对紫金山金铜矿原矿长陈家洪、环保安全处原处长黄福才宣告缓刑。
云南阳宗海重大环境污染事故案②	2005 年至 2008 年	云南澄江锦业工贸有限责任公司（简称“锦业公司”）在生产过程中，致使含砷废水进入阳宗海，造成阳宗海饮用、水产品养殖等功能丧失，县级以上城镇水源地取水中断。	法院以重大环境污染事故罪判处锦业公司罚金 1600 万元；锦业公司原董事长李大宏、原总经理李耀鸿、生产部原部长金大东三年至四年不等的有期徒刑，并处罚金 30 万～15 万元。
重庆云光化工有限公司污染环境案③	2011 年 6 月	专业化工危险废物处置企业重庆云光化工有限公司（简称“云光公司”）在处置危险废物（次级苯系物有机产品）过程中，其员工夏勇将危险废物交由不具备化工危险废物处置资质的张必宾处置，导致约 75 吨危险废物被倾倒在野外，造成当地环境严重污染。	法院以污染环境罪判处云光公司罚金 50 万元；判处夏勇、张必宾有期徒刑二年和一年零六个月，并处罚金 2 万元；对云光公司法定代表人蒋云川等 3 人宣告缓刑。
胡文标、丁月生投放危险物质案④	2007 年 11 月底至 2009 年 2 月	江苏省盐城市标新化工有限公司法定代表人胡文标、生产负责人丁月生将该公司生产产生的大量废水排放至五支河内，致盐城市区 20 多万居民饮用水停水长达近 70 小时，直接经济损失 500 余万元。	法院以投放危险物质罪，判处胡文标、丁月生有期徒刑十年和六年。

注：①王新友：《“两高”通报四起环境污染犯罪典型案例》，《检察日报》2013 年 6 月 19 日。
②王新友：《“两高”通报四起环境污染犯罪典型案例》，《检察日报》2013 年 6 月 19 日。
③王新友：《“两高”通报四起环境污染犯罪典型案例》，《检察日报》2013 年 6 月 19 日。
④王新友：《“两高”通报四起环境污染犯罪典型案例》，《检察日报》2013 年 6 月 19 日。

开。在各方的共同努力下，生态文明贵阳会议连续成功举办四年。2013 年 1 月，经党中央和国务院领导批准，外交部同意贵州省举办生态文明贵阳国际论坛。[①] 作为国内唯一的国家级生态文明论坛，生态文明贵阳会议采用了官民结合、中外协作的办会机制。会议的主办单位中既有权威性的中央国家机关，也有影响大的全国性社会组织、高校和科研院所，特别是联合国机构以及国际地方环境行动理事会、世界自然基金会等近 20 家高端国际组织。同时，尝试企业出资、公益参与的运作模式。会议通过为企业提供宣传推广服务、搭建合作平台等方式，吸引企业积极参与。[②]

2013 年论坛达成了《贵阳共识》，主要有以下四个方面的政策举措。第一，加快绿色发展和产业转型。第二，推进社会和谐和包容性发展。第三，采取最严格的措施修复自然生态和治理环境。第四，普及以生态为导向的价值取向。引导公众从追求豪华、奢侈的生活转向崇尚简朴、节俭的文明生活，自觉践行低碳、绿色消费。[③]《贵阳共识》的达成与发布表明了公民环境权益保护受到了党和政府以及社会各界的高度关注和重视。正如习近平总书记在致生态文明贵阳国际论坛 2013 年年会的贺信中指出："走向生态文明新时代，建设美丽中国，是实现中华民族伟大复兴的中国梦的重要内容。中国将按照尊重自然、顺应自然、保护自然的理念，贯彻节约资源和保护环境的基本国策，更加自觉地推动绿色发展、循环发展、低碳发展，把生态文明建设融入经济建设、政治建设、文化建设、社会建设各方面和全过程，形成节约资源、保护环境的空间格局、产业结构、生产方式、生活方式，为子孙后代留下天蓝、地绿、水清的生产生活环境。"[④] 生态文明贵阳国际论坛的成功召开具有丰富的环境保护意义。

---

① 《习近平致生态文明贵阳国际论坛 2013 年年会的贺信（全文）》，2013 年 7 月 20 日，中央政府门户网站，http：//www. gov. cn/ldhd/2013 - 07/20/content_ 2451855. htm。

② 《生态文明贵阳国际论坛》，2013 年 7 月 16 日，新华网，http：//www. gz. xinhuanet. com/2013 - 07/16/c_ 116551898. htm。

③ 《2013 贵阳共识》，2013 年 7 月 22 日，贵阳政务站，http：//www. gygov. gov. cn/art/2013/7/22/art_ 10682_ 446347. html。

④ 《习主席贺信肯定论坛主题提出"走向生态文明新时代"》，2013 年 7 月 18 日，生态文明贵州国际论坛，http：//www. efglobal. org/news. php？ id =325。

第一，倡导绿色发展和产业转型，确保公民环境发展权。发达国家必须真心处理历史减排的补偿，向发展中国家提供资金、技术支持，与发展中国家共同制定绿色经济的规则与标准。发展中国家自身也必须切实采取措施以绿色可持续发展的理念引导自身的发展，深入转型工业化和城镇化，积极承担相应的国际责任，推动地区间均衡发展。第二，突出“和谐社会和包容性发展”，凸显了公民环境权益保护的均等性。在新型城镇化过程中，通过包容性的生态产业新城的建立与对传统城市的有效改造，防止出现新的城乡间的发展差距，不同规模、地区间城市发展的差异。让更多的地区、更多的民众体会到生态文明指导下的绿色发展的成果，从而均等享受环境保护和经济发展的成果。第三，通过“生态修复和环境治理”，保障公民环境权益的实现。良好的生态环境是人和社会持续发展的根本基础。在严峻的生态安全危机中，既要保持国土资源、水资源、大气资源和生物物种资源等生态安全，又要促进生态系统的养护、再生、恢复和回弹。第四，强调“生态文化和价值取向”，从理念和价值层面培育生态文明和保护公民环境权益的自觉性、自发性。

（六）参与国际环保公约进程

1. 签署《水俣公约》

由环保部牵头的中国代表团参与了《水俣公约》历次谈判和签署过程，中国是首批签署国之一。亦有观点认为，这份几年内将生效的国际公约将给中国带来空前巨大的限汞压力。根据《水俣公约》条款，缔约国到 2020 年将禁止生产、进口和出口加汞产品，例如，部分电池，某些荧光灯，部分加汞医疗用品如温度计和血压计等。来自小规模采金和燃煤发电站的汞是全球最大的汞污染来源。缔约国政府在《水俣公约》中商定，各国将在条约生效之日起三年内制订减少并逐步消除汞的国家计划。《水俣公约》还将对来自大规模工业工厂的汞排放和释放采取各种控制措施，比如燃煤发电站、工业锅炉、废物焚烧设施和水泥熟料设施等。

《水俣公约》于 2013 年 10 月 10 日开放签署，是一份具有法律约束力的多边环境条约。其最终内容已于 2013 年 1 月由各国政府商定，是近十年来环境与健康领域内订立的一项新的全球性公约。该公约在经过50个国家的政府批准后，有望于2016年生效。作为全球最大的汞生产、使用和排放国，该协议给中国带来了严峻的挑战。[①] 同时，积极参与公约谈判和签署也表明了中国政府保护公民环境权益的决心与力度。

2. 参加华沙气候大会

中国政府积极参加华沙气候变化大会，本次会议取得了两项成果。一是重申了落实巴厘路线图成果对于提高2020年前行动力度的重要性，敦促发达国家进一步提高2020年前的减排力度，加强对发展中国家的资金和技术支持。同时围绕资金、损失和损害问题达成了一系列机制安排，为推动绿色气候基金注资和运转奠定基础。[②] 二是就进一步推动德班平台达成一致，既重申了德班平台谈判在《联合国气候变化框架公约》（以下简称《公约》）下进行，以《公约》原则为指导的基本共识，为下一步德班平台谈判沿着加强《公约》实施的正确方向不断前行奠定了政治基础，又要求各方抓紧在减缓、适应、资金、技术等方面进一步细化未来协议要素，邀请各方开展关于2020年后强化行动的国内准备工作，向国际社会发出了确保德班平台谈判于2015年达成协议的积极信号。[③] 尽管气候变化的多边谈判进程艰难曲折，中国在国际气候变化公约的谈判进程中仍然一直发挥着积极的建设性作用。

三　建议与展望

鉴于目前我国存在着生态文明建设与经济发展和资源约束状况不够协调、经济活动的空间布局不够合理的问题，生态环境形势严峻，气候变化问题突出，生态文明法律法规、制度和政策体系有待完善，投入尚待提高

---

① 崔筝：《全球92国家地区签署限汞〈水俣公约〉》，2013年10月12日，财新网，http://china.caixin.com/2013-10-12/100590928.html。

② 《联合国气候变化华沙会议闭幕　解振华接受记者采访》，2013年11月25日，中央政府门户网站，http://www.gov.cn/gzdt/2013-11/25/content_2534205.htm。

③ 《华沙气候大会最后时刻达成协议　焦点分歧仍难解》，2013年11月25日，中国网，http://www.china.com.cn/news/world/2013-11/25/content_30692097.htm。

等问题，[①]推进生态文明建设、保护公民环境权益可以从加强顶层设计与鼓励地方实践两方面入手。

1. 在国家层面做好生态文明建设的顶层设计

首先，可以考虑在中央建立生态文明建设的最高决策机构。政府是推进生态文明建设的主要力量，但是当前各部门和地方的生态文明建设小组的责任定位尚不明确，缺乏统一的政策部署和工作协调机制。中央建立完善的生态文明建设最高决策机构，可以改变目前分散自发的生态文明建设现状，统一相关决策程序，从理论指导、部门责任、考核指标体系、政策保障等多方面提出统一的战略部署。制定各个部门的生态文明建设战略任务，整体全面地推进生态文明建设。适时出台“中共中央国务院关于加强生态文明建设的决定”,[②] 加强战略向导和政策指引，用系统的政策体系保障生态文明建设和公民环境权益。其次，制定生态文明建设的综合性法律，在法律中确认公民环境权益。清理与生态文明建设相冲突或不利于生态文明建设的法律、法规或条文，加快完善生态环境、土地、矿产、森林、草原等方面保护和管理的法律制度，研究制定生物多样性保护、土壤污染防治、核安全等法律法规。解决法律之间相互冲突、脱节、重复、罚则偏软等问题，增强法律、法规的可操作性。[③] 最后，将生态文明指标体系纳入地方各级党委政府考核体系，建立责任追究制度，对那些不顾生态环境盲目决策、造成严重后果的人，必须坚决追究其责任。

2. 鼓励地方实践

加强顶层设计与地方实践的结合，开展“生态文明先行示范区”创建等活动。“顶层设计”也需要有自下而上的动力，要通过社会各个利益群体的互动，让地方、社会及各个利益相关方都参与进来，使顶层设计更能符合生态文明建设的要求。

（1）在立法领域，目前各地主要从三个方面进行生态文明的地方立法：

---

① 王学军：《大力推进生态文明建设，实现绿色循环低碳发展》，2013 年 9 月 27 日，中国政府法制信息网，http：//www. chinalaw. gov. cn/article/ztzl/fzjz/201312/20131200394350. shtml。

② 俞海、夏光、杨小明、尚素娟：《试论生态文明建设的政策路径创新》，2013 年 7 月 29 日，中国共产党新闻网，http：//cpc. people. com. cn/n/2013/0729/c367366 – 22367856. html。

③ 王学军：《大力推进生态文明建设，实现绿色循环低碳发展》，2013 年 9 月 27 日，中国政府法制信息网，http：//www. chinalaw. gov. cn/article/ztzl/fzjz/201312/20131200394350. shtml。

第一，制定综合性的生态文明建设地方性法规[①]；第二，根据生态文明建设要求修订环境保护地方立法[②]；第三，在生态补偿、排污权交易等领域制定专项地方立法。[③] 但由于缺乏全国性生态文明建设综合性立法，公民的环境权益尚未得到法律确认，生态经济领域立法缺失，地方生态文明建设的法律依据仍不完善。因此，需要在制定本地区的生态文明建设规划时，明确生态文明建设的目标、任务、指标体系、主体、方式、步骤、实施保障等方面的内容，对现行立法体系进行生态化的改造，并在地方立法中明确宣示公民的环境权益。

（2）在司法领域，尽管各地在环境法庭、环境公益诉讼等方面采取了创新措施，但也出现了环境法庭案件少，环境公益诉讼起诉难、举证难、审理难、执行难等问题。建议进一步完善环境保护专门化审判机构，把涉及矿产、森林、水体、土地等资源类案件划归环保法庭审理，促使环保审判庭的案件逐步增加，同时保障其人员与经费。

（3）在执法领域，各地有建立环境联动执法机制、设立环境生态保护的检察机构和设立环境生态保护的公安机构等创新机制，但仍面临诸多阻力。如“守法成本高，违法成本低”的现象仍然存在，针对严重环境违法行为的强制措施较为缺乏。执法队伍力量不足，尤其是环保局的执法人员编制不能适应日益增多的环境执法需求。偏企业义务，轻政府责任，立法中只重视对企业的管理和控制，对政府的监督和约束不足，导致政府的环境违法行为缺少监督。对此，应加强对企业违法责任的惩治力度，提高罚款的上限，增强行政处罚的威慑力，同时强化对政府的约束和监督，特别是要健全和完善环境信息公开制度和公众参与环境行政决策的有关制度；适当加强环境与资源领域执法队伍力量，确保其人员、编制和经费。

---

① 如2009年《贵阳市促进生态文明建设条例》和2013年《厦门经济特区生态文明建设条例》。

② 如2012年《海南省环境保护条例》和2012年《鄱阳湖生态经济区环境保护条例》。

③ 如2005年《浙江省人民政府关于进一步完善生态补偿机制的若干意见》、2009年《贵阳市关于建立生态补偿机制的意见》、2012年《成都市排污权交易管理规定》和2012年《湖北省主要污染物排污权交易办法》。

B.7

社会主义协商民主和公民参与权利保障

郭道久*

摘　要：

社会主义协商民主是人民民主的重要形式，它在保障公民的参与权方面具有重要作用。十八大报告提出社会主义协商民主的概念，为其发展奠定了坚实的理论基础。十八大以来，政党团体、政权机关、人民政协和基层协商民主蓬勃发展，并在公民权利保障上展示出积极成效。社会主义协商民主需要在制度建设、信息公开、公民参与机制以及社会基础等方面加以改进和完善，为公民权利保障做出更大的贡献。

关键词：

社会主义协商民主　公民权利　人民政协

社会主义协商民主是我国人民民主的重要形式。它强调通过国家政权机关、政协组织、党派团体等渠道，就经济社会发展的重大问题和涉及群众切身利益的实际问题进行广泛协商对话，增进和达成共识，形成公共决策。社会主义协商民主不仅关注最终的决策结果，也关注决策过程中的广泛参与，不仅强调对多数人意见的尊重，也强调少数人意见的充分表达和权利的维护，从而在最大程度上实现人民民主。从这个意义上讲，社会主义协商民主体现了对公民参与权利的最大保障，它既保障公民对切身利益的维护，也保障公民对国家事务的参与，从而使公民的政治、经济、社会、文化等各项权利得到切实的保障。

---

* 郭道久，法学博士，南开大学周恩来政府管理学院副教授，主要研究方向为中国政府与政治。

一 社会主义协商民主的发展历程

重视协商是中国共产党的传统。虽然协商民主是近年才出现的概念，但协商的实践一直贯穿于中国共产党的历史之中。新中国成立前，中国共产党在艰苦的革命战争中积累了丰富的民主协商经验。1949 年 9 月，中国人民政治协商会议第一届全体会议在北京举行，标志着政治协商制度在新中国正式建成。1954 年后，政协作为“统一战线组织”继续存在，中国选举民主与协商民主并存的格局形成。改革开放以来，中国的协商民主获得了长足发展。1987 年，党的十三大明确将“中国共产党领导的多党合作和政治协商制度”这一重要表述正式写入党的政治报告；1992 年，党的十四大将“坚持和完善中国共产党领导的多党合作和政治协商制度”正式写入党章；1993 年，八届人大一次会议将中国共产党领导的多党合作和政治协商制度写入宪法；1997 年，党的十五大将坚持和完善中国共产党领导的多党合作和政治协商制度纳入党在社会主义初级阶段的基本纲领和基本经验；2005 年，中共中央制定了《关于进一步加强中国共产党领导的多党合作和政治协商制度建设的意见》，把政治协商纳入决策程序。

与中国政治制度建设和政治实践同步发展的是关于社会主义民主的理论总结和提升。1991 年 3 月，江泽民在“两会”党员负责人会议上将“协商”定义为社会主义民主的重要形式，他指出：“人民通过选举、投票行使权利和人民内部各方面在选举和投票之前进行充分协商，尽可能就共同性问题取得一致意见，是我国社会主义民主的两种重要形式。”这是中国社会主义民主发展历程中首次将“协商”与“民主”联系在一起，从而将之前长期存在的政治协商上升到民主形式的层次。

2006 年 3 月，中共中央颁布《关于加强人民政协工作的意见》，重申：“人民通过选举、投票行使权利和人民内部各方面在重大决策之前进行充分协商，尽可能就共同性问题取得一致意见，是我国社会主义民主的两种重要形式。”这是中央首次以正式文件的形式将“协商”界定为社会主义民主的重要形式。

2007 年 11 月，国务院新闻办公室发表《中国的政党制度》白皮书，提出“选举民主与协商民主相结合，是中国社会主义民主的一大特点”，并再次强调“人民通过选举、投票行使权利和人民内部各方面在作出重大决策之前进行充分协商，尽可能取得一致意见，是社会主义民主的两种重要形式”。这是“协商民主”的概念第一次在正式文件中出现，标志着协商民主作为一个特定的概念已经被中国接受。此后，胡锦涛在正式讲话中也数次使用协商民主。

2012 年 11 月，党的十八大报告正式提出“社会主义协商民主”概念，并强调要“健全社会主义协商民主制度”。这展示了中国在协商民主建设上的充分自信。同时，协商民主也从一种民主形式上升为一种制度，成为中国社会主义政治制度的重要部分。这是对社会主义协商民主及其制度建设最全面、最系统的概括和论证。

2013 年 11 月，党的十八届三中全会通过的《中共中央关于全面深化改革若干重大问题的决定》，再次强调“协商民主是我国社会主义民主政治的特有形式和独特优势，是党的群众路线在政治领域的重要体现”，要“推进协商民主广泛多层制度化发展”，“构建程序合理、环节完整的协商民主体系”，发挥统一战线和人民政协在协商民主中的重要作用，对社会主义协商民主建设做了详细的论述。

社会主义协商民主的发展，始终与人民民主联系在一起，即发展社会主义协商民主是为了更好地实现人民民主。比如，江泽民在 1991 年论述协商民主时就强调，选举和协商“两种形式比一种形式好，更能真实地体现社会主义社会里人民当家作主的权利”。在中国，人民的民主权利已经由宪法和法律加以明确规定，成为每一个公民普遍享有的公民权，社会主义协商民主对人民民主权利的促进实际也是对公民权利的保护。① 具体而言，社会主义协商民主对公民权利的保障体现为：保障参与权，即公民参与公共事务和自身事务管理的权利；保障知情权，即公民了解公共事务、掌握相关信息的权利；保障表达权，即公民表达自己意见和利益诉求的权利；保障决策权，主要是参与决定公共事务

① 戴激涛：《协商民主的理论及其实践：对人权保障的贡献》，《时代法学》2008 年第 2 期。

的权利；保障监督权，即公民依法监督公共权力行使的权利；保障人身和经济社会权利，即通过参与协商维护和实现公民的人身权利和经济社会利益。①

二　十八大以来社会主义协商民主对公民参与权利的保障

十八大报告提出社会主义协商民主的概念，为中国的协商民主发展创造了新的历史机遇。2013 年，不仅社会主义协商民主的理论研究取得了丰硕成果，其实践也获得长足进步，呈现全新的风貌，并在公民参与权利保障方面取得了巨大成效。

（一）十八大以来社会主义协商民主的关注度

十八大报告关于社会主义协商民主的论述，引发了中国学界对社会主义协商民主的高度关注，相关探讨层出不穷。仅以中国期刊网全文数据库（CNKI）收录的期刊论文来看，2012 年全年以“协商民主”为篇名的论文有 146 篇，以“社会主义协商民主”为篇名的论文共 7 篇；而 2013 年以来，以“协商民主”为篇名的论文达 460 篇，以“社会主义协商民主”为篇名的论文共 68 篇，增幅分别达到 215.1%、871.4%。2012 年全年以“协商民主”为主题的论文为 309 篇，以“社会主义协商民主”为主题的论文为 29 篇；而 2013 年以来，以“协商民主”为主题的论文达 543 篇，以“社会主义协商民主”为主题的论文共 228 篇，增幅分别达 75.7%、686.2%。② 由此可见，十八大以来，关于协商民主的研究成果有非常显著的增长；更为明显的是，不管是作为篇名，还是作为主题，“社会主义协商民主”相较于“协商民主”，其增幅都要大得多，这意味着“社会主义协商民主”已经逐渐超越笼统的“协商民主”概念而为各方面所接受。另外，十八大以来，有关社会主义协商民主的著作和学位论文也比较丰富，这也是该主题受到重视的重要表现（见表 1）。

① 王浦劬：《中国的协商治理与人权实现》，《北京大学学报》（哲学社会科学版）2012 年第 6 期。

② 2013 年的 CNKI 收录论文数据检索时间为 2013 年 11 月 29 日。由于数据库收录相对于论文发表的滞后性，2013 年的实际论文数量要大于此处的数据。

表1 “十八大”以来有关协商民主的著作和学位论文简况

序号	作者	题　名	出版社/论文类型	时间
1	黄国华等	中国社会主义协商民主思想史稿	西南交通大学出版社	2013. 3
2	李强彬	协商民主与公共政策前决策过程优化:中国的视角	四川大学出版社	2013. 6
3	韩福国	开放式党建:协商民主与群众路线的融合	上海人民出版社	2013. 6
4	陈家刚	协商民主与当代中国政治	中国人民大学出版社	2013. 8
5	马黎晖	中国协商民主理论与实践	社会科学文献出版社	2013. 10
6	蔡　琳	论中国协商民主的发展	硕士论文	2013
7	陶建兵	中国特色政党制度的协商民主理论探究	硕士论文	2013
8	仲文静	人民政协协商民主发展现状与对策研究	硕士论文	2013
9	卢晓伟	协商民主理论视角下我国公民网络参与研究	硕士论文	2013
10	唐　辉	协商民主理论视角下我国群体性事件的治理之道	硕士论文	2013
11	吴东风	协商民主视域下的环境群体性事件治理研究	硕士论文	2013
12	殷柱华	协商民主视野下地方政协促进公民有序政治参与研究	硕士论文	2013
13	李永慧	中国基层协商民主的实现途径研究	硕士论文	2013
14	黄　新	协商民主视角下我国政府网站公共论坛的建设研究	硕士论文	2013
15	王星涵	西方协商民主的现实困境及未来发展	硕士论文	2013
16	甄建虎	比较视野下的中国特色协商民主制度化研究	硕士论文	2013
17	霍风强	协商民主理论视角下群体性事件问题研究	硕士论文	2013

资料来源：根据中国国家图书馆联机公共目录查询系统馆藏目录检索“协商民主”字段检索结果整理，http：//opac. nlc. gov. cn/F/B2LYQVUJH7V1LX1Q879MVTBI6FSA3XR8QTFMLLTCE1I6DSNA8G - 84640？func = file&file_ name = login - session。

（二）十八大以来社会主义协商民主实践在公民参与权利保障中的成效

1. 政党团体的协商民主进一步提升了公民政治权利保障

政党团体的协商民主主要包括中国共产党与民主党派和人民团体的协商、中国共产党与民主党派和人民团体在人民政协中的协商、民主党派和人民团体向中国共产党建言献策等形式。当然，鉴于中国共产党的领导地位，其他形式的协商民主或多或少都与其有关系，也可以被理解为广义的政党团体的协商民主。

中共中央与民主党派和人民团体的协商自20世纪90年代以来不断充实，逐步规范。1990～2006年底，中共中央、国务院及其委托有关部门召开的协商会、座谈会、情况通报会达230多次，其中中共中央总书记主持召开74次。此外，各民主党派中央、无党派代表人士还向中共中央提出重大的书面意见建议达200多项，内容涵盖了经济、政治、社会、教育、科技、文化、卫生、国防、外交、港澳台侨等诸多方面。① 人民政协中的政党团体协商则是一种工作常态。

十八大以来政党团体的协商民主较此前又有更大程度的提升。2013 年 2 月 28 日，中共中央举行民主协商会，就国务院机构改革和职能转变等重要事项，向各民主党派、全国工商联和无党派人士通报情况，听取意见。② 与此前部分协商民主会不同的是，这次会议是由中共中央总书记习近平主持，而不是委托全国政协主席或者其他人主持，政治局常委全部出席，体现了党中央对政党团体协商民主的高度重视。在政党团体建言献策方面，根据中央统战部网站公布的信息，截至 2013 年 11 月底，各民主党派、无党派民主人士和人民团体在2013 年的精彩建言已达 153 项（部分参见表 2）。十八届三中全会报告在论述社会主义协商民主建设时强调“完善民主党派中央直接向中共中央提出建议制度”，表明政党团体的建言献策将在社会主义协商民主中发挥更为重要的作用。

表 2　2013 年政党团体部分精彩建言情况

序号	主　　题	来　　源	时　间
1	关于健全完善法规制度　有效推进依法治税进程的建议	民　　建	2013. 11. 27
2	建议规范统一使用药品商品名称	民　　建	2013. 11. 27
3	完善区级财务债务风险管理的建议	民　　建	2013. 11. 27
4	大学生创业融资现状与对策建议	民　　建	2013. 11. 27
5	完善我国不动产登记制度的三点建议	九三学社	2013. 11. 13
6	建议将居住年限作为积分入户的最主要指标	九三学社	2013. 11. 13
7	关于将“过劳死(伤)”纳入《工伤保险条例》的建议	民　　革	2013. 11. 13
8	关于推动“以房养老”保险试点的建议	致 公 党	2013. 10. 17
9	关于进一步深化国有企业改革的建议	民　　进	2013. 10. 17
10	关于学术期刊改革不能单纯走市场化的建议	民　　进	2013. 10. 17
11	公立大医院资源应“分级下移”社区	致 公 党	2013. 9. 9
12	以机制保障企业老退休人员养老水平	民　　盟	2013. 5. 27
13	对提高四川地震高危地区防灾自救能力的建议	民　　革	2013. 4. 28

资料来源：根据中共中央统一战线工作部网站“精彩建言选登”栏目资料整理，http://www.zytzb.org.cn/publicfiles/business/htmlfiles/tzb2010/jcjyxd/list.html。

① 中华人民共和国国务院新闻办公室：《中国的政党制度》白皮书，2007 年 11 月 15 日。

② 《中共中央举行民主协商会》，《新华每日电讯》2013 年 3 月 1 日。

政党团体的协商民主具有政治性和高层次性，主要体现为执政党与民主党派等的代表人士就国家政治生活的重要问题进行协商，所以，它首先是保障公民的政治权利，即人民当家作主的权利。中国共产党代表中国最广大人民群众的根本利益，各民主党派反映和代表各自所联系的人民群众的利益，人民团体是人民群众自己的组织，团结和代表各自的成员，所以，政党团体的协商民主本质上是人民群众、群众代表之间的协商，是人民群众管理国家事务和自身事务的行为。政党团体的协商民主越发达、水平越高，对公民政治权利的实现和保障就越充分。

政党团体的协商民主也是对公民切实利益和具体权利的保障。比如，2006年，各民主党派中央组织有关部门负责人和各类专家1270人次就智力支边扶贫工作进行考察，为贫困地区发展提出政策性建议144条，帮助落实扶贫经济项目101个，引进各类项目资金和捐款近5亿元，培训各类技能型人才2.5万人，建立希望小学210所。[①] 前述党派团体的建言献策，都是从公民的具体利益出发，就现实问题提出针对性意见。比如，农工党东莞市委在2013年提出的“成立第三方调解机构，化解医患纠纷矛盾”的建议，最终促成了东莞市医疗争议专业调解委员会的挂牌运作，为维护医患双方的合法权益、化解社会矛盾做出了重大贡献。[②]

2. 国家政权机关的协商民主为公民参与权利提供了更加坚实的保障

国家政权机关直接行使公共权力，因而国家政权机关的协商民主对公民权利的保障是直接而有力的。人大作为人民行使当家作主权利的机构，本身就是公民权利的载体，而在实践中，人大通过立法听证、征求意见、公民座谈、网络互动等形式，来实现其工作的协商民主，其中立法听证最受关注。作为法律制定过程中听取相对人、利害关系人、专家学者、普通群众意见和建议的法定程序，立法听证具有较强的协商民主性质，它对公民的知情权、参与权、表达权的保障是非常显著的。听证的内容更多的是直接关系公民利益的事项，如劳动保障、房屋拆迁、伤害赔偿、招标投标、商品价格等，公民参与其中可以尽

① 中华人民共和国国务院新闻办公室：《中国的政党制度》白皮书，2007年11月15日。

② 《农工党东莞市委推动成立医疗争议专业调解委员会》，中共中央统一战线工作部网站，http：//www. zytzb. org. cn/publicfiles/business/htmlfiles/tzb2010/czyz/201311/743861. html。

可能合理地反映其诉求，最大限度实现自身权益。2000 年 3 月 15 日第九届全国人民代表大会第三次会议审议通过的《中华人民共和国立法法》正式引入立法听证程序，该法第 34 条第 1 款规定：“列入常务委员会会议议程的法律案，法律委员会、有关的专门委员会和常务委员会工作机构应当听取各方面的意见。听取意见可以采取座谈会、论证会、听证会等多种形式。”该法第 58 条、第 68 条、第 74 条还分别对行政法规、地方性法规和规章制定过程中的听证程序予以规定。2005 年 9 月 27 日，全国人大常委会举行个人所得税工薪所得减除费用标准立法听证会，这是《立法法》规定听证制度以来全国人大常委立法中第一次举行听证会。在地方，立法听证实施得更早，1999 年 9 月 9 日，广东省人大常委会举行了中国第一次立法听证会——《广东省建设工程招标投标管理条例（修订草案）》立法听证会。[1] 随后不少地方先后制定立法听证规则，对立法听证加以规范，以确保立法过程中的公民参与（见表 3）。

表 3　部分地方立法听证规则制定情况

序号	名称	年份
1	《浙江省地方立法听证会规则》	2000
2	《安徽省人大常委会财经工作委员会经济立法听证规则》	2000
3	《上海市人大常委会立法听证规则（暂行）》（2007 年修订为《上海市立法听证规则》）	2001
4	《江西省立法听证规则》	2001
5	《四川省地方立法听证会规则》	2001
6	《重庆市人民代表大会法制委员会立法听证规则》	2002
7	《山东省人民代表大会常务委员会制定地方性法规听证规定》	2002
8	《内蒙古自治区人民代表大会法制委员会立法听证规则》	2003
9	《甘肃省人民代表大会常务委员会立法听证规则》	2004
10	《广东省人民代表大会常务委员会立法听证规则》	2013
11	《深圳市人民代表大会常务委员会听证条例》	2001
12	《广州市人民代表大会常务委员会立法听证办法》	2002
13	《郑州市人大常委会听证规则》	2002
14	《贵阳市人民代表大会常务委员会立法听证规则》	2003

资料来源：根据相关报道整理。

① 张朝祥、杨霞：《开门立法的新尝试——广东省人大举行全国首次立法听证会》，《瞭望新闻周刊》1999 年第 40 期。

十八大提出社会主义协商民主，为立法听证奠定了更为坚实的基础。全国人大在立法工作中，更加重视向社会公开征求意见来吸纳民意。从十八大召开到2013年11月底，全国人大共有5部法律草案向社会公开征求意见（见表4）。各地人大也更为重视通过立法听证的形式来倾听民声、吸纳民意，给予公民权利切实的保障（参见表5）。比如，在北京市人大法制委员会于2013年10月24日举行的《北京市大气污染防治条例（草案）》立法听证会上，代表就“停车3分钟熄火”展开讨论，充分体现了立法听证表达民意、保障民权的本质。① 随着网络技术的发展，网上立法听证逐渐得到认可，这大大拓展了公众的参与度，将公民权利保障又向前推进了一步。如2012年11月28日至12月4日，广州市人大常委会就《广州市社会医疗保险条例（草案）》举行网上立法听证，由18名向社会公开征集的听证陈述人围绕《条例》中的热点问题与网友展开对话。7天时间的听证会，累计点击量达1135.39万，参与听证会投票和发表评论的网友累计6170人次。②

表4 “十八大”以来全国人大法律草案征求意见情况（截至2013年11月30日）

序号	法律草案名称	征求意见时间
1	《中华人民共和国商标法修正案(草案)》	2012.12.28～2013.1.31
2	《中华人民共和国消费者权益保护法修正案(草案)》	2013.4.28～2013.5.31
3	《中华人民共和国环境保护法修正案(草案二次审议稿)》	2013.7.17～2013.8.18
4	《中华人民共和国消费者权益保护法修正案(草案二次审议稿)》	2013.9.6～2013.10.5
5	《中华人民共和国资产评估法(草案二次审议稿)》	2013.9.6～2013.10.5

资料来源：全国人大网站，http://www.npc.gov.cn/npc/xinwen/lfgz/flca/node_1481.htm。

表5 2013年部分地方立法听证会召开情况（截至2013年11月30日）

序号	听证内容	组织部门	时间
1	《杭州市物业管理条例(修订草案)》立法听证会	市人大法制委员会	2013.3.29
2	《深圳经济特区控制吸烟条例(修订草案)》立法听证会	市人大常委会	2013.5.14
3	《上海市轨道交通管理条例(修订草案)》立法听证会	市人大常委会	2013.8.15
4	《北京市大气污染防治条例(草案)》立法听证会	市人大法制委员会	2013.10.24
5	《山东省供热条例(草案)》网上立法听证会	省人大法制委员会	2013.10.30
6	《南京市燃气管理条例(草案)》立法听证会	市人大常委会	2013.11.20

资料来源：根据相关报道整理。

① 蒋彦鑫、李丹丹：《参会听证代表赞成停车3分钟熄火》，《新京报》2013年10月25日。
② 《广州首次举行网上立法听证》，《浙江人大》2013年第1期。

行政机关的协商民主形式多样，内容丰富，包括行政听证、征求意见、座谈会、调研等多种公民参与和协商的形式。行政听证被视为公民参与、民主决策的重要措施。1996 年《中华人民共和国行政处罚法》首次引入“听证程序”，规定行政机关责令停产停业、吊销许可证或者执照、较大数额罚款等行政处罚决定之前，应当告知当事人有要求举行听证的权利；当事人要求听证的，行政机关应当举行听证。显然，行政听证的引入，是为了给当事人申诉的机会，保障其合法权利；而听证又是一个沟通、协商的过程，是对公民知情权、表达权、参与权的保障。1997 年《中华人民共和国价格法》第 23 条规定：“制定关系群众切身利益的公用事业价格、公益性服务价格、自然垄断经营的商品价格等政府指导价、政府定价，应当建立听证会制度……”此后各地有关电价、水费、数字电视收费、出租车价格等的听证会开始成为政府价格制定中的重要程序，价格听证已经成为公众参与、民主协商的日常形态。十八大以来，随着社会主义协商民主理论的逐步完善，公民民主参与政府决策受到高度重视，行政机关的价格听证、立法听证更为频繁（参见表 6、表 7）。在价格听证、行政立法听证中，公民一方面可以维护自己的切身利益，比如限制电价、水价、取暖费、景区门票、出租车价格等随意上涨；另一方面也可以充分表达自己的意见，行使作为公民应该享有的参与权、表达权、决策权和监督权等权利。

表 6　2013 年各地价格听证会召开情况（截至 2013 年 11 月 30 日）

序号	听证内容	组织机构	时间
1	昆明市煤气价格调整听证会	市发改委	2013. 1. 6
2	湘潭市城区供水价格调整听证会	市物价局	2013. 1. 23
3	长春市调整民用燃气价格听证会	市发改委	2013. 2. 25
4	芜湖市自来水民用销售价格调整听证会	市物价局	2013. 3. 4
5	苏州市区居民生活用管道天然气价格调整听证会	市物价局	2013. 3. 18
6	平湖市自来水价格调整方案听证会	市发改局	2013. 5. 8
7	北京市出租车调价听证会	市发改委	2013. 5. 23
8	乐清市雁荡山景区门票价格调整听证会	市发改局	2013. 6. 7
9	塘沽地区调整城镇居民用自来水价格（污水处理费）听证会	塘沽物价局	2013. 6. 7
10	东营市黄河口生态旅游区门票价格听证会	市物价局	2013. 6. 14
11	上海市居民用户水价调整听证会	市发改委	2013. 6. 28
12	洛阳市城市居民供暖价格改革调整听证会	市物价局	2013. 7. 23

续表

序号	听证内容	组织机构	时间
13	南京市新增中高端出租车"优质优价"价格听证会	市物价局	2013. 7. 25
14	宁乡县出租车计费方式调整听证会	县发改局	2013. 8. 19
15	乌海市调整城市供热价格听证会	市发改委	2013. 9. 10
16	石家庄市调整市区客运出租车运价及公交车月票价格听证会	市物价局	2013. 9. 12
17	双鸭山市调整供热价格听证会	市物价局	2013. 9. 14
18	武山县城区集中供热价格调整听证会	县物价局	2013. 9. 25
19	陕西省公路客运价格听证会	省物价局	2013. 9. 26
20	广州市水上公交票价调整方案听证会	市物价局	2013. 10. 31
21	珠海市调整车辆通行费年票收费标准听证会	市发改局	2013. 11. 12

资料来源：根据相关报道整理。

表7　2013年各地行政机关立法听证会召开情况（截至2013年11月30日）

序号	听证内容	组织机构	时间
1	《上海市非机动车管理办法（修订草案）》立法听证会	市法制办	2013. 3. 26
2	《广西壮族自治区机动车排气污染防治办法（二次征求意见稿）》立法听证会	自治区法制办、环保厅	2013. 3. 27
3	《四川省村镇供水条例》立法听证会	省法制办、水利厅	2013. 3. 28
4	《新疆维吾尔自治区实施〈国有土地上房屋征收与补偿条例〉办法草案》立法听证会	自治区法制办、住建厅	2013. 6. 6
5	《上海市生活饮用水卫生监督管理办法（草案）》立法听证会	市法制办	2013. 6. 20
6	《四川省〈中华人民共和国义务教育法〉实施办法（草案）》立法听证会	省法制办	2013. 7. 22
7	《唐山市控制二手烟草烟雾危害管理办法（草案）》立法听证会	市法制办	2013. 8. 23
8	《四川省国有土地上房屋征收与补偿条例（草案）》立法听证会	省法制办、住建厅	2013. 8. 23
9	《湘西土家族苗族自治州凤凰区域性防御体系文化遗产保护条例（草案）》立法听证会	州法制办	2013. 9. 3
10	《西安市户外广告设置管理条例（草案）》立法听证会	市法制办	2013. 9. 10
11	《长沙市电梯安全管理办法（征求意见稿）》立法听证会	市法制办	2013. 9. 12
12	《南京市建设工程渣土运输管理办法（征求意见稿）》立法听证会	市法制办	2013. 9. 17
13	《四川省道路运输条例（修订草案）》立法听证会	省法制办、交通运输厅	2013. 10. 11
14	《云南省电信设施建设和保护条例（草案）》立法听证会	省法制办	2013. 10. 22
15	《深圳经济特区园林绿化条例（修订送审稿）》立法听证会	市法制办	2013. 10. 22
16	《上海市促进生活垃圾分类减量办法（草案）》立法听证会	市法制办	2013. 11. 20
17	《深圳经济特区无偿献血条例（修订稿）》立法听证会	市法制办	2013. 11. 26

资料来源：根据相关报道整理。

政府管理中的民主参与也是行政机关协商民主的重要形式。不管是作为行政相对人、利害关系人，还是普通公众，参与到政府管理活动中，就政府行为和公共决策表达自己的意见，实现自身的利益诉求，就是对公民权利的有效保障。各地在这方面有诸多创造性的工作方法，市长接待日、公民意见箱、开放式决策等，都体现了公民参与和协商民主的实质。比如，杭州市在 2007 年实施庭院改善工程的过程中，就建立了以“四问四权”为核心的民主参与机制：“问情于民”，“改不改”让百姓定，落实知情权；“问需于民”，“改什么”让百姓选，落实选择权；“问计于民”，“怎么改”让百姓提，落实参与权；“问绩于民”，“改得好与坏”让百姓评，落实监督权。① 这种将决策权交给公民，强调公民参与和民主协商的施政方式取得了相当积极的效果，不仅棘手的旧庭院改造工作顺利完成，公民的利益得到维护，而且充分实现和保障了公民的知情权、参与权、表达权和监督权。杭州的开放式决策要求，在制定重要规划、方案、政策前，主动征询人大代表、政协委员的意见；对涉及群众切身利益的行政规章和公共政策，采取向社会公示、召开座谈会、听证会等方式征求人大代表、政协委员、民主党派人士以及市民群众的意见。从 2007 年 11 月 14 日至 2008 年 12 月 10 日，杭州市政府常务会议已先后邀请 114 位人大代表、政协委员和 54 位市民代表列席，并通过网上视频直播接入 69 位市民与市长互动交流，共同讨论 2008 年政府工作报告等 59 项决策事项，取得了良好的效果。②

司法机关的协商民主主要体现在司法协商之中。从政治层面，民主党派成员和无党派人士担任司法机关负责人，他们与执政党之间存在固定的协商渠道；民主党派和无党派人士还受邀担任监察、督查、检查人员。在具体的司法过程中，人民陪审员、人民调解员制度都是协商民主性质的重要形式；司法旁听制度为人大代表、政协委员、普通群众和媒体提供了走进司法机关的机会，类似“司法开放日”的活动为司法机关与公众提供了沟通协商的渠道。司法机关的协商民主为公民权利提供了切实保障。如北京市顺义区人民法院自 2010 年 8 月开

① 《杭州探索建立“以民主促民生”　让民主成改善民生动力》，浙江在线，http：//zjnews. zjol. com. cn/05zjnews/system/2009/11/05/015998354. shtml。

② 蔡奇：《开放式决策是政府工作的创新探索》，“中国杭州”政府门户网站，http：//www. hangzhou. gov. cn/main/zwdt/ztzj/kfsjc/caiqi/T279509. shtml。

展“人民调解进立案庭”工作以来，经过三年多的实践和探索，逐步建立了行之有效的工作机制，取得了明显的社会效果。截至2013年1月，三年共计调成案件2058件，调解成功率为49.3%，经过诉前调解的案件无一引发涉诉信访。2012年底，诉前调解组被首都综治委评为“首都群防群治优秀团队”。从2010年9月开始，北京市三级法院全部在立案庭设置人民调解室或人民调解窗口，并由司法局选派具有法律工作经验的人民调解员常驻法院，为群众选择人民调解方式解决纠纷提供便利。[①]

3. 人民政协的协商民主是公民参与权利保障的重要形式

人民政协是社会主义协商民主的重要渠道。它具有民意的广泛代表性、民主监督的合法权威性以及制度化、规范化、程序化等特殊优越性。[②] 人民政协联系广泛，能够充分发挥自身联系各党派、团体、社会各界的作用，集中反映民情、民意，充分表达各自的具体利益，在求同存异的原则下开展合作、对话、沟通、协商，并在民主、平等的协商讨论中达成共识。[③] 人民政协的协商民主形式多样，包括座谈会、协商会、谈心会、专题调研等。

十八大以来，随着人民政协作为社会主义协商民主的重要渠道作用的明确，人民政协的各种协商活动全面开展并不断创新，不仅在民主协商方面展现极大的优势，更为公民权利保障提供了强有力支持。

——专题协商会。这是第十、十一届全国政协大力推进的民主协商形式。经过十余年的探索和实践，这种高层次、宽领域、全局性的专题协商已经发展成为人民政协一种新的协商形式，切实发挥了协商在决策之前和决策执行过程中的重要作用。2013年7月16日，全国政协召开“积极稳妥推进城镇化，着力提高城镇化质量”专题协商会，围绕破解城镇化过程中的重点难点问题、提高城镇化质量进行了协商议政。

——双周协商座谈会。这是第十二届全国政协为更好履行职能、推进社会

① 毛立军：《北京顺义区“人民调解进立案庭”工作效果良好》，《人民政协报》2013年11月25日。

② 李君如：《论人民政协与协商民主》，《人民政协报》2009年10月22日。

③ 陈家刚：《充分发挥人民政协作为协商民主重要渠道作用》，《人民政协报》2012年11月21日。

主义协商民主而创造的新的协商形式。截至 2013 年 11 月底，全国政协已成功举行 3 次双周协商座谈会。2013 年 10 月 22 日，全国政协举行第一次双周协商座谈会，主要议题是分析当前宏观经济形势，就如何统筹稳增长、调结构、促改革，保持经济发展良好势头议政建言；11 月 7 日，全国政协召开第二次双周协商座谈会，围绕“建筑产业化”进行协商座谈；11 月 21 日，全国政协召开第三次双周协商座谈会，会议的议题是“发挥人民政协的界别优势，为维护职工群众切身利益、促进社会公平正义建言献策”。

——协商座谈会。这是全国政协为推进重要问题解决而进行民主协商的重要形式。2013 年 9 月 27 日上午，全国政协教科文卫体委员会召开了“构建多元化的全民健身公共服务体系——发挥体育社会组织的作用”协商座谈会。国家体育总局、民政部、财政部负责人分别就我国全民健身体育公共服务体系建设情况发言。全国政协教科文卫体委员会副主任刘敬民，全国政协委员杨桦、卞志良、李永波、姚明等多位政协委员、专家学者围绕会议主题发言，从多个角度为全民健身公共服务体系的构建献计献策。

——对口协商座谈会。这是政协通过民主协商解决重要问题的有效形式。2013 年 4 月 2 日，全国政协教科文卫体委员会召开“2013 年科技工作对口通报协商会”。2013 年 4 月 28 日，全国政协教科文卫体委员会召开“艺术院校人才培养”对口协商座谈会，并就“为加强艺术院校建设开展专题民主协商”提案进行协商办理。2013 年 6 月 6 日，浙江省政协工商联界别与省政协经济委员会紧扣“拓展市场准入空间，扩大民间有效投资”这一主题，联合邀请省教育厅、省卫生厅、省地税局等 7 个政府有关部门，与 7 位民营企业家就如何更好地贯彻落实国务院鼓励民间投资“新 36 条”和国家部委 42 个实施细则，拓展市场准入空间，扩大民间有效投资，进行对口协商。

——提案办理协商会。办理提案是人民政协工作的重要内容，提案办理协商也是人民政协采取最多的协商形式。在第十一届政协期间，政协委员、政协各参加单位和政协各专门委员会共提出提案 28930 件，经审查，立案 26699 件。其中，委员提案 25114 件，八个民主党派中央和全国工商联提案 1347 件，人民团体提案 26 件，界别、小组提案 190 件，政协专门委员会提案 22 件。截至 2013 年 2 月 20 日，提案已办复 26583 件，办复率为 99.57%。在此期间，由全国政协办公厅、九个专委会开展重点提案督办活动90余次，督办重点提案480余件；召开重点提案办理协商会58次。[①] 截至2013年11月底，第十二届全国政协已召开6次提案办理协商会（见表8）。2013年9月24日至25日，全国政协专门召开提案办理协商工作座谈会，就进一步提高提案办理工作质量，切实加强提案工作各环节的协商等进行探讨。[②]

——专题调研。这是政协围绕国家中心工作，有重点地选择某一专题，由政协委员深入实际、联系群众、了解党和国家方针政策贯彻落实情况并收集和反映社情民意的重要途径和方法。专题调研体现了政协收集民情、表达民意的工作要点，也是政协委员参政议政、民主协商的前提和基础。2013年以来，全国政协已进行了多次专题调研（见表9）。

表8　2013年全国政协召开提案办理协商会情况（截至2013年11月30日）

序号	内　容	组织机构	时间
1	“积极稳妥推进城镇化,着力提高城镇化质量”提案办理协商会	全国政协提案委	2013. 3. 6
2	加强城乡污染防治改善城乡人居环境提案办理协商会	全国政协提案委	2013. 3. 8
3	大力支持西部地区职业教育发展提案办理协商会	全国政协提案委	2013. 5. 21
4	加强耕地质量建设与管理工作重点提案办理协商会	全国政协提案委	2013. 6. 4
5	加强互联网个人信息保护问题提案办理协商会	全国政协提案委	2013. 7. 11
6	进一步推进行政体制改革提案办理协商会	全国政协提案委	2013. 11. 27

资料来源：根据全国政协网站“提案委员会工作动态”栏目资料整理，http：//www. cppcc. gov. cn/zxww/zxww/tawyh/index. shtm。

表9　2013年全国政协部分专题调研情况（截至2013年11月30日）

序号	调研内容	调研人	调研地点	时间
1	全面贯彻落实党的十八大精神	俞正声	贵州	2013. 3. 24 ~ 27
2	贯彻党的十八大精神,高度重视群众工作	杜青林	四川、云南	2013. 3. 29 ~ 4. 1
3	促进科技服务业发展	韩启德等	上海、深圳	2013. 4. 22 ~ 25
4	发挥海峡西岸经济区先行先试作用,进一步深化两岸经贸文化交流与合作	林文漪等	福建	2013. 4. 22 ~ 26
5	西海岸经济新区规划	齐续春等	福建	2013. 4. 23 ~ 24

① 万钢：《中国人民政治协商会议全国委员会常务委员会关于提案工作情况的报告——在政协第十二届全国委员会第一次会议上》，2013年3月3日。

② 包松娅：《全国政协提案办理协商工作座谈会举行》，《人民政协报》2013年9月26日。

续表

序号	调研内容	调研人	调研地点	时间
6	全面优化制度安排,实现社会保障定型、稳定、可持续发展	张宝文等	山东	2013. 5. 5 ~ 9
7	加快发展农业现代化	万钢等	江苏	2013. 5. 6 ~ 11
8	宗教工作	马飚等	全国性宗教团体	2013. 5. 8 ~ 10
9	武陵山片区区域发展与扶贫攻坚工作	王正伟	湖南、湖北	2013. 5. 11 ~ 15
10	南水北调中线渠首枢纽工程等	杜青林	河南	2013. 5. 14
11	农村困难群体权益保障问题	齐续春等	湖南	2013. 5. 16 ~ 21
12	加强公共文化服务体系建设,满足人民群众日益增长的文化需求	卢展工等	重庆、湖北	2013. 5. 21 ~ 30
13	推进新疆跨越式发展和长治久安	俞正声	新疆	2013. 5. 23 ~ 28
14	动员社会力量促进健康服务业发展,有效拉动内需、保障民生	陈竺等	上海、江苏	2013. 5. 26 ~ 30
15	涉法涉诉信访工作改革	齐续春等	云南、山西	2013. 5. 27 ~ 6. 4
16	把夯实基层基础作为稳疆兴疆的固本之举	杜青林	新疆	2013. 6. 4 ~ 7
17	人民政协协商民主建设	陈元等	广西	2013. 6. 4 ~ 6
18	贯彻落实中共十八大精神、健全社会主义协商民主制度	苏荣等	浙江	2013. 6. 8 ~ 9
19	四川藏区旅游发展情况	齐续春等	四川	2013. 6. 20 ~ 25
20	深化金融体制改革	齐续春等	山西	2013. 7. 4 ~ 5
21	构建多元化的全民健身公共服务体系	苏荣等	湖北	2013. 7. 8 ~ 12
22	应对气候变化与大气污染防治	秦大河等	陕西	2013. 7. 8 ~ 9
23	延庆官厅水库水土保持和泥沙淤积情况	罗富和等	北京	2013. 7. 17
24	海水淡化产业发展	齐续春等	唐山	2013. 7. 29
25	扎实推进社会主义新西藏建设	俞正声	西藏	2013. 8. 1 ~ 6
26	水安全问题	罗富和等	湖北	2013. 8. 6 ~ 7
27	大力推动我国清洁能源发展,促进新型城镇化过程中的环境保护	马培华等	新疆	2013. 8. 13
28	因监护人涉罪失管未成年人权益保护	齐续春等	河南	2013. 8. 21 ~ 27
29	关于在黑龙江省建立国家安全食品生产基地	陈竺等	黑龙江	2013. 9. 9 ~ 12
30	推动宗教界办好公益慈善事业	马飚等	江苏、上海	2013. 10. 21 ~ 27
31	了解基督教开展工作的情况	马飚	中国基督教全国“两会”	2013. 10. 28
32	了解《关于进一步加强人民政协提案办理工作的意见》贯彻落实情况及提案办理情况	马飚等	发改委	2013. 10. 31
33	加快北部湾经济区发展	齐续春等	广西	2013. 11. 2 ~ 8
34	促进中医药产业发展	陈竺等	甘肃	2013. 11. 9 ~ 12

资料来源：全国政协网站，http：//www. cppcc. gov. cn/zxww/zxww/zxyw/。

政协是社会各界别的代表进行民主协商的平台，他们反映民意并进行对话协商，践行社会主义协商民主。在协商过程中，他们表达和代表的是各自联系的人民群众的意见和利益，但他们毕竟是代表，与公民亲自参与的协商还不能等同。实践中，为了更好地表达民意，保障公民权利，第十一届、十二届全国政协开始探索就重大问题进行对话协商时，聘请非政协委员的专家学者和民意代表参加，使政协更好地发挥社会主义协商民主的平台作用。这种做法在一些地方政协中也存在，如南京市政协从 2001 年开始举行政协论坛，邀请政协委员以外的人员参与政协讨论。2005 年 7 月 28 日，“构建和谐南京”政协论坛在南京举行，政府官员、政协委员、海内外专家学者数百人参加。政协论坛成为政协发挥独特优势，广泛借助社会各方力量和智慧，围绕中心、参政议政、服务大局、履行职能的新形式。[①] 政协的参政议政与公众的意见表达结合得越来越紧密，政协的协商民主就会越贴近普通公众的利益，其对公民权利的保障越有成效。

4. 基层协商民主为公民参与权利提供更为直接有效的保障

基层协商民主近年来发展迅速，它不仅与中国基层治理相适应，还与西方关于协商民主的一些理念相吻合，因而受到广泛的关注。由于基层协商民主贴近普通公众，公民的直接参与比较多，且关注的一般都是与公众利益息息相关的具体问题，因而其在公民权利保障中发挥着更为直接的作用。基层协商民主表现形式非常丰富，包括“民主恳谈会”、社区论坛、村民和居民会议、公民评议、网络议事会、工资协商等。

——“民主恳谈会”是由浙江省温岭市创造的基层协商民主形式。它从广泛征求公民对当地发展的建议开始，逐步发展为解决基层社会矛盾的有效途径，并在上级政府的推动下成为政府与公民之间对话协商的机制。[②] 在温岭新河镇、泽国镇、箬横镇等，以民主恳谈形式实行的“参与式预算”，实现了公众利益与整体利益的统一，效果非常好。温岭市在民主恳谈发展中还逐步引入协商民意测验、协商民主论坛等更为科学的机制。民主恳谈已经为全国多个地方学习借鉴。

——社区论坛是为了解决社区内公共事务，社区居民自发或被召集起来共同商讨的一种基层自治形式。这种形式在不同的地方称谓不完全一样，有的地

① 《找好切入点　开辟新天地——南京市政协运用政协论坛参政议政、建言立论纪实》，http://www.lnzx.gov.cn/lnszx/myNews/meitiliulan/2005-08-08/Article_16231.shtml。

② 慕毅飞、陈奕敏：《民主恳谈：温岭人的创造》，中央编译出版社，2005。

方叫居民论坛、居民议事会等。比如，武汉市江汉区花楼街的“武汉关社区论坛”自1999年创办以来，至2005年6月共举行了40多次，就社区环境、低保、就业等问题进行讨论，形成建议170余条。①

——村民和居民会议是《村民委员会组织法》和《居民委员会组织法》规定的农村村民自治和城市居民自治的主要形式，是村（居）民实现民主选举、民主决策、民主管理、民主监督的重要载体。通过村（居）民会议，村社中与村（居）民利益息息相关的各项事务实现民主管理。限于实际条件，村（居）民会议有时通过代表会议而不是全体会议的形式召开，但其主要决策形式仍是民主协商，与会人员共同商讨决定，体现了协商民主的基本要义。

——公民评议是普通公众参与政府工作人员绩效评估的一种形式，往往作为绩效评价体系的一个环节。一般需要召开公民代表参加的评议会，被评议对象要接受提问，与会者要就评议事项进行讨论、交换意见。比如，在杭州市的“三位一体”综合考评体系中，公民民主评议是一个重要环节。②

——网络议事是近年来随着网络技术的广泛应用而在基层治理中兴起的一种公民民主参与、公开商讨的协商民主形式。比如，杭州的“杭网议事厅”设立于2009年底，是市民和政府对话的固定网络互动平台，它拓宽了民主参与渠道，创新民主参与方式，健全民主参与制度，以民主促民生，取得了良好效果。③

——工资协商是企业民主管理的一种新形式。随着我国经济的发展，企业管理中的劳资关系问题逐渐突出。为了更好地协调劳资矛盾，维护工人合法权益，在企业职工代表大会等制度之外，工资集体协商自2000年开始实行，主要体现为用人单位与本单位职工就工资标准、工资分配方式等事项以集体协商的方式决定。比如，广东南海本田公司的工资集体协商，就是一次典型的劳资双方协商解决工资待遇问题的成功案例。④ 按照全国总工会的规划，自2011年开始全面推进企业建

① 黄磊、梅智云、谢可可：《公共事务民主管理 “武汉关社区论坛”海内外关注》，《湖北日报》2005年6月8日。

② 潘一峰：《杭州逐步建立干部分层分类考核评价体系》，《杭州日报》2010年8月18日。

③ 王帆、陶杰炳：《“杭网议事厅”开通一周年受到各界好评》，杭州网，http://ori.hangzhou.com.cn/ornews/content/2011-01/11/content_3587440.htm。

④《南海本田工资集体协商典型经验》，广东省总工会网站，http://www.gdftu.org.cn/zghd/ghxx/dxjy/201302/t20130228_362539.htm。

立工资集体协商制度，到2013年实现80%的建制率，世界500强在华企业全部建立工资集体协商制度。

十八大报告提出了社会主义协商民主概念，并强调要积极开展基层协商民主，这为基层协商民主的发展奠定了坚实的理论基础。十八大以来，基层协商民主蓬勃发展，并不断推陈出新，在保障公民的知情权、参与权、表达权、选择权、决策权、监督权以及具体利益方面取得了非常显著的成效。表10是2013年各地基层协商民主开展的基本情况。基层协商民主在社会主义协商民主体系中扮演着根基角色，与上层政治生活的协商民主相比，它体现出草根民主的特点，但是，它直接关系到公民的切身利益和权利，还能够锻炼和提高公民的民主技能，培养民主习惯和民主意识，对整个社会的稳定和谐与有序发展意义重大。

表10　2013年基层协商民主开展情况（截至2013年11月30日）

形式	内容	组织单位	时间
民主恳谈	2013杭州区县线共青团民主恳谈会	共青团杭州市委	2013. 1. 7
	2013年度参与式公共财政预算选民协商恳谈会	温岭市泽国镇	2013. 1. 19
	温岭市交通运输局、水利局、住房和城乡建设规划局、教育局、城市管理行政执法局、铁路新区管委会2013年预算民主恳谈会	温岭市人大	2013. 1. 22
	2013年参与式财政预算民主恳谈会	温岭市横峰街道	2013. 2. 20
	2013年民主党派负责人恳谈会	上海市徐汇区政协	2013. 2. 21
	2013年财政预算民主恳谈会	温岭市新河镇	2013. 3. 1
	财政预算收入民主恳谈会	温岭市箬横镇	2013. 3. 6
	2013年财务阳光预算民主恳谈会	温岭市大溪镇塔岙村	2013. 3. 22
	2013年首次民主恳谈会	浙江缙云县壶镇镇	2013. 5. 24
	2013年纠风暨民主评议恳谈对话会	新疆奇台县七户乡	2013. 5. 31
	"阳光党务"民主恳谈会	江苏公安边防总队南通边防支队	2013. 7. 15
	全市民主党派学习恳谈会暨领导班子建设研讨会	甘肃嘉峪关市	2013. 8. 7
	广州市人大常委会开展党的群众路线教育实践活动民主恳谈会	广州市人大常委会党组	2013. 8. 22
	村级财务预算年中执行情况督评暨预算调整民主恳谈会	温岭市城北街道九份村	2013. 10. 5
	党的群众路线教育实践活动专题民主生活会恳谈会	宁夏吴忠市红寺堡区司法局	2013. 11. 19

续表

形式	内容	组织单位	时间
社区论坛（居民论坛、居民议事会）	2013 年新兴社区居民议事会	成都成华区新兴社区	2013. 3. 11
	2013 年度第一次居民议事会	贵阳南明区见龙社区	2013. 3. 7
	城市治理议事会	南京市玄武区锁金二村社区	2013. 3. 25
	2013 年泉水社区居民议事会第一次会议	成都金牛区泉水社区	2013. 3. 27
	社区居民议事会 2013 年第一次会议	成都金牛区金锣社区	2013. 3. 29
	2013 年居民议事会	成都成华区建华社区	2013. 3. 29
	2013 年度第一季度居民议事会	成都金牛区西北桥社区	2013. 4. 18
	2013 年第一次居民议事会	成都金牛区淳风桥社区	2013. 4. 28
	2013 年第二次居民议事会	成都锦江区万福社区	2013. 5. 17
	2013 年第二季度居民议事会	成都郫县德源镇汀兰苑社区	2013. 6. 2
	“爱盐田　爱我家　绿色环保靠大家”主题居民论坛	深圳盐田区东海社区	2013. 7. 11
	2013 年第二次社区党员、居民议事会	重庆渝中区十八梯社区	2013. 7. 19
	“环保从我做起，建设美丽滨海”主题居民论坛	深圳盐田区滨海社区	2013. 9. 26
居民会议	2013 年居民代表大会	安徽铜陵市铜官山区鹞山社区	2013. 1. 22
	2013 年度社区居民代表大会	北京海淀区怡丽北园社区	2013. 2. 27
	2013 年度第八届第一次居民代表大会	六盘水市钟山区德西社区	2013. 3. 22
	2013 年居民代表大会	成都金牛区兴盛社区	2013. 4. 11
	居民代表大会	福建晋江市灵源街道曾林社区	2013. 4. 13
	2013 年社区居民自治代表会议	广州市海珠区纸北社区	2013. 4. 18
	居民代表大会	深圳罗湖区文华社区	2013. 5. 22
	2013 年上半年居民代表大会	常州市天宁区北环新村社区	2013. 7. 25
	2013 年上半年居民代表大会	江苏吴江市松陵镇二村社区	2013. 8. 30
	2013 年社区居民代表大会	江苏农垦岗埠农场社区	2013. 9. 6
村民会议	中山村村民代表大会	四川宜宾市南溪县中山村	2013. 1. 14
	大季屯村 2013 年第一次全体党员、村民代表大会	沧州市运河区南陈屯乡大季屯村	2013. 1. 30
	横塘村村民代表大会	安徽淮南市田家庵区三和乡横塘村	2013. 3. 5
	塔岙村村民代表大会	浙江温岭市大溪镇塔岙村	2013. 3. 25
	“双联”行动扶贫奔小康规划村民大会	甘肃庆阳市镇原县上肖乡路岭村	2013. 3. 30
	铁索村村民代表大会	成都崇州市铁索村	2013. 4. 26
	九星村 2013 年第一次村民代表大会	上海闵行区七宝镇九星村	2013. 5. 2
	樊湾村村民大会	甘肃庆阳市宁县湘乐镇樊湾村	2013. 5. 6
	三贤村贤北组 2013 年第四次村民代表会议	西安市阎良区三贤村	2013. 5. 17

续表

形式	内容	组织单位	时间
村民会议	2013 年村民代表大会	福建泉州南安市美林街道白沙村	2013. 6. 11
	2013 年第二季度村民大会	四川阿坝州汶川县雁门乡白水村	2013. 6. 17
	人口计生“双诚信、双承诺”村民代表大会	贵州毕节市大方县理化乡石牛村	2013. 7. 3
	红叶村第八届村民代表大会	安徽池州市东至县东流镇红叶村	2013. 7. 10
	田家村 2013 年秋收前全体村民大会	山东省烟台市莱州市田家村	2013. 9. 3
公民评议	2013 年济南市民主评议政风行风	山东济南市	2013. 5. 31
	2013 年上海市容环境卫生市民评议	上海	2013. 6. 3
	2013 年民主评议政风行风	福建汕尾市	2013. 7. 3
	2013 年度民主评议政风行风	新疆库尔勒市	2013. 4. 17
	2013 年“双年”工作年中民主测评	深圳宝安区	2013. 7. 18
网络议事	杭网议事厅	杭州市	
	温网议事厅	温州市	
	萧网议事厅	杭州市萧山区	
	瑞网议事厅——网络问政	瑞安市	
	网络议事厅	新疆伊犁州清河县	
	大庆网络广播电视——市民议事厅	大庆市	
	龙口网——网上议事厅	龙口市	
	坑梓社区家园网“阳光议事厅”	深圳龙岗区坑梓街道坑梓社区	
	网上议事会	上海徐汇区永康居民区	
	网上村委会——睢宁县农村综合信息服务平台	徐州市睢宁县金城社区	
	柏山社区网上议事厅(QQ 群)	黄山市阳湖镇柏山社区	
	“网络议事厅”QQ 群	重庆荣昌县清流镇清流社区	
工资协商	2013 年工资集体协商会议	石家庄天俱时工程科技集团	2013. 1. 9
	2013 年工资集体协商会	泸州北方化学工业有限公司	2013. 1. 25
	2013 年工资集体协商	江苏水建公司	2013. 3. 8
	2013 年工资集体协商会议	云南第一建筑安装工程有限公司	2013. 3. 13
	平等协商暨工资集体协商会议	东方电气集团东方电机有限公司	2013. 3. 15
	“春季要约行动”工资集体协商	湖南顺天集团有限公司等	2013. 3. 28
	2013 年度工资集体协商	天津市亚鹏园林工程有限公司	2013. 4. 2
	2013 年度工资集体协商会议	上海煤气第二管线工程有限公司	2013. 4. 3
	2013 年度工资集体协商	中商集团	2013. 4. 18
	2013 年工资集体协商	陕西华县铁路医院	2013. 5. 6
	2013 年度工资集体协商	云南云叶化肥股份有限公司	2013. 5. 16
	2013 年工资集体协商会议	中国电信崇左分公司	2013. 6. 27

资料来源：根据相关报道整理。

三　社会主义协商民主与公民参与权利保障：不足与建议

（一）社会主义协商民主在公民参与权利保障中存在的不足

1. 制度建设不能充分适应公民参与权利保障的需求

公民参与权利保障以制度为基础，它需要一套完善的制度规范为保障，而社会主义协商民主涉及的政治要素比较多，目前还缺少完整的制度体系，在协商主体、协商内容、协商程序、协商结果等方面，都没有统一的规定。目前关于社会主义协商民主的制度规定，都分散在不同部门、不同领域，这些制度只对某个领域、某种形式的协商有效，但就社会主义协商民主整体而言，缺少统一的制度规范，结果是哪些主体参与协商、哪些事项需要协商、协商到什么层次、如何开展协商、协商结果如何处理等，都没有统一规定。这些制度规定得不到位，对社会主义协商民主的发展，以及发挥其保障公民参与权利的作用，都是不利的。

2. 制度规定落实不到位，对公民参与权利的保障达不到理论高度

从社会主义协商民主的不同形式看，存在的问题是，制度规定已经建立，但具体落实不到位。在党派协商和人民政协协商方面，1989 年的 14 号文件、2005 年的 5 号文件对协商主体、内容、形式等都做了规定，《中国的政党制度》白皮书对协商的程序也做了详细规定，但是，实践中执行并不到位。比如，一些地方规定协商议题和相关材料要提前 7～10 天通知并送达协商参加主体，实践中会出现在协商前一两天才送达，导致协商的效果大打折扣；制度规定协商从中央到地方是一体的，但实践中会出现地方层次的协商效果不如中央。政权机关的协商民主中，制度一般都规定听证会参加人为相对人、利害关系人、普通公众、专家学者、政府部门人员等，但操作中往往相关政府部门的官员比例较高，普通公众参与较少，甚至出现利害关系人没有参加听证的现象。由于制度落实不到位，导致社会主义协商民主实践中对公民参与权利的保障达不到理论上的程度。

3. 信息公开透明度不高影响公民参与权利保障的有效性

协商意味着充分的讨论，其前提是对所协商事情的了解。当前在中国社会主义协商民主实践中，存在信息透明度不够、信息不对称等问题。比如，在政党协商中，往往是执政党掌握比较丰富的信息，民主党派限于各种因素掌握的信息不够全面，执政党是在充分调研、全面考虑后提出建议方案，但民主党派往往只有几天时间了解这些方案，如果此前没有经过调研，就可能在“一知半解”的情况下参加协商，这样的协商难以保证充分性。在政权机关、基层协商民主中，也存在政府部门、专业团体、专家学者掌握信息较充分而普通公众掌握信息量较少的现象，这对协商的效果及对公民参与权利的保障都是不利的。

4. 实践范围和参与广度不够影响公民参与权利保障

协商民主蕴含着广泛参与的特质，它虽然不等同于直接民主，却是一种参与式民主。正是因为这个特质，协商民主能够比较好地保障公民的参与、表达等各项权利。实践中，政党团体和人民政协的协商民主主要表现为代表的参与和协商，虽然代表来自公众，代表公众的利益，但代表与公众之间还是不能等同。在政权机关和基层协商民主中，参与的范围和广度也存在较大的提升空间。诸如听证、民主恳谈、公民评议等协商形式，没有充分满足公众的参与需求，有的价格听证会消费者参与人数很少，结果听证会变成“涨价会”；有的居民议事会参加者都是年老退休者，变成了“老人会”。

5. 协商民主的参与机制不能满足公民参与权利保障的需求

当前社会主义协商民主还没有达到高度发达的程度，不管是在政治领域，还是在基层，都存在表达渠道不畅通、参与机制不健全的现象。对于普通公众而言，有诉求而找不到表达渠道的现象不少见，不少人甚至不清楚听证会、市长见面会、社区论坛等参与形式的存在。从公民参与权利保障的角度看，仍缺少公民熟知的、畅通的表达渠道和参与机制。

6. 民主意识和社会基础的欠缺影响社会主义协商民主对公民参与权利的保障

当前中国的民主发展整体程度还比较低，社会的民主意识还不是很成熟，这不利于社会主义协商民主发挥公民参与权利的保障作用。比如，协商民主的发展需要具有现代民主意识的、成熟的公民，他们应具有合作的习惯，而当前有些人却不懂或不愿意合作；成熟社会应建立社会信用体系，彼此信任，而当前中国社会信任机制普遍缺失，人们彼此缺乏信任感；成熟公民应具有宽容的精神，能够容忍不同的意见存在，人们习惯于在不同意见中进行理性的抉择，而当前社会中存在的极端现象是，只允许自己犯错，不允许别人犯错，固执坚持自己的意见而不愿意妥协。这些现象的存在，增加了社会主义协商民主发展的难度，从而影响其积极作用的发挥。

（二）发挥社会主义协商民主对公民参与权利保障作用的建议

1. 以落实工作机制为核心，提高社会主义协商民主的制度化、程序化水平

制度化是社会主义协商民主发展的方向。从长远看，需要制定社会主义协商民主的制度规范体系，对协商主体、范围、内容、程序、结果等做统一规定，将现有的有关协商民主的各种制度规范和运行机制统一和衔接起来。短期内需要将制度落实作为重点，完善工作机制，使现有的规定能够真正发挥预期作用。另外，需要将协商民主的程序化作为重要方向，只有以制度为基础，建立在固定程序上的协商民主才能给予公民参与权利最大程度的保障。

2. 丰富社会主义协商民主的实现形式

社会主义协商民主当前主要存在于四个领域，从体现社会主义民主优越性的角度来看，各个领域的协商民主都需要丰富其实现形式，而不能满足于现有的状况。比如，人民政协近年来逐步开展的专题协商，2013 年的双周协商座谈会，都是丰富协商形式的主动探索。基层协商民主还可以借鉴国外的先进经验，开展协商民意测验、专题小组、公民大会等形式的协商。另外，要充分利用网络媒体带来的便利，在各个领域的协商中发挥网络的优势，利用网络社区、网上联谊会、网络议事厅、QQ 群等形式开展网络协商。

3. 进一步加强信息公开力度，保障公民知情权

以《政府信息公开条例》为基础，通过电子政务等多种平台，让社会公众充分了解和掌握自身关心的各种事务的相关信息，改变协商民主中信息不对称现象。一方面是在具体的协商活动中，要实行充分的信息公开，保证协商各方平等地掌握相关信息；另一方面是加强社会政治生活中的信息公开，增强透明度，为社会公众提供了解公共事务的渠道。

4. 进一步完善意见表达渠道和公民参与机制

为保证公民确实能够参与协商，不管是为了让自身的利益诉求能进入协商

过程，还是为了亲自参与协商过程，都需要采取措施改变当前公民意见表达渠道和社会参与机制不能满足需求的状况，比如人大代表、政协委员要加强与公众的联系；赋予社会组织、新闻媒体更多的意见表达功能；简化民主协商的操作程序，为普通公众参与提供便利；为社会弱势群体提供特殊的表达和参与渠道。

5. 进一步加强协商主体之间的平等化

为保证协商中意见的充分表达，首先要使参与主体处于平等的地位，为此，要在实践中采取一系列措施来保持协商主体的平等。在党派和人民政协协商中，要提升民主党派的主动性，比如协商动议和主题可以由其提出；在政权机关的协商中，保障普通公众获取资料信息、充分表达个人意见等权利；在基层协商中，要尽可能降低不平等的程度，比如采取圆桌会议协商，给予每个参与者同等的发言时间；等等。

6. 进一步完善社会主义协商民主的社会基础

要提高政党的协商意识和能力，党员干部要提升对话、协商能力。普通公众要建立合作意识和协商习惯，学会在信任和宽容的氛围中与他人协商，维护自身利益。

社会主义协商民主是中国富有传统且蓬勃发展的民主形式，它与人民民主的本质一样，都是在促进公民有序政治参与的基础上，实现人民的各项民主权利。随着社会主义协商民主的制度化、程序化，它将极大地推进社会主义民主的进程，最终在中国建立起坚持党的领导、人民当家作主和依法治国有机统一的社会主义民主政治体制，从而不断推进公民参与权利保障事业的全面发展。

B.8

反腐败与人权保障

李云龙*

摘　要：

腐败是对人权的严重侵害，反腐败就是保障人权。2013 年中国政府加大了反腐败力度，推出了一系列重大的反腐败举措，在全社会产生了重大影响。中国政府把惩治腐败放在突出位置，严肃查办领导干部滥用职权、贪污贿赂、腐化堕落等案件，严肃查办发生在重点领域和关键环节的腐败案件，取得了明显的成效。尽管如此，中国反腐败形势依然严峻。

关键词：

反腐败　人权　中国

腐败是对人权的严重侵害，反腐败就是保障人权。2013 年，中国采取有力措施，深入开展反腐败工作，取得了明显效果。

一　反腐败就是保障人权

腐败是指运用公共权力谋取私人利益的行为。腐败从总体上增加了社会运行成本，降低了政府的效率，侵害了一般民众尤其是社会弱者的福利。腐败违背了法律和国家管理规则据以建立的公平原则，加剧了社会的不平等，使普通民众处于受歧视的地位。腐败行为会导致广泛的人权侵害。警察腐败可能造成非法拘禁、刑讯逼供，侵犯公民人身权利。检察官腐败可能导致滥权枉法、任

* 李云龙，博士，中共中央党校国际战略研究所教授，主要从事人权和国际关系方面的研究。

意拘捕，非法剥夺人身自由。法官腐败可能造成审判不公和冤假错案，侵犯公民得到公正审判的权利。在政治领域，代议机构选举和政府官员任用方面的腐败严重侵犯了公民参与政治和选举代表管理国家和地方事务的权利。发生在招生、教学、考试、毕业等环节的教育腐败侵犯了公民平等的受教育权。在社会保障领域发生的腐败行为最终会剥夺一部分弱势群体的利益，侵犯他们享受社会保障和社会帮助的权利。联合国秘书长潘基文在2013年国际反腐败日致辞："腐败会导致成本上升，因而抑制经济增长，也会有损环境和自然资源的可持续管理。腐败违反基本人权，加剧贫困并加重不平等，因为腐败会使医疗保健、教育和其他基本服务的资金被挪为他用。世界各地数以十亿计的人都能感觉到腐败的恶性影响。腐败与犯罪活动、国家机构失灵和治理不善互为因果。"①

从最广泛的意义上说，所有反腐败行动都具有捍卫人权的意义。反腐败就是在维护人权。中国是一个政府在社会生活许多方面发挥主导作用的国家，政府和政府官员的行为对普通民众的影响也相对较大。在中国，腐败行为侵害人权的后果更加严重。因此，中国的反腐败行动具有更加深刻的人权保障意义。

二　十八大以来中国反腐败的重要举措

中共十八大以来，以习近平同志为总书记的新一届领导集体高举反腐败大旗，大刀阔斧地开展反腐败斗争，推出了一系列重大的反腐败举措，对全社会产生了重大影响。

第一，开展党的群众路线教育实践活动。2013年4月19日，中共中央政治局召开会议，决定从2013年下半年开始，用大约一年的时间，在全党开展以为民务实清廉为主要内容的党的群众路线教育实践活动，解决一些领导干部中存在的形式主义、官僚主义、享乐主义和奢靡之风问题，尤其是要解决以权谋私和腐化堕落问题。② 教育实践活动分两批进行。第一批从2013年7月份

① 《秘书长2013年致辞》，联合国网站，http：//www.un.org/zh/events/anticorruptionday/sgmessages.shtml。

② 《中共中央政治局召开会议研究部署在全党深入开展党的群众路线教育实践活动工作》，人民网，http：//cpc.people.com.cn/n/2013/0420/c64094-21207765.html。

开始进行。第一批参加教育实践活动的单位有259个，包括省部级领导机关和副省级城市机关及其直属单位，中管企业、中管金融企业及中管高校。为了推动教育实践活动的开展，中央组建了45个中央督导组，选派79位省部级干部担任中央督导组组长、副组长。截至2013年7月23日，31个省区和新疆生产建设兵团，106个中央和国家各部委、人民团体，42户中管企业、12户中管金融企业、31所中管高校，分别组建了各自的督导组。[①] 经过半年多时间，到2014年1月，第一批教育实践活动深入扎实开展，取得了重要的阶段性成果。全国各地区各部门各单位的“三公”经费普遍压缩了10%以上，节庆论坛展会普遍减少了50%以上、经费压减了60%以上，公费出国团组减少了50%以上。[②] 湖南省清理违规配备的公务用车5000多辆，腾退超标办公用房87万平方米，减少公务接待宴请消费30%以上，减少党政干部因公出国（境）1184人次，较上年同期下降49.3%；省直部门清理规范厅级干部违规在社会组织兼职976人、清理机关违规长期借调人员（一年以上）1100多人。[③]

第二，密集出台反腐败规定，加强反腐败预防和监督体系建设。十八大后不久，中共中央政治局于2012年12月4日召开会议，审议通过了《中央政治局关于改进工作作风、密切联系群众的八项规定》，要求中央政治局改进工作作风，严格遵守廉洁从政有关规定，严格执行住房、车辆配备等有关工作和生活待遇的规定。[④] 2013年6月13日，监察部等4部门发布《违规发放津贴补贴行为处分规定》，明确要求对违规发放津贴补贴负有责任的领导人员进行处分。对于超过规定标准和范围发放各种津贴补贴的责任人，可以给予警告处分；情节较重的，可以给予记过或者记大过处分；情节严重的，可以给予降级或者撤职处分。[⑤] 2013

① 《党的群众路线教育实践活动首批259个单位全部完成动员部署》，新华网，http://news.xinhuanet.com/politics/2013-07/23/c_116654159.htm。

② 杜飞进、盛若蔚、李章军：《第一批党的群众路线教育实践活动深入开展纪实》，《人民日报》2014年1月19日。

③ 孙敏坚、刘文韬：《湖南省第一批党的群众路线教育实践活动综述》，《湖南日报》2014年1月24日。

④ 《中共中央政治局召开会议审议关于改进工作作风、密切联系群众的有关规定 分析研究二〇一三年经济工作》，人民网，http://cpc.people.com.cn/n/2012/1205/c64094-19793530.html。

⑤ 李源：《四部委：违规发放补贴情节严重将被降级或撤职》，人民网，http://fanfu.people.com.cn/n/2013/0712/c64371-22183780.html。

年 3 月 20 日，国务院全体会议通过《国务院工作规则》，规定要严肃查处越权办事、以权谋私等违规、违纪、违法行为，制止奢侈浪费，严格执行住房、办公用房、车辆配备等方面的规定，严格控制因公出国（境）团组数量和规模，不得违反规定用公款送礼和宴请，不得接受地方的送礼和宴请。① 2013 年 9 月 13 日，财政部、国家机关事务管理局和中共中央直属机关事务管理局联合发布了《中央和国家机关会议费管理办法》，要求参会人员以在京单位为主的会议不得到京外召开，不得到中央明令禁止的风景名胜区召开会议，并明确了会议费综合定额标准。② 2013 年 9 月 3 日，中央组织部印发《领导干部个人有关事项报告材料汇总综合办法》，对汇总综合的主体、内容、时限、成果运用和工作纪律等做出了规范。③ 10 月 10 日，监察部公布《监察机关特邀监察员工作办法》，明确规定特邀监察员的职责是参加监察机关开展的监察活动，反映和转递群众的检举、控告，对监察机关及其工作人员进行监督。④ 11 月 25 日，中共中央、国务院发布《党政机关厉行节约反对浪费条例》，针对“舌尖上的浪费”“车轮上的铺张”“楼堂馆所的豪华”等现象，对经费管理、国内差旅和因公临时出国（境）、公务接待、公务用车、会议活动、办公用房等方面做出了明确规定，以便从源头上刹住奢侈浪费之风。⑤ 2013 年 12 月 8 日，中共中央办公厅、国务院办公厅印发《党政机关国内公务接待管理规定》，要求严控接待范围、简化接待礼仪、限制接待住宿房型、从严控制接待用餐的次数和陪餐人数等。⑥ 2013 年 12 月 25 日，中共中央印发《建立健全惩治和预防腐败体系 2013 –2017 年工作规划》，提出了加大惩治腐败力度、有效发挥纪律

---

① 《国务院工作规则》，人民网，http：//fanfu. people. com. cn/n/2013/0329/c64371 – 20960158 – 4. html。

② 高雷：《中央和国家机关会议费管理办法出台　一类会议每人每天 660 元》，人民网，http：//fanfu. people. com. cn/n/2013/0924/c64371 –23012992. html。

③ 李源：《中纪委、中组部印发〈办法〉规范干部报告个人事项汇总工作》，人民网，http：//fanfu. people. com. cn/n/2013/1012/c64371 –23180070. html。

④ 李源：《〈监察机关特邀监察员工作办法〉施行　规定选聘范围及任期》，人民网，http：//fanfu. people. com. cn/n/2013/1101/c64371 –23397386. html。

⑤ 《党政机关厉行节约反对浪费条例》，新华网，http：//news. xinhuanet. com/legal/2013 – 11/26/c_ 125760796. htm。

⑥ 《〈党政机关国内公务接待管理规定〉印发》，《人民日报》2013 年 12 月 9 日。

约束和法律制裁的警戒作用、遏制腐败蔓延势头的工作目标，要求加强反腐倡廉法律法规制度建设，强化权力运行制约和监督，推动党的纪律检查工作双重领导体制具体化、程序化、制度化，并明确规定中纪委派驻各部委的纪检机构只对中纪委负责，查办腐败案件以上级纪委领导为主，各级纪委书记、副书记的提名和考察以上级纪委会同组织部门为主。[①]

第三，改进反腐败工作机制和工作方法。

（1）改进巡视工作。在2013年的反腐败工作中，中央纪委充分运用党章赋予的巡视权力，分两轮向20个地方、部门和单位派出中央巡视组。10个巡视组第一轮分别巡视了内蒙古、江西、湖北、重庆、贵州、水利部、中国进出口银行、中国储备粮管理总公司、中国人民大学、中国出版集团，第二轮分别巡视了山西、吉林、安徽、湖南、广东、云南、新华社、国土资源部、商务部、三峡集团，取得了明显的成效。[②] 巡视工作重点是监督党政主要负责人，反映和发现问题，抽查领导干部报告个人有关事项情况。第一轮巡视中发现的有价值问题线索比过去增加了5倍。[③]

（2）建立约谈函询等办案机制。2013年，各级纪检监察机关认真核查各种渠道反映上来的领导干部问题线索，通过约谈、函询等方式向本人和组织核实问题，以便尽快搞清问题。2013年，全国各级纪检监察机关共函询18095人、谈话42739人，其中做了结处理的有43871人。[④]

（3）建立落实八项规定精神情况月报制度。2013年8月，中央纪委要求各地每月报送有关查处违反八项规定精神问题的数据，定期汇总公布。同时，重要节日前发通知出禁令。2013年，每到重要节日，中央纪委都发出通知、出台禁令，预警腐败。9月3日，中央纪委等发出《关于落实中央八项规定精

---

① 《中共中央印发〈建立健全惩治和预防腐败体系2013－2017年工作规划〉》，《人民日报》2013年12月26日。

② 李源：《中央巡视组第二轮巡视工作即将开始　共分10个组》，人民网，http：//fanfu.people.com.cn/n/2013/1023/c64371－23304925.html。

③ 《中纪委通报2013年度党风廉政建设和反腐败工作情况》，人民网，http：//politics.people.com.cn/n/2014/0110/c1001－24081364.html。

④ 《中纪委通报2013年度党风廉政建设和反腐败工作情况》，人民网，http：//politics.people.com.cn/n/2014/0110/c1001－24081364.html。

神坚决刹住中秋国庆期间公款送礼等不正之风的通知》，严禁公款送月饼送节礼、大吃大喝或进行公款旅游、健身和高消费娱乐活动，严禁突击花钱和滥发津贴、补贴、奖金、实物。[①] 10月31日，中央纪委发出《关于严禁公款购买印制寄送贺年卡等物品的通知》，明确规定，各级党政机关、国有企事业单位和金融机构，不得用公款购买、印制、邮寄、赠送贺年卡、明信片、年历等物品，并明令各级纪检机关强化监督检查，对顶风违纪的，发现一起、查处一起，严肃责任追究，通报曝光典型案例。[②] 11月21日，中央纪委发出《关于严禁元旦春节期间公款购买赠送烟花爆竹等年货节礼的通知》，严禁用公款购买赠送烟花爆竹、烟酒、花卉、食品等年货节礼。[③] 12月，中央纪委等发出《关于在党的群众路线教育实践活动中严肃整治"会所中的歪风"的通知》，规定党员领导干部必须承诺不出入私人会所、不接受和持有私人会所会员卡，并要求各级纪检监察机关盯住党员领导干部，严肃查处出入私人会所吃喝玩乐等违规违纪行为，及时通报曝光。[④]

（4）建立网络举报制度。2013年4月19日，新浪网等国内主要门户网站以及人民网、新华网等主流网站，都在首页开设网络监督专区，链接纪检监察、检察、法院、国土等执纪执法部门举报网站以及干部监督"12380"网站等网址。[⑤] 这些网站的网络监督专区统一标有"欢迎监督，如实举报"的字样，并在举报须知中说明，中央纪委、监察部举报网站受理违反党纪政纪问题的检举和控告，中央组织部"12380"举报网站受理领导干部选人用人问题的举报，最高人民检察院举报中心受理职务犯罪的举报，最高人民法院举报网站受理对最高人民法院法官和高级人民法院院领导违纪违法行为的举报，国土资

---

① 姜洁：《中央纪委和教育实践活动领导小组发通知：刹住"两节"公款送礼歪风》，《人民日报》2013年9月4日。

② 《中央纪委发出通知要求：严禁公款购买印制寄送贺年卡等》，《人民日报》2013年11月2日。

③ 李源：《中央纪委：严禁元旦春节公款购买赠送烟花爆竹等年货节礼》，人民网，http：//fanfu. people. com. cn/n/2013/1122/c64371 - 23622189. html。

④ 《中央纪委、中央教育实践活动领导小组发出通知　严肃整治"会所中的歪风"》，人民网，http：//qzlx. people. com. cn/n/2013/1223/c364565 - 23924434. html。

⑤ 《国内主要网站推出网络监督专区》，人民网，http：//fanfu. people. com. cn/n/2013/0419/c64371 - 21199325. html。

源部违法举报信箱受理对土地、商业贿赂、矿产方面的违法行为进行的举报。[①] 中央纪委监察部网站于2013年9月正式开通后，公布了纪检监察机关信访举报、查办案件、办理申诉等工作程序。[②] 尤其引人注目的是，网站首页显著位置设置了网络举报板块，链接了举报指南、我要举报、举报查询及其他举报网站，接受匿名和实名检举、控告。[③]

三　加大腐败案件查处力度，切实保障人民群众的基本人权

2013年，中国政府把惩治腐败放在突出位置，对腐败保持高压态势，"老虎""苍蝇"一起打，严肃查办领导干部滥用职权、贪污贿赂、腐化堕落等案件，严肃查办发生在重点领域和关键环节的腐败案件，取得了明显成效。

1. 强化对腐败案件的查处，有案必查

2013年，全国各级纪检监察机关共接受信访举报1950374件（次），其中检举控告类1220191件（次）。立案172532件，结案173186件，处分182038人。其中，给予党纪处分150053人，给予政纪处分48900人。2013年全国纪检监察机关立案件数、结案件数、给予党纪政纪处分人数，分别比2012年同期增长11.2%、12.7%、13.3%。[④] 2013年，处分县处级以上干部6400多人，比上一年增长36.3%。[⑤] 2013年，中央纪委监察部查处中管干部31人，截至2014年1月，其中8人涉嫌犯罪已被移送司法机关依法处理，还有蒋洁敏、李东生、李崇禧等14个案件正在立案调查。[⑥] 2013年查办高级干部违法违纪情况见表1。

---

① 《网络举报监督专区》，新浪网，http://news.sina.com.cn/z/wljbxz/。

② 李源：《中纪委网站公布纪检监察机关信访举报、查办案件等工作程序》，人民网，http://fanfu.people.com.cn/n/2013/0902/c64371-22773604.html。

③ 《中纪委网站开通接受网络举报》，法制网，http://www.legaldaily.com.cn/locality/content/2013-12/03/content_5080704.htm?node=56568。

④ 《中纪委通报2013年度党风廉政建设和反腐败工作情况》，人民网，http://politics.people.com.cn/n/2014/0110/c1001-24081364.html。

⑤ 《中国反腐总布局》，《瞭望》2014年第4期。

⑥ 《中纪委通报2013年度党风廉政建设和反腐败工作情况》，人民网，http://politics.people.com.cn/n/2014/0110/c1001-24081364.html。

表 1　2013 年查办高级干部情况违法违纪情况

序号	姓名	职务	违法违纪情况	处理结果
1	周镇宏	广东省委常委、统战部部长	利用职务便利，为他人谋取利益，收受贿赂；收受礼金、贵重礼品；对茂名市发生的系列严重腐败案件负有主要领导责任；生活腐化	开除党籍、开除公职处分；收缴其违纪所得；将其涉嫌犯罪问题移送司法机关依法处理
2	李春城	候补中央委员、四川省委副书记	涉嫌严重违纪	免去其领导职务，立案调查
3	黄　胜	山东省人民政府副省长	利用职务便利，为他人谋取利益，收受 21 个单位或个人给予的财物共计折合人民币 1223 万余元	一审判处无期徒刑，剥夺政治权利终身，并处没收个人全部财产
4	刘志军	铁道部部长、党组书记	利用职务上的便利先后非法收受财物共计折合人民币 6460.54 万元	一审以受贿罪、滥用职权罪数罪并罚，判死刑，缓期二年执行
5	杨　琨	中国农业银行副行长	利用职务便利，为他人谋取利益，收受他人给予的财物折合人民币约 3079 万元	开除公职处分；收缴其违纪所得；移送司法机关
6	倪发科	安徽省副省长	利用职务上的便利，为他人谋取利益，本人或通过其亲属收受巨额财物；道德败坏	开除党籍、公职；检察院对其立案侦查并采取强制措施
7	郭永祥	四川省文联主席	涉嫌严重违纪	接受组织调查
8	王素毅	内蒙古自治区党委常委、统战部长	利用职务上的便利，为他人谋取利益，本人或通过其亲属收受巨额财物；收受礼金礼品	开除党籍、公职；收缴违纪违法所得；移送司法机关
9	李达球	广西政协副主席	涉嫌受贿犯罪	免职，立案侦查并采取强制措施
10	刘铁男	国家发展改革委副主任、国家能源局局长	利用职务上的便利为他人谋取利益，本人及其亲属收受巨额钱物；违规为其亲属经营活动谋取利益；收受礼金礼品；道德败坏	开除党籍和公职，移送司法机关；最高人民检察院对其立案侦查并采取强制措施
11	王永春	中石油副总经理	涉嫌严重违纪	免去党政领导职务，接受组织调查
12	蒋洁敏	国务院国资委主任	涉嫌严重违纪	立案调查
13	薄熙来	中共中央政治局委员、重庆市委书记	受贿折合人民币 2044 万余元，侵吞公款人民币 500 万元	一审认定薄熙来犯受贿罪、贪污罪、滥用职权罪，判处无期徒刑，剥夺政治权利终身，并处没收个人全部财产

续表

序号	姓名	职务	违法违纪情况	处理结果
14	齐平景	中国外文局副局长	利用职务上的便利，为他人谋取利益，收受巨额财物；贪污公款	开除党籍、开除公职；收缴违纪违法所得；移送司法机关
15	季建业	南京市委副书记、市长	利用职务上的便利为他人谋取利益，本人或通过其亲属等人收受巨额财物；道德败坏	开除党籍；移送司法机关
16	廖少华	贵州省委常委、遵义市委书记	涉嫌严重违纪违法	接受组织调查
17	田学仁	吉林省常务副省长	利用职务便利，为他人谋取不正当利益，受贿钱款折合人民币 1919 万余元	一审判处无期徒刑，剥夺政治权利终身，并处没收个人全部财产
18	陈柏槐	湖北省政协原副主席	涉嫌严重违纪违法	接受组织调查
19	郭有明	湖北省副省长	涉嫌严重违纪违法	接受组织调查
20	许　杰	国家信访局党组成员、副局长	涉嫌严重违纪违法	接受组织调查
21	戴春宁	中国出口信用保险公司副总经理	涉嫌严重违纪违法	接受组织调查
22	陈安众	江西省人大常委会副主任、省总工会主席	涉嫌严重违纪违法	接受组织调查
23	童名谦	湖南省政协副主席	在衡阳破坏选举案中失职渎职，涉嫌玩忽职守罪	开除党籍、开除公职；移送司法机关；最高人民检察院对其立案侦查并采取强制措施
24	李东生	中央防范和处理邪教问题领导小组副组长、办公室主任，公安部党委副书记、副部长	涉嫌严重违纪违法	接受组织调查
25	杨　刚	政协第十二届全国委员会经济委员会副主任	涉嫌严重违纪违法	接受组织调查
26	李崇禧	四川省政协主席	涉嫌严重违纪违法	接受组织调查

资料来源：根据中央纪委监察部网站“案件查处”栏目报道整理。

2013年，中央纪委4次通报了32起违反八项规定精神典型问题，30个省区纪委监察厅（局）共进行了74次专门通报，曝光了372起违反八项规定精神典型问题。中央纪委监察部官方网站“曝光台”栏目专门曝光查处违反八项规定精神典型案例。2013年，该栏目共通报517起违反八项规定精神典型问题。2013年全国共查处违反八项规定精神问题24521件，30420名党员干部受到处理，7692人受到党纪政纪处分。中央纪委直接查办、督办、转办违反八项规定精神问题共252件。其中，直接查办5件，督办140件，转办107件。①

2. 依法严惩腐败分子

2013年1月至11月，全国各级检察机关共立案侦查各类职务犯罪案件36169件49579人，查处县处级以上国家工作人员2703人，其中厅局级干部204人。同2012年同期相比，受到查处的县处级以上国家工作人员增加了8%。② 检察机关重点查办发生在群众身边、损害群众利益的腐败案件。2013年以来，全国检察机关集中开展为期两年的查办和预防发生在群众身边、损害群众利益的职务犯罪专项工作，着力打击群众身边的腐败问题。各地检察机关重点查办了征地拆迁、教育、就业、医疗卫生、社会保障、生态环境保护、食品药品安全监管、安全生产监管、新农村建设、惠农资金管理、社会管理等领域的职务犯罪。2013年1~8月，全国检察机关反贪部门共查办发生在群众身边、损害群众利益贪污贿赂案件13163件18616人，其中，大案10320件，要案604人（见表2）。③

3. 严肃查处直接侵犯公民基本人权的腐败案件

有些腐败行为直接侵犯人民群众的人身权利、政治权利、经济权利和社会权利，破坏公平正义，成为社会关注的焦点。2013年，党和政府迅速果断地查办了一批直接侵犯人权的腐败案件，维护了基本人权。

---

① 《中纪委通报2013年度党风廉政建设和反腐败工作情况》，人民网，http：//politics. people. com. cn/n/2014/0110/c1001 -24081364. html。

② 杨丽萍、白靖利：《检察机关2013年“打虎拍蝇” 立案查处“厅官”超200人》，新华网，http：//news. xinhuanet. com/legal/2014 -01/27/c_ 119157382. htm。

③ 《前8个月查办损害群众利益贪贿案13163》，法制网，http：//www. legaldaily. com. cn/Procuratorate/content/2013 -10/18/content_ 4943268. htm? node =53994。

表 2　2013 年全国各省区立案侦查职务犯罪案件情况

序号	省区	职务犯罪案件	贪污贿赂犯罪案件	渎职侵权犯罪案件	损害群众利益的职务犯罪
1	河　北	1791 件 8281 人	1351 件 1932 人，大案 818 件，厅级 9 人、县处级 42 人	440 件 949 人，重特大案件 147 件	征地拆迁、医药购销、支农惠农等领域贪污贿赂犯罪嫌疑人 1439 人
2	辽　宁	1727 件 2640 人，县处级以上 199 人，厅局级 9 人	1883 人，大案 728 件	757 人，重特大案件 343 件	
3	黑龙江	2252 人，县处级以上 126 人	1694 人	558 人	1907 人，涉农惠民领域的职务犯罪 1200 人
4	吉　林	2438 人，大案 1693 人，处级以上 79 人			征地拆迁、普九化债、暖房子工程、农业保险等领域职务犯罪 1987 人
5	北　京	373 件 438 人	299 件 357 人；县处级 59 人，厅局级以上 15 人，大案 57 件	74 件 81 人，重特大案件 21 件	182 件 207 人
6	内蒙古	857 件共 1375 人			
7	山　西	1349 件 1829 人，大案 704 件，县处级以上 80 人，厅局级 7 人	884 件 1279 人	465 件 550 人，重特大案件 206 件，县处级以上 11 人	924 件
8	陕　西	1421 人，大案 491 件、要案 58 人			879 人
9	甘　肃	789 件 1369 人	603 件 999 人，大案 376 件，要案 61 件	186 件 370 人	征地补偿等领域 491 人；产权交易、房屋拆迁等领域 139 人
10	宁　夏	270 件 410 人	229 件 347 人	41 件 63 人	
11	新　疆	668 件 712 人	547 件 580 人，大案 262 件，县处级以上 29 人，厅局级 5 人	121 件 132 人，重特大案件 34 件 36 人	征地拆迁、保障性住房和社会保障等 9 个重点领域贪污贿赂案件 393 件 414 人
12	云　南	1596 件 1935 人，县处级以上干部 84 人（厅级 6 人）	1236 件 1496 人	360 件 439 人	扶贫救灾、医药卫生、社会保障等领域职务犯罪案件 1049 件
13	贵　州	922 件 1158 人，大案 806 件，县处级以上 45 人			征地拆迁、移民安置等领域 688 件 883 人，涉农惠民领域 204 人
14	四　川	1797 件 2384 人，大案 1550 件，县处级以上 121 人，厅级 11 人	1443 件 1933 人	354 件 451 人	教育、医疗、征地拆迁、社会保障等民生领域职务犯罪 1821 人
15	重　庆	750 件 892 人，处级 177 人，厅级 7 人、涉案 100 万元以上的 126 人	634 件 771 人	116 件 121 人	482 件 582 人
16	西　藏	39 人，提起公诉 16 人			

续表

序号	省区	职务犯罪案件	贪污贿赂犯罪案件	渎职侵权犯罪案件	损害群众利益的职务犯罪
17	河　南	2852 件 4157 人	2054 件 2861 人,大案 1667 件,县处级以上 179 人,厅级 19 人	798 件 1296 人,县处级 20 人,重特大案件 686 件	涉农领域 387 件 593 人,食品药品安全等领域 187 件 290 人,保障性住房、征地拆迁等领域 1182 件 1706 人
18	湖　北	2374 人,大案 389 件,县处级以上 173 人,厅局级 15 人	1826 人	548 人	社保、教育、就业、医疗等民生领域职务犯罪 674 人
19	湖　南	1353 件 1801 人,大案 980 件,要案 88 人,厅级 8 人			涉农、社会保障、征地拆迁民生领域案件 343 人(2013 年 1~11 月)
20	江　西	1120 件 1707 人,县处级以上 85 人,厅级 9 人,大案 902 件	1292 人	415 人	教育、医疗、社会保障、征地拆迁、食品药品安全等领域案件 655 件 1073 人
21	山　东	3260 人,大案要案 2105 件,县处级 133 人,厅级 9 人			教育招生等民生领域 1777 人,侵吞、截留征地补偿、新农合资金等涉农领域犯罪 884 人
22	安　徽	1553 件 2053 人,厅级 13 人	1233 件 1575 人,大案 1114 件,县处级以上 111 人	320 件 478 人,重特大案件 183 件 255 人,处级以上 14 人	
23	江　苏	1760 件 2155 人,重特大案件 222 件,处级以上 107 人	1393 件 1646 人	367 件 509 人	
24	上　海	357 件 453 人	325 件 405 人,大案 308 件,处级 39 人,局级 4 人	32 件 48 人,重特大案件 26 件,处级以上 2 人	征地拆迁和保障性住房领域 21 件 23 人,社会保障领域 14 件 23 人,医疗卫生领域 10 件 16 人
25	浙　江		1046 件 1341 人,大案 976 件,处级 139 人,厅级 7 人	325 件 416 人,重特大案件 159 件	涉农、住房、社会保障等领域犯罪 1056 人
26	福　建	1078 件 1449 人,处级以上 59 人,厅级 7 人,百万元以上案件 55 件 67 人	895 件 1197 人	183 件 252 人	征地拆迁、保障性住房建设、医药购销、惠农资金管理等领域职务犯罪案件 630 件 866 人
27	广　东	3073 人,县处级 170 人,厅级 32 人	2347 人	726 人,特大案件 198 件	社会保障、医疗卫生等民生领域 1994 人
28	广　西	1316 件 1748 人	1002 件 1399 人,大案 775 件,县处级以上 57 人(厅级 3 人)	314 件 349 人,重特大案件 136 件	征地拆迁、农村危房改造、社会保障、惠农资金管理使用等领域 861 人
29	天　津		272 件 397 人,局处级 19 人	59 件 76 人,重特大案件 39 件	

续表

序号	省区	职务犯罪案件	贪污贿赂犯罪案件	渎职侵权犯罪案件	损害群众利益的职务犯罪
30	青　海	171 件 222 人	150 件 192 人，大案 96 件，要案 12 人	21 件 30 人	涉农职务犯罪案件 43 件 59 人

资料来源：根据各省区人民检察院 2014 年工作报告和有关报道整理。*

* 《河北省人民检察院工作报告》，河北新闻网，http：//hebei. hebnews. cn/2014 －01/29/content_ 3758597. htm；《辽宁省检察院侦查贪污贿赂犯罪大案 728 件》，《法制日报》2014 年 1 月 28 日；《黑龙江省人民检察院工作报告——2014 年 1 月 21 日在黑龙江省第十二届人民代表大会第三次会议上》，《黑龙江日报》2014 年 1 月 29 日；《吉林省人民检察院工作报告——2014 年 1 月 23 日在吉林省第十二届人民代表大会第二次会议上》，吉林省人大常委会网站，http：//www. jlrd. gov. cn/zt1/rdhyzt/ljhy/jlsdsyjrdschy_ 43502/hydt/201401/t20140123_ 1607710. html；《各地检察打老虎拍苍蝇有腐必惩》，中国法院网，http：//www. chinacourt. org/index. php/article/detail/2014/01/id/1209510. shtml；《北京检察机关全年查贪腐案 299 件 357 人》，新浪网，http：//news. sina. com. cn/o/2014 －01 －28/191929370366. shtml；《北京市人民检察院检察长池强：15 名厅局级干部去年被查》，北京市人大常委会网站，http：//www. bjrd. gov. cn/zt/rdh2014/mtgz/bjqnb/201401/t20140120_ 125826. html；《2013 年内蒙古 1375 人因职务犯罪被查处》，中国新闻网，http：//www. chinadaily. com. cn/hqpl/zggc/2014 －01 －18/content_ 11062842. html；《山西省人民检察院工作报告（摘要）》，山西新闻网，http：//www. daynews. com. cn/sxrb/bban/B3/1963069. html；《陕西省人民检察院工作报告（摘要）（在陕西省第十二届人民代表大会第二次会议上）》，当代陕西网，http：//www. ddsx. cn/a/news/shixian/xian/20140130/139104510556362. html；《严肃查办领导干部贪贿案件》，《兰州晨报》2014 年 1 月 16 日；《宁夏去年查处贪污贿赂案 229 件　347 人被处理》，新华网，http：//news. xinhuanet. com/yzyd/legal/20140123/c_ 119102625. htm；《2013 年新疆查办九大领域贪腐案 393 件》，人民网，http：//xj. people. com. cn/n/2014/0120/c359254 －20426381. html；《云南省检察机关 2013 年查办贪污贿赂案件 1236 件 1496 人》，中国长安网，http：//www. chinapeace. org. cn/2014 －01/26/content_ 10227324. htm；《云南省人民检察院工作报告》，《云南日报》2014 年 1 月 27 日；《贵州省人民检察院工作报告（摘要）》，《贵州日报》2014 年 1 月 19 日；《四川省人民检察院工作报告（摘要）》，《四川日报》2014 年 1 月 29 日；《重庆检察机关狠打“苍蝇”式腐败》，法制网，http：//www. legaldaily. com. cn/zt/content/2014 －01/20/content_ 5216623. htm？node＝55048；《重庆市检察院：查处厅级干部 7 人处级干部 177 人》，法制网，http：//www. legaldaily. com. cn/bm/content/2014 －01/22/content_ 5222120. htm？node＝20731；《西藏自治区人民检察院工作报告》，《西藏日报》2014 年 1 月 23 日；《既打“老虎”又打“苍蝇”　19 名厅官被立案侦查》，《河南法制报》2014 年 1 月 20 日；《湖北省人民检察院工作报告》，《湖北日报》2014 年 1 月 29 日；《湖南检察机关一年查办 1673 人　其中 6 名“厅干”》，《湖南日报》2013 年 12 月 17 日；《江西检察机关去年查 85 名县级以上官员　含 9 厅官》，中国新闻网，http：//www. chinanews. com/fz/2014/01 －23/5774605. shtml；《山东检察院查办职务犯罪 3260 人　月均掀落 11 名处级官》，法制网，http：//www. legaldaily. com. cn/index/content/2014 －01/19/content_ 5215044. htm；《去年安徽 2053 人因职务犯罪被查处　含 14 名厅级干部》，安青网，http：//www. anhui. cc/news/20140124/1109874. shtml；《江苏省人民检察院工作报告解读》，新华网，http：//www. js. xinhuanet. com/2014 －01/23/c_ 119102400. htm；《2014 年上海市人民检察院工作报告》，《解放日报》2014 年 1 月 27 日；《浙江省人民检察院工作报告》，浙江日报，2014 年 1 月 24 日；《福建省人民检察院工作报告》，《福建日报》2014 年 1 月 30 日；《广东省人民检察院工作报告》，南方网，http：//newscenter. southcn. com/n/2014 －01/17/content_ 90419968. htm；《广西壮族自治区人民检察院工作报告（摘要）》，《广西日报》2014 年 1 月 27 日；《天津市人民检察院工作报告》，天津人大网站，http：//www. tjrd. gov. cn/tjsrmdbdh/system/2014/01/23/010016545. shtml。

（1）严肃处理衡阳贿选案，维护人民群众的政治权利。2012 年 12 月，在衡阳市人大十四届一次会议上，527 名参会代表从 93 名候选人中差额选举 76 名省人大代表。会议期间，部分候选人为当选省人大代表送钱拉票，造成对代表选举工作的严重破坏。2013 年 2 月，湖南省委接到举报后，要求省纪委调查。省纪委经过调查，获取了部分贿选证据。4 月，省委听取了案件初步调查情况汇报，认为案情重大，性质严重，必须彻底查清。省委成立了由省委主要领导任组长的衡阳破坏选举案调查处理工作领导小组，省纪委专案组于6 月中旬赴衡阳市开展全面调查，查明该案共有 56 名当选的省人大代表存在送钱拉票的行为，涉案金额达 1.1 亿余元人民币，有 518 名衡阳市人大代表和 68 名工作人员收受钱物。

这是一起严重的以贿赂手段破坏选举的违纪违法案件。湖南省委强调，这起案件是对我国人民代表大会制度的挑战，是对社会主义民主政治的挑战，是对国家法律和党的纪律的挑战，必须依法依纪严肃查处。有关方面迅速做出处理。湖南省人大常委会召开全体会议，对在衡阳市十四届人大一次会议期间，以贿赂手段当选的56 名省人大代表，依法确认当选无效并予以公告。衡阳市有关县（市、区）人大常委会分别召开会议，决定接受 512 名收受钱物的衡阳市人大代表辞职。省纪委对涉案的党员和国家工作人员进行党纪政纪立案调查，对涉嫌犯罪的，移送司法机关审查。[①] 时任衡阳市委书记童名谦对衡阳市人大选举湖南省人大代表前后暴露出的贿选问题，没有及时采取有效措施严肃查处，导致发生严重的以贿赂手段破坏选举的违法违纪案件，检察机关对其立案侦查并采取强制措施。[②] 时任衡阳市人大常委会主任胡国初，对贿选问题没有及时采取有效措施予以制止，且本人收受了钱款，导致发生严重的以贿赂手段破坏选举的违纪违法案件，涉嫌犯罪，移送司法机关依法处理。检察机关以涉嫌玩忽职守罪对其立案侦查，并决定刑事拘留。[③] 湖南省检察机关对衡阳市

---

① 《我省严肃查处衡阳破坏选举案》，《湖南日报》2013 年 12 月 29 日。

② 《湖南省政协原副主席童名谦被开除党籍和公职》，中央纪委监察部网站，http：//www.ccdi. gov. cn/ajcc/201401/t20140102_ 16319. html。

③ 《衡阳市原人大常委会主任胡国初被移送司法机关》，中央纪委监察部网站，http：//www. ccdi. gov. cn/ajcc/201401/t20140102_ 16323. html。

人大常委会副主任左慧玲等50名犯罪嫌疑人分别以涉嫌玩忽职守罪、破坏选举罪立案侦查并采取相应强制措施。[1]湖南省纪委决定对涉案的431名党员和国家工作人员进行党纪政纪立案；对在调查中发现涉嫌犯罪的人员，移送司法机关审查。[2]

（2）查处贪污、侵吞、挪用、浪费扶贫资金案件，维护农村贫困居民的生存权。内蒙古巴彦淖尔市人民检察院根据举报线索，查办了巴彦淖尔市特大扶贫系列腐败案，查明巴彦淖尔市及五原县等8个两级（市、县）扶贫办的10名扶贫官员共贪污扶贫款830万元。巴彦淖尔市扶贫办主任郭建华在2008～2011年间，与扶贫办副主任、计财科长、项目科长、主任科员等共同贪污扶贫项目资金162万元，个人贪污扶贫项目资金373万元，还有102万多元巨额财产不能说明合法来源。在实施"整村推进扶贫项目"和"雨露培训计划"过程中，巴彦淖尔市扶贫办明确要求旗县区的扶贫办或负责"雨露培训计划"的学校，要按项目资金总额的40%给市扶贫办返回作为"活动经费"，而且要先行支付。五原县扶贫办主任张某某以跑项目需要支出为由，非法向4个乡镇、两所学校收取6笔200万元扶贫项目回扣款。其中单位侵吞72万多元，个人侵吞127.5万多元。杭锦后旗扶贫办主任许某某非法侵吞扶贫款116万多元。2013年7月，法院分别判处郭建华等10名扶贫官员5～11年有期徒刑或缓刑。[3]

审计署在2013年对云南省昌宁县等19个国家扶贫开发工作重点县2010～2012年财政扶贫资金分配、管理和使用情况进行了审计，发现19个县都存在虚报冒领、挤占挪用、贪污侵吞扶贫资金等问题（见表3）。截至2013年10月底，19个县共有123名相关责任人受到查处，其中判刑2人，受到党纪政纪处分78人，通报批评17人，诫勉谈话26人；另有24名责任人员的问题正在进一步调查处理中。对审计发现的问题，党中央、国务院、扶贫主管部门和

---

① 《衡阳破坏选举案中50名犯罪嫌疑人被立案侦查》，三湘风纪网，http：//www. sxfj. gov. cn/news/10936963. html。

② 《湖南省纪委对衡阳破坏选举案进行立案调查》，三湘风纪网，http：//www. sxfj. gov. cn/news/10936156. html。

③ 汤计、张丽娜：《扶贫款为何"扶倒"10个扶贫官员》，《新华每日电讯》2013年7月31日。

有关地方政府都非常重视，要求认真整改。截至2013年10月底，审计发现的违规违纪问题已整改2.14亿元，同时清理消化长期结存扶贫款1.45亿元。①

表3　云南省昌宁县等19个县2010～2012年财政扶贫资金分配管理和使用中存在的问题

单位：万元

序号	县名	骗取扶贫资金	挤占挪用扶贫资金	套取扶贫资金	违规支出招待费	闲置、浪费、损失扶贫资金	对相关责任人的查处
1	云南省昌宁县	122.85	70.76	304.03	113.25	50.5	党纪政纪处分4人，诫勉谈话5人，立案调查1人
2	云南省澜沧拉祜族自治县	192.75	205.48	51.28	45.17	176.35	撤职1人、留党察看1人，立案调查1人
3	云南省富宁县	138.79	91.13	76	191.01	5820.75	
4	贵州省荔波县	168.51	9.26	15		968.15	党纪政纪处分1人，通报批评2人，诫勉谈话4人
5	贵州省镇宁县	134	76.87	136.58	50.71	1969.37	党纪政纪处分8人
6	贵州省黎平县	245.87	251.77	91.65	122.71	4317.64	党纪处分8人、通报批评3人
7	陕西省横山县	320.32	1074.85		34.74	766.47	立案调查
8	陕西省洛南县	66	2694.95		375.85	437.1	党纪政纪处分4人
9	陕西省陇　县	15	117			12.64	
10	陕西省旬阳县	330.5	1497.65	80	67.65		党内警告处分2人
11	甘肃省古浪县	264.05	139.48			224.2	党纪政纪处分22人(9人移交司法机关)，通报批评8人，诫勉谈话17人
12	甘肃省西和县	33	148.63			1549.26	党纪政纪处分3人、判刑2人

① 张晓松：《审计署公布19县扶贫资金审计结果　123名责任人被查处》，新华网，http://news.xinhuanet.com/politics/2013-12/28/c_118748551.htm。

续表

序号	县名	骗取扶贫资金	挤占挪用扶贫资金	套取扶贫资金	违规支出招待费	闲置、浪费、损失扶贫资金	对相关责任人的查处
13	甘肃省广河县	252.57	312.51	70.23	20.68	1631.65	党纪政纪处分3人
14	广　西环江县	24	216	37.21		843.93	
15	广　西龙胜县	20.39	21.48	23.93	45.74	1463.65	党纪政纪处分3人
16	广　西靖西县	38.4	102.03		88.19	4410.17	党纪政纪处分5人
17	宁　夏海原县	25.35	1467.82			350. ,5	
18	宁　夏原州区固原市	40	24.35	179.21	12.73	544.35	党纪政纪处分10人
19	宁　夏同心县	38.81	188.58			3255.03	

资料来源：《审计署关于19个县2010～2012年财政扶贫资金分配管理和使用情况的审计结果》（2013年12月28日公告）。

（3）严肃查处教育腐败案件，维护公民的平等受教育权。2013年11月，中国人民大学招生就业处处长蔡荣生被带走接受组织调查。举报者多指向其利用自主招生权，通过破格录取、补录、违规发放研究生学位等方式收受大量贿赂。[①] 2013年，福建省永安市人民检察院立案查办了永安五中克扣降低膳食标准、虚报套取政府营养午餐补助经费的案件。检察机关查明，在校长林建华的支持下，食堂工作人员罗永朝等3人利用时令蔬果的价格波动性获取价格差价并虚报数量，继而通过虚列支出、开具假发票、做假账等手段套取学生营养补助专项资金达30余万元。法院于2013年8月20日以贪污罪判处林建华有期徒刑11年，判处罗永朝等3人有期徒刑5～10年不等。[②]

① 《各地高校腐败案频发　腐败逼停人大自主招生》，新华网，http：//news. xinhuanet. com/legal/2013－12/26/c_ 125915843. htm。

② 吴亚东：《福建永安一校长将黑手伸向学生营养餐获刑11年》，新华网，http：//www. fj. xinhuanet. com/news/2014－01/24/c_ 119111757_ 2. htm。

四　反腐败面临的问题和挑战

在中央直接领导部署下，2013 年反腐败工作取得了重大进展和明显成效。从省部级高官被查处的密度和速度来看，反腐败的力度显著增大；被查处的腐败官员数量大幅上升，反腐成果得到公众的普遍认可。中国社科院廉政研究中心 2013 年末的一项调查表明，89% 的普通干部、76.1% 的专业人员、73.8% 的企业管理人员，认为腐败蔓延势头正在得到有效遏制和一定范围内得到遏制；82.4% 的普通干部和 76.9% 的专业人员，认为党和政府惩治和预防腐败非常坚决和比较坚决，较 2012 年分别上升 4.5% 和 19.9%。①

但是，反腐败依然是中国面临的一项重大挑战。第一，滋生腐败的土壤依然存在，腐败现象易发多发的问题仍未解决，腐败蔓延的势头仍未得到遏制，一些不正之风和腐败问题影响恶劣，反腐败形势依然严峻复杂。中国社科院廉政研究中心所做的一项民意调查显示，66% 的普通干部、72% 的企业管理人员、89.3% 的专业人员、75.3% 的城乡居民认为腐败现象还很严重或比较严重。②

第二，导致腐败现象产生的社会文化因素依然存在，严厉谴责腐败行为的道德氛围尚未建立。在社会转型过程中，原有的规范和道德不起作用了，新的规范和道德还没有建立起来，是非标准模糊，善恶界限不清，腐败现象由此获得了比较宽容的空间。

第三，权力制约和监督体制尚未充分建立和有效运行，约束和限制腐败行为的制度框架还有待进一步完善。

第四，一把手权力过大的问题仍比较突出。在一些地方，一把手的“一言堂”现象严重，党内民主发扬不够，党内监督有待加强。一把手权力过大成为腐败现象泛滥的一个重要原因。

---

① 杨丽萍、白靖利：《检察机关 2013 年“打虎拍蝇”　立案查处“厅官”超 200 人》，新华网，http://news.xinhuanet.com/legal/2014-01/27/c_119157382.htm。

② 杨丽萍、白靖利：《检察机关 2013 年“打虎拍蝇”　立案查处“厅官”超 200 人》，新华网，http://news.xinhuanet.com/legal/2014-01/27/c_119157382.htm。

第五，纪律检查部门的反腐败力度还需要进一步加大。纪检监察机关体制机制不顺、职责不清、能力不足的问题依然存在，有的执纪监督不严、查办案件力度不够；一些纪检监察干部存在作风漂浮、衙门习气等问题。[①]

五 进一步推进反腐败工作的政策建议

十八大以来，以习近平为总书记的党中央提出了一整套科学有效的反腐败方案，要求从推进党风廉政建设、形成科学的权力结构和运行机制、完善反腐败体制机制等方面入手，对腐败现象标本兼治，通过加大打击腐败力度这种治标的办法，为建立制度化的反腐败机制赢得时间。在此背景下，需要特别突出以下几个方面。

第一，加大宣传和教育力度，增强全社会的反腐败意识，形成一种对腐败人人喊打的社会氛围。腐败现象盛行的首要因素是公共权力行使者和社会公众在道德上宽容腐败行为，应该努力使全社会了解，腐败不仅是违法行为，也是不道德的行为。不仅如此，腐败行为实质上是侵犯人权的行为。只有让腐败可耻的观念深入人心，才能从根本上扭转腐败大面积发生的趋势。

第二，改变权力过于集中的现象。根据权力运行规律，必须把权力分解到多个权力行使环节之中。明确各部门和岗位职责权限，划清责任红线，做到定位准确、边界清晰、人事相符、权责一致，确保权力依照法定程序行使。[②] 只有这样，才能防止以权谋私和滥用权力。因此，在反腐败制度建设过程中，应该侧重公共管理部门的纵向分权体制建设，尤其要赋予下级官员和工作人员相应的权力，保障他们充分行使自己的岗位权力，防止上级领导剥夺下级权力。

第三，改进强化对一把手行使权力的监督。从权力运行角度，应适当分解主要领导干部权力，减少主要领导干部对具体事务的插手干预，推广主要领导干部不直接分管具体事务的制度，一把手不再具体处理涉及人、财、物的问题，而专注于决策以及对决策执行的监督。改变对一把手监督缺位的现象，各

---

① 《2014 反腐路径》，《瞭望》2014 年第 4 期。

② 《中央纪委研究室：越深化改革　越要加强反腐败工作》，新华网，http：//news. 163. com/14/0206/10/9KD3UV0900014JB5. html。

级党委都应在纪检机构中设立专门监督下级党政和企事业一把手的部门，落实对一把手的监督。

第四，理顺纪检监察体制机制，强化上级纪委对下级纪委的领导。上级纪委对下级纪委的领导应当拥有提名权和考察权；在查办腐败案件方面，上级纪委应当发挥主导作用。

B.9

被羁押人获得法律帮助权利保障的新进展

丁 鹏*

摘 要：

2013年新《刑事诉讼法》及相关规定的实施，有效促进了被羁押人获得法律帮助和公正审判的权利保障。在全国各地建立的看守所法律援助工作站，为审前阶段被羁押人知晓诉讼权利、申请法律援助、准备辩护和参与刑事司法进程等，提供了重要支持。公检法各部门也履行新职能，在办案通知、看守所管理、驻所监督、司法审查等方面强化了对被羁押人权利的保障。为了解决刑事法律援助供不应求的矛盾，未来应该进一步加强值班律师的作用，兼顾刑事法律援助数量与质量的发展，从多方面充实刑事法律援助以及公设辩护的提供者。

关键词：

法律援助 刑事司法 未决羁押 公正审判

一 《刑事诉讼法》修订与被羁押人获得法律帮助的新保障

1. 被羁押人获得法律帮助的制度保障

2013年1月1日起，修订后的《刑事诉讼法》生效实施，对刑事司法中被羁押人获得法律帮助与公正审判权利的保障有明显推进。此外，相关司法解

* 丁鹏，法学硕士，武汉大学公益与发展法律研究中心项目主管、研究员，主要研究方向为人权法。

释和部门规章，特别是最高人民法院、最高人民检察院、公安部、司法部 2013 年 2 月 4 日联合发布的《关于刑事诉讼法律援助工作的规定》，细化了相关制度安排，为进一步完善被羁押人获得法律帮助的机制提供了依据。这些改进主要体现在（但不限于）以下几个方面。

首先，明确规定侦查阶段被羁押人有获得律师帮助的权利。办案机关应该告知被羁押人有这项权利，包括如何行使这项权利。告知可以采取口头或者书面方式。告知的内容应当易于被告知人理解。① 口头告知的，应当记入笔录，由被告知人签名；书面告知的，应当将送达回执入卷。②《刑事诉讼法》第 83 条、第 91 条规定，拘留、逮捕后应该将嫌疑人及时移送看守所羁押。办案机关以及看守所应该协助被羁押人自行或通过家属委托辩护律师。此外，当被羁押人由于贫困等情况无力雇请辩护人时，办案机关和看守所应该协助其申请获得刑事法律援助。③

其次，新《刑事诉讼法》第 34 条等明确指出，提供刑事法律援助的主体是法律援助机构，而非原来的承担法律援助义务的律师。其精神契合于 2003 年国务院《法律援助条例》第 3 条庄重声明的原则，“法律援助是政府的责任”，是政府承担义务保障公民人权的重要体现。同时，新法对公安、检察、法院等政法部门的相关告知、转交、监督、指定义务也有明确规定，确保犯罪嫌疑人或被告人获得刑事法律援助不只是法律援助机构一方的责任。在实践中，这个新理念也理顺了律师和法律援助管理机构的关系。一方面，国家购买法律援助服务的投入增加，提升了律师接受法律援助指派的积极性，也为刑事法律援助案件的质量提供了经济保障；另一方面，律师志愿者从事法律援助的公益性也得到强化，无论是赴西部无律师县的志愿者，还是参加中东部地区的

① 《最高人民法院关于适用〈中华人民共和国刑事诉讼法〉的解释》（法释〔2012〕21 号）第 39 条；最高人民法院、最高人民检察院、公安部、司法部《关于刑事诉讼法律援助工作的规定》第 6 条。

② 《公安机关办理刑事案件程序规定》（公安部第 127 号令，2013 年 1 月 1 日起施行）第 41 ~ 42 条，以及《人民检察院刑事诉讼规则（试行）》（高检发释字〔2012〕2 号）第 36 条。

③ 《公安机关办理刑事案件程序规定》（公安部第 127 号令，2013 年 1 月 1 日起施行）第 43 条、第 45 条，《人民检察院刑事诉讼规则（试行）》（高检发释字〔2012〕2 号）第 42 条，最高人民法院、最高人民检察院、公安部、司法部《关于刑事诉讼法律援助工作的规定》第 7 条。

刑事法律援助志愿律师团，都能够充分发挥无偿服务的公益精神，保质保量地完成法律援助任务。

再次，扩大指定辩护这一特殊刑事法律援助的范围。依据新《刑事诉讼法》和相关规定，被羁押人是未成年人，盲、聋、哑人，或者是尚未完全丧失辨认或者控制自己行为能力的精神病人，可能被判处无期徒刑、死刑，没有委托辩护人的，办案机关应当通知法律援助机构指派律师为其提供辩护。①

最后，强化了律师在审前阶段会见、阅卷、了解案情、申请变更强制措施、调查取证、提出辩护意见等方面的职能。② 律师在未决羁押阶段获得适足条件准备辩护、提供咨询，已经成为有效刑事辩护和刑事司法利益的基本要求。③ 当侦查自第一次讯问或采取强制措施启动，整个刑事司法程序就已经开始，为了确保这个过程的公平正义，除了检察机关进行监督，律师有效发挥职能，实现控辩双方力量平衡至关重要。④ 实践中，被追诉人的命运大多在审前阶段甚至侦查讯问完成时就已确定，刑讯逼供等侵犯被羁押人合法权益的现象也主要发生在侦查阶段。⑤ 被羁押人失去了人身自由，但在人民法院的有罪判决之前，他们只是被卷入刑事司法的普通人。他们享有和其他人同等的获得法律帮助的权利，并由于羁押而蒙受更不利的处境，更需要律师的帮助。这是公正审判的内在要求，也是有效防止冤假错案的制度保障。

---

① 最高院注释〔2012〕21号司法解释第43条规定，人民法院可以通知法律援助机构指派律师为被告人提供辩护的情况有：（1）共同犯罪案件中，其他被告人已经委托辩护人；（2）有重大社会影响的案件；（3）人民检察院抗诉的案件；（4）被告人的行为可能不构成犯罪；（5）有必要指派律师提供辩护的其他情形。该规定为实践中通过法院进一步拓宽刑事法律援助范围提供了有力支持。

② 《刑事诉讼法》第35～40条，《公安机关办理刑事案件程序规定》第50～55条，《人民检察院刑事诉讼规则（试行）》第45～54条，六部门《关于实施刑事诉讼法若干问题的规定》第5～7条。关于律师职能的强化，另可参见黄士元《刑事诉讼法修改与人权保障》，李君如主编《中国人权事业发展报告（2013）》，社会科学文献出版社，2013，第1版，第149、158～159页。

③ 〔英〕Ed Cape等主编《欧洲四国有效刑事辩护研究人权的视角》，丁鹏等译，法律出版社，2012，第1版，第23～26页。

④ 李炳烁、胡良荣：《论侦查阶段刑事法律援助介入的理论价值与权利构造：以司法公正与人权保障为核心》，《法学杂志》2013年第8期。

⑤ 陈光中、汪海燕：《侦查阶段律师辩护问题研究》，《中国法学》2010年第1期。

2. 被羁押人获得法律帮助的现实路径

新《刑事诉讼法》实施后，强化了各司法部门共同承担刑事法律援助的责任，为被羁押人获得法律帮助确立了现实路径。各地司法行政部门以全范围、全过程覆盖的刑事法律援助为目标，大都明确将刑事法律援助案件分为侦查、起诉、审判三个阶段，可以（尽管不鼓励）分别由不同的律师提供辩护服务，并计算相应的办案补贴。

这是2013年度刑事法律援助案件数量激增的一个原因。从理论上讲，援助从以前的审判阶段扩展为现在的三个阶段，每个阶段独立算一个案件，不考虑指定辩护范围的扩展，办案数量就应该变为原来的3倍。① 实践中有一些地方的刑事法律援助案件也确实出现了大幅度的数量增长。例如，2013年第1季度安徽省共办理刑事法律援助案件1485件，同比增长70.9%，占该季度全省法律援助案件总量的10.8%。② 2013年上半年，江西省共办理刑事案件法律援助共4395件，同比增长214%。③ 2013年前三个季度，湖南省共办理刑事法律援助案件6100多件，较上年同期增长近1倍。④ 2013年河南省刑事法律援助案件数量预计不低于3万件，是2012年案件量的3倍。⑤

应该注意到，这种数量上的迅速增长，目前并不能代表全国的平均水平。在其他许多地方，包括北京、上海、湖北、湖南等地，刑事法律援助案件数量还没有出现预期中的大幅增长。特别是在侦查阶段，刑事法律援助数量仍然极少，与理想预期中“侦查阶段案件最多，到审判阶段递减到最少”相反。⑥

---

① 林美君：《新〈刑事诉讼法〉对刑事法律援助工作的影响及对策》，《中国司法》2013年第3期。

② 李光明：《80个看守所设法援工作站　安徽一季度刑事法援增70%》，《法制日报》2013年5月6日，第5版。

③ 徐小勇：《半年办理援案万余件　江西六成看守所建律师值班制》，法制网律师频道，http：//www.legaldaily.com.cn/Lawyer/content/2013－07/12/content_4651064.htm? node＝34488。

④ 湖南省法律援助中心：《湖南省刑事法律援助工作成效显著》，《中国法律援助》2013年第6期。

⑤ 刘启路：《河南在全国率先试点刑事案件法律援助全覆盖》，中原经济网，http：//www.zyjjw.cn/news/henan/2012－12－12/71722.html。

⑥ 依据笔者2013年6月和9月对北京、上海、深圳、江苏、河南、湖北、陕西等地县市法律援助机构负责人、检察官和刑辩律师的访谈。

二 司法机关保障被羁押人获得法律帮助权利的探索与成效

2013年全国各地在实施新《刑事诉讼法》及相关规定的过程中，保障被羁押人获得律师帮助与公正审判权利的探索与创新可以归纳为以下几个方面：公检法司等部门协调开展看守所值班律师、看守所法律援助工作站试点，提升刑事法律援助的数量和质量，强化驻所检察官的监督职能以及对侦查阶段的司法审查。

1. 看守所值班律师与法律援助工作站模式的探索

为了加强对被羁押人获得法律帮助权利的保障，2013年全国各地开展了不同的探索，主要由司法局牵头，协调其他政法部门在看守所设立值班律师办公室或法律援助工作站（见表1）。其主要职能包括：第一，权利告知，特别是口头告知被羁押人申请法律援助的权利。第二，代写法律文书。第三，向被羁押人及其家属提供法律法规咨询，包括口头和书面形式。其中口头咨询是一个重要突破。被羁押人通过看守所干警或驻所检察官提出咨询申请，由法律援助中心出具指派函，直接安排值班律师在看守所会见室为被羁押人提供当面咨询。这时候值班律师不一定是受委托办案的辩护律师，而是以程序上的咨询为主。在咨询之初，被羁押人在指派函或委托书上签字，表示愿意接受值班律师本次的法律咨询，补全委托手续，以符合目前看守所管理制度对律师会见具备“三证”的形式要求。[①] 第四，心理咨询与引导。第五，开展不定期的法制宣传教育活动。第六，转交法律援助申请。第七，代理申诉控告。第八，代理被羁押人的民事纠纷，例如离婚、继承、合同等民事纠纷。[②]

---

① 实践中，据笔者2013年9月对当地法律援助工作者的访谈，湖北罗田等地采取口头咨询为主的形式，河南禹州则采取书面答复形式，可参见赵洁、张昆仑《禹州市建立看守所法律援助值班律师工作室》，中新网河南新闻，http://www.ha.chinanews.com.cn/lanmu/news/1650/2013-04-15/news-1650-201509.shtml。

② 对看守所法律援助办公室职能比较晚近的总结，可见涂定平、王大均《湖南桃源县法律援助中心看守所工作站挂牌成立》，法治网，http://www.fzwgov.com/Article/Html/2013/09/15_519252.html；以及熊教辉、杨政镁《瓮安县看守所法律援助工作站正式挂牌成立》，黔南公安，http://www.gzga.gov.cn/web91/News/20131113/35472.htm。

表1　全国各省区看守所法律援助机构建设情况一览

省　区	已经建立的值班律师办公室 或法律援助工作站	建立时间
安　徽	寿县，含山县，东至县 蚌埠、滁州、合肥、凤台县、旌德县、黄山区等，基本覆盖全省	2012年4~6月 2013年4~7月
北　京		
重　庆	重庆市看守所，江北、万州、黔江、潼南、巴南等区县看守所	2013年1~6月
福　建	永定县 上杭县	2012年8月 2013年5月
甘　肃		
湖　北	监利县 罗田县	2011年5月 2012年4月
河　南	南阳、禹州、清丰、商丘、襄城、偃师、长葛、汝州、夏邑等	2013年4~9月
广　西	南宁 北海、岑溪	2011年8月 2013年5~11月
贵　州	都匀、罗甸、福泉、瓮安	2013年8~11月
黑龙江	大庆市9家看守所	2013年7月
河　北		
湖　南	南县、永州各县、沅江、桃园、隆回、常德等100多个县，覆盖全省88%以上	2013年1~9月
海　南	五指山市	2013年8月
广　东	深圳龙岗看守所 深圳第一看守所 中山、韶关	2011年5月 2012年11月 2013年3~7月
吉　林	吉林市	2013年11月
江　苏	江阴、常熟、如皋、泰兴、苏州、海门等	2013年1~11月
江　西	宁都、永修县，基本覆盖全省	2012年12月~2013年8月
辽　宁	绥中县 沈阳市大东区（未成年人）	2011年12月 2013年6月
内蒙古	莫旗 乌海市	2012年10月 2013年8月
宁　夏	石嘴山市 隆德县	2011年7月 2013年6月
青　海	尖扎县、海晏县、共和县、大通县、西宁市等	2012年8月~2013年1月
山　东	昌乐县 夏津县	2012年10月 2013年8月

续表

省 区	已经建立的值班律师办公室 或法律援助工作站	建立时间
陕 西	柞水县、西安临潼区 清涧县、澄城县、长武县、西安莲湖区、蓝田县等	2012 年 2 ~ 9 月 2013 年 4 ~ 9 月
山 西	忻州市 太谷县	2010 年 4 月 2012 年 8 月
上 海	闵行区、杨浦区、闸北区、浦东区等 7 个区 金山区	2011 年 4 ~ 7 月 2013 年 11 月
四 川	绵竹、广汉、江油	2013 年 3 ~ 9 月
天 津	南开区	2012 年 9 月
西 藏		
新 疆	阿勒泰市	2013 年 5 月
云 南	大理市 元谋县	2012 年 4 月 2013 年 7 月
浙 江	温州瓯海区 杭州 台州市、苍南县、桐乡市、绍兴县、平阳县、瑞安市等，基本覆盖全省	2011 年 5 月 2012 年 4 月 2013 年 4 ~ 9 月

资料来源：依据现有媒体报道材料汇编，港澳台地区除外，截至 2013 年 11 月 30 日。

从表 1 可以看出，就地区分布而言，新成立的法律援助工作站在东、中、西部都有，很多试点县市还属于贫困地区，当地律师资源有限。这类布局广泛的试点将十分有助于总结出一种经济上可负担的做法，从而进一步加以规范、升格和推广。目前大部分看守所法律援助工作站是司法局组织法律援助律师或社会律师值班，预算也由司法局负担，少数由司法局与律师事务所、法制媒体合作共建。

在 2006 ~ 2008 年，联合国开发计划署曾与司法部等合作在河南焦作开展了值班律师相关试点，当时以在法院设立办公室为主。[①] 自 2010 年起，司法部着手在全国各地进一步推动看守所值班律师试点，2011 年已经有一些地方县市的尝试见诸报端。[②] 不过从表 1 的统计来看，各地试点取得突破性进展，

① 程红根：《河南焦作各县（市、区）全部建立法律援助值班律师制度》，新华网，http://news.xinhuanet.com/newscenter/2008 - 08/14/content_ 9305427.htm。

② 比如表 1 中湖北监利、广西南宁、辽宁绥中、宁夏石嘴山、山西忻州、上海闵行、浙江温州等地在 2011 年较早设立的一批值班律师试点办公室。

主要还是在2013年新《刑事诉讼法》实施之后。在此过程中，一个重要的发展趋势是从县开始，以点带面，从基层试点升格为上层批准、推广。例如，到2012年底2013年初，安徽、湖南、江西、浙江等地司法厅联合公安厅发文，要求在全省建立法律援助工作站，落实新《刑事诉讼法》的要求。[①] 这也间接造成了在名义上，各地以“看守所法律援助工作站”为主，而“值班律师办公室”较少使用。

在服务对象方面，各地也有不同的侧重点和目标层次。第一类是从未成年人着手，力争覆盖全部刑事司法阶段为其提供法律援助。第二类，是扩展到经济困难的残障人、老年人，以及外省籍人员等特殊弱势群体。第三类，是对没有聘请律师的刑事案件当事人，从案件侦查到审判全程，只要申请就直接提供法律援助。第三类目前看起来还属于比较理想化的标准，而第一类则属于法律强制要求做到的指定辩护范围。

在服务提供者亦即值班律师来源方面，除极少数经济发达地区可以直接招标购买律所的服务外，大多数地区是以公职法援律师和志愿社会律师的服务为主。在律师资源丰富的地区，可以每个工作日都安排人值班，但大部分地区是每周有1~2名律师值班1~3次。这是法律援助制度的重大突破，同时也应该指出，和英国等发达国家24小时都安排律师值班的做法相比，[②] 还有一定距离。

这些加强和规范刑事法律援助工作的新做法，不仅直接保障了被羁押人获得法律帮助和公正审判的基本人权，就治理方式而言，也是地方政府落实便民利民措施、完善社会管理体系的新路径。此外，在新的刑事司法制度下，这些试点促进了看守所在保障在押人员合法权益、提升人性化管理方面的积极探

① 湖南省公、检、司2012年12月的联合发文可见《中国法律援助》2013年第1期；江西省相关报道可见龚波华《看守所统一建法律援助工作站》，《江西日报》2012年12月17日，第A2版；浙江司法厅、公安厅2012年12月的联合文件可见浙江司法厅网站，http://www.zjsft.gov.cn/art/2012/12/20/art_21_50881.html。2013年初，安徽省司法厅、公安厅联合发布《关于在全省看守所设立法律援助工作站的通知》，可见司法部网站，http://www.moj.gov.cn/index/content/2013-05/29/content_4505072.htm?node=7348。

② 可参见英国政府网站，https://www.gov.uk/arrested-your-rights/legal-advice-at-the-police-station。

索，增强了看守所管理部门和工作人员的人权意识，为进一步改革完善看守所管理制度奠定了良好基础。

2. 公安、检察院、法院在保障被羁押人获得法律帮助权利方面的做法

在当前看守所隶属于公安机关的管理体制下，通过值班律师强化刑事法律援助工作，各地推动试点的司法行政部门首先需要与当地的公安部门沟通，征得其同意设立值班办公室或法律援助工作站。公安机关从自身管理看守所和方便办案角度出发，会考虑“外来的”值班律师是否会影响看守所管理和办案流程，以及另一方面，值班律师能够在哪些方面促进公安机关的工作。为此，在2013年各地的试点中，以“全国公安监管推进法治文明窗口建设年活动”为契机，公安机关充分参与、配合建立看守所法律援助办公室，[①] 并提出自己的建议，共同确定试点方案。试点发现，值班律师可以配合看守所干警的工作，为被羁押人提供法律咨询，以及开展法律宣教活动，有助于舒缓被羁押人的情绪，让他们理性对待自己的处境，服从管理，进而保持良好的管理秩序。

就检察机关而言，一方面，除了在审查起诉和自侦案件中确保被羁押人获得法律帮助的权利，在侦查阶段，主要是通过驻所检察官加强羁押必要性审查，建立健全被羁押人投诉机制，以实现其权利。驻所检察官可以比较方便地见到被羁押人，帮助值班律师发放和回收咨询资料，进行书面法律咨询。[②] 对于被羁押人向值班律师提出的一些申诉内容，值班律师可以转发给驻所检察官，推动检察机关查明情况，纠正错误，维护被羁押人权利。

另一方面，值班律师可以协助检察机关完成其在刑事司法中的相关职能。公、检、法、司四部门《关于刑事诉讼法律援助工作的规定》第16条指出，检察院审查批准逮捕时，认为犯罪嫌疑人具有应当通知辩护的情形，公安机关未通知法律援助机构指派律师的，应当通知公安机关予以纠正，公安机关应当将纠正情况通知人民检察院。[③] 第24条规定，犯罪嫌疑人、被告人及其近亲

---

① 公安部监所监管局：《全国公安监管推进法治文明窗口建设年活动》，公安部网站，http：//www. mps. gov. cn/n16/n1976136/n2280572/3899342. html。

② 另可参见杜胜、常志宏《建立检援对接机制，切实推进刑事法律援助工作》，《中共太原市委党校学报》2013年第2期。

③ 关于救济程序的完善和检查监督，另可参见周斌《赵大程副部长就〈关于刑事诉讼法律援助工作的规定〉答记者问》，《中国律师》2013年第3期。

属、法定代理人认为公安机关应当告知其可以向法律援助机构申请法律援助而没有告知，或者应当通知法律援助机构指派律师为其提供辩护而没有通知的，有权向同级或者上一级人民检察院申诉或者控告。人民检察院应当对申诉或者控告及时进行审查，情况属实的，通知有关机关予以纠正。在这一过程中，值班律师可以作为中立一方，帮助被羁押人及其家属处理与检察院、公安机关的互动关系。由值班律师协助处理相关申诉工作，不仅可以缓解驻所检察官的工作压力，也可以提升值班律师的影响力。①

2013 年 11 月 21 日，最高人民法院发布《关于建立健全防范刑事冤假错案工作机制的意见》，其第 1 条即明确提出，要在刑事司法中坚持尊重和保障人权原则，尊重被告人的诉讼主体地位，维护被告人的辩护权等诉讼权利，保障无罪的人不受刑事追究。被羁押人获得法律帮助和实现公正审判绝不只是限于审判阶段。将刑事司法的中心逐步从侦查阶段转移到审判阶段，法院以司法审查的形式，包括通过更加严格的非法证据排除规则，确保被羁押人在未决羁押期间的权利得到保障。强化法院在刑事审判阶段的权威，能够为法律实施树立有力的程序保障，进而确保侦查、起诉阶段的被羁押人的人权。此外，法院在实践中还可以带头加强对刑事法律援助的转介工作。②

三　完善被羁押人获得法律帮助机制的相关建议

为了不断完善被羁押人获得法律帮助权利的保障机制，已经制定良好的法律法规需要得到更好的执行，有效的试点经验应该得到推广。此外，还应该总结做法，在法律援助法的起草过程中特别考虑到刑事法律援助工作的要求。效力层级更高的法律援助法不仅有助于强化各级政府对法律援助工作的经费支持，还可以充分发挥各行业法律人的力量，创新刑事法律援助方式。基于 2013 年的工作经验，完善刑事法律援助机制的建议可以总

---

① 孔焰、丁鹏：《推进值班律师试点，探索法律援助方式》，《学习月刊》2013 年第 10 期。

② 例如，北京市丰台区人民法院与中国政法大学刑事法律援助研究中心签署《关于联合开展刑事法律援助探索的合作协议》，携手推进刑事法律援助工作。参见李辰《北京丰台法院探索刑事法律援助》，《人民法院报》2013 年 6 月 22 日，第 4 版。

结为以下几个方面。

1. 进一步发挥看守所值班律师制度的作用

首先，应该进一步完善被羁押人权利告知体系。办案机关、驻所检察官、看守所都在发放权利告知书，问题是这些告知的效果如何，是否及时明了，以及是否将被羁押人家属纳入其中。如有学者调研所示，大部分被羁押人家属都认为有请律师辩护的必要，而之所以没有委托律师，主要原因是经济困难或者不了解聘请律师的渠道。① 为此，可以结合《公安机关办理刑事案件程序规定》第41条，在公安机关发给被羁押人家属的《拘留通知书》中，加入一条关于刑事法律援助的内容，并特别指出在看守所设有值班律师，可以直接带上必要材料前往申请法律援助。同时，探索看守所管理新机制，让值班律师作为法律援助机构的派驻代表，有更多机会参与到对被羁押人的权利告知、咨询中。

其次，有必要探索、加强值班律师更多方面的功能。比如服务被羁押人家属，通过分享驻所检察官在羁押必要性审查方面的信息，指导家属办理取保候审等手续，特别是联络检察院未成年人刑事案件工作机构，为未成年被羁押人申请变更强制措施。关于未成年人，值班律师还可以协助相关部门、社会团体完成“合适成年人”陪同在场、社会背景调查等工作。目前这方面的人力缺口也很大，管理实施细则也不完善，有了看守所法律援助工作站这个比较专业的平台，能够较早地接触被羁押人及其家属，可以在其中发挥更多的协调作用。② 当然，值班律师也应该接受专门的、定期的培训，以获得相关知识与技能的持续提升。

在加强与各政法部门联络、协调机制的同时，也应该注重值班律师独立发挥职能的地位。例如，不能过分强调其对看守所在押嫌疑人的转化、挽救等职能，更不能要求其迎合办案部门的不当要求，违背律师职业伦理，说服嫌疑人“坦白从宽”。处于未决羁押阶段的犯罪嫌疑人不能被认定为有罪。这类感化教育应限于看守所内的已决羁押服刑人员。此外，从看守所管理来看，这也要求尽量减少乃至分离已决犯在看守所的关押。

① 左卫民、马静华：《刑事法律援助改革试点之实证研究：基于D县试点的思考》，《法制与社会发展》2013年第1期。

② 叶青：《未成年人刑事法律援助的实践与新发展》，《青少年犯罪问题》2013年第1期。

2. 兼顾刑事法律援助数量和质量的发展

本报告在第一部分指出，2013 年度刑事法律援助案件数量的增长没有达到预期。究其原因，首先是司法行政部门的预算和人员都很有限，没法满足大量被羁押人的需求，以至于法律援助机构有所顾虑，不能全力推动提升法律援助在被羁押人及其家属中的知晓度。① 更深层的原因可能在于，法律援助律师在刑事侦查、起诉阶段的作用没有得到重视与理解，司法部门乃至一般民众觉得律师什么也没做，就多给一笔补贴，不划算。尽管目前的补贴标准，在大部分经济不发达地区是微乎其微的。

刑事法律援助数量和质量的提升，实际上是相互促进的关系。律师在审前阶段开展刑事辩护工作实际上能够发挥多少职能，除了受制度环境、办案部门和看守所管理部门执法观念的影响，对于大量的以刑事法律援助形式提供的服务而言，也涉及办案质量监管与评估的问题。

就看守所法律援助工作站这种新机制而言，如何评判值班律师开展咨询和其他工作的效果？目前各地的一些考虑或探索是通过开展卷宗评查、同行评估、旁听庭审、发放意见反馈表、电话或上门回访、建立回访工作台账、创新社会监督载体等形式，② 来综合衡量司法利益、被羁押人或其家属满意度、律师行业自律要求的水准和管理部门预期的社会效果。应该指出，评估的指标越复杂，执行评估所需要的成本也会越高昂。但至少，通过值班律师的工作，特别是口头咨询，让被羁押人能够及时获得充分有效的权利告知，有更多机会申请、获得刑事法律援助，③ 应该是一个共识，也符合法律的明确要求。但实践中由于各方面的局限，离这个指标还有差距。

被羁押人获得高质量的法律帮助，实现有效辩护，还需要更完善的辩护权救济程序。但目前的刑事司法体系更注重办案机关非法取证的不利后果，而缺

---

① 以四川省为例，2012 年刑事案件律师办案补贴每件平均 700 元，若按此标准，2013 年案件数量增加 3 倍，2 万件刑事案件的办案补贴需要 1400 万元。2012 年全省用于刑事办案补贴的法律援助经费为 522.96 万元，经费缺口近 900 万元。参见庞莹《刑事法律援助“扩域”，案件“井喷”凸显三大难题》，《四川日报》2013 年 4 月 16 日，第 11 版。

② 王俊民：《强化刑事法律援助制度》，《上海法治报》2013 年 9 月 4 日，第 B6 版。

③ 例如湖南省双牌县司法局提出的目标，可见周荣华《双牌县法律援助中心看守所工作站正式挂牌成立》，双牌司法局网站，http://www.sp.gov.cn/spsfj/zwgk/gzdt/content_13768.html。

乏对侵害辩护权的处理救济措施，很少有对应的行政纪律处分，[①] 司法审查也未将其作为重点。

此外，随着国内各民族之间乃至国际之间的交流愈加频繁，跨文化、跨语言的刑事司法已经不再罕见，而必将成为常规刑事司法工作的组成部分。这部分工作通常还会引发广泛关注，一旦处理不当，影响殊为恶劣。为此，将被羁押人获得免费口、笔译的权利纳入刑事法律援助的发展规划，对于其获得法律帮助、实现有效辩护也至关重要。

3. 增加刑事法律援助提供者的来源

新《刑事诉讼法》实施一年多以来，从各地反馈的刑事法律援助实际情况来看，供不应求将成为其未来发展要解决的主要矛盾。除了各级政府继续增加预算、设立刑事法律援助专项经费或基金之外，还应该充分挖掘“人”的潜力。例如实践中发现，未取得律师执业证书的法律专业人员如法学院的研究生，他们很多通过了司法考试，经过必要的技能培训与认证之后，同样能够胜任刑事辩护工作。类似的群体还包括基层法律服务人员、退休法官和检察官。从数量上看，这些群体的人数远远超过律师。在那些没有律师或者律师比例较少的地区，这些群体可以有效补充刑事法律援助的供给。[②]

通过看守所值班律师促进刑事法律援助和有效刑事辩护是一种制度创新，建立公设辩护人制度是另外一条值得继续探索的路径。数年前，上海等地已经开展了相关试点。[③] 域外经验表明，公设辩护人具有辩护服务质量保障与法律援助成本控制两大基本功能，较私人律师模式更具专业性、协调性、保障性、监管性、工作热情高等优势，有助于其提供优质的辩护服务。[④]

---

① 苏镜祥：《审前阶段刑事法律援助实证分析：以新〈刑事诉讼法〉实施为背景》，《法学论坛》2013 年第 4 期。

② 左卫民、马静华：《刑事法律援助改革试点之实证研究：基于 D 县试点的思考》，《法制与社会发展》2013 年第 1 期。

③ 杨明：《公设辩护人制度在争议中试点》，《瞭望东方周刊》2011 年 1 月 10 日；顾永忠、陈效：《中国刑事法律援助制度发展研究报告（下）》，《中国司法》2013 年第 2 期。

④ 谢佑平、吴羽：《公设辩护人制度的基本功能：基于理论阐释与实证根据的比较分析》，《法学评论》2013 年第 1 期。

B.10

中国劳动教养制度改革与人权保障

陈佑武 *

摘　要：

中国劳动教养制度在维护社会稳定与社会秩序方面曾经起到过积极作用，但由于其内在的固有缺陷对公民基本人权造成了一定的侵犯。随着法治中国建设的持续深入发展，劳动教养制度不仅与我国宪法法律的人权保障要求相背离，而且与国际人权公约的规定相冲突，并在实施中侵犯公民的基本人权。因此，废止劳动教养制度并进行相应的制度改革，成为我国法治建设与人权保障事业发展的必然要求。

关键词：

劳动教养制度　人权保障

2013 年废止劳动教养制度是法治中国建设具有里程碑意义的重要事件。劳动教养制度的历史变迁不仅反映了人们人权意识的不断增强，而且彰显了当代中国人权立法、司法保障水平的不断提高。正如中共中央政治局委员、中央政法委书记孟建柱在《求是》杂志 2013 年第 4 期撰文指出："劳教制度建立以来，为维护社会治安秩序、确保社会稳定发挥了积极作用。随着社会主义民主法治建设的加快推进，社会上要求改革劳教制度的呼声日趋强烈。同时，法律法规不断完善，政法机关驾驭社会治安局势能力不断提升，也为改革劳教制度创造了有利条件。"① 尽管劳动教养制度起到过一定的积极作用，但随着人

---

* 陈佑武，西南政法大学博士后，广州大学人权研究与教育中心研究员，主要研究方向为法学理论、人权理论。

① 孟建柱：《深入学习贯彻党的十八大精神在新的历史起点上开创政法工作新局面》，《求是》2013 年第 4 期。

们观念与社会条件的变化，为更好地尊重和保障人权，促进当代中国人权事业健康有序发展，需要积极稳妥地推进劳动教养制度的改革。

一　中国劳动教养制度的历史发展

新中国成立初期，社会局面较为复杂，各项制度都处在初创阶段。为巩固新生政权，打击反革命分子，1955 年 8 月 25 日，中共中央发布了《关于彻底肃清暗藏的反革命分子的指示》，第一次明确提出“劳动教养”，此为中国劳动教养制度之肇始。该指示提出由内务部、公安部设立劳动教养场所关押反革命分子和其他坏分子。为了进一步落实中央政策，推进劳动教养场所建设，使反革命分子成为自食其力的人，1956 年 1 月 10 日，中共中央发布了《关于各省市立即筹办劳动教养机构的指示》。为了解决实践中劳动教养对象的确定标准不统一，进一步厘清劳动教养，中共中央又发布了《转批中央十人小组关于反革命分子和其他坏分子的解释及处理意见的政策界限的暂行规定》。新中国成立初期中共中央关于劳动教养的这些政策主张，奠定了中国劳动教养制度的政策基础，为新生政权的巩固与发展起到了较为积极的促进作用。

中共中央关于劳动教养政策的实践只是中国劳动教养制度的雏形，随着劳动教养实践的发展，以法律形式规范劳动教养成为党的政策主张的自然延伸。1957 年 8 月 1 日，全国人大常委会批准《关于劳动教养问题的决定》，并于 8 月 3 日由国务院公布。该决定作为我国劳动教养的第一个法律规范性文件，奠定了中国劳动教养制度的法律基础。该决定明确提出，设立劳动教养制度的目的是要将“游手好闲、违反法纪、不务正业的有劳动力的人”改造为放弃了对立立场、站在新政权一方并为新政权服务的人，即“成为为政府说话和效力的新人”。同时，该决定较为全面系统地对劳动教养的性质、工作方针、收容对象、报批程序、批准机关等事项均做了规定。

由于劳动教养的时间不确定，在实施期间引发了不少问题，尤其一些劳动教养人员被长期关押，不仅毫无人身自由，而且生命也无保障。为解决此问题，1961 年 3 月，公安部在全国第十一次公安工作会议上第一次对劳动教养的时间做了规定，规定劳动教养的时间是 1 ~ 3 年。同时，为了解决劳动教养工作中“扩大劳教人员”问题以及纠正“有劳无期”的做法，1961 年 4 月，公安部下发《关于当前公安工作十个具体政策问题的补充规定》，该决定提出收缩和清理劳教人员。公安部的这些措施，在一定程度上遏制了当时过度使用劳动教养制度的问题。在“文化大革命”期间，鉴于当时政法系统处在混乱状态，劳动教养基本处于停滞阶段。

党的十一届三中全会以后，劳动教养逐步恢复起来。当时认为阶级斗争依然存在，危害社会以及干扰四化建设的因素依然存在，因此需要通过劳动教养把这些人收容起来，通过劳动改造与教育，使他们悔过自新，将他们改造为对社会有用的人。为了在新时期更好地贯彻执行劳动教养制度，1979 年 12 月，经全国人大常委会批准，国务院公布了《国务院关于劳动教养问题的补充规定》。随着劳动教养的重建，为了重申劳动教养制度的合法性，1980 年 2 月，全国人大常委会重新发布实施了 1957 年《关于劳动教养问题的决定》。同时，为了进一步丰富和完善劳动教养制度的内涵，1980 年 2 月，国务院发布了《关于将强制劳动和收容审查两项措施统一于劳动教养的通知》。为了进一步规范劳动教养制度，加强管理，1982 年 1 月，国务院转发了公安部的《劳动教养试行办法》。至此，中国劳动教制度的主要规范基本形成。

从劳动教养制度的历史发展来看，其半个多世纪以来经历了以下几个方面的转变：第一，劳动教养的功能由政治斗争、阶级斗争的工具向维护社会治安的工具转变。在新中国成立初期，劳动教养主要作为巩固新政权的政治手段，在政权稳定后才逐步作为维护社会治安和社会秩序的手段。第二，劳动教养的依据由最初的政策依据向法规规章的依据转变。劳动教养最初只是作为法律补充的政策主张，后来逐步形成为一套行政规章体系。第三，劳动教养的性质由安置就业转变为一种行政处罚措施。第四，劳动教养的适用对象由单位内部逐步扩大到社会上多种人员。劳动教养的对象最初是两种人：反革命分子和坏分子。1957 年 8 月 3 日国务院颁布《关于劳动教养问题的决定》后扩充到四种人。1982 年 1 月 21 日，国务院批转公安部的《劳动教养试行办法》，劳动教养的对象扩大到六种人。2002 年，公安部发布《公安机关办理劳动教养案件规定》，将劳动教养对象扩大为十种人，范围越来越大。

二 中国劳动教养制度与人权保障的冲突及其废止

中国劳动教养制度产生的根本原因在于满足巩固新生的国家政权的需要，因而其存在具有明显的政治性、阶级性。尽管这一制度在维护社会秩序与社会稳定方面发挥过积极作用，但随着社会的进步、文明的发展，特别是在进行法治中国建设的今天，劳动教养制度与人权保障之间的冲突日趋明显。

（一）中国劳动教养制度与我国宪法法律中有关人权保障的规定冲突

2004 年，“国家尊重和保障人权” 正式入宪，宪法的这一人权条款也成为国内法律发展完善的一个重要标准。其对立法的重要影响主要表现在“人权保障”成为衡量一部法律是否与时俱进的重要标准。例如，2005 年全国人大常务委员会通过，2006 年施行的《治安管理处罚法》第 5 条明确规定“尊重和保障人权”；2012 年修改的《刑事诉讼法》第 2 条也明确规定“尊重和保障人权”。所以一些法律，在其整体不与人权保障相抵触的情形下增加人权条款就能更好地体现这部法律的价值追求。但是，有些法律制度其整体存在已经背离人权保障的初衷，即使增加人权条款也无益于促进人权保障，劳动教养制度显然就属于此类。对于此类严重偏离人权保障轨道的制度，只能予以废止，而不能进行细枝末节的修改。主要理由是人身自由属于任何现代法治社会的基本人权，公民的人身自主权、举止行动的自由权，不受他人的支配和控制。[①] 人身自由是公民参与社会生活和享受其他自由权利的基础和前提。如果人身自由没有保障，就谈不上享有其他自由和权利。

第一，《中华人民共和国宪法》第 37 条规定：“中华人民共和国公民的人身自由不受侵犯。任何公民，非经人民检察院批准或者决定或者人民法院决定，并由公安机关执行，不受逮捕。禁止非法拘禁和以其他方法剥夺或者限制公民的人身自由，禁止非法搜查公民的身体。”从宪法规定看，限制人身自由

---

① 参见李步云主编《人权法学》，高等教育出版社，2005，第 130 页。

只能由人民检察院或人民法院做出，其他任何机关均无此项权力。任何其他机关做出限制人身自由的决定均是违宪行为，自然不具有任何宪法效力。不管是劳动教养管理委员会做出的劳动教养决定，抑或是公安机关做出的此项决定，显然其权力行使没有宪法依据，而且其权力的行使也是对宪法规范的挑战与背离。

第二，《中华人民共和国立法法》（简称《立法法》）第 8 条规定“限制人身自由的强制措施和处罚”只能制定法律，而且根据《立法法》第 9 条规定这一事项也不能授权国务院先制定行政法规；《行政处罚法》第 9 条规定：“法律可以设定各种行政处罚。限制人身自由的行政处罚，只能由法律设定。”因此，劳动教养制度明显违背《立法法》《行政处罚法》的规定并与之相抵触。众所周知，我国劳动教养制度主要依据三个规范性文件，它们分别是《关于劳动教养问题的决定》《关于劳动教养的补充规定》《劳动教养试行办法》。其中，《关于劳动教养问题的决定》《关于劳动教养的补充规定》经全国人大常委会批准，由国务院公布施行。因此，这两个规范性文件并非法律，而只是行政法律。《劳动教养试行办法》由国务院转发、公安部发布，属于部门规章，也并非法律。

我国宪法法律的这些规定均是从人权保障出发，对权力行使、立法规范做出的一些基本要求，但劳动教养制度无法满足这些基本要求，因而也无法充分保障人权。

（二）中国劳动教养制度与国际人权公约中的有关规定冲突

我国于 1997 年签署《经济、社会和文化权利国际公约》，1998 年签署《公民权利和政治权利国际公约》，并于 2001 年批准了《经济、社会和文化权利国际公约》。尽管我国目前尚未批准《公民权利和政治权利国际公约》及与其相关联的任择议定书，但这无碍于我国政府对尊重和保障人权的庄重承诺。与国际人权公约特别是《公民权利和政治权利国际公约》关于人身自由及其相关的规定相比较，中国劳动教养制度与之存在较大的冲突。

第一，《公民权利和政治权利国际公约》第 9 条规定：“人人有权享有人身自由和安全。任何人不得加以任意逮捕或拘禁。”这是对人身自由权和安全权的规定，这些权利受到法律保障。要剥夺任何人的人身自由，只能依照法律所确定的根据和程序，此外别无他法，否则就是对人身自由权的侵犯。因此，该条同时指出“任何因逮捕或拘禁被剥夺自由的人，有资格向法庭提起诉讼”。这是对人身自由权遭到侵犯后进行司法救济的规定，这也是现代社会人身自由权保障的应有之义。我国劳动教养制度与这些规定不相吻合，公民的人身自由被剥夺没有依照法律确定的根据和程序进行，而且基本上也无法行使向法庭提起诉讼的权利。

第二，《公民权利和政治权利国际公约》第 8 条规定了任何人的不受奴役的权利，即“任何人不应被强迫役使”，“任何人不应被要求从事强迫或强制劳动”。因此，公约禁止役使、强迫或强制劳动，例外情形包括：作为对犯罪的惩罚的苦役、拘禁期间的工作、兵役及国民服务、在紧急状态下的义务以及正常公民义务。除此之外，不能强迫或强制公民劳动。所以，我国劳教人员被强迫从事 1 ~3 年的劳动和教育改造规定不仅没有国内法的依据，也明显与国际人权公约的规定相冲突。

可见，劳动教养制度与国际人权公约关于人身自由权与不受奴役权的规定存在较大的冲突，若不对劳动教养制度进行较为彻底的改革，不仅不利于参与国际人权对话，主张我们自己的人权话语体系，而且容易给外界造成一种负面影响，与我国大国形象与地位不相符合。我国的人权建设经过这么多年的健康发展，我们完全有能力、有信心抛弃掉不利于人权保障的落后制度，这应当也是当代中国道路自信、制度自信、理论自信的具体体现。

（三）中国劳动教养制度在实施中面临的人权保障问题

我国《宪法》规定，只有人民检察院批准或者决定或者人民法院决定才能限制人身自由，但对被劳动教养的决定均不是这两个机关，而是由公安机关做出。而且，公安机关采取限制人身自由措施的自由裁量空间很大，缺乏有效制约。就这个角度而言，尽管劳动教养制度曾经在巩固新生政权与维护社会稳定方面起到过积极的作用，但无疑是以牺牲公民的基本人权为代价的。这主要体现在三个方面：第一，不经司法程序剥夺公民的人身自由，这是劳动教养制度侵犯人权最基本的特征。如果说在特定历史时期出于政治考量它具有一定的合理性，在当代法治社会则失去了合理性、合法性。第二，基于对人权自由的侵犯，带来了对公民一系列基本人权的侵害。由于这一制度对公民人权的侵犯具有任意性，导致公民的人身人格权、政治权利、经济权利、社会权利和文化权利都受到侵害。这一现象在新中国成立后刚刚确立劳动教养制度的阶段尤为严重。第三，劳动教养的严厉程度违背法治建设的基本规律，其结果必然侵犯人权。在任何法治国家，刑事处罚应是国家最严厉的法律制裁，在此之上不应存在其他手段。然而，劳动教养不仅比罚金等不限制人身自由的附加刑严厉得多，甚至超过了管制和拘役这两种刑罚。劳动教养制度违背法治建设的基本常识，所以侵犯人权就是自然而然的结果。

基于劳动教养制度与人权保障的冲突，因此随着法治建设的发展，对劳动教养制度进行改革的呼声也越来越高。但同时也有不同意见，主要有三种观点：第一，保留论，认为劳动教养可以弥补刑罚与行政处罚之间的结构性缺陷，因而有独立存在的必要；① 第二，废除论，认为劳动教养制度没有独立存在的必要；② 第三，改革论，认为在不同的治理模式下，劳动教养所承载的功能与自身的性质有一个发展演变的过程。劳动教养作为限制、剥夺公民人身自由的措施，应当遵循法律保留原则、比例原则、法官保留原则、程序公正原则对其加以改造。③

实际上，劳动教养制度在实践中的改革比学界的分析更为彻底、更为坚决。

2011 年 11 月，最高人民法院等十部委联合发布《违法行为教育矫治委员会试点工作方案》，决定在甘肃兰州、山东济南、江苏南京、河南郑州四个城市进行劳教制度的改革试点。④

① 参见储槐植《再论劳动教养制度合理性》，《中外法学》2001 年第 6 期；储槐植《从国情出发思考劳动教养制度的改革》，《中国司法》2009 年第 3 期。

② 参见陈兴良《中国劳动教养制度研究》，《中外法学》2001 年第 6 期；陈瑞华《刑事诉讼中的问题与主义》，中国人民大学出版社，2011，第 441 页；刘仁文《劳动教养制度及其改革》，《行政法学研究》2001 年第 4 期；梁根林《劳动教养何去何从》，《法学》2001 年第 6 期；张绍彦《劳动教养的轨迹及去向》，《法学论坛》2008 年第 4 期。

③ 参见魏晓娜《走出劳动教养制度的困局：理念、制度与技术》，《法学》2013 年第 2 期。

④ 参见宋识径《四市试点劳教制度改革》，《新京报》2012 年 8 月 29 日，新京报网，http：//www. bjnews. com. cn/news/2012/08/29/219561. html。

2013年1月7日，全国政法工作电视电话会议要求全国政法机关紧紧抓住影响司法公正和制约司法能力的关键环节，积极稳妥地改革劳教制度。[①]

2013年11月，党的十八届三中全会正式提出废止劳动教养制度。

2013年12月28日，第十二届全国人民代表大会常务委员会第六次会议通过决议，废止劳动教养制度。决议指出："一、废止1957年8月1日第一届全国人民代表大会第七十八次会议通过的《全国人民代表大会常务委员会批准国务院关于劳动教养问题的决定的决议》及《国务院关于劳动教养问题的决定》。二、废止1979年11月29日第五届全国人民代表大会常务委员会第十二次会议通过的《全国人民代表大会常务委员会批准国务院关于劳动教养的补充规定的决议》及《国务院关于劳动教养的补充规定》。三、在劳动教养制度废止前，依法作出的劳动教养决定有效；劳动教养制度废止后，对正在被依法执行劳动教养的人员，解除劳动教养，剩余期限不再执行。"劳动教养制度的废止，表明我国公民的人身自由权的保障进入了一个新的历史发展阶段。

在此前一天，安徽省第十二届人大常委会第八次会议于2013年12月27日上午表决通过了《安徽省人大常委会关于〈废止安徽省劳动教养实施条例〉的决定（表决稿）》。会议决定，1995年4月24日通过的《安徽省劳动教养实施条例》，自该决定公布之日起废止。1314名劳动教养人员已被全部解教。此前，根据中央司法体制改革领导小组关于加快劳动教养制度改革的工作部署，安徽省劳动教养委员会审批办公室（设在公安厅）按照公安部的要求，已自2013年3月18日起停止了安徽省劳动教养审批工作。2013年6月份以来，安徽省司法厅对现有劳动教养人员逐步分批进行解教。截至2013年10月上旬，安徽省1314名劳动教养人员全部解教完毕，并保持了民警队伍、劳动教养人员、场所秩序的稳定，劳动教养人员解教工作总体平稳。[②]

---

① 参见袁国礼、孙乾《我国今年将推进劳教制度改革》，《京华时报》2013年1月8日，人民网，http://www.people.com.cn/24hour/n/2013/0108/c25408-20123601.html。

② 参见成展鹏《安徽省人大决定废止劳教 1314名劳教人员被解教》，2013年12月27日，中国新闻网，http://www.chinanews.com/gn/2013/12-27/5672220.shtml。

三　中国劳动教养制度废止后的法治建设

改革开放以来，我国的法治建设与经济建设一道，整体上处于持续发展的进程。在这一进程中，公民的人权意识也不断增强，并反过来推进法治建设。劳动教养制度改革便是在这个大的背景下提出并最终得以废止的，因此在当代中国人权意识的发展史上也具有重要的价值与意义。劳动教养制度因背离人权的精神而被废止，但劳动教养制度在其历史发展过程中形成的衔接刑事处罚与行政处罚的功能如何处理值得关注，这事实上也关系到废止劳动教养制度后我国法治建设的一个基本动向。

（一）废止劳动教养制度后法治建设的各种观点

早在废止劳动教养制度之前，关于劳动教养制度改革，学界就进行了较为深入的探讨，也提出了一些较为合理的观点。例如，有观点认为："这种改革必须适应两个要求：一是法律化，也就是制定相关法律，使这种限制人身自由的制度获得必须的、充分的法律依据；二是司法化，也就是将其纳入司法框架内，经由正当的司法程序，由司法机关作出决定。"① 这一思路实际上指出劳动教养制度的两大弊端，代表了多数人的看法。目前，对于废止劳动教养制度后如何推进法治建设，主要有以下一些具有代表性的观点：

（1）劳动教养制度中合理的功能应当在别的法律中予以保留。②

（2）适当降低犯罪门槛，将劳动教养中有关违法行为纳入刑罚制裁，可以保持国家对打击违法犯罪的高压态势，防止因劳动教养废止后可能带来的社会治安恶化的问题。③

（3）有学者认为，在劳动教养废止后、新法出台前的这段空白期，轻微

---

① 应松年：《关于改革劳动教养制度的几点意见》，载陈光中主编《刑事司法论坛》第一辑，中国人民公安大学出版社，2008，第21页。

② 参见王瑞锋《劳教废止后五大待解问题：寻衅滋事会否滥用》，新华网，http://news.xinhuanet.com/legal/2013-11/16/c_125712131.htm。

③ 参见李本森《停止劳动教养制度的路径选择——以公法的强制性整体变迁为视角》，《中国法学》2013年第6期。

违法行为可以先适用《治安管理处罚法》。在空白期内，公安机关处置轻微违法行为会十分谨慎，不会出现寻衅滋事等罪名的滥用。①

（4）取消劳动教养之后也会带来社会管理上的一系列问题，需要健全轻罪的追究方式，健全社区矫正制度。②

（5）废止劳动教养之后，应该将原来属于劳动教养的范围纳入《治安管理处罚法》范围，或者通过出台司法解释来划入刑法范围。③

（6）废止劳动教养制度之后，过去扩大了的行政权力将全部回归法律，公安机关只作为侦办方，检察院只是起诉方，而法院只是裁决方，三者形成相对制约，使被告人能够得到更公正的处理，符合司法精神。④

因此，在废止劳动教养制度之后，整体上有两种方案来处理劳动教养制度所遗留的问题：一是寻求新的替代性方案，例如保安处分或者违法行为矫治；二是将劳动教养的违法行为分流，吸收合并到刑罚与行政处罚之中。

（二）废止劳动教养制度后推进法治建设的几点思考

废止劳动教养制度之后，限制人身自由只能走法治化道路，即严格通过法律制度的建设，通过司法的程序来保障公民的人身自由，使得类似劳动教养制度的措施没有任何存在发展的空间。

1. 以人权保障为目的促进法治建设

劳动教养制度的一大弊端在于无视公民的基本人权，特别是人身自由权，不经法律程序随意剥夺。因此在废止劳动教养制度后，相关法律制度的建设应当回归到宪法的体制中来，应当体现宪法尊重和保障人权的精神与价值追求。在人权保障上要坚持两个基本原则：一是对人身自由权的剥夺一定只能通过法

---

① 参见王瑞锋《劳教废止后五大待解问题：寻衅滋事会否滥用》，新华网，http://news.xinhuanet.com/legal/2013-11/16/c_125712131.htm。

② 《解读劳教制度废止：大势所趋、人心所向》，新华网，http://news.xinhuanet.com/legal/2013-11/20/c_125727794.htm。

③ 《解读劳教制度废止：大势所趋、人心所向》，新华网，http://news.xinhuanet.com/legal/2013-11/20/c_125727794.htm。

④ 王刚、青木、陶短房、马晴燕、刘德、张冉：《中国废止劳教引外媒热议 被称司法改革一大进步》，《环球时报》2013年12月26日。

律途径，此外别无他法，这也是对人身自由权的立法底线。这不仅仅是劳动教养制度所应遵循的立法原则，其他涉及人身自由权的政策、规章、地方性法规也都应遵循这个立法原则。只有守住人身自由权的立法底线，后续跟进措施才有意义。二是人身自由权的司法救济原则。人身自由权遭受侵犯均能得到司法救济，这是人身自由权救济的司法底线。如果将人身自由权遭受侵犯拒之于司法之外，人身自由权将难以为继。

2. 权力机关应明确自己的权力范围，在自身权限范围内行使权力

我国《宪法》明确规定限制公民的人身自由只能由人民检察院批准或者决定或者人民法院决定，其他任何机关均无此项权力。因此，各个权力机关应该明确自己的权力清单，在法律规定的自身权限范围内行使权力，切勿法外用权。权力只有真正关进制度的笼子里，人权才能得到实质保障。

3. 在法治框架内改革劳动教养制度

劳动教养制度产生不可忽视的一个问题是当时的法律制度不健全，法治建设不完善，但这一局面已经完全改观。目前，中国特色社会主义法律体系已经建成，这也是我国公民人权保障的制度基础。通过刑事处罚与行政处罚体系的自我完善与制度创新，将劳动教养的违法行为分别吸收合并到《刑法》和《治安管理处罚法》之中，完全可以满足废止劳动教养制度后所产生的人权保障的法治需求。

B.11

公益诉讼与人权保障

周伟 刘红春*

摘 要：

我国公益诉讼体现了国家对环境权利、消费者权利、知情权、不受歧视权、工作权利、妇女权利、艾滋病人权利、残疾人权利等人权的司法保障。2013年，公益诉讼从新修改的《民事诉讼法》《消费者权益保护法》的立法规定转变为法律现实，标志着通过公益诉讼方式促进各项人权司法保障发展进入了一个新阶段。提高公益诉讼促进人权司法保障的水平，还存在诉讼思想观念、配套程序滞后，原告资格、适用范围、专业能力及行政公益诉讼亟待完善等问题。

关键词：

公益诉讼 人权保障 影响因素 改进建议

2013年，中国公益诉讼的法制化建设与诉讼实践继续稳步有序推进，主要体现在三个方面：一是全国人大常委会第二次修改通过的《民事诉讼法》关于公益诉讼规定的实施；二是在《消费者权益保护法》《环境保护法》修订草案中加入了“公益诉讼”条款；三是一系列配套法律规范与司法解释的出台及相关机构的建立。这些不仅表明了通过法治方式促进人权领域各项权利实施的需求，也是中国社会对公民日益觉醒的权利意识的积极反应。

---

* 周伟，法学博士，四川大学中国西部边疆安全与发展协同创新中心、四川大学法学院教授，主要研究方向为宪法、人权法、民族法学；刘红春，四川大学法学院宪法学博士研究生，主要研究方向为宪法、人权法。

一　公益诉讼制度的提出和发展

20 世纪 80 年代中期，我国开始出现个别具有公益诉讼效果的案件，90 年代后期随着这些案件的连续出现，“公益诉讼”这个词汇开始从陌生到逐步为大众所了解、接受并最终得到认可。

（一）开端：公益诉讼进入法院裁判过程

1984 年，深圳市蛇口区环境监测站诉香港凯达企业有限公司环境污染案，是《最高人民法院公报》发布的第一起由行政机关提起的环境诉讼案例，该案已具有公益诉讼的性质。① 1996 年，由于电信部门未执行夜间长途电话半价收费的规定，丘建东起诉龙岩市电信局，此案被看作公民个人参与公益诉讼的第一案。②

1997 年河南省方城县检察院诉该县工商局和汤某案胜诉，新闻媒体认为该案是检察院参与公益诉讼法律实践的起点。③ 此后，消费者权益保护领域出现了多起具有公益诉讼性质的案件，如 1998 年葛锐诉郑州铁路局收取 0.3 元如厕费案等。1999 年《最高人民法院公报》公布了第一个环境污染案例，即山西省运城市检察院诉杨军武重大环境污染事故附带民事赔偿案，该案承认了检察院的公益诉讼原告资格。④ 这类旨在维护社会公众利益的诉讼案件，在维护当事人合法权益的同时，也促进了社会法律权利观念的提升，给社会带来了积极的影响。

这一时期公益诉讼保障人权主要有以下几类。一是消费者权益。例如，2000 年王勇、陈青松、李红卒诉成都家家快餐有限公司粗粮王红光店对非公务员消费者区别收费消费歧视案。⑤ 二是公民参与权。例如，2001 年乔占祥诉铁道部关于春运涨价的《通知》未经国务院批准、未组织听证侵犯知情权案。⑥ 三是不受歧视权。（1）反身高歧视，较典型的是 2002 年蒋韬诉中国人

① 《中华人民共和国最高人民法院公报》1985 年第 3 期。
② 王健：《公益诉讼，任重而道远》，《民主与法制》2013 年 1 月 17 日。
③ 王健：《公益诉讼，任重而道远》，《民主与法制》2013 年 1 月 17 日。
④ 《中华人民共和国最高人民法院公报》1999 年第 2 期。
⑤ 成都市中级人民法院〔2000〕成民终字第 810 号。
⑥ 北京市第一中级人民法院〔2001〕一中行初字第 149 号。

民银行成都分行录用行员规定身高歧视案,[①] 该案是公益诉讼法律实践扩展到反歧视领域的重要转折点，它开启了我国反歧视领域公益诉讼法律实践的序幕。(2) 反乙肝歧视，最具有代表性的是2003年的张先著诉安徽省芜湖市人事局录用公务员拒绝乙肝病毒携带者案[②]及数十起类似案件。

1996~2004年，我国公益诉讼法律实践从无到有、从陌生到被社会渐渐接纳，此间的最大特点是，从消费者权益保护领域的公益诉讼实践，逐渐扩展到反歧视领域。

（二）发展：诉讼实践推动法律制度发展

2004年以后，公益诉讼实践加速了公益诉讼从法律现实转化为立法措施的过程。主要表现在以下方面。

1. 个人提起的诉讼范围逐步扩大

(1) 工作权利。反基因歧视，如2010年小周等三人诉佛山市人力资源和社会保障局公务员录用体检检查地中海贫血基因信息并不准许进入考核程序侵犯担任公务员权利案。[③] (2) 环境权利。如2004年陆耀东诉永达公司环境污染损害赔偿纠纷案[④]等。(3) 知情权。如2005年黄金荣诉北京铁路局侵权损害赔偿案等。(4) 妇女权利。如2005年周香华诉中国建设银行平顶山分行行政强制女性职员55周岁退休案等。(5) 残疾人权利。无障碍通行权，如2011年郑卫宁、刘海军诉深圳航空有限公司拒载残疾人侵犯平等权及人格尊严案。(6) 消费者权利。如2006年董海平等诉中搜、千橡、阿里巴巴、易趣等公司提供“流氓软件”案、2011年杨某诉中国电信股份有限公司广东分公司垃圾短信侵权案。(7) 工会工作人员权利。如2007年工会主席唐晓冬维权被违法解雇案[⑤]等。(8) 艾滋病人权利。2010年，安徽某艾滋病携带者报考当地教师遭拒录后起诉当地教育局，被认为是中国反艾滋就业歧视第一案。原告的诉

---

① 成都市武侯区人民法院〔2002〕武侯行初字第3号。

② 芜湖市中级人民法院〔2003〕芜中行初字9号。

③ 佛山市中级人民法院〔2010〕佛中法行终字第381号。

④《中华人民共和国最高人民法院公报》2005年第5期。

⑤ 雷燕:《被炒工会主席维权大战昨告捷》,《广州日报》2007年8月21日。

讼请求虽然被法院驳回，但是该案件的意义在于拉开了法院受理与审理此类案件的序幕。① 据统计，截至2013年底各地法院共审理5个反艾滋病就业歧视案。

2. 社会组织开始参与诉讼实践

（1）官方背景社会组织的原告资格被认可。如2009年中华环保联合会与江苏省江阴市居民朱正茂诉江苏江阴港集装箱有限公司环境污染侵权案。（2）民间社会组织的原告资格被认可。如2011年重庆绿色志愿者与北京自然之友联合会诉曲靖铬渣污染案，该案被认为是全国首个由民间环保组织提起的环境公益诉讼案件。（3）社会组织开展立法倡导。2011年，北京、天津等21个城市消协（消委会、消保委）及中国消费者报社，联合建议全国人大常委会法制工作委员会，明确消费者组织代表不特定多数消费者进行公益诉讼的权利和主体资格。② 同年11月，全省首家环保民间组织——常州市环境公益协会成立，解决了环境公益诉讼案件原告主体资格不明的法律难题。③

3. 司法机关慎重推动公益诉讼

（1）人民检察院支持公益诉讼。如2008年，广东省广州市海珠区人民检察院诉陈忠明环境污染案。④ 据河南省检察机关统计，从1997年到2007年，该省各级检察机关民行检察部门共办理公益诉讼案件1572件，其中直接起诉的就有242件。⑤（2）人民法院成立环保专业法庭。自2007年全国第一家环保法庭在贵州省清镇市人民法院正式成立以来，到2013年5月，全国已有16个省区设立了130多个环境保护法庭、审判庭、合议庭或者巡回法庭。⑥（3）加强诉讼经验交流，举办学术会议讨论公益诉讼。例如，2011年中华环保联合会、武汉大学环境法研究所、云南省高级人民法院联合举办了“关注环境司法专门化和公益诉讼”全国首届环境司法论坛；2011年“南川环

① 李光明：《安徽一艾滋大学生报考教师遭拒录　起诉教育局歧视》，《法制日报》2010年8月27日。

② 袁国礼：《21个城市消协联合上书全国人大常委会　消协组织讨要公益诉讼权》，《京华时报》2011年12月12日。

③ 张缓鸣、常剑轩：《全国首家环境公益保护联动执法中心常州挂牌》，《江苏法制报》2012年11月29日。

④ 侯恕望：《广东首例公益诉讼尝试——检察院告倒污染企业》，《羊城晚报》2008年12月27日。

⑤ 王健：《公益诉讼，任重而道远》，《民主与法制》2013年1月17日。

⑥ 袁定波：《全国已设130余环境保护法庭　执法不作为问题突出》，《法制日报》2013年7月15日。

境污染公益诉讼案”入选重庆市检察院系统十大优秀案件；2011 年 10 月湖南省人民检察院、省司法厅发布《关于共同推进公益诉讼的座谈会纪要》（湘检会〔2011〕5 号）的通知，要求“人民检察院与全省各级司法行政机关共同宣传、推动公益诉讼工作”。（4）建立资助公益诉讼的公益基金（见表 1）。

表 1　2010 ~ 2011 年地方司法机关建立公益基金资助公益诉讼情况

时间	规范性文件	机关	内容
2010 年 3 月	《关于大力推进公益诉讼制度的意见》	贵阳市中级人民法院和清镇市人民法院	建立公益基金资助环境公益诉讼
2011 年 9 月	《海南省省级环境公益诉讼资金管理暂行办法》	海南省高院与省财政厅	建立环保公益基金

资料来源：全国人大法律法规数据库、北大法宝数据库、新法规速递及有关政府网站。

4. 制定公益诉讼的法律规范

2005 年，国务院发布《关于落实科学发展观加强环境保护的决定》（国发〔2005〕39 号），提出支持“社会团体”提起环境公益诉权。2007、2011 年，国务院在环境保护的发展规划中，再次确认环境公益诉讼在保护环境权利中的作用。最高人民法院 2006 年提出了积极支持环保公益诉讼的任务，2009 年表示要积极探讨研究公益诉讼案件的受理条件和裁判方式（见表 2），2010 年提出推动环境公益诉讼制度。2011 年，最高人民法院等 9 部委联合发布规范性文件，提出推动建立残疾人组织支持诉讼和非诉讼工作模式，逐步形成残疾人维权的公益诉讼制度。山西、福建等省，以及成都市等人大常委会也制定了地方性法规支持公益诉讼等。这些情况表明，公益诉讼开始从法律实践上升到立法规范。

表 2　2005 ~ 2012 年公益诉讼被法律规范认可情况

时间	规范性文件	机关	内容
2005 年 12 月 3 日	《关于落实科学发展观加强环境保护的决定》（国发〔2005〕39 号）	国务院	赋予社会团体环境公益诉权
2006 年 1 月 1 日	《关于办理刑事附带民事公益诉讼案件的暂行规定》	宁波市北仑区法院、检察院	人民检察院对刑事附带民事公益诉讼案件提起诉讼，人民法院应当进行审理
2006 年 11 月 9 日	《关于海事审判工作发展的若干意见》（法发〔2006〕27 号）	最高人民法院	充分利用专业特长，积极支持环保公益诉讼

续表

时间	规范性文件	机关	内容
2007年11月22日	《关于印发国家环境保护"十一五"规划的通知》(国发〔2007〕37号)	国务院	开展环境公益诉讼研究
2008年11月	《关于办理环境民事公益诉讼案件的试行规定》	无锡市中级人民法院和无锡市检察院	赋予检察院环境民事公益诉权
2009年8月	《广州市检察机关开展民事公益诉讼的指导意见》	广州市人民检察院民行检察部门	填补了广州市在公益诉讼上的法律空白
2009年11月9日	《印发〈关于依法保护行政诉讼当事人诉权的意见〉的通知》(法发〔2009〕54号)	最高人民法院	积极探讨研究公益诉讼案件的受理条件和裁判方式
2010年5月27	《关于加强人民检察院对诉讼活动法律监督工作的决定》	山西省人民代表大会常务委员会	探索开展提起公益诉讼活动
2010年5月28日	《关于加强人民检察院对诉讼活动的法律监督工作的决定》	福建省人民代表大会常务委员会	探索开展公益诉讼、督促起诉、支持起诉等活动
2010年5月31日	《水资源司法保护工作座谈会纪要》	最高人民法院、环境保护部	大力推进环境公益诉讼
2010年6月29日	最高人民法院工作年报告(2011年)	最高人民法院	推动环境公益诉讼制度
2010年9月	《昆明市环境公益诉讼救济专项资金管理暂行办法》(第64号)	昆明市人民政府	成立环境公益诉讼救济专项资金
2011年6月3日	《关于印发〈昆明市环境保护局关于办理环境民事公益诉讼案件的指导意见(试行)〉的通知》(昆环保通〔2011〕165号)	昆明市环境保护局	赋予环保行政主管部门与环保社团公益诉权
2011年7月1日	《关于印发〈人民法院为实施"十二五"规划纲要提供司法保障的意见〉的通知》(法发〔2011〕10号)	最高人民法院	积极探索环境保护公益诉讼制度
2011年11月1日	《关于印发〈"十二五"全国环境保护法规和环境经济政策建设规划〉的通知》(环发〔2011〕129号)	环境保护部	积极支持环保团体提起环境公益诉讼
2011年12月15日	《关于印发国家环境保护"十二五"规划的通知》(国发〔2011〕42号)	国务院	支持环境公益诉讼
2011年11月25日	《成都市法律援助条例》	成都市人大常委会	公民因维护公共利益、公共安全等原因提起公益诉讼的,可以向有管辖权的人民法院所在地或者申请人居住地的法律援助机构提出
2011年12月29日	《关于印发〈残疾人法律救助"十二五"实施方案〉的通知》(残联发〔2011〕28号)	最高院、最高检、司法部、公安部、民政部、人保部、教育部、卫生部、财政部、残联	推动建立残疾人组织支持诉讼和非诉讼工作模式,逐步形成残疾人维权的公益诉讼制度

资料来源:全国人大法律法规数据库、北大法宝数据库、新法规速递及有关政府网站。

（三）确立：从法律实践发展为法律制度

公益诉讼从出现到被社会接纳，再到官方立法认可，经过十几年的实践，已被法律确认为一种新的诉讼类型。2012年新修改的《民事诉讼法》第55条规定："对污染环境、侵害众多消费者合法权益等损害社会公共利益的行为，法律规定的机关和有关组织可以向人民法院提起诉讼。"同年，最高人民法院发布的《关于修改后的民事诉讼法施行时未结案件适用法律若干问题的规定》（法释〔2012〕23号），为修改后的《民事诉讼法》中关于公益诉讼的实施做好了准备。

二　2013年公益诉讼的新进展

新修改的《民事诉讼法》的实施，既为公民个人、有关机关和社会团体通过公益诉讼保障人权提供了规范依据，也为公益诉讼的进一步发展明确了法律指引。

（一）法律规范的健全

新修改的《民事诉讼法》规定了民事公益诉讼的原告资格、立案标准、诉讼类型。全国人大常委会在此基础上，继续完善公益诉讼的法律制度（见表3）。主要体现在：其一，修改《消费者权益保护法》，明确了消费公益诉讼制度。其二，审议《环境保护法》修改草案，进一步细化环境公益诉讼的原告资格。

表3　2013年全国人大常委会完善公益诉讼立法工作表

类型	内容	时间	目标
消费公益诉讼	第二次会议初次审议了《中华人民共和国消费者权益保护法修正案(草案)》	2013年4月23日	赋予"中国消费者协会以及在省、自治区、直辖市设立的消费者协会"公益诉权
	第四次会议对《中华人民共和国消费者权益保护法修正案(草案二次审议稿)》进行了审议	2013年8月26日	
	第五次会议第三次审议通过的《关于〈修改消费者权益保护法〉的决定》	2013年10月25日	赋予"中国消费者协会以及在省、自治区、直辖市设立的消费者协会"公益诉权

续表

类型	内容	时间	目标
环境公益诉讼	第三次会议对《中华人民共和国环境保护法修正案(草案二次审议稿)》进行了审议	2013年6月26日	赋予"中华环保联合会以及在省、自治区、直辖市设立的环保联合会"公益诉权
	第五次会议对《环境保护法修正案(草案三次审议稿)》进行了审议	2013年10月21日	赋予"依法在国务院民政部门登记，专门从事环境保护公益活动连续五年以上且信誉良好的全国性社会组织"公益诉权；"其他法律另有规定的，依照其规定"

资料来源：全国人大法律法规数据库、北大法宝数据库、新法规速递及有关政府网站。

（二）法律措施的完善

司法机关完善实施公益诉讼的法律措施主要有：其一，继续发布公益诉讼案例。2013年，《最高人民法院公报》第四次发布了环境公益诉讼案例，即中华环保联合会诉贵州省贵阳市修文县环境保护局环境信息公开案，该案是第一个社会组织作为原告提起的环境公益诉讼典型案例，为全国各地人民法院裁判类似案件提供了法律指导。① 其二，新设专业机构，专门办理环保领域犯罪案件的审查批捕、审查起诉和查办环保领域的职务犯罪及预防等工作，例如云南省大理市检察院于2013年7月成立了环境资源保护科。② 其三，发布审判程序规范，规范了依法审理环境污染案件或侵害众多消费者合法权益等侵权案件的审理程序，例如宁夏回族自治区高级人民法院《关于公益诉讼案件审理程序的指导意见》。③ 其四，做好法律实施裁判准备。最高人民法院发出《关于认真学习贯彻实施消费者权益保护法的通知》，要求全国各级法院认真学习贯彻实施新修改的、2014年3月15日起施行的《消费者权益保护法》。明确要求对消费者权益公益诉讼有管辖权的法院应当积极、慎重受理；要积极探索，在审判实践中不断研究总结与积累有益经验，加强同消费者协会的沟通与协

① 《中华人民共和国最高人民法院公报》2013年第1期。

② 杨健鸿、麦丽：《云南大理市检察院：成立环境资源保护科》，《检察日报》2013年7月15日。

③ 周崇华：《宁夏规范公益诉讼审理程序》，《人民法院报》2013年8月4日。

调，为在消费者权益保护领域逐步建立一套具有中国特色的公益诉讼制度积累经验。[1]

一些地方还发布了有关环境公益诉讼、旅游公益诉讼与诉讼支持等方面的配套规范性文件与措施（见表4），完善实施公益诉讼的支持体系。

表4　2013年各地完善实施公益诉讼的支持体系

类型	内容	时间	目标
环境公益诉讼	广州市人民政府办公厅关于印发广州市"十二五"时期环境保护规划的通知（穗府办〔2013〕9号）	2013年2月21日	积极探索环境公益诉讼
	贵阳市第十三届人民代表大会第三次会议通过的《贵阳市建设生态文明城市条例》	2013年3月30日	提起环境公益诉讼的原告可以向人民法院申请保全措施
	中共江苏省委、江苏省人民政府关于深入推进生态文明建设工程率先建成全国生态文明建设示范区的意见（苏发〔2013〕11号）	2013年7月21日	鼓励开展环境公益诉讼
旅游公益诉讼	四川省人民政府关于加快建设旅游经济强省的意见（川府发〔2013〕42号）	2013年8月22日	积极推进和支持旅游公益诉讼
公益环保联合会	山东省环保厅召集来自全省高校、中学、社区、湿地、企业、环保NGO（非政府组织）等各界的环保人士共商成立山东公益环保联合会	2013年6月13日	成立山东公益环保联合会，支持环保公益诉讼

资料来源：全国人大法律法规数据库、北大法宝数据库、新法规速递及有关政府网站。

（三）实施能力的提高

为了做好实施公益诉讼的准备，司法机关加强了宏观指导协调。其一，最高人民法院召开了实施新修改《民事诉讼法》座谈会，为全面正确实施修改后的《民事诉讼法》做好准备工作。其二，最高人民检察院要求各级检察机关继续开展督促起诉、支持起诉工作，并结合实际加强理论研究，为完善公益诉讼制度提出建议。[2] 其三，开展公益诉讼经验交流。2013年7月在贵阳召开了第三届环境司法论坛，讨论"公益诉讼"制度在生态文明建设中的积极作

① 张先明：《最高人民法院通知要求认真贯彻实施消费者权益保护法》，《人民法院报》2013年12月27日。

② 曹建明：《坚持和完善中国特色社会主义民事检察制度》，《检察日报》2012年12月7日。

用及完善。其四，中华全国律师协会发布了《律师服务经济社会发展业务创新拓展工程的意见》的通知，倡导律师积极参与环保公益诉讼，支持律师为食品安全和环境污染受害人提供法律帮助。同时，中华环保联合会宣布，将在全国范围内建立环境公益诉讼律师事务所、二级机构和评估、仲裁机构等相关组织机构，做好应对各类公益诉讼的准备。①

（四）典型案件的裁判

2013年新修改的《民事诉讼法》生效后，人民法院裁判了以下涉及工作权利、环境权利、知情权、妇女权利、残疾人权利、消费者权利、人身权利、不受歧视权等领域典型的民事公益诉讼、行政公益诉讼案件。

1. 工作权利

反艾滋病就业歧视：（1）原告成功获赔偿。小齐（化名）诉江西省进贤县教育体育局录用人员中歧视艾滋病病毒感染者案。被告补偿、赔偿原告人民币4.5万元，这是第一例艾滋感染者获得诉讼赔偿的案件。②（2）法院立案受理。陈新诉镇江新区管理委员会及新区某局案。因入职体检HIV（艾滋病毒）抗体呈阳性被招聘单位拒绝录用，陈新起诉镇江新区管理委员会及新区某局，要求办理入职以及书面赔礼道歉、赔偿精神损害抚慰金50000元。③ 该案被认为是江苏省首例艾滋就业歧视案与我国第五例艾滋就业歧视案。2013年12月20日上午，镇江经济开发区人民法院开庭审理此案。

2. 环境权利

2013年，各地人民法院受理环境公益诉讼案件53件。④ 可分为以下类型：（1）社会组织起诉的有：①邯郸市冬泳运动协会诉山西天脊煤化工集团案。由于山西天脊煤化工集团发生苯胺泄漏事故，造成环境污染，邯郸市冬泳运动协会向邯郸市中级人民法院起诉山西天脊煤化工集团，此案被称为新修改

---

① 《环保联合会：将建环境公益诉讼律所》，《新京报》2013年6月30日。

② 万静：《江西艾滋歧视第一案达成调解协议　艾滋感染者获赔4.5万元》，《法制日报》2013年1月28日。

③ 《江苏镇江市民体检查出艾滋被拒录　起诉政府部门求赔偿》，《现代快报》2013年11月29日。

④ 郄建荣：《各级法院受理环境公益诉讼案件53件》，《法制日报》2013年12月3日。

《民事诉讼法》后公益诉讼第一案。[①] ②中华环保联合会诉中国石油天然气股份有限公司与吉林油田分公司案。因为中石油在吉林松原市的采气厂非法排污，中华环保联合会提起诉讼，暂定索赔 6075 万元。[②] ③中华环保联合会诉海南天工生物工程公司环境污染公益诉讼案。因海南罗牛山种猪育种有限公司违法排放超标废水，中华环保联合会将罗牛山公司以及海南天工生物工程公司诉至海口中院，并分别索赔 1399 万元、233 万元。海口中院环保庭在正式立案后裁定驳回起诉。[③]（2）行政机关起诉，如韩城市环保局诉白矾矿业有限责任公司案。陕西省韩城市人民法院判决韩城白矾矿业有限责任公司支付环境污染损害费用 100.5 万元，这是陕西省首例环境公益诉讼案。[④]（3）个人起诉的有：①任坚刚诉超彩钛白（安徽）科技有限公司环境污染案。铜陵市铜陵县人民法院以本案应当以公益诉讼立案为由驳回起诉，任坚刚上诉至铜陵市中级人民法院，该院驳回了上诉请求。[⑤] ②北京市丰台区源头爱好者环境研究所诉福建省林业厅向归真堂“活熊取胆”违法颁发许可证案。北京市丰台区源头爱好者环境研究所认为，福建省林业厅向归真堂颁发两证的行为，违反了《中华人民共和国野生动物保护法》等相关的法律规定，直接向福州市中级人民法院提起行政诉讼，要求撤销被告福建省林业厅颁发给归真堂的野生动物经营加工许可证。法院以原告主体资格不符不予受理。[⑥]

3. 知情权

（1）残疾人就业保障金信息。残障人士李阳诉广州市残联和财政局案，李阳因向广州市残联和财政局申请公开 2001～2012 年各年度广州市“残疾人就业

---

① 王琳：《“公益诉讼第一案”先别乐观》，《新京报》2013 年 1 月 11 日。

② 洪雪：《中环联起诉中石油　索赔六千万　称其在吉林松原非法排污　如法院受理将成北京首例环境公益诉讼》，《法制晚报》2013 年 11 月 29 日。

③ 宁远：《环保组织起诉罗牛山公司公益诉讼索赔上千万》，人民网－海南视窗，http://hi.people.com.cn/。

④ 台建林：《企业拒不执行环境监管要求擅将七点八万立方废渣排入河道　陕西首例环境公益诉讼案始末》，《法制日报》2013 年 4 月 10 日。

⑤ 李彪：《公益诉讼立案难题未改观　业界称诉讼之路越发逼仄》，《每日经济新闻》2014 年 2 月 24 日。

⑥ 苏向东：《福建林业厅因向归真堂“活熊取胆”颁许可证被起诉》，中国网，http://www.china.com.cn/。

保障金”收入具体数额以及“残疾人就业保障金”支出明细未得到满意回复，而起诉广州市残联和财政局。（2）民航发展基金信息。王先生诉财政部信息公开案，因对坐飞机每次都要交50元或者90元的民航发展基金的依据存疑惑而向财政部申请信息公开被拒绝，北京市一中院一审判决，判令财政部对原告的申请重新做出处理。[①]（3）社会抚养费信息。吴有水诉广东省人口与计划生育委员会拒绝公开社会抚养费信息案。律师吴有水因向全国31个省级卫生和计划生育委员会、财政厅（局）申请公开2012年度的社会抚养费总额、预算、开支以及审计情况等信息未得到满意答复，而提起行政诉讼，状告两省卫计委，在江苏省人口与计划生育委员会公开相关信息之后，吴有水律师撤诉；诉广东省人口与计划生育委员会案目前还在审理中。[②]（4）招标信息。董正伟、周筱赟诉铁道部拒绝公开12306招标详情案。董正伟与周筱赟因就12306网站的问题向铁道部申请公开“新一代客票系统一期工程项目”招标的相关详细信息未得到满意答复，分别向北京市第一中级人民法院提起行政诉讼，法院分别予以立案，后因铁道部被撤销，法院做出中止审理的裁定。[③]（5）环评信息。莆田绿萌滨海湿地研究中心诉防城港市环保局拒绝公开环评信息案。红树林保护公益组织莆田绿萌滨海湿地研究中心发现防城港市在渔洲坪修建道路造成附近海域红树林被破坏，遂向防城港市环保局申请公开相关环评文件，被拒后到港口区人民法院起诉防城港市环保局，在防城港市环保局依法公开环评信息后法院裁定准许撤诉。[④]

4. 妇女权利

反性别歧视。2012年，巨人教育集团招聘教育行政助理的招聘启事要求“仅限男性”的条件，曹菊电话问询应聘被拒绝后，向北京市海淀区人民法院起诉巨人教育性别就业歧视。法院受理此案后历时一年调解结案，被告支付曹菊3万元作为关爱女性平等就业专项资金。

5. 残疾人权利

（1）残疾人消费优惠权利。张秀新诉中国移动通信集团北京有限公司违

① 张媛：《财政部拒公开“民航基金”收费依据被判败诉》，《新京报》2013年9月28日。

② 万静：《拒绝公开社会抚养费信息　江苏省计生委被诉》，法制网，http：//www.legaldaily.com.cn/。

③ 张媛：《诉铁道部公开信息中止审理》，《新京报》2013年3月23日。

④ 赵劲松：《民间公益组织状告防城港市环保局》，《南国早报》2013年1月25日。

规侵权案。听障人士张秀新因在北京一家移动营业厅购买手机卡未享受残疾人电信优惠，向北京市东城区人民法院起诉中国移动通信集团北京有限公司违规侵权，法院已向张秀新下达立案通知书。[1]（2）残疾人考试合理便利。田晴诉教育部延长考试时间案。田晴因先天脑瘫手有些萎缩，写字较慢，为能平等地参与高等教育自学考试，需要有合理的答题时间，而向教育部递交延长考试时间的申请，未获答复后，向北京市第一中级人民法院起诉教育部，请求判令教育部准许她延长考试的申请。[2]（3）精神障碍者权利。徐为（化名）因十年前被家人强制送往上海青春精神病康复医院，想要出院却被监护人、医院拒绝。为获自由，徐为将医院和监护人起诉至上海闵行区人民法院请求判决被告侵犯其人身自由，此案获得受理并被认为是《精神卫生法》实施后第一案。[3]

6. 消费者权利

（1）梁女士等诉广深铁路火车晚点八小时未道歉案，梁女士等请求判令被告支付赔偿金共计 310 元，此案被认为是第一例因列车晚点而向铁路部门索赔的案例。[4] 广州铁路运输法院一审判决驳回起诉后，两乘客向广州市铁路运输中级人民法院提起上诉。（2）“天下公”诉苏州莫泰酒店管理有限公司因维稳导致违约案。南京公益组织“天下公”预订了苏州莫泰酒店管理有限公司（下称“苏州莫泰”）苏州平齐路店 25 间客房及会议室一间，酒店接到警方的紧急通知称，在该酒店预订开会的“天下公”将召集的会议有“严重问题”，出于维稳需要，要求立即停止对“天下公”的接待。因合同违约，“天下公”将“苏州莫泰”诉至法庭，要求“莫泰 168”就单方违约行为赔偿 21750 元，返还双倍订金，并连续 3 天登报道歉。苏州姑苏区人民法院一审判决：判决被告苏州莫泰赔偿违约金 21750 元，并返还订金 5000 元。[5]

---

① 余瀛波：《北京移动因未提供残疾人优惠被起诉　法院已受理》，《法制日报》2013 年 6 月 7 日。

② 万静：《脑瘫女孩延长考试时间申请未获答复　起诉教育部》，《法制日报》2013 年 11 月 13 日。

③ 张维：《〈精神卫生法〉第一案起诉七个月后终获立案》，《法制日报》2013 年 12 月 23 日。

④ 余以墨：《火车晚点八小时没道歉　广深铁路被两乘客索赔 310 元》，《投资快报》2013 年 11 月 13 日。

⑤ 吴珊：《苏州一酒店因“维稳”违约败诉　赔违约 21750 元》，《南方都市报》2013 年 3 月 26 日。

7. 人身权利

刘菲诉北京市房山区公安局计生捆绑不上户违法行政案。北京市公安局房山分局以未能提供缴纳社会抚养费证明为由，不给刘菲八岁的儿子小杰（化名）办理户籍登记事宜。刘菲因此将北京市公安局房山分局告上法庭，请求法院确认拒绝为其子办理户口登记的行为违法，此案正在审理过程中。[①]

8. 不受歧视权

反社会出身歧视。南京市人力资源社会保障局招聘“12333”电话咨询员，要求必须具有南京市户籍，苏敏（化名）应聘被拒绝后，遂向南京市建邺区人民法院提起诉讼并被受理。[②] 该院以被告不适格为由裁定驳回原告起诉。随后，苏敏将被告变更为南京鼓楼人力资源服务中心，向南京市鼓楼区法院再次提起诉讼。

（五）检察机关扩大支持

2013 年，各地人民检察院提起了一些有影响的公益诉讼（见表 5）。（1）以原告身份起诉。①因张某非法经营污染环境，浙江省桐乡市人民检察院向桐乡市法院提起诉讼，请求法院判令张某赔偿因环境污染造成的直接经济损失 2 万元，该案是浙江首例针对自然人提起的环境保护公益诉讼。[③] ②被告人刘某等人涉嫌非法采矿构成破坏矿产资源罪、环境污染罪，河北省唐山市丰润区检察院提起公诉，同时依照《刑事诉讼法》第 99 条第 2 款提起附带民事诉讼，要求法院判令 4 名被告人赔偿因非法采矿造成的国家矿产资源损失 178906 元，该案是唐山市检察机关办理的首例涉刑事环保公益诉讼案。[④]（2）以“检察建议”建议有关机关起诉。①岳某等人烧毁临潼区农林局行政管理的骊山北麓森林植被，陕西省临潼区人民检察院向该农林局发出检查建议支持该局提起公

---

① 程胜清：《女子离婚再生子被认定超生　无法上户口起诉公安局》，《检察日报》2014 年 1 月 15 日。

② 罗双江：《全国首例非户籍地就业纠纷案被南京建邺区法院正式立案》，《扬子晚报》2013 年 8 月 9 日。

③ 《全省首例针对自然人提起的环保公益诉讼桐乡立案》，中国网，news. china. com. cn。

④ 汤润清：《唐山严惩破坏环境　首例涉刑事环保公益诉讼案开庭》，《河北日报》2013 年 11 月 11 日。

益诉讼，并对该犯罪行为造成的损失提起民事赔偿诉讼。[①] ②新疆维吾尔自治区轮台县南镇布某指派雇工焚烧杂草堆过失烧毁495株胡杨林，县人民检察院向林业局发出检察建议，建议林业局对布某烧毁495株胡杨提起民事赔偿公益诉讼。[②]

表5　2013年各地人民检察院提起的公益诉讼

起诉类型	时间	案件	涉案领域
以原告身份起诉	7月	桐乡市检察院诉张某污染环境案	民事环保公益诉讼
	9月	丰润区检察院诉刘某等人非法采矿造成的国家矿产资源损失刑事环保公益诉讼案	刑事环保公益诉讼
以"检察建议"建议有关机关起诉	6月	临潼区检察院民事行政检察部门建议农林局起诉岳某等人烧毁骊山北麓森林植被案	民事环保公益诉讼
	11月	新疆轮台县检察院建议林业局诉布某烧毁495株胡杨民事赔偿案	民事环保公益诉讼

资料来源：新华网、《法制日报》等。

三　影响诉讼效果的因素与改进建议

修改后的《民事诉讼法》和2014年3月15日实施的新修改的《消费者权益保护法》，为公益诉讼提供了法律支持。然而，在诉讼思想观念、配套程序、原告资格、适用范围、专业能力及行政公益诉讼等方面都有亟待完善的问题。

（一）滞后诉讼观念需要更新

公益诉讼在我国出现的时间较短，社会对公益诉讼作用的认识还需要进一步提高。部分司法机关及其工作人员对公益诉讼的认识，与公益诉讼的作用还有很大的距离。有的认为提起公益诉讼是在"作秀"；有的认为公益诉讼是在

① 任晓利：《临潼区检察院首次立案支持行政机关进行公益诉讼》，新华网陕西频道，http://www.sn.xinhuanet.com/2013-06/21/c_116243870.htm。

② 潘从武、柏卫立：《烧毁国家重点公益林　检察建议公益诉讼助力民事赔偿》，《法制日报》2013年11月18日。

给社会“添乱”；有的认为是给政府“找麻烦”；有的认为公益诉讼太“敏感”；等等。这些观念导致有些公益诉讼立案难、审理难、胜诉难。例如，“曹菊诉巨人教育性别就业歧视案”，曹菊2012年7月11日向法院提起诉讼，其间尝试了控告、举报、建议信等多种努力，2013年9月10日北京市海淀区法院才予以受理。司法机关及其工作人员公益诉讼的观念滞后，是导致各地出现程度不同的依法应该立案而不立案现象的重要原因。据不完全统计，2013年中华环保联合会提起的多起公益诉讼就因此未被受理（见表6）。

表6　2013年中华环保联合会起诉未被受理案件

时间	案情	被告
3月	潍坊乐港食品股份有限公司所属的第三商品猪养殖场，将未处理的大量养殖和肉类加工废水直接排放进地下水，令周围鱼塘和饮用水井全部报废，废水甚至流入下游饮用水源	潍坊乐港食品股份有限公司所属的第三商品猪养殖场
5月	重庆市双庆硫酸钡有限公司污染了乌江	重庆市双庆硫酸钡有限公司
6月	原平住建局修路，污水管道修了一半，导致大量工业、生活污水直接排放出来	原平住建局

资料来源：中华环保联合会网站。

公益诉讼的目的是保护社会公共利益。不论是民事公益诉讼，还是其他行政公益诉讼，诉讼目的都是维护社会公共利益，保障众多不特定人的人权。建议开展公益诉讼为“公”的公益诉讼理念普及工作，采取措施转变一些地方人民法院及其法官对公益诉讼的错误理解。人民法院及其法官对公益诉讼的理解符合立法目的、精神与原则，是当前开展公益诉讼促进人权保障的重要环节。

（二）原告资格需要明确清晰

在民事公益诉讼原告资格方面，立法过程经历了一个从“有关机关、社会团体”到“法律规定的机关和社会团体”，再到“法律规定的机关和有关组织”的变化。但是，法律规定的“机关”是指所有行政机关，还是特定的机关，实践中有如下理解：其一，检察机关是否也属于该“机关”的范围？其二，“有关组织”是否包括法律、行政法规授权的人民团体、社会团体、法律规定的基层群众性自治组织，即居民委员会、村民委员会是否也在其中？其三，“有关组织”是否包括依法行使公共权力的组织，如《工会法》《妇女权益保障法》《残疾人保障法》《未成年人保护法》分别授权的中华全国总工会、全国工商业联合会、全国妇女联合会、中国残疾人联合会、中华全国青年联合会、共产主义青年团等按照相关法律规定行使职权的组织？这些依法行使权力的组织的省、市、县级组织有没有公益诉讼的原告资格？其四，法律规定的机关和有关组织，如果是指现行法律直接、明确规定可以就某一领域提起公益诉讼的机关或组织，因目前只有《海洋环境保护法》明确规定海洋行政主管部门可以就海洋环境污染事件提起公益诉讼，是否其他机关都被排除在“法律规定”之外？为了维护公共利益，究竟哪些机关和组织可以代表不特定的被损害的群体向法院提起诉讼？其五，行政公益诉讼与民事公益诉讼如何区别与衔接？

建议在修改《行政诉讼法》过程中，具体明确行政公益诉讼的原告资格及其案件范围，进一步完善我国的公益诉讼制度。建议最高人民法院发布司法解释对《民事诉讼法》第55条关于“法律规定的机关和有关组织”在审判工作中具体应用的问题进行解释；增加公益诉讼的案由，为人民法院受理、裁判公益诉讼提供具体的操作规范；建议最高人民法院发布指导案例，加强对人民法院审理公益诉讼案件原告资格的法律指导；建议《最高人民法院公报》发布典型案例或者裁判文书，消除各地法院普遍反映审判实践中原告不明的难题。

（三）案件适用范围待逐步细化

新修改的《民事诉讼法》第55条关于公益诉讼适用范围的规定，可以有不同解释：其一，可以提起民事公益诉讼包括但不限于“污染环境”“侵害众多消费者合法权益”两种，“等”字概括的内容具有原则性，只要符合侵犯不特定的群体的利益，并不受这两种类型诉讼的限制。其二，公益诉讼的适用范围限于法律列举的“污染环境”“侵害众多消费者合法权益”这两类情形。法律这里规定的“等”，在立法机关未做出解释前不宜做扩大理解。现有的民事公益诉讼适用范围比较原则，这不仅导致现有案件只涉及环境保护、消费者权益等较窄的人权保护领域，而且因缺乏具体的法律解释细则，导致审判实践中借故推诿，不予立案的情况并非个别。

公益诉讼的适用范围要适应推进国家治理体系和治理能力现代化的需要，并且要成为反映群众问题、化解社会矛盾、保障公众权利的便利渠道。公益诉讼的效果也可以促进法律和国家政策的发展。既要明确公益诉讼在“污染环境”“侵害众多消费者合法权益”方面的具体适用范围，也要结合社会现实的发展和实际需要，明确法律上“等”的含义、界限与范围。建议采取概括式与列举式结合的方式，对最近十多年出现的一些行政公益诉讼类型，参照《国家人权行动计划（2012－2015年）》中列举的人权类型，明确有关行政、民事公益诉讼的适用范围。

（四）诉讼专业能力需要提高

我国公益诉讼是从一些地方较短时间的司法实践，快速被确立为一项法律制度普遍推行的。不但法院及其法官在理解公益诉讼的法律方法、法律技术等方面差异较大，而且法院裁判公益诉讼的准备工作也很不充分，公益诉讼的法律技术、法律方法需要全面提高。在公益诉讼的人员培训、经验交流、工作指导等方面，各基层、中级人民法院虽然是负责裁判这类案件的法院，但这方面的专业培训很少，法官对公益诉讼专业知识的理解也很有限。此外，公益诉讼专业律师也很少，也限制了律师提供公益诉讼的专业能力。

建议做好法律专业知识培训，提高专业诉讼能力。一是全国法院系统、检察机关系统应该针对具体工作机构（如环保法庭、民行检察部门）、工作人员开展公益诉讼法律与司法实务培训工作；二是为法律规定的机关和有关组织专项指导提起公益诉讼的相关法律事项；三是司法行政机关及律师协会对律师从事公益诉讼代理、协助等法律事务工作进行引导；四是机关及有关组织之间构建常态化的交流机制。

（五）配套实施细则应予完善

目前，公益诉讼在起诉主体、适用范围、立案标准、案件管辖等诸多方面都还缺乏必要的细则与程序。这会导致把一些公益诉讼案件挡在法院门外，形成有法可依、无法受理的尴尬局面。如2013年自然之友和自然大学两家环保组织联合诉中国神华煤制油化工有限公司、中国神华煤制油化工公司鄂尔多斯煤制油分公司案，北京市东城区人民法院电话告知律师“不予立案”的理由是：虽然《民事诉讼法》第55条有规定，但究竟什么样的组织才能提起公益诉讼，目前尚无司法解释，导致人民法院裁判标准不统一。[①] 所以，应当根据当前公益诉讼实践发展的需求，及时从诉讼的主体、范围、标准、管辖等方面制定配套的实施细则，推动我国公益诉讼法律制度的不断完善。

① 李叶：《潍坊地下水污染续：排污口封堵　公益诉讼不予立案》，2013年7月17日，人民网，http：//www.people.com.cn/。

B.12

社区矫正人员权利保障

吕 涛*

摘 要：

社区矫正作为一种新型的非监禁刑罚执行方式，在中国已经从试点改革走向全面推行，并逐步实现专业化、正规化和规范化。中国社区矫正制度的程序设计体现了在打击犯罪的同时注重保障人权的思路。随着社区矫正功能从惩戒型向教育型转变，社区矫正方式也从监管型向社工型转变，社区矫正人员的生存权得到制度保障，人格权受到法律尊重，而劳动权有赖政策支持，受教育权有待社会关注，同时其他权利保障也在逐步完善。从总体上看，社区矫正人员权利虽有一定程度的制度保障，却不够具体、完整，不同类型矫正人员的权利区分不够；特殊对象的权利保障还有待进一步加强。本文基于对中国社区矫正制度发展历程的考察，结合各地制度建设与实践经验，总结了当前中国社区矫正人员权利保障概况，分析中国社区矫正人员权利保障中存在的问题，提出了一些可操作性的建议，期望对中国社区矫正工作以及社区矫正人员权利保障事业有所裨益。

关键词：

社区矫正　权利保障

一　新中国非监禁刑罚执行方式的人性化变革

非监禁刑罚执行是对罪行较轻、主观恶性较小、社会危害性不大或者经过

* 吕涛，云南财经大学副教授，硕士研究生导师，现在云南省公安厅挂职。

监管改造、确有悔改表现、不致再危害社会的犯罪人所采取的人性化刑罚执行方式。作为一种与国际接轨的新型刑罚执行观念与实践，非监禁刑罚执行方式在中国起步较晚，但发展较快。改革开放以来，中国社会全面发展，思想观念快速更新，制度设计逐步优化，社会的变迁极大地推动了刑罚执行制度的变革。一方面，非监禁刑罚执行从单纯的实体法方式向程序法方式拓展①；另一方面，以社区矫正为代表的新型刑罚执行方式逐步成型并日益规范，充分体现出新中国非监禁刑罚执行方式的人性化变革。

（一）行刑社会化渐成制度

客观上，剥夺犯罪人自由的监禁刑固然能体现刑罚的惩戒价值，但也会使犯罪人疏离社会，甚至为社会所排斥，难以彰显刑罚的改造价值。随着中国人权事业的不断发展，行刑社会化理念得到了国家的重视，并通过立法、司法、执法机构的一系列实践活动逐步实现制度化。中国行刑社会化实践的基本思路就是通过改善刑罚执行方法，充分利用各类社会资源，避免和克服监禁刑存在的某些弊端，拓展犯罪人、行刑机关与社会的互动关系，塑造犯罪人符合社会正常生活的信念、人格以及行为，促成罪犯顺利回归社会，最终实现充分尊重与保障人权，使刑罚执行服务于犯罪人再社会化的目标。

中国行刑社会化实践近十年来逐步规范，并呈现制度化趋势。2003 年 7 月，最高人民法院、最高人民检察院、公安部、司法部联合下发了《关于开展社区矫正试点工作的通知》，确定北京、天津、上海、江苏、浙江、山东等省区开展社区矫正试点工作。当时社区矫正试点工作的适用对象为《中华人民共和国刑法》《中华人民共和国刑事诉讼法》规定的被判处管制、宣告缓刑、裁定假释、暂予监外执行以及被剥夺政治权利并在社会上服刑的罪犯。从 2005 年起，社区矫正试点由首批 6 省区增加了河北、内蒙古、黑龙江、安徽、湖北、湖南、广东、广西、海南、四川、贵州、重庆等 12 个省区，加上首批试点地区，涉及 18 个省级行政区域，覆盖了中国过半人口及地域。2011 年，

① 本文所称实体法方式是指由刑法典直接规定的非监禁刑罚及其具体应用方式，主要包括管制、单处剥夺政治权利等刑罚方法以及缓刑、假释等刑罚的具体应用方式；程序法方式则是指由刑事诉讼法及相关法律制度规定的非监禁刑罚执行方式，主要是指暂予监外执行。

《刑法修正案（八）》首次将社区矫正写进刑法典，明确规定对被判处管制、宣告缓刑、裁定假释的犯罪分子依法实行社区矫正，这意味着社区矫正作为一项法律制度在全国全面实施。2012 年 1 月 10 日，最高人民法院、最高人民检察院、公安部、司法部联合印发《社区矫正实施办法》的通知，规定司法行政机关负责指导管理、组织实施社区矫正工作；人民法院对符合社区矫正适用条件的被告人、罪犯依法做出判决、裁定或者决定；人民检察院对社区矫正各执法环节依法实行法律监督；公安机关对违反治安管理规定和重新犯罪的社区服刑人员及时依法处理。《社区矫正实施办法》还具体规定了县级社区矫正工作机构、参与人员的权限，同时根据《中华人民共和国刑事诉讼法》，把暂予监外执行的社区服刑人员正式纳入社区矫正工作对象范畴。至此，以社区矫正为代表的中国行刑社会化实践开始形成制度。2013 年 11 月 12 日中共十八届三中全会通过的《中共中央关于全面深化改革若干重大问题的决定》明确提出要“废止劳动教养制度，完善对违法犯罪行为的惩治和矫正法律，健全社区矫正制度”，更进一步明确了我国行刑社会化实践的重点方向。从相关统计数据来看，以社区矫正为代表的行刑社会化实践已经形成规模，并取得了显著社会效果（见表 1）。

表 1　社区矫正试点 10 年来相关数据统计

单位：万人，%

累计接收人数	累计解除矫正人数	现有社区服刑人员	社区矫正人员再犯罪率	2004 年前刑释人员再犯罪率
166.5	100.7	65.8	0.2	8

资料来源：据司法部负责同志就社区矫正工作答记者问，数据截至 2013 年 10 月底。司法部网站，http://www.moj.gov.cn/index/content/2013-12/11/content_5105940_2.htm；人民网，http://www.people.com.cn/GB/shizheng/1026/2943771.html。

事实上，行刑社会化理论研究和实践探索还将有助于进一步推进中国特色刑罚执行制度的发展。随着中国改革不断深化和社会全面发展，刑事法律制度与政策也将持续变迁，在严厉惩处严重犯罪的同时，不断探索并完善刑罚执行过程中的人权保障将是长期任务。

（二）社区矫正实践逐步深入

经过十多年探索，2013 年前后，相关政策相继出台，中国社区矫正实践开始步入制度化轨道，形成了人民法院、人民检察院、公安机关、司法行政机关分工负责，密切配合，各基层团体、社会团体、社会工作者、志愿者广泛参与，有关部门、村（居）民委员会、社区民警、社区矫正人员所在单位、就读学校、家庭成员或监护人、保证人积极协助的社区矫正实施体制。实践中，社区矫正人员的权利既有了一定的实体法保障，也有了明确的程序法保障。

1. 社区矫正功能从惩戒型向教育型转变

最高人民法院、最高人民检察院、公安部、司法部在《关于开展社区矫正试点工作的通知》中将社区矫正的任务定位为：（1）按照我国刑法、刑事诉讼法等有关法律、法规和规章的规定，加强对社区服刑人员的管理和监督，确保刑罚的顺利实施；（2）通过多种形式，加强对社区服刑人员的思想教育、法制教育、社会公德教育，矫正其不良心理和行为，使他们悔过自新，弃恶从善，成为守法公民；（3）帮助社区服刑人员解决在就业、生活、法律、心理等方面遇到的困难和问题，以利于他们顺利适应社会生活。① 由于《通知》首先强调社区矫正制度的刑罚执行性质，突出了惩戒型功能，长期以来，各省区社区矫正工作实践也是较为注重对矫正人员的管理和监督，相对轻视教育和帮扶，使社区矫正的功能被单一化理解和执行。

随着中国社会全面进步，社区矫正制度得到不断完善，社区矫正逐步由惩戒型向教育型转变。在《中共中央关于全面深化改革若干重大问题的决定》的指引下，全国各地按照《社区矫正实施办法》的具体规定，积极探索社区矫正新机制，并不断完善实施。2013 年，北京市大兴区作为首批社区矫正工作试点地区，已形成一套较为完备的社区矫正工作模式，即在市司法局、区委区政府的指导下，由区司法局具体领导的依托基层司法所、两个矫正组织、三支矫正队伍外加社区 N 个社会志愿人员协助搭建起来的“1 +2 +3 +N”体制，在规范社区矫正实施程序的同时，突出社区矫正的教育引导功能。② 2012

① 参阅《关于开展社区矫正试点工作的通知》。

② 其中，“两个矫正组织”是指负责社区矫正协管员队伍协调管理的大兴区阳光社区矫正服务中心和专门负责社区服刑人员初始教育、公益劳动、心理矫治和过渡性安置的大兴区阳光中途之家。《北京市大兴区司法局社区矫正引入专业社会工作》，司法部网站，http://www.moj.gov.cn/sqjzbgs/content/2013 -03/14/content_ 4275045.htm? node =30093。

年以来，上海市浦东新区司法局在惠南镇和周家渡街道建成两个社区矫正中心，通过加强入矫教育、定期集中开展专题教育、科学分类教育等一系列措施强化教育，提升社区矫正教育的引导功能。[①] 广东省司法行政部门为加强社区矫正人员接受教育学习的自觉性和主动性，探索拓宽教育渠道，尝试创新矫正教育，在原来被动接受集中教育和个别教育的基础上，积极推行以人文教育为主题的自我教育模式。[②] 云南省在编制《社区矫正教育矫正大纲》的基础上，结合实际，把教育引导和帮扶解困结合起来，建立起由心理专家、心理咨询师、社会工作者及志愿者等组成的心理矫正工作队伍，指导、参与司法所开展心理矫正工作，加强对社区矫正人员的思想教育、法制教育、社会公德教育，促进他们回归社会。

2. 社区矫正方式从监管型向社工型转变[③]

中国的社区矫正试点工作强调管理、教育和改造并重，事实上，管理与改造长期以来都是社区矫正工作的重点任务。《关于开展社区矫正试点工作的通知》详细规定了公、检、法、司各机关的职能与任务，特别要求公安机关对违反监督、考察规定的社区服刑人员，根据具体情况依法采取必要措施。相较而言，《通知》对于社区矫正实施流程以及社会力量参与社区矫正的方式规定得不够具体，试点区域的实践探索在这两方面也难有明显突破。可见，近十年来，中国的社区矫正试点工作仍然属于监管型非监禁刑罚执行方式。

但随着中国社会全面发展，社区矫正制度逐步完善，社区矫正工作也由最开始单纯的他律改造逐步向他律与自律管理相结合的人性化方向转变。2012年出台的《社区矫正实施办法》简化了公、检、法、司各机构的职责规定，明确了各管理机关、社会力量组织与参与社区矫正的方式，细化了社区矫正实施流程，更重点针对未成年人的社区矫正提出应当遵循教育、感化、挽救的方针并做出详尽规定。实践中，全国各地社区矫正工作人员的专业性和整体文化

① 《上海浦东新区司法局大力加强社区矫正中心功能建设》，司法部网站，http：//www. moj. gov. cn/sqjzbgs/content/2013 －07/01/content_ 4604553. htm？ node =30093。

② 《转变思路拓宽渠道　创新矫正教育》，航头镇人民政府网站，http：//hangtou. pudong. gov. cn/pd_ htzzf_ htxw_ ywsd/2013 －09 －06/Detail_ 487576. htm。

③ 社会工作是以“助人自助”为宗旨的专业学科，也是一种专门帮助人和解决社会问题的职业活动。社会工作者参与社区矫正实践有助于方法创新以及保障人权，并实现与国际接轨。

素质虽有地区差异，但总体上正在不断地提高和完善。尤其是具体实施与参与社区矫正工作的司法所工作人员、社会工作者以及相关社会团体正在逐步应用社会工作专业方法开展工作，促进了社区矫正工作人员向职业化、专业化方向发展。2013 年，各省区相继出台《社区矫正实施细则》，基本上都明确要求社会工作者、心理咨询专家等参与社区矫正，并在工作程序中普遍采用调查评估、小组工作等社会工作方法与手段，特别是对未成年人实行社区矫正要更加注重心理辅导与感化教育。云南省昆明市就通过整合社会资源，试行“合适成年人”参与“未成年人司法救助”的盘龙模式，北京、上海等地也以类似模式探索推行针对未成年人的社区矫正方式。山东、浙江、江苏、湖南等地已经建章立制，加强与有关部门的协调力度，帮助符合条件的社区矫正人员申请落实低保和临时救助，并协调有关部门开展职业培训和就业指导。各地的相关法制建设与实践体现了中国社区矫正方式从监管型向社工型转变。

值得注意的是，自 2013 年始，全国各地全面执行《最高人民法院关于办理减刑、假释案件具体应用法律若干问题的规定》，对于获刑官员的减刑、假释以及保外就医（暂予监外执行）工作逐步规范起来，但其中假释、保外就医人员基本上仍未纳入社区矫正，这不仅容易激发民怨，也不利于此类人员的社会化改造。

二　当前中国社区矫正人员权利保障概况

中国社区矫正工作已经从试点改革走向全面推行，并逐步实现专业化、正规化和规范化。而 2011 年《刑法修正案（八）》以及 2012 年《社区矫正实施办法》的相继出台，更让社区矫正从一项工作机制转化为相对完善的刑罚执行措施。中国社区矫正制度的程序设计体现了在打击犯罪的同时注重保障人权的思路，政府各相关部门也从不同角度跟进并支撑社区矫正制度的人性化发展，如民政系统在落实社会工作职业化过程中就提出了对社区矫正人员适用社会工作的具体方式。事实上，社区矫正人员权利能否实现不仅是社区矫正工作的重心之一，更关系到社区矫正的功能能否实现。[①] 从当前法律规定来看，我

---

① 刘宝清、祝涛：《试论社区矫正人员权利保护的检察监督》，《法制与经济》2011 年第 10 期。

国社区矫正人员享有的基本权利主要体现在四个方面：一是生存发展方面的权利；二是人身自由方面的权利；三是政治方面的权利；四是诉愿权利。而实践的重点在于对矫正人员生存权、人格权、劳动权以及受教育权的保障。

（一）生存权得到制度保障

在中国现行法律制度语境下，广义的生存权包括生命安全、人身自由、人格尊严以及财产保障等权利。狭义的生存权主要是指生命安全权，又可以具体分为健康保障、基本生活保障等权利。2004 年《中华人民共和国宪法修正案》的通过使得我国保障生存权之社会救助制度有了坚实的宪法基石，其中第 23 条规定“国家建立健全同经济发展水平相适应的社会保障制度”；第 24 条规定“国家尊重和保障人权”。随后，《劳动法》《社会保险法》等法律对生存权的具体保护做了更加细致的规定，从而形成了中国公民生存权保障的法律框架。

实践中，对于社区矫正人员的生存权的保障主要体现在基本生活保障方面。由于身份、生活状态及经历的特殊性，社区矫正人员多半面临生活困境，对其帮扶需要体现更多的专业性。2012 年 11 月 14 日，民政部、财政部联合印发《关于政府购买社会工作服务的指导意见》，要求“实施特殊群体社会关爱计划，帮助……社区矫正人员、服刑人员、刑释解教人员等特殊人群纠正行为偏差、缓解生活困难……”《指导意见》指出了社会工作服务支持的重点领域，即主要实施面对城市流动人口的社会融入计划，面对农村留守人员的社会保护计划，面对老年人、残疾人的社会照顾计划，面对包括社区矫正人员的特殊群体的社会关爱计划和面对受灾群众的生活重建计划。实践证明，通过政府购买社会工作服务，使社会工作者稳定、持续、深入地参与社区矫正，对于落实《刑法》《社区矫正实施办法》的相关规定与要求以及各地《社区矫正实施细则》的程序性安排具有显著的配套与支撑价值。依托法律制度保障，各地司法行政机关在对家庭经济困难的矫正人员进行生活救助的基础上，根据社区矫正人员的实际需要，协调有关部门和单位，帮助符合规定的社区矫正人员纳入城镇（农村）低保，同时开展职业培训和就业指导，帮助其全面落实相关社会保障措施。对于已解除社区矫正的人员，一些地方司法行政机关也将其纳入了安置帮教工作的范围。

（二）人格权受到法律尊重

中国法律语境中的人格权也有广义与狭义之分。广义的人格权包括一般人格权和具体人格权，前者可以具体化为人格平等、人格独立、人格自由及人格尊严四方面，后者则可具体化为姓名权、肖像权、自由权、名誉权、隐私权等。狭义的人格权主要是指人格平等，并涉及尊严、名誉、隐私等方面的权利。尽管表述方式不同，但人格权保护一直是中国民事法律的主要原则，《民法通则》第 98 ~ 103 条就在“人身权”标题下规定了具体的人格权利，而《物权法》《侵权责任法》《婚姻法》《继承法》则从不同领域夯实了人格权的保障内容。

对特殊主体人格权益的特殊保护是实现人格权实质平等的必要途径。2013 年，各省区相继出台《社区矫正实施细则》以及《社区服刑人员考核奖惩办法》，在加强对社区矫正人员的监督管理和教育矫正的同时，明确了对社区矫正人员人格权的保护。如在社区矫正执行流程第一步即应告知矫正对象的权利与义务，并按人手一份发放《权利义务须知》；在“调查评估”阶段引入回避制度，在涉及未成年人、公民隐私等不宜公开内容的调查中遵循保密原则；在考核奖惩时，按照公平、公开、公正的原则，做到事实清楚、证据充分、依据明确，接受人民检察院和社会的监督；在建立社区矫正执行档案的同时，建立未成年人轻罪犯罪记录封存制度；在执法监督方面，坚持认真听取和妥善处理社区矫正人员反映的问题，依法维护其合法权益（见图 1）。① 实践中，对于被判处管制、剥夺政治权利，被宣告缓刑或者被裁定假释，被决定暂予监外执行（包括保外就医）的社区矫正人员，其人格权及延伸权利保护有了统一的法律规定。② 事实上，各地《社区矫正实施细则》一般都规定未满 18 周岁、已满 60 周岁等特殊矫正对象经县（市、区）司法行政机关批准可以不参加社区服务，较突出地体现了人格权保

① 参阅各省区《社区矫正实施细则》。

② 根据宪法、刑法以及刑事诉讼法相关规定，社区矫正对象享有下列权利：（1）人格不受侮辱；（2）人身安全和合法财产不受侵犯；（3）享有辩护、申诉、控告、检举以及其他未被依法剥夺限制的权利。

护。另外，全国司法系统已经实施的标准化社区矫正执行流程还要求根据矫正对象的具体情况制订矫正方案，签订矫正协议，因人帮教等。可见在实践层面，社区矫正人员的人格权及延伸权利不仅受到法律的尊重，也得到了社区矫正工作人员的普遍认可与自觉保障。

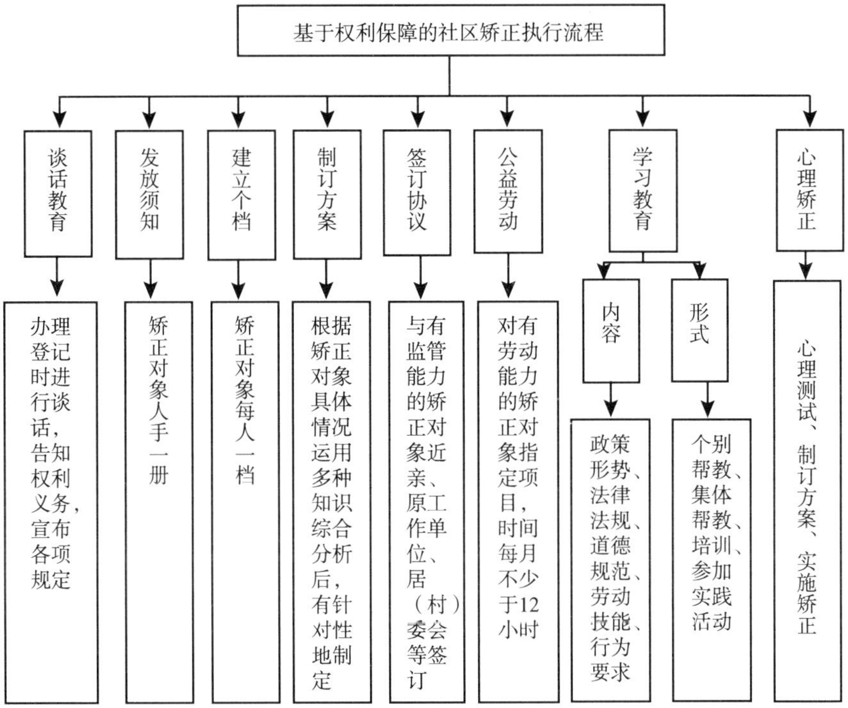

图1　基于权利保障的社区矫正执行流程

（三）劳动权有赖政策支持

劳动权是人权的重要组成部分，并且是获得生存权的必要条件。本报告所称劳动权也应从两方面加以理解。广义的劳动权包括工作权、报酬权、休息权、职业安全权、职业培训权、民主管理权、劳动者结社权等。狭义的劳动权主要是指工作（就业）权，并涉及报酬、休息、职业培训等方面权利。根据中国《宪法》《劳动法》及其他相关法律法规的规定，劳动既是有劳动能力公民的权利，也是其义务。劳动权的双重性质要求就业作为其基本载体，所以就业权就成为劳动权的直接延伸权利。

社区矫正人员的特殊身份决定了其就业权的特殊性，在社区矫正试点以来一段较长时期内，有关法律法规对社区矫正人员的就业资格进行了一些限制，如根据《企业法人法定代表人登记管理规定》的规定，社区矫正人员不具有担任法定代表人的资格；根据《公司法》的规定，特定的社区矫正人员不具有担任公司董事、经理和监事的资格；根据“两部两院”《关于依法加强对管制、剥夺政治权利、缓刑、假释和监外执行服刑人监督考察工作的通知》的规定，社区矫正人员的外出经商权受到限制。值得欣慰的是，新近出台的《个体工商户条例》取消了长期以来对特殊身份人员的准入限制，这意味着社区矫正人员也能够享有个体工商经营权。另外，社区矫正人员的劳动力素质一般不高，加之社会对其仍然存在歧视，其就业率不高，进而引发或加剧其家庭经济困难。鉴于此，很多地方将帮助社区矫正人员重新就业作为工作重点，制定一系列政策落实《宪法》《劳动法》的要求，同时也弥补了相关法律制度的不足。2012 年底，北京市司法局联合市财政局、民政局、人力资源和社会保障局、住房和城乡建设委（房管局）和红十字会出台《关于进一步加强社区矫正人员就业与社会保障工作的意见》，要求制订就业帮扶计划，开展免费技能培训工作，积极推荐创业项目，推进过渡性就业基地建设，拓宽社区矫正人员就业渠道，并对提供社区矫正人员就业岗位的用人单位或就业基地实行补贴政策。上海市制定了政府对社区矫正人员的职业技能培训给予经费支持的政策以及鼓励社区矫正人员自主创业的政策，上海市社区矫正工作办公室每年都会联合上海市劳动局、上海市新航社区服务总站、上海市社会帮教志愿者协会以及相关用人单位在各区县组织社区矫正人员专场招聘会，为社区矫正人员创造就业机会，并为吸纳一定比例的社区矫正人员的用人单位提供税收优惠政策。山东、江苏、浙江、福建、重庆等经济相对发达地区近年来也制定了类似政策，切实推动了社区矫正人员就业权利的落实。

值得注意的是，我国社区矫正人员的就业权利往往是在缺乏法律具体保障的情况下，依赖政策（主要是地方政策）的支持才得以落实的，这样的保障缺乏统一性与稳定性。

（四）受教育权有待社会关注

受教育权同样属于基本人权，是指公民所享有的由国家保障实现的接受教育的权利，是宪法赋予的一项基本权利，也是公民享受其他文化教育的前提和基础。有关社区矫正人员的受教育权，主要表现为三种具体情形：一是未成年社区矫正人员的受教育权；二是社区矫正人员未成年子女的受教育权；三是成年社区矫正人员的受教育权。

关于未成年社区矫正人员的受教育权，《社区矫正实施办法》以及各地《社区矫正实施细则》都明确规定应当协调有关部门为未成年社区矫正人员就学、就业等提供帮助，但是在实践中，帮助的落实还有待政府有关部门的切实配合以及社会组织的积极参与。

关于社区矫正人员未成年子女的受教育权，各地政策体现了人性关怀。如上海市社区矫正工作办公室就曾发布《关于开展社区服刑人员未成年子女关爱行动的通知》，将社区矫正人员未成年子女的帮困列入日常工作，通过学杂费减免、结对义务家教、赠送生活和学习用品、组织文娱活动和社会活动、开展心理健康辅导等形式进行帮扶。[①] 而浙江省宁波市建立了服刑人员未成年子女帮扶常态化工作机制，及时为每一名服刑在教人员未成年子女建立专门的档案，对结对的服刑在教人员未成年子女进行回访，鼓励其正确对待处理各种社会关系。通过走访慰问，促进社区矫正人员和刑释解教人员子女的健康成长，同时对感化挽救罪犯也起着重要的积极作用。[②]

关于成年社区矫正人员的受教育权，各地均面临改造教育、素质教育与技能教育的选择难题。社区矫正人员往往在思想意识、道德素质、文化技能等方面存在一定的缺陷，为了帮助这一“弱势群体”更好地实现受教育的权利，各地社区矫正机关和矫正工作者不断探索多种教育形式，如充分利用全社会开放式的教育资源，对社区矫正人员进行思想文化教育、道德法制教育、劳动技

---

① 李光勇：《社区矫正人员帮扶现状、困境与对策调查研究》，《中国刑事法杂志》2013 年第 4 期。

② 《宁波市积极构建服刑人员未成年子女帮教机制》，深圳市司法局网站，http：//www. szsf. gov. cn/www/webInfo. do？ INFO_ ID = 671493&method = showInfoDetail。

能教育以及心理方面的矫治，以重新陶冶他们的情操，重塑他们的精神和灵魂，增强他们回归社会的能力。

值得注意的是，社区矫正人员的受教育权保障还未获得普遍的社会认同，甚至未受到足够的社会关注，社区民众的观念还有待进一步转变，社区矫正人员就学机制也尚未成为各地共同的制度设计内容。

（五）其他权利保障逐步完善

1. 财产权

根据我国《宪法》的规定，财产权是每位公民的一项宪法权利，当然也应该包括社区矫正人员在内，不管矫正人员因何种原因犯罪，虽依法被判处刑罚，但其私人财产权应当受到宪法的保护。同时，根据我国民事法律的规定，财产权也是公民的一项重要的民事权利，《社区矫正实施办法》第36条明确规定社区矫正人员的合法财产不受侵犯。任何随意侵占、破坏社区矫正人员合法财产的行为都要依法受到追究。①

2. 选举权和被选举权

未被剥夺政治权利的罪犯能否行使选举权？我国《宪法》和《选举法》对此问题没有明确规定。《全国人民代表大会常务委员会关于县级以下人民代表大会代表直接选举的若干规定》对没被剥夺政治权利的罪犯的选举权从制度上予以了肯定，社区矫正人员当然可以依法享有选举权利。实践中，社区矫正人员行使选举权的形式也是多样的：可以在选举日亲自参加选区选举，也可以在流动票箱投票，还可以书面委托有选举权的其他选民代为投票。同时，我国法律也没有明确否认社区矫正人员的被选举权，只是在一般情况下，鉴于社区矫正人员的行动仍然受到一定限制，难以真正行使被选举权。

3. 诉愿权

我国《宪法》规定，中国公民对于任何国家机关和国家工作人员，有提出批评和建议的权利；对于任何国家机关和国家工作人员的违法失职行为，有向有关国家机关提出申诉、控告或者检举的权利，但是不得捏造或者歪曲事实

---

① 卢方：《我国社区矫正对象权利之探析》，《河南司法警官职业学院学报》2013年第1期。

进行诬告陷害。社区矫正人员作为公民理应依法享有批评、建议、申诉、控告或者检举权，而且《社区矫正实施办法》还在保障上述权利的基础上，明确规定了辩护以及其他未被依法剥夺的或者限制的权利不受侵犯。司法工作人员应当认真听取和妥善处理社区矫正人员反映的意见和问题，依法维护其合法权益。在实践中，虽然社区矫正人员很少针对社区矫正机构及其工作人员行使诉愿权利，但就其他组织或个人侵犯社区矫正人员权利的问题，开始有了相应制度与机制帮助解决。

三　中国社区矫正人员权利保障中存在的问题

尽管中国的社区矫正工作取得了长足进步并已实现制度化，但就矫正人员的权利保障而言仍然存在一系列问题。总体来说，社区矫正人员权利有一定程度的制度保障，但不够具体、完整；不同类型矫正人员的权利区分不够，特殊对象的权利保障有待进一步加强。

（一）一般矫正人员的权利保障问题

所谓一般矫正人员，是指由《刑法》《刑事诉讼法》以及《社区矫正实施办法》等法律制度所直接规定的社区矫正人员，包括被判处管制的、被宣告缓刑的、被裁定假释的、被决定或批准暂予监外执行的等四类罪犯。其权利保障主要存在以下问题。

1. 缺乏统一制度与特定标准

我国《宪法》规定“中华人民共和国公民在法律面前一律平等”，“国家尊重和保障人权”，“任何公民享有宪法和法律规定的权利”。显然，社区矫正人员作为中华人民共和国公民应当享有基本人权以及法定权利。但社区矫正人员触犯了刑法，应当承担刑事责任，其权利的实现与保障会受到相关法律制度规定的限制。《刑法》《刑事诉讼法》《刑事诉讼法解释》《人民检察院刑事诉讼规则（试行）》中就明确规定了社区矫正人员必须遵守的义务，而较少规定如何保障其依法享有的基本权利。《社区矫正实施办法》虽然规定社区矫正人员的人身安全、合法财产和辩护、申诉、控告、检举以及其他未被剥夺或者限制的权利不受侵犯，社区矫正人员在就学、就业和享受社会保障方面不受歧视，但权利规定较为笼统，且还缺乏权利的实现途径与保障机制。事实上，我国现在还没有统一的人权保障法律制度，对于普通公民的基本人权的保障范围、保障标准、保障机制尚不统一、明确，更罔论特殊人群。而社区矫正人员的具体权利保障确实有其特殊性，在如何把握人身自由的尺度，如何体现政治权利，如何组织社区服务（包括是否有报酬），如何优化信息管理等问题上还有待制定有针对性的制度和措施。

2. 协同保障体系不健全

社区矫正人员权利的实现，不仅有赖司法行政、法院、检察院、公安等机关分工负责与密切配合，同时还有赖社会的协同保障。社区矫正人员在社区生活，除了和社区矫正工作人员接触外，更需要通过社会的良好政策、环境来融入社会，成为遵纪守法、自食其力的公民，尤其是需要社会各界在就业和教育方面的帮助，同时也需要社会消除对他们的偏见和歧视，以便更好地融入社会。但现行法律制度仅明确规定了相关机关以及监狱、看守所的职责，而没有明确规定有关社会主体（基层团体、社会团体、社会工作者、志愿者及单位、学校、家庭成员等）的参与方式和权责范围。实践中，对于社区矫正人员权利保障起关键作用的有关社会主体，或者难以介入社区矫正工作流程，或者难以把握权利保障的尺度。事实上，以社会工作应用为特点的新型社区矫正工作是与国际接轨的，更加注重矫正人员的权利保障，而社会力量的整合参与是成败的关键。

3. 法律监督机制不完善

根据《宪法》《人民检察院组织法》《监狱法》《刑事诉讼法》的相关规定，检察机关对社区矫正各执法环节依法实行法律监督。《社区矫正实施办法》第37条进一步规定：“人民检察院发现社区矫正执法活动违反法律和本办法规定的，可以区别情况提出口头纠正意见、制发纠正违法通知书或者检察建议书交付执行机关，执行机关应当及时纠正、整改，并将有关情况告知人民检察院。”但是受制于各种因素，检察机关在实践中难以发挥有效的监督作用，使得社区矫正人员权利受侵害时难以得到及时、有效救济。具体而言，一是法律监督适用依据不足。《社区矫正实施办法》及各地实施细则对如何认定社区矫正执法活动中的违法违规，如何保证检察机关适时掌握社区矫正执行动态等关键性具体问题未做规定，相关法律法规也不明确。二是法律监督方式简单。检察机关在行使法律监督权的过程中主要是通过常规检察方式展开，往往局限于对各种社区矫正执行文书的检查，方式过于简单，在实际过程中很难发现违法违规行为；即使能发现违法违规行为，只能提出口头纠正意见、制发纠正违法通知书或检察建议书，事实上缺乏足够的强制力。

4. 矫正机构以及工作人员的专业性不足

根据《社区矫正实施办法》的相关规定，县级司法行政机关社区矫正机构对社区矫正人员进行监督管理和教育帮助，司法所承担社区矫正日常工作；司法所应当为社区矫正人员确定专门的矫正小组，矫正小组由司法所工作人员担任组长，由社会工作者，志愿者，有关部门，村（居）民委员会，社区矫正人员所在单位、就读学校、家庭成员或者监护人、保证人等组成。上述人员中除社会工作者系专业人员外，其余人员一般都缺乏专业知识及技能训练，在对社区矫正人员的权利保障方式上或着重管理配合，或多依情感、道德行事。就司法所而言，其法律角色是社区矫正的监督者、管理者，然而其另外还承担大量的人民调解、法制宣传、法律服务、法律援助等事务性工作，这些工作与社区矫正工作的性质完全不同，司法所工作人员在不同角色的频繁转换中疲于奔命，难以真正发挥监督、管理乃至引导作用。就其他矫正工作人员而言，其法律定位是参与者和协助者，对于应由司法所制订的矫正方案以及有针对性的监管、教育和帮助措施往往缺乏发言权，事实上因缺乏专业性也确实容易感情用事。社区矫正具有刑罚性和社会化双重属性，这就要求社区矫正工作人员应当具备相应的素质，包含良好的政治素养、教育背景、专业知识以及专业训练。特别是在涉及社区矫正人员权利保障问题时，专业性更能凸显其价值。

（二）特殊矫正人员的权益保障问题

所谓特殊矫正人员，是指根据《刑事诉讼法》和《社区矫正实施办法》的相关规定或要求，适用社区矫正的未成年犯、老病残犯、罪轻初犯与过失犯等。其权利保障主要存在以下问题。

1. 生存权保障中的特殊性问题

因未成年人在年龄、心智上的不成熟，老病残犯在身体健康上的劣势，使得其生存权利更容易受到侵犯。罪轻的初犯以及过失犯虽主观恶性和社会危害不大，但是作为社区矫正人员，容易因受歧视而选择疏离社会。所以，针对未成年犯、老病残犯、罪轻的初犯与过失犯等特殊社区矫正人员的身心健康、基本生活保障以及人格的保护显得尤为重要。实践中，对于未成年犯的生存权利，已有法律制度的明确保障，但因社会协同不足，抚养、管教、心理辅导等措施落实不到位；对于老病残犯的生存权利，仅能根据《宪法》规定的获得物质帮助权予以保障，不仅保障标准与保障措施无法可依，而且社会帮扶也缺乏针对性；对于罪轻初犯与过失犯的生存权利，重点是人身自由权以及人格权的特殊保障，但现行社区矫正法律制度并未针对矫正人员的犯罪情节做出区分对待，容易打击罪轻初犯与过失犯回归社会的信心，不利于矫正效果的实现。

2. 发展权保障中的特殊性问题

社区矫正人员的发展权保障主要体现在两个方面：一是切实保障社区服刑人员享受教育、医疗和社会保障等公共服务；二是努力增强社区矫正人员参与政治、经济、文化、社会的全面进程。通过保障社区矫正人员积极、自由和有意义地参与社会发展并共享社会进步成果，切实落实其应享福利，是社区矫正工作深度开展的必然方向。对于特殊矫正人员，发展权保障应当体现现实价值。对于未成年社区矫正人员，受教育权保障至关重要，尽管已经有法律制度明确加以规定，但具体机制仍有待完善，而且针对性启发和教育方式明显欠缺；对于老病残社区矫正人员，医疗与生活保障更为迫切，如何帮助其落实普通公民所享有的一般性保障，实现矫、养并行仍是待解难题；对于罪轻初犯和过失犯，保障其适度参与社会事务尤为必要，但在现行法律制度下难以实现，同时，社会心理也有待转变。

值得关注的是，随着劳教制度的废止和工读教育制度的改革，社区矫正人员数量明显增多，结构日趋复杂。这不仅增大了社区矫正的工作量，而且也增加了社区矫正人员权利保障的难度，尤其是在特殊矫正人员的发展权保障方面将面临更多的新难题。

四 相关建议

基于我国社区矫正法律制度与实践工作的现状，针对社区矫正人员权利保障的经验及问题，本文提出以下建议。

（一）完善社区矫正人员权利保障制度

当前我国的社区矫正法律制度已经基本成型，对于矫正机构、矫正程序的规定比较具体，但对于社区矫正人员权利的规定仍较为笼统，保障措施不到位，没有形成保障机制。完善社区矫正人员权利保障制度需要从两方面着手：一方面应当继续完善现行法律制度，加强社区矫正人员权利保障的具体化规定；另一方面应当进一步制定《社区矫正人员权利保障工作指引》等专门的规范性文件，统一引导和规范各地的具体实践。

（二）加强矫正机构及其工作人员的专业性

社区矫正机构及其工作人员的专业性是社区矫正人员权利保障得以实现的基石，这种专业性不仅应当体现在方式方法上，更应当体现在理念上。因此，加强矫正机构及其工作人员的专业性也需要从两方面着手：一方面应当通过职业化建设形成专业性队伍，并不断提升职业能力；另一方面应当通过全面引入社会工作形成工作模式，实现理念与方法的专业化结合。

（三）构建特殊矫正人员的权益保障机制

特殊矫正人员的权益保障难题颇多并影响深远，对该类人员的合法权益的有效保障不仅有助于社区矫正工作质量全面提升，而且有助于加强社会认同，彰显良好的社会示范作用。构建特殊矫正人员的权益保障机制可以从三个方面着手：一是着力构建未成年社区矫正人员的教育保障机制，通过建立社会协同体系，切实践行未成年社区矫正人员的长期生存权与发展权；二是着力构建老病残社区矫正人员的基本生活保障机制，通过制订专项计划等方式，破解矫、养并行难题；三是着力构建罪轻初犯与过失犯的社会生活权利保障机制，通过拓展社会交流渠道等方式，鼓励其尽快回归社会。

（四）鼓励并规范社会组织参与社区矫正人员权利保障工作

《社区矫正实施办法》没有要求社会组织参与社区矫正工作，但各地《社区矫正实施细则》大多数规定了基层团体、社会团体等在司法行政机关的组织指导下参与社区矫正工作。这不仅是对矫正实践的客观反映，而且是对成功经验的理性总结。鼓励社会组织参与社区矫正人员权利保障工作对于完善社区矫正人员权利保障制度，加强矫正机构及其工作人员的专业性都有显著的支撑作用。要达到鼓励参与与规范运行的双重效果，可以从三方面着手：一是建立财政支持机制，为社会组织的参与工作提供资金保障；二是建立遴选机制，考察、评估并选择合适的社会组织；三是建立责权机制，确立社会组织的法律地位，并据以对其实施奖惩。另外，应当在鼓励并规范社会组织参与社区矫正人员权利保障工作的基础上，加强对各类社会资源的整合与综合利用，形成社会合力。

B.13

反家庭暴力与妇女权利保障

张晓玲　李思　王浩东*

摘　要：

家庭暴力，尤其是针对妇女的家庭暴力，本质上是一种发生在家庭生活领域的针对妇女的性别歧视，是两性不平等的重要表现，侵害了妇女的基本人权，是阻碍妇女发展的最重要的障碍之一。反对家庭暴力是保障妇女人权的必然要求，是实现性别平等目标的要求，也是保护家庭和儿童的必然要求。本报告研究了消除家庭暴力与保障妇女人权之间的关系，从立法、执法、司法以及公众认识等角度梳理我国反家庭暴力实践的发展过程，分析当前反家庭暴力救济机制中存在的问题，在此基础上提出了加强妇女人权保障的建议。

关键词：

反家庭暴力　妇女权利保障　立法建议

一　反家庭暴力与妇女人权保障

家庭暴力普遍存在于不同的国家、不同的社会阶层、不同的学历以及不同年龄的人群中。2013 年6 月20 日，世界卫生组织在分析汇总全球81 个国家和地区数据的基础上，发布了《针对女性暴力的全球及区域评估：伴侣暴力和

---

* 张晓玲，中共中央党校政治学法学教研部副主任，中共中央党校人权研究中心主任，教授、博士生导师，主要研究领域为人权法和妇女理论；李思，中共中央党校研究生院博士生，主要研究专业和方向是法理学、人权法；王浩东，中共中央党校研究生院硕士生，主要研究专业和方向是法理学、人权法。

非伴侣性暴力的现状及其健康影响》报告。报告显示：全球大约35%的妇女遭受过伴侣或非伴侣的暴力侵害，针对妇女的暴力行为已经成为全球普遍存在的卫生问题。①

（一）我国家庭暴力基本现状

在我国，家庭暴力已经发展成为一个严重的社会问题。2011年10月公布的《第三期中国妇女社会地位调查主要数据报告》显示，在全国2.7亿个家庭中，遭受过家庭暴力的妇女已高达30%，而在整个婚姻生活中曾遭受过配偶侮辱谩骂、殴打、限制人身自由、经济控制、强迫性生活等不同形式家庭暴力的女性占24.7%。其中，明确表示遭受过配偶殴打的比例为5.5%，农村和城镇分别为7.8%和3.1%，精神层面的“冷暴力”逐渐发展成为家庭暴力的主要表现形式。② 最高人民法院统计数据显示，我国涉及家庭暴力的故意杀人案件，占全部故意杀人案件的近10%。仅2007年，陕西省女子监狱中因家庭暴力犯故意杀人罪的妇女就有171人，占该监狱各类故意杀人犯罪总数的30.35%。③ 在2014年2月27日最高人民法院发布的十起司法干预家庭暴力典型案例中，有6起是民事案件，4起属于刑事案件。④ 此外，中国法学会反家暴网络的抽样调查显示，我国家庭暴力在普通人群中的发生率为34.7%。全国妇联权益部部长、全国妇联法律帮助中心主任蒋月娥曾表示，自2004年以来妇联系统受理的家庭暴力的投诉数量每年均达4万~5万件。⑤

一方面是不容乐观的家庭暴力现状；另一方面，随着普法工作的推进以及社会影视传媒作品的宣传，公众对家庭暴力危害的认识不断加深，学界与司法界也对反家庭暴力投入了更多的关注。近年来一些涉及家庭暴力的刑事、民事

---

① 数据来源于中国日报网，http：//www. chinadaily. com. cn/hqgj/jryw/2013 - 10 - 30/content_ 10462002. html，2013年10月30日。

② 《第三期中国妇女社会地位调查主要数据报告》，全国妇联、国家统计局，2011年10月21日。

③ 数据来源于新华网，http：//news. xinhuanet. com/legal/2014 - 02/27/c_ 119538708. htm，2014年2月27日。

④ 数据来源于凤凰网，http：//v. ifeng. com/news/society/2014002/01be0fa2 - 21d1 - 4e32 - 8b4d - 2ce214760ece. shtml。

⑤ 数据来源于中国新闻网，http：//www. chinanews. com/fz/2011/11 - 24/3482785. shtml，2011年11月24日。

案件在社会上产生了广泛的影响。

42 岁的李彦是四川省资阳市安岳县一名普通妇女。2008 年 8 月，李彦离婚。次年，她和一位名叫谭勇的男子结婚，谭勇曾有过两次失败的婚姻。李彦家人曾经反对他们结合，但李彦坚持和谭勇结婚。2010 年 11 月 3 日晚 12 时，谭勇喝了酒，用火药鸟枪打花生玩。李彦怕谭勇打到她，就劝阻他，两人随后发生争执，李彦用枪管击打谭勇头部，致其死亡。之后，李彦对死者进行分割、烹煮、抛尸。在案件审理过程中，李彦称谭勇对其曾实施家庭暴力。法院称，证明谭勇对李彦实施家庭暴力的证人均与李彦存在利害关系，证据不充分，家庭暴力事实无法认定。资阳市中院一审认为，李彦罪行极其严重，手段残忍，犯故意杀人罪，判处死刑立即执行，民事赔偿 3.4 万余元。李彦不服，上诉。2012 年 8 月，四川省高级人民法院认为，无证据证实李彦长期遭受家庭暴力，驳回上诉、维持原判。之后，最高人民法院核准李彦死刑。① 该案在审理过程中，引起了社会舆论与学界的广泛关注，2013 年 1 月 25 日各地律师、学者上百人联名向最高人民法院呼吁免除李彦死刑。因为我国目前仍没有一部专门的反家庭暴力法，家暴取证困难，家暴事实难以被认定。一方面，法院意见认为，李彦遭受家庭暴力事实无法认定，不构成免除或减轻刑罚的量刑情节；另一方面，庭审过程中有多个证人证言证实李彦曾遭受家庭暴力，李彦亦多次向社区组织、派出所寻求救助，李彦杀夫案发前 9 个月的李彦个人日记及照片也都曾记录其曾遭受家暴的事实。②

2011 年 8 月 31 日，疯狂英语创始人李阳的妻子李金（Kim）在微博曝光受伤的照片，称遭到李阳的家庭暴力。9 月 10 日，李阳在微博上正式回应之前的家暴传闻，称："我向 Kim 正式道歉，我对她实施了家庭暴力，造成了身体和心灵上的严重伤害，对孩子也产生了不良的影响。我也向所有人道歉，我将深刻反省我的行为。"同年 Kim 向法院提起了离婚请求。2013 年 2 月 3 日，法院认定李阳家庭暴力行为成立。法院判决：准予李阳和妻子李金（Kim）离

---

① 数据来源于东方早报，http://www.dfdaily.com/html/63/2013/1/29/938910.shtml，2013 年 1 月 29 日。

② 社会性别与发展网，http://www.china-gad.org/Infor/ShowArticle.asp? ArticleID = 17745，2013 年 1 月 30 日。

婚，三个女儿由李金抚养，李阳支付三个女儿抚养费每人每年10万元至18周岁，李阳向李金支付精神损害抚慰金5万元、财产折价款1200万元。此外，法院根据李金的申请，向李阳发出人身安全保护裁定，禁止李阳殴打、威胁李金。据了解，这是新《民事诉讼法》实施后，北京市法院发出的首个“人身保护令”。①

李彦杀夫案和李阳家暴案作为典型的家暴案例启示我们，当前中国反家庭暴力形势依然十分严峻，尤其是针对妇女的暴力，侵害妇女权利，破坏家庭，伤害儿童身心健康，危害社会安定，因此必须消除家庭暴力，帮助妇女在家庭生活中避免遭受身体和心理上的多重伤害，保障妇女的生命健康、人格尊严等基本人权得到实现。李彦杀夫案酿成的悲剧从根本上折射出我国反家庭暴力机制的不完善。我国至今没有一部专门的反家庭暴力法，导致我国没有形成完整、有效的反家暴司法机制。而我国反家暴基层司法实践薄弱，李彦多次寻求社区、公安等部门的救助无果，使公力救济失去了最后一次阻止悲剧发生的机会，导致家暴受害者诉诸极端的私力救济方式。在李阳离婚案件中，法院在充分认定李金遭受家暴事实的基础上做出公正判决，并对受害人发布人身保护令加以保护。有效的司法干预使得家暴施害者李阳付出了沉重代价，受害者Kim最终得以摆脱痛苦的婚姻生活。

这些活生生的案例表明，家庭暴力已经不是单纯的家事、小事，而是一个严重危害婚姻家庭关系、社会秩序稳定的社会问题，关系到公民人权保护、家庭关系和谐与国家文明进步。彻底有效地消除家庭暴力，从根本上还依赖救济渠道的拓宽以及公力救济机制的完善。

（二）反家庭暴力与保障妇女人权

政治哲学家马格利特曾在他的《正派社会》一书中这样写道，荣誉和羞辱在人类生活中占据核心的位置，前者是一种善，而后者是一种恶，在铲除恶与增进善之间存在严重的不对称关系，消除令人痛苦的恶要远比创造让人愉悦

① 数据来源于正义网，http：//news. jcrb. com/jxsw/201302/t20130203_ 1042673. html，2013年2月3日。

的善更为紧迫。而事关铲除一个时代的恶最为紧迫的问题是建立一个“制度上不羞辱任何人的社会”，这样的社会将是一个正派的、体面的社会。① 在家庭暴力面前，妇女被无尽的羞辱、身心的疼痛和无助包裹着，无法过一种体面的家庭生活，无法平等地发展、进步，社会的正义难以伸张。这般残酷的现实要求做出迫切、有效的反应，铲除家庭暴力，还妇女一个没有暴力的世界。

反对家庭暴力是保障妇女基本人权的必然要求。对妇女的暴力，是对妇女人权的侵犯和对妇女自信心、尊严的摧毁，是阻碍妇女发展进步的最重要的障碍之一。1995 年 9 月 15 日，第四次世界妇女大会通过的《行动纲领》明确指出：“对妇女的暴力行为阻碍实现平等、发展与和平的目标。对妇女的暴力行为破坏并妨碍或抵销妇女享有她们的人权和基本自由。所有国家都应关注并处理长期以来在对妇女的暴力行为方面未能给予保护和增进这些权利与自由的问题……暴力行为或暴力威胁，不论在家中或社区中发生，不论由国家施行或容忍，都会给妇女的生活带来恐惧和不安全感……对暴力行为的恐惧，包括对骚扰的恐惧，长期阻碍着妇女的流动性，限制了她们获得资源和参加基本活动的机会。”保障妇女人权必然要求消除家庭生活中发生的针对妇女的暴力行为，唯有一个没有暴力的家庭生活环境才能满足妇女对自由、生命健康、安全感和享受生活幸福等人权的需求。

反对家庭暴力是促进性别平等的客观要求。家庭暴力行为，尤其是针对妇女的家庭暴力行为，本质是对关乎妇女生存与发展的基本人权的一种否定，是妇女在家庭生活领域遭受严重性别歧视的重要体现。对妇女的暴力行为是历史上男女权利不平等关系的一种表现。家庭生活中男性与女性的不平等状态是制约女性获得充分自由发展的严重桎梏，不仅会消解宪法规定的男女平等原则的效力，阻碍妇女与男子平等地参与本国政治、社会、经济和文化生活，也将动摇人们对法治的信仰，侵蚀法治保障平等、自由的基石，最终将不利于两性的均衡发展和社会的和谐进步。

反对家庭暴力是保障家庭和睦、儿童身心获得健康发展的必然要求。家庭是社会的细胞成员，和谐家庭是和谐社会的基础，任何社会的繁荣都始终离不

① 周濂：《你永远都无法叫醒一个装睡的人》，中国人民大学出版社，2012，第 30 页。

开每个家庭的发展。家庭暴力行为，是严重侵害人身权利的行为，是对家庭正常机理的摧毁，不仅破坏了家庭内部的构成和运作机制，造成家庭成员关系的紧张和家庭秩序的紊乱，破坏家庭的和谐、健康，导致受害者心理和生理上受到双重的伤害，而且还往往容易造成恶性的违法犯罪案件。此外，一种充斥着争吵、扭打、虐待或冷漠的家庭生活环境还极容易给家庭中的儿童带来精神阴影，造成儿童心理扭曲、抑郁、缺乏爱等一系列精神疾病问题，不利于家庭生活的健康有序开展，不利于儿童的身心健康发展，反过来也必然制约社会的进步。

反对家庭暴力是构建文明、和谐社会的基本要求。一个文明的社会要求其成员在相互的社会交往中以非暴力的语言形态和行为方式理性地共处于同一个社会环境当中，这不仅有利于社会秩序的平稳发展，而且将有利于每个成员在社会中合理谋求对个人最有利的发展，改善社会成员的总体发展境遇，促进整体社会成员福利水平的提高。人们的生活始于家庭生活，家庭是社会的核心组成，社会文明程度的高低很大程度上取决于家庭文明程度的高低。消除家庭暴力行为，消除家庭成员间的冷漠、紧张、恐惧和敌对，构建文明、理性的家庭生活环境，将有利于加快社会文明、和谐发展的进程。

二　国际社会和我国对家庭暴力的认识

（一）什么是家庭暴力

什么是家庭暴力？如何认识家庭暴力？

1993 年 12 月 20 日联合国大会通过《消除对妇女的暴力行为宣言》第一次给“对妇女的暴力行为”下了定义，指出：“‘对妇女的暴力行为’一词系指对妇女造成或可能造成身心方面或性方面的伤害或痛苦的任何基于性别的暴力行为，包括威胁进行这类行为、强迫或任意剥夺自由，而不论其发生在公共生活还是私人生活中。”该宣言进一步指出，家庭暴力是“在家庭内发生的身心方面和性方面的暴力行为，包括殴打、家庭中对女童的性凌虐、因嫁妆引起的暴力行为、配偶强奸、阴蒂割除和其他有害于妇女的传统习俗、非配偶的暴力行为和与剥削有关的暴力行为”。该定义明确指出家庭暴力是人权问题，并进一步分析了家庭暴力的实质和危害，指出：“对妇女的暴力行为侵犯了妇女的人权和基本自由，也妨碍或否定了妇女享有这些人权和自由……对妇女的暴力行为是历史上男女权力不平等关系的一种表现，此种不平等关系造成了男子对妇女的支配地位和歧视现象，并妨碍了她们的充分发展……对妇女的暴力行为是严酷的社会机制之一，它迫使妇女陷入从属于男子的地位。”

该宣言的通过具有重要意义，促使国际社会对包含家庭暴力在内的各种针对妇女的暴力行为进行了更多的关注。

1995 年 9 月，在北京召开的联合国第四次世界妇女大会通过的《北京宣言》和《行动纲领》再次从人权高度认识家庭暴力，指出，家庭暴力是“家庭中发生的身心和性方面的暴力行为，包括殴打、对家庭中女孩的性凌虐、与嫁妆问题有关的暴力、配偶强奸、切割女性生殖器官和对妇女有害的其他传统习俗、非配偶的暴力行为以及与剥削有关的暴力行为”。

《北京宣言》和《行动纲领》把针对妇女的暴力作为各国政府关注的十二个重大关切领域之一，强调各国政府应采取综合措施预防和消除对妇女的暴力行为。

这两个重要文件提出了反对包括家庭暴力在内的一切对妇女的暴力行为的新要求。

联合国消除对妇女歧视委员会分别在 1989 年和 1992 年通过的第 12 号及第 19 号一般建议中扩大了基于性别的暴力范围，将针对妇女的家庭暴力和针对妇女的暴力列举为：“包括施加身体的、心理的或性的伤害或痛苦的行为、威胁施加此类行为、胁迫及其他剥夺自由的行为。”

1996 年，联合国人权委员会第 52 届会议制定了《联合国家庭暴力示范立法框架》，进一步指出了反对家庭暴力立法的目标，并为家庭暴力立法提供了框架上的指导：（1）遵循处理家庭暴力的国际准则；（2）认识到家庭暴力是发生在家庭或其他人际关系中针对妇女实施的特殊的性别暴力；（3）认识到家庭暴力构成了对个人和社会的一种严重的犯罪行为，家庭暴力不容谅解和容忍；（4）建立专门的法律来禁止在家庭和其他人际关系中对妇女施加暴力，保护此类暴力中的受害者，并阻止暴力的进一步发展；（5）开创一系列灵活快捷的救助措施（包括专门的家庭暴力立法，刑法和民法）来阻止妇女在家庭和其他人际关系中遭受侵扰和暴力，切实地保护暴力中的受害妇女；（6）确保在身体暴力、性暴力以及精神暴力的案件中的家庭暴力受害者获得最大力度的保护。

该文件提出了通过完善法律反对家庭暴力的新要求，指出家庭暴力是一种犯罪，提出对家庭暴力的非容忍政策，这为各国和地区制定反家庭暴力法提供了更具体的国际标准。上述国际人权文件从人权视角来认识家庭暴力问题，反映了国际社会在家庭暴力问题上达成的基本共识。

（二）家庭暴力的特征和分类

1. 家庭暴力的特征

家庭暴力可发生在婚姻家庭、未婚同居家庭和同性恋家庭中，也可以发生在夫妻间、伴侣间、父母子女间、兄弟姐妹间、祖孙间和家庭成员间。家庭暴力的手段既有作为的，也有不作为的；既有直接指向受害人的，也有间接指向受害人的；既有身体的，也有语言的。对受害人造成的损害有身体方面的、性方面的、精神和情感方面的，也有经济方面的。从程度上讲，对受害人造成任何损害和伤害都可列入家庭暴力的范畴。总体而言，家庭暴力的主要受害者是妇女。

归纳起来，家庭暴力主要具有以下特点。

（1）普遍性。国内外的研究表明，家庭暴力存在于不同的国家、不同的社会阶段、不同的民族、不同的地区、不同的职业、不同的学历以及不同年龄的人群中。可以说，它是人类社会普遍存在的一种性别不平等的现象。

（2）隐蔽性。由于家庭暴力多发生在亲密关系中，一般不为外人所知。一方面，施暴者顾及自己的形象，不想让外人知道；另一方面，受害妇女抱着“家丑不可外扬”的心态，认为挨打是一件很“羞耻”的事情，不到万不得已的时候，往往不会告诉别人。

（3）长期性和反复性。家庭暴力发生在长期共同生活的家庭成员之间，具有长期性和反复性。大多数受害妇女往往对家庭暴力采取一再的忍耐和沉默态度，结果使暴力变得更加频繁和严重。

（4）形式与后果多样性。[1] 家庭暴力的形式多样，身体暴力、精神暴力、性暴力和经济控制都是暴力的表现形式。家庭暴力的伤害后果也是多种多样的。女性在家庭中遭受暴力，往往导致身体上的伤害、心理上的恐惧、安全感的丧失、名誉的破坏、经济的拮据、终身的疾病等，家庭暴力还会影响孩子的健康成长，导致家庭破裂等。

（5）缺乏救助性。施暴者大多是家庭中的身强力壮者或者是家庭中经济地位具有优势者。当他们施暴时，很难有其他人在场，或者其他人很难进行有效的制止。亲戚、朋友甚至警察也多受到“清官难断家务事”的影响，认为家庭暴力是家庭内部的事情，外人不便参与。云南民族大学曾针对家庭暴力发生时受害者是否知道可走法律途径做过一份调查研究：回答知道的占56.1%，不知道的占43.9%；认为应当找司法机关的为10.2%，找村委会（居委会）的为9.1%，找妇联的为5.4%，找亲朋好友的为26.9%，自己忍受的占48.4%。[2] 研究表明，尽管半数以上的女性知道可以通过法律途径寻求保护，但实际选择使用公权力帮助的仅占一成，这就导致女性受到侵害时，显得孤立无援。

2. 家庭暴力的分类

家庭暴力有多种类型，可以从以下几个角度对其加以区别。

（1）从施暴者与受害者的相互关系角度，可分为夫妻之间的家庭暴力、父母子女之间的家庭暴力以及其他亲属之间的家庭暴力。

（2）从被侵犯的权益角度，家庭暴力可分为：

①侵害生命健康权的家庭暴力。对家庭成员的溺、弃、残害。所谓溺、弃，是指采用溺死、闷死、掐死、饿死等手段杀害家庭成员的行为；所谓残害，是指从肉体上进行摧残的行为，如冻饿，毒打，故意伤害肢体、器官等行为。另外，对施暴对象公然以施暴行为相威胁，表现为用语言对施暴对象威胁、恐吓其人身、财产安全，使对方产生恐惧的心理，造成受害者严重的精神损害的行为也是侵害受害人生命健康权的表现。

① 陈敏：《呐喊：中国女性反家庭暴力报告》，人民出版社，2007，第12～13页。

② 王俊、王东萌：《家庭暴力中女性以暴制暴的犯罪成因》，《云南民族大学学报》（哲学社会科学版）2012年1月版，第92页。

②侵害人身自由权的家庭暴力。表现为对弱者采取捆绑、非法拘禁、暴力威胁等手段限制家庭成员的人身自由。

③侵害人格权的家庭暴力。表现为对家庭成员采取罚跪、侮辱人格、强制超体力劳动等，更多地体现为精神上的损害或虐待。

④侵害婚姻自主权的家庭暴力。表现为对具有婚姻行为能力者使用暴力或以暴力相威胁的方式对待家庭成员的结婚或离婚问题。诸如，父母或其他长辈以暴力强行包办、干涉子女的婚事；子女以暴力或以暴力相威胁干涉父母的婚事等。

⑤侵害性权利的家庭暴力。妻子以及其他女性家庭成员的性权利具有不可侵犯性。违背妻子或其他女性家庭成员的意志，强行与妻子或其他女性家庭成员发生性行为或有性虐待行为，都是针对女性性权利的家庭暴力。

⑥侵害生育权和生育自由权的家庭暴力。暴力对象是已婚女性，施暴者一般为丈夫或夫家的其他家庭成员，如公婆、伯叔等。表现为有些人对不生育的或生育女孩的妇女百般刁难或施以暴力等。

⑦侵害财产权的家庭暴力。表现为损毁受害人财产或者利用财产进行控制的手段。

（3）从家庭暴力的表现形式角度，可分为身体暴力、精神暴力、性暴力。身体暴力包括所有对身体的攻击及限制行为，如殴打、推搡、禁闭、使用工具攻击等，后果通常会在受害者身上形成外伤，易于发现。精神暴力是家庭成员之间实施的经常性的侵犯他人人格尊严的不法行为，对家庭成员的精神折磨为精神暴力的常见形式。性暴力是故意攻击性器官，强迫发生性行为、性接触等，丈夫违背妻子意愿，强迫发生性关系是最常见的性暴力。①

三　我国反家庭暴力的实践

（一）我国反家庭暴力的立法实践

新中国成立以后，保障男女平等一直是我国的一项重要政策。1954 年新

① 陈敏：《呐喊：中国女性反家庭暴力报告》，人民出版社，2007，第 12～13 页。

中国第一部宪法第96条第1款规定："中华人民共和国妇女在政治的、经济的、文化的、社会的和家庭的生活各方面享有同男子平等的权利。"1975年宪法、1978年宪法以及1982年现行宪法重申了上述男女平等保护原则。我国现行宪法进一步明确规定："国家保护妇女的权利和利益"，"婚姻、家庭、母亲和儿童受国家的保护"，"禁止破坏婚姻自由，禁止虐待老人、妇女和儿童"。宪法的这些规定宣告了妇女的权利和尊严，是我国反家庭暴力的最高法律依据。

我国有关反家庭暴力的法律规定始于地方立法。1996年，湖南省长沙市出台了我国第一个反对家庭暴力的地方性政策《关于预防和制止家庭暴力的若干规定》。2000年3月，湖南省出台了全国第一部反家庭暴力的地方性法规《湖南省预防和制止家庭暴力的决议》，首次将家庭暴力定义为发生在家庭成员之间的，以殴打、捆绑、禁闭、残害或者其他手段对家庭成员从身体、精神、性等方面进行伤害和摧残的行为。2001年我国修改《中华人民共和国婚姻法》，首次以国家法律的形式对家庭暴力做出明确规定，使"家庭暴力"正式成为一个法律概念，为各地制定反家庭暴力的地方性法规提供了法律依据。将"禁止家庭暴力"奉为基本原则；在裁判离婚的法定理由中，将配偶一方"实施家庭暴力或虐待、遗弃家庭成员"，作为法院对夫妻感情确已破裂、调解无效的离婚案件做出准了离婚的法定理由之一；规定了对家庭暴力受害人的救助措施与施暴者的民事法律责任。2001年，最高人民法院发布《关于适用〈中华人民共和国婚姻法〉若干问题的解释（一）》，明确规定禁止家庭暴力，持续性、经常性的家庭暴力构成虐待，并规定了相应的家庭暴力救助措施和对施暴者的行政、刑事和民事处罚。该司法解释第28条规定："婚姻法第四十六条规定的'损害赔偿'包括物质损害赔偿和精神损害赔偿……"2005年8月我国修改《中华人民共和国妇女权益保障法》，进一步强调保障妇女人权的重要性和必要性，在反家庭暴力方面取得新突破，明确规定："禁止对妇女实施家庭暴力。国家采取措施，预防和制止家庭暴力。公安、民政、司法行政等部门以及城乡基层群众性自治组织、社会团体，应当在各自的职责范围内预防和制止家庭暴力，依法为受害妇女提供救助"；在家庭暴力法律责任承担方面，不再仅限于《婚姻法》规定的只有离婚时才能要求损害赔偿。2006年我国修改《中华人民共和国未成年人保护法》，以保护未成年人权益为价值导向，明确禁止对未成年人实施家庭暴力，在《婚姻法》和《妇女权益保障法》规定的基础上进一步拓宽了家庭暴力涉及的家庭成员范围，保障未成年人的合法权益。2008 年，全国妇联、中央宣传部、最高人民检察院、公安部、民政部、司法部、卫生部联合制定预防和制止家庭暴力的专门性文件《关于预防和制止家庭暴力的若干意见》，确立了多部门协作的工作机制，关注不同部门在反家暴事务处理上的协调、配合，呼吁全社会关注预防和制止家庭暴力，增强农村村委会和城市居委会、110 派出所以及妇联等社会组织的合力解决家庭暴力问题，为预防和制止家庭暴力进一步提供指导。2008 年 3 月，最高人民法院中国应用法学研究所发布法官办案的参考性指南《涉及家庭暴力案件审理指南》，全面阐述了家庭暴力的理论、审理家庭暴力案件的原则和要求、人身安全保护措施、证据、财产分割、子女抚养和探视、调解等问题，提出了适合审理家庭暴力的规范性要求，并在全国选择了 9 个基层法院作为指南的试点法院。试点法院在审理涉家暴的离婚案件时可以根据指南发布人身安全保护令，及时制止家庭暴力，保护家庭暴力的受害者。

2013 年 10 月 30 日，十二届全国人大常委会立法规划将反家庭暴力法列入“需要抓紧工作、条件成熟时提请审议”的法律草案项目，在总结反家庭暴力探索性立法实践经验的基础上，将统一的专门的反家庭暴力法正式纳入立法规划，这将为消除家庭暴力、充分实现妇女基本人权提供可靠的法律保障和制度基础。

到目前为止，从国家立法层面来看，我国已有《中华人民共和国婚姻法》《中华人民共和国妇女权益保障法》《中华人民共和国未成年人保护法》三部法律明确规定了家庭暴力问题。从地方立法层面来看，我国已有 28 个省区出台了预防和制止家庭暴力的专门性法规和规范性文件。在全国 31 个省区全部完成的修改《妇女权益保障法》实施办法中，也都有关于反家庭暴力的规定。[①] 此外，在《民法通则》《刑法》《继承法》《治安管理处罚法》等

① 《宋秀岩：全国妇联推动将反家庭暴力法列入全国人大立法规划》，2013 年 10 月 28 日，人民网，http：//acwf. people. com. cn/n/2013/1028/c99013 - 23349215. html。

法律法规中也有涉及反家庭暴力的规定，对预防和惩治家庭暴力发挥着重要作用。

由上可以看出，从2000年出台第一部反家庭暴力的地方性法规，到2013年十二届全国人大常委会将统一的反家庭暴力法纳入正式的立法规划，历时十多年，中国尝试的是一条由地方立法推动国家立法，国家立法反过来进一步指导地方立法的反家庭暴力立法实践道路。对家庭暴力做出规定的每一部法律在前一部法律的基础上都取得了不同程度的发展，从最初制定反家暴的地方性法规，到国家以基本法律的形式界定家庭暴力，再到专门性法律文件和各大部门法合力规定家庭暴力的惩治和预防措施，从禁止家庭暴力的原则性规定到预防和消除家庭暴力的具体对策，从关注家庭暴力的社会现实到将建立一部统一的反家庭暴力法正式纳入立法规划，体现的是一个全社会对家庭暴力认识不断深化、国家政府责任意识不断增强、人权研究和实践不断深入、国家法治建设不断成熟的发展过程，这为深入探索一部统一的、专门的反家庭暴力法的制定打下了坚实基础。

（二）我国反家庭暴力的司法干预和行政干预实践

反家庭暴力公力救济机制的三大法宝是立法干预、司法干预和行政干预。在实践中，司法干预和行政干预肩负着有效实施相关法律法规和积极探索反家庭暴力综合防治途径的艰巨任务。近年来，我国不断努力加强和创新司法、行政干预，在有效消除家庭暴力方面发挥了重要作用。

2012年8月31日，新修订的《民事诉讼法》在原有的财产保全制度之外新规定了一种“行为保全制度”，即“人身安全保护令”：曾遭受家庭暴力或正面临家庭暴力的妇女可向法院申请人身安全保护裁定，由法院在必要时发出人身安全保护令，禁止施暴者与受害者在一定时期内接触。保护令分为紧急保护令和长期保护令。紧急保护令有效期为15天，长期保护令有效期为3～6个月，确有必要并经分管副院长批准的，有效期可以延长至12个月。作为一种新的民事强制措施，人身保护令将对家庭暴力施暴者的事后惩罚转变为对受害者的事前保护，不仅能够有效中断正在进行的家庭暴力，给暴力受害者提供一个相对安全的临时庇护所，而且能够帮助受害者通过法律途径来救济自己的合法权益，这是国家公权力运用司法手段介入家庭暴力防治的新尝试，拓宽了当事人的权益保护范围，有利于保障妇女的基本人权。

最高人民法院《涉及家庭暴力婚姻案件审理指南》最早开始试行“人身保护令制度”。作为试点法院之一，无锡市崇安区人民法院从2008年至2013年11月已审理妇女诉称涉及家庭暴力婚姻案件77件，发送“人身安全保护民事裁定书”14份，还引入“反家暴专家委员会”为此类案件的定性提供专业评估意见，成立“家暴婚姻案件心理辅导室”安抚家暴受害者，并对确定涉及家庭暴力的离婚案件在财产分割时采取三七开原则，即将70%的财产判归家暴受害者，为反家暴司法实践做出了重要创新性努力。① 随后，为探索更好的反家暴方式，各地也都积极贯彻落实人身保护令制度。重庆市20个基层法院自2010年7月1日在全国率先试点涉及家庭暴力婚姻案件审理新规，遭受家庭暴力者可向法院申请“人身保护令”，② 重庆市高院出台了《关于开展涉家庭暴力婚姻案件审理试点工作的实施方案》和《关于开展涉家庭暴力婚姻案件人身安全保护裁定的程序规定》两个文件，为反家暴护航。2013年11月，武汉市中级人民法院披露，已向全市各级法院下发《关于开展人身安全保护裁定工作的暂行办法》。厦门市也出台了《关于预防和制止家庭暴力的决定》，城厢区法院推出“人身保护令”开创反家暴司法审判先河，强调各部门形成反家暴联动机制。“人身安全保护民事裁定”这项司法实践创新，正在成为各地应对家庭暴力、保护当事人权益的一柄利器，并为我国首部反家庭暴力法的制定提供有力的参考。

同时，家庭暴力防治正在逐步形成多部门联动合作机制，因此，要加强各部门的配合协作，促进反家庭暴力工作取得成效。2013年11月25日，浙江省温州市中级人民法院、市人民检察院、市公安局、市司法局、市妇女联合会五部门共同制定出台了《温州市家庭暴力告诫制度实施办法（试行）》，进一步完善了家庭暴力警情处置办法。公安机关在对违反法律、法规的轻微家庭暴

---

① 张建设：《江苏唯一“涉家暴婚姻案审理指南”应用试点》，2013年11月26日，扬子晚报网，http://www.yangtse.com/system/2013/11/26/019415975.shtml。

② 李国、刘涛：《重庆率先出台“人身保护令”反对家庭暴力》，2010年7月11日，中国在线，http://www.chinadaily.com.cn/dfpd/2010-07/11/content_10091295.htm。

力行为进行刑事追责前采取书面告诫的方式对当事人提出警告和训诫，对于防范家庭暴力进一步升级、保护公民人身安全具有积极作用。① 截至2013年11月底，贵州在全省建成为妇女服务的妇女维权合议庭、救助站、妇女庇护所等2800余个，在49个县设有“反家庭暴力庇护站”，全省共创建“平安家庭”877万户，“流动妇女平安之家”4886个，基层维权岗17312个，相关部门还启动了妇女信访代理制，探索出“幸福万家”矛盾调解工作室和妈妈调解小分队、“约访”制等经验，及时关注有关妇女儿童的重大突发事件，为遭受暴力侵害的妇女儿童提供法律及心理等方面的帮助。② 乌鲁木齐市达坂城区政法委、公安、教育、妇女联合会、卫生局等10个部门共同成立“反家庭暴力工作服务站”，推动多个部门反家暴的联动合作，为妇女儿童开辟一条绿色维权通道，切实做好家暴救助工作。③ 2005年全国妇联召开“全国妇联妇女维权公益服务热线12338、反家暴热线16838198全面开通电视电话会议”，在全国31个省区妇联组织全面开通了统一号码、统一规范的维权热线，为全国各地妇女提供专业、规范、权威的法律咨询和维权帮助。据统计，截至2007年9月，全国各级妇联推动法院建立“维权法庭”“维权合议庭”“反家暴合议庭”达3200多个；向法院推荐近8000名妇联干部担任人民陪审员；与司法行政部门联合建立妇女法律帮助机构、服务站点27000多个；与公安部门合作建立家庭暴力投诉站、报警点12000多个；与民政部门合作建立妇女庇护所、救助站400多个；推动卫生系统建立家庭暴力伤情鉴定中心350多个；与劳动和社会保障部门联合培训4600余名妇联干部，担任劳动保障法律监督员。④ 各级妇联在保障妇女人权、消除家庭暴力方面做出了重要贡献。2013年11月26日，全国妇联举行中澳项目国家级“家庭暴力危机干预中心”启动研讨会，提出成立我国首个家庭

---

① 《五部门共同出台告诫制度实施办法》，2013年11月27日，中国法院网，http：//www.chinacourt.org/index.php/article/detail/2013/11/id/1151413.shtml。

② 聂毅：《全省49个县成立“反家暴庇护站”》，2013年11月29日，贵州都市报，http：//dsb.gzdsw.com/html/2013-11/29/content_241269.htm。

③ 李涵之：《乌鲁木齐成立首家“反家庭暴力工作服务站”》，2013年11月28日，新疆日报，http：//xjrb.xjdaily.com/msms/986321.shtml。

④ 陈丽平：《顾秀莲：以机制建设为重点推进妇女维权》，2007年9月12日，法制网，http：//www.legaldaily.com.cn/zfzz/content/2007-09/12/content_1107214.htm。

暴力危机干预中心，发挥高校的专业优势和学科资源，组建多部门、多地域、跨学科的专家学者团队，整合各方面社会资源，搭建致力于我国家庭暴力危机干预服务和研究的平台。①

居民委员会、村民委员会等基层社会组织，110，妇联以及普通人民群众对反家庭暴力的社会参与也不断增强。随着权利意识的提高和观念的翻新，110、基层组织、妇联以及人民群众在调解他人家庭矛盾，防范家庭矛盾向家庭暴力升级，以及及时制止家庭暴力的发生方面起到了重要作用，为反家庭暴力法的制定提供了宝贵的实践经验。

四　完善我国反家庭暴力救济机制的建议

（一）我国反家庭暴力救济机制中存在的问题

不可否认，随着人权保护意识的提高、反家庭暴力专门立法的加快推进以及防治家庭暴力的司法与执法干预的不断完善，我国反家庭暴力实践取得了有目共睹的成效。但近年来不容乐观的社会现实和频发的家庭暴力案件仍然给我们敲响了警钟。那背后是一个又一个令人心痛的家庭悲剧。当暴力发生时，受害人起初会在公力救济与私力救济的选项中摇摆不定。公力救济是一棋定输赢但输赢前充满了未知的救命依靠，而私力救济是不计一切后果但是能简单直接摆脱暴力的方式。然而，在我国还没有形成完善、成熟的反家庭暴力机制前，立法缺失，司法薄弱，执法不明确，家暴受害者最后往往倾向于选择私力救济，导致家庭悲剧频频上演。究其具体原因，主要有以下几点。

第一，对家庭暴力的危害认识不足。在现实中，人们不能从人权角度认识家庭暴力及其危害性，往往将家庭暴力问题视为家务事，认为法律不应当干预。也有观点认为，现有的法律已经足够了，没有必要再制定专门的反家庭暴力法，担心公权力对私人领域干预过多。这些观念使得反家庭暴力专门立法难

① 南储鑫：《国家级“家庭暴力危机干预中心”启动》，2013 年 11 月 27 日，《中国妇女报》，http：//acwf. people. com. cn/BIG5/n/2013/1127/c99013 – 23670612. html。

度增加，延缓了专门法律的出台。目前公民达成的共识可能还仅停留在同意反对家庭暴力的层面上，但对于如何具体地反对家庭暴力，支持注入立法成本加强反家庭暴力的法律规制的意识还不够统一和深入，阻碍了反家庭暴力立法的发展。

第二，反家庭暴力立法缺乏动力支撑。立法活动的核心是法的制定活动，它是由专门的立法机关进行的一项法律职业活动，是社会现实发展到一定阶段要求法律进入干预和调整的必然结果，是国家通过以社会共同性意见为基础的法律对人的行为提出约束性要求的活动。作为外部条件的社会现状的发展，作为内部条件的立法成本效益问题的权衡，公民的同意和国家的支撑，是立法动力的重要组成部分。而在处于社会主义初级阶段并着重发展市场经济的当前中国，家庭暴力形势严峻，但反家庭暴力法的制定产生的主要是社会效益，不如那些能够直接产生经济效益的立法更容易受到市民社会和国家的重视和推崇。① 立法缺乏一定的动力支撑。

第三，现有的司法实践中家庭暴力的界定、取证、定罪量刑困难。家庭暴力的隐蔽性、长期性、形式后果多重性等特点，家庭暴力的多样化表现形式（肢体暴力、精神暴力、性暴力及经济暴力），家庭暴力主体范围的不易划定都使得界定家庭暴力、认定家庭暴力的发生和明确家庭暴力的构成要件变得十分困难，尤其是精神暴力及性暴力难以界定。我国刑法中未对“婚内强奸”做出明确规定，有些家庭暴力发生时当事人互相以暴制暴，这些问题给家庭暴力的界定带来困扰，也将严重影响家庭暴力的定罪量刑问题。同时，关于家庭暴力的主体范围，也还存在一定的争议，有人主张家庭暴力的主体限于家庭成员之间，而有人主张要将家庭暴力的主体范围扩大，指出家庭暴力不仅仅发生在家庭成员关系之间，也发生在同居关系以及前配偶关系之间。② 此外，证据制度也是反家庭暴力法制定过程中的一大难点问题。一方面，家庭暴力多发生在隐蔽的家庭环境中，不易为外界观察到；另一方面，当事人的证据意识薄弱，再加上保存证据的条件有限，使得当事人对家庭暴力举证困难，公权力机

① 高欣：《李明舜：反家暴立法的三重门》，2013 年 7 月 16 日，法治周末，http：//www. legalweekly. cn/index. php/Index/article/id/3137。

② 《反家暴立法：同居关系或前配偶关系亦保护》，2010 年 1 月 23 日，法律常识网，http：//china. findlaw. cn/falvchangshi/falvredian/fanjiatingbaoli/duice/5137. html。

关取证困难，法院证据认定困难，进而影响当事人通过法律途径有效实现权益的救济，也会影响法院在家暴案件中定罪量刑的问题。

第四，现行的反家庭暴力实践中政府责任不明确，没有形成国家和社会联动的反家暴机制。以“110”派出所和妇女救护站为例。由于《治安管理处罚法》中没有关于“反家庭暴力”的规定，“110”民警在接到有关家庭暴力的报案时，无法以“家庭暴力”的名义立案，多是以批评教育的方式做出处理，不利于案件依照法定程序得到有效处理，也不利于受害者的法定权益得到有效救济。各地设立的妇女救护站在妇女权益保护方面起到了一定的作用，但受救护站基础条件限制，妇女救护站接纳家庭暴力受害者的容量仍较有限，且救护站的法律地位以及职权限制使得救护站多数时候只能扮演临时庇护场所的角色，不能从根本上解决家庭暴力受害者的救助问题。为此，制定全国性家庭暴力防治法，是有效应对家庭暴力，解决现行法律不完善、相互不衔接、内容不周全等法律局限性的迫切需要。①

（二）完善反家庭暴力救济机制的建议

从我国家庭暴力的社会现实可以看出，阻止家庭暴力的肆虐以及消除因家庭暴力引发的悲剧，关键还在于救济渠道的拓宽以及公力救济机制的完善。完善立法，使反家庭暴力的救济有法可依，在法治的框架背景下有序、有效地进行。提高公众的法律意识，使受害人在暴力发生时勇于拿起法律的武器对抗暴力，保全生命和尊严，同时使旁观者也能积极参与到共同防治家庭暴力的发生和恶化的实践中。完善基层社区组织的管理，加强及时有效的执法干预，以及保障作为公民权利保护的最后一道屏障——司法守护正义、秉公裁判，使公力救济机制充分发挥作用，成为帮助妇女摆脱黑暗的暴力世界首先诉诸的避难所，同时也是她们最有力且持久的依靠，从而真正实现妇女人权的保障。

第一，制定一部全国统一的专门反家庭暴力法。

要明确立法宗旨，强调保障妇女人权，努力建设平等、和睦、文明的婚姻

---

① 夏吟兰主编《家庭暴力防治法制度性建构研究》，中国社会科学出版社，2011，第8页。

家庭关系。奉行优先保护受害人原则，坚持早期干预，政府主导、多机构合作，还要坚持教育、矫正和惩罚相结合等立法原则，科学准确界定家庭暴力概念，从根本上解决社会对“家庭暴力”概念理解的混乱问题，提高全社会对家庭暴力的认识，增强妇女等家庭弱者维权意识和知识水平。同时，要提高受害者和执法者对家庭暴力案件的识别力，形成合力共同预防和制止家庭暴力的发生。

从目前我国《家庭暴力防治法》专家建议稿来看，基本框架由总则、行政干预、社会干预、民事干预、刑事干预、证据、法律责任、附则等八章组成。主要内容涉及两方面，一方面是确立了家庭暴力防治法的基本原则；另一方面是清晰界定了家庭暴力的概念。其中，家庭暴力概念包括以下几种：（1）实施或者威胁实施身体上的侵害，以及限制受害人人身自由的；（2）实施或者威胁实施性暴力及其他违背受害人意愿的性行为的；（3）以恐吓、侮辱、诽谤、宣扬隐私等方式造成受害人精神损害的；（4）毁损财产以及其他经济控制行为的；（5）非法强迫受害人堕毙胎儿的；（6）遗弃受害人的；（7）其他损害家庭成员身体、精神、性或者财产的行为。同时，还引入了“受虐妇女综合征”概念，指出：“家庭暴力的周期性过程中，长期受虐待的妇女表现出的一种不能主动终止对方暴力的被动、顺从、无助的心理瘫痪状态，构成受虐妇女综合征。受虐妇女综合征可以作为减轻受害人刑事责任和民事责任的事实情节和证据”；设立反家庭暴力委员会，协调多机构合作机制；确立社会干预机制，构筑多元化防治体系和服务网络；确立民事保护令制度，强化家庭暴力的事前预防；完善证据规则，合理分担证明责任；明确法律责任，构建系统的家庭暴力责任体系。[①] 这部建议稿综合了国内外的理论与实践经验，是专家学者对加快统一的反对家庭暴力立法的有益尝试，为反家庭暴力法的制定构建了一个全面的、科学的立法框架。

第二，明确政府干预家庭暴力的责任。

在预防和制止家庭暴力过程中，政府和整个社会是责任的主体，应当积极

① 《关于〈家庭暴力防治法〉专家建议稿的说明》，2010 年 2 月，中国法学网，http://www.iolaw.org.cn/showLaws.asp?id=22731。

承担义务，加强对家庭暴力的干预。家庭暴力是人权问题和社会公正问题，绝不只是个人的私事，它不仅是对家庭成员人权的侵犯，而且是对国家法律的违反。解决家庭暴力问题迫切需要公权力的干预，只有这样，才能使弱势群体权益得到切实保障。

第三，明确规定救济措施，强化法律责任。

没有救济就没有权利，有效的救济是恢复被侵害的权利的第一步，也是鼓励受害者树立维权意识、与暴力坚决相抗争的关键一步。受害者的权益保障严重依赖一套明确的健全的救济体制。反家庭暴力法的重点内容之一应是完善相应的救济措施，特别是有关救济程序方面的规定；明确相应的法律责任，包括施暴者的民事、行政、刑事法律责任，负有法定职责却不履行其职责的执法、司法机关工作人员的法律责任，以及社会救助机构不正确履行职责而应负的法律责任；明确家庭暴力案件鉴定机构的职责及其不正确履行职责的法律责任；明确对因不堪忍受家庭暴力而以暴抗暴案件的从轻、减轻处理原则，从而使反家庭暴力法具备较强的“可诉性”。

第四，积极借鉴域外立法的有益成果。

我国反家庭暴力法的制定，应当站在保障人权的高度，在立足中国国情、本土资源的基础上，充分借鉴境外的立法经验，参考国际标准，注重内容的科学性和具体规定的可操作性。

附：预防和制止家庭暴力的专门性立法及政策名录

一、地方性法规

浙江省预防和制止家庭暴力条例

新疆维吾尔自治区预防和制止家庭暴力规定

吉林省预防和制止家庭暴力条例

重庆市预防和制止家庭暴力条例

内蒙古自治区预防和制止家庭暴力条例

青海省预防和制止家庭暴力条例

海南省预防和制止家庭暴力规定

辽宁省预防和制止家庭暴力规定

河北省预防和制止家庭暴力条例

河南省人民代表大会常务委员会关于预防和制止家庭暴力的决议

山东省人民代表大会常务委员会关于预防和制止家庭暴力的决议

山西省人民代表大会常务委员会关于预防和制止家庭暴力的决议

安徽省人民代表大会常务委员会关于预防和制止家庭暴力的决议

湖北省人民代表大会常务委员会关于预防和制止家庭暴力的决议

黑龙江省人民代表大会常务委员会关于预防和制止家庭暴力的决议

陕西省人民代表大会常务委员会关于预防和制止家庭暴力的决议

江西省人民代表大会常务委员会关于预防和制止家庭暴力的决议

四川省人民代表大会常务委员会关于预防和制止家庭暴力的决议

湖南省人民代表大会常务委员会关于预防和制止家庭暴力的决议

广西壮族自治区人民代表大会常务委员会关于预防和制止家庭暴力的决议

宁夏回族自治区人民代表大会常务委员会关于预防和制止家庭暴力的决议

二、相关规定及意见

全国妇联、中央宣传部、最高人民检察院、公安部、民政部、司法部、卫生部印发《关于预防和制止家庭暴力的若干意见》的通知

北京市关于预防和制止家庭暴力的若干意见

江苏省高级人民法院、江苏省公安厅、江苏省妇女联合会《关于依法处理涉及家庭暴力婚姻案件若干问题的指导意见（试行）》

福建省预防和制止家庭暴力的意见

甘肃省预防和制止家庭暴力的若干规定（试行）

浙江省政法委员会等6部门关于预防和制止家庭暴力的意见

江苏省政法委员会等6部门关于预防和制止家庭暴力的意见

天津市社会治安综合治理委员会等6部门关于预防和制止家庭暴力行为的若干规定（试行）

三、审理指南及指导意见

最高人民法院应用法学研究所涉及家庭暴力婚姻案件审理指南（2008 年 3 月）

湖南省高级人民法院《关于加强对家庭暴力受害妇女司法保护的指导意见（试行)》

B.14 农村留守儿童的权利保障

项焱 白露*

摘 要：

农村留守儿童的权利主要包括生存权、受教育权、受保护权与发展权。由于我国缺乏对农村留守儿童权利的专门法律规定以及农村留守儿童的自身特点，他们普遍面临权利缺失、权利保障不力的状况。为确保农村留守儿童各项权利获得全面发展，国家应当完善相关法律体系并加强普法教育，建立全国农村留守儿童数据信息库，结合针对农村留守儿童及流动儿童的举措的实施，加快农村地区儿童医疗、教育、活动设施建设，充分发挥社会主体的作用，保障农村留守儿童权利。

关键词：

农村留守儿童　权利现状　社会主体　法律保护

一　农村留守儿童的基本状况和权利现状

（一）农村留守儿童的基本现状

2013年5月，全国妇联发布了《我国农村留守儿童、城乡流动儿童状况研究报告》。根据《中国2010年第六次人口普查资料》样本数据推算，全国已有农村留守儿童6102.55万，占留守儿童总数的87.52%，占农村儿童的

---

* 项焱，法学博士，武汉大学法学院教授、博士生导师；白露，法学硕士，武汉大学2012级法律史研究生。

37.7%，农村留守儿童已经成为不容忽视的社会群体。①

"留守儿童"在中国由来已久。20 世纪 90 年代，我国经济发展引起了产业结构的变更，大量劳动力自农业向工业、服务业转移；同时，城乡经济收入差距扩大使大量农村劳动力前往城市寻求更好的就业机会，大量进城务工人员出于多方面的考虑②将孩子留在了户籍地，这些儿童就是"留守儿童"。2004 年 5 月，教育部召开了"中国农村留守儿童问题研究"研讨会，标志着农村留守儿童问题正式进入政府的视野。2005 年 8 月，在我国向联合国递交的《联合国儿童权利公约》第二次履约报告审议过程中，我国政府在向审议委员会提交的书面答复中正式承认了留守儿童问题的存在，③ 并向国际社会承诺要解决这一问题。这也是本报告论题的起点和依据。

目前，我国立法未对留守儿童单独进行定义，前述书面答复中在讨论留守儿童状况时也未对留守儿童进行科学定义，而是将其归类为"与父母分离的儿童"。另外，由于研究方法的不同，学术界对其含义的描述也存在差异。④

---

① 全国妇联课题组：《全国农村留守儿童、城乡流动儿童状况研究报告》，《中国妇运》2013 年第 6 期。2013 年 5 月全国妇联发布的《我国农村留守儿童、城乡流动儿童状况研究报告》在此基础上增加了图表内容。另外，由于农村留守儿童数据是根据人口普查资料的样本数据进行推算的，并没有国家的专门数据统计，我国于 2010 年进行了第六次人口普查，故本报告农村留守儿童数据以 2010 年为准。

② 父母将孩子留在家乡可能有以下考虑：城里的教育费用太高，务工收入不足以支付；父母因务工太忙而无法监管孩子；城里的社会情况过于复杂，恐对孩子成长不利；家中老人需要孩子的陪伴；等等。来源：武汉大学法学院"湖北农村地区留守儿童权利保障研究"项目组研究，项目负责人项焱，项目运行时间为 2006 年 9 月至 2008 年 1 月，其中武汉大学本科生和硕士研究生志愿者累计 138 人次参与了两年三期的持续调研。

③ Committee on the Rights of Child：Written Replies by the Government of China Concerning the List of Issues（CRC/C/Q/CHN/2），Receiving by the Committee on the Rights of Child Relating to the Consideration of the Second Periodic Report of China（CRC/C/83/ADD. 9），Appendix 1，Basic Situation of " Children Left behind " . See http：//www2. ohchr. org/english/bodies/crc/docs/AdvanceVersions/CRC. C. RESP. 89. pdf，2013 年 12 月 7 日最后访问。

④ 叶敬忠、潘璐认为：留守儿童是指被调查时由于父母双方或一方每年在外务工时间累计达 6 个月及以上，而被留在农村地区交由父母单方、祖辈、他人照顾或无人照顾的儿童，参见《别样童年——中国农村留守儿童》，社会科学文献出版社，2008。段成荣、杨舸认为：留守儿童指父母双方或一方流动到其他地区，孩子留在户籍所在地并因此不能和父母双方共同生活在一起的 17 周岁及以下的儿童，参见《我国农村留守儿童状况研究》，《人口研究》2008 年第 3 期。

因此，本报告根据《儿童权利公约》[①] 及我国《未成年人保护法》[②] 的规定，结合留守儿童出现的社会背景，将农村留守儿童定义为“生活在农村地区的，父母一方或双方因外出务工不能履行监护职责，由其他成年人代为监护的 18 周岁以下（0 ~ 17 岁）的儿童”。[③] 我国农村留守儿童的具体现状如下。

1. 年龄结构

从表 1 可见，学龄前农村留守儿童（0 ~ 5 岁）占农村留守儿童总数的 38.37%，规模达 2342 万；小学（6 ~ 11 岁）和初中（12 ~ 14 岁）学龄阶段农村留守儿童所占比例分别为 32.01% 和 16.30%，达 1953 万和 995 万，即义务教育阶段农村留守儿童规模为 2948 万；大龄留守儿童（15 ~ 17 岁）占农村留守儿童的比例为 13.32%，共 813 万。共计 86.68% 的农村留守儿童都处于尚需保护和接受义务教育的年龄段，大龄留守儿童完成义务教育后基本能够正常融入社会，不同年龄段儿童的权利保护要求不同。

表 1　0 ~ 17 岁农村留守儿童性别年龄结构

单位：%

年龄	农村留守儿童年龄构成百分比				流动儿童性别比
	男	女	男女合计	性别比	
0	2.96	2.50	5.47	118.40	120.79
1	3.72	3.05	6.77	121.97	122.51
2	3.82	3.14	6.96	121.66	121.48
3	3.58	2.97	6.55	120.54	120.77
4	3.60	3.00	6.60	120.00	122.26
5	3.29	2.73	6.02	120.51	123.26
0 ~ 5	20.97	17.39	38.37	120.59	121.97

① 第 1 条规定：“为本公约之目的，儿童系指 18 岁以下的任何人，除非对其适用之法律规定成年年龄低于 18 岁。”

② 第 2 条规定：“本法所称未成年人是指未满十八周岁的公民。”

③ 项焱等：《留守儿童权利状况考察报告——以湖北农村地区为例》，《法学评论》2009 年第 6 期。

续表

年龄	农村留守儿童年龄构成百分比				流动儿童性别比
	男	女	男女合计	性别比	
6	3.25	2.71	5.95	119.93	125.15
7	2.90	2.44	5.34	118.85	125.31
8	2.82	2.36	5.18	119.49	124.19
9	2.87	2.43	5.30	118.11	125.62
10	2.85	2.41	5.26	118.26	126.10
11	2.68	2.30	4.98	116.52	123.91
6~11	17.37	14.65	32.01	118.57	125.07
12	2.97	2.57	5.53	115.56	122.91
13	2.86	2.49	5.35	114.86	122.13
14	2.88	2.55	5.42	112.94	117.82
12~14	8.71	7.61	16.30	114.45	120.89
15	2.82	2.48	5.29	113.71	109.12
16	2.23	2.00	4.23	111.50	103.31
17	1.99	1.82	3.80	109.34	100.52
15~17	7.04	6.30	13.32	111.75	103.26
0~17合计	54.08	45.92	100	117.77	116.39

资料来源：段成荣等：《我国农村留守儿童生存和发展基本状况——基于第六次人口普查数据的分析》，《人口学刊》2013年第3期。

2. 性别比

从表1可见，农村留守儿童中男孩占54.08%，女孩占45.92%，性别比为117.77。年龄段之间性别比存在差异，即（0~5岁）120.59 >（6~11岁）118.57 >（12~14岁）114.45 >（15~17岁）111.75。相比流动儿童性别比，在0~14岁，被父母携带外出的男孩较多，尤其在义务教育阶段表现得更为明显，男孩获得了更好的教育机会及父母照顾；15~17岁被父母携带外出的女孩较多，从年龄段推测，女孩主要是外出务工改善家庭生活条件，父母有明显的性别偏好。

3. 监护状态

从表2及表3可见，46.74%的农村留守儿童的父母都外出，他们与祖父母共同居住的比例最高，占32.67%，有10.7%的农村留守儿童与其他人一起居住，单独居住的比例为3.37%。即使与父母一方共同居住或者有祖父母的陪伴，由于共同居住的父母一方、大部分祖父母仍需要劳动，留守儿童多处于无人照料监管的“漏洞监护”之下。

表2　农村留守儿童的居住类型百分比——分年龄段

单位：%

外出情况	居住类型	年龄段				
		0~5岁	6~11岁	12~14岁	15~17岁	合计
父母都外出	单独居住	1.90	3.20	4.89	6.14	3.37
	祖父母	38.85	34.49	25.15	19.61	32.67
	其他人	6.33	12.10	14.53	15.23	10.70
	小　计	47.08	49.79	44.57	40.98	46.74
仅父亲外出	单独与母亲	13.98	20.15	27.50	30.30	20.33
	母亲和祖父母	22.95	13.57	10.56	8.90	16.06
	小　计	36.93	33.72	38.06	39.2	36.39
仅母亲外出	单独与父亲	4.93	8.81	11.64	13.8	8.44
	父亲和祖父母	11.06	7.67	5.74	6.02	8.43
	小　计	15.99	16.48	17.38	19.82	16.87
合计		100.00	100.00	100.00	100.00	100.00

资料来源：段成荣等：《我国农村留守儿童生存和发展基本状况——基于第六次人口普查数据的分析》，《人口学刊》2013年第3期。

表3　隔代照料的祖父母的生活来源

单位：%

	分类	祖父	祖母	祖父母合计
主要生活来源	劳动收入	76.21	62.57	68.92
	离退休金、养老金	4.88	2.17	3.43
	家庭其他成员供养	16.44	32.68	25.11
	其他	2.47	2.58	2.54
	合　计	100.00	100.00	100.00

资料来源：段成荣等：《我国农村留守儿童生存和发展基本状况——基于第六次人口普查数据的分析》，《人口学刊》2013年第3期。

4. 地区分布

从表4可见，农村留守儿童高度集中于四川、河南、安徽、广东、湖南等劳务输出大省，以上五个省农村留守儿童占全国总数的43.64%。另外，从农村儿童中留守儿童所占比例来看，重庆、四川、安徽、江苏、江西和湖南的比例已超过50%，湖北、广西、广东、贵州的比例超过40%。可见，农村留守儿童广泛分布于中西部省区，同时在江苏、广东等东部发达省区也有分布。[①] 其主要原因在于劳动力从经济不发达地区流向发达地区，它既包括劳动力从经济不发达省区向发达省区转移，也包括从发达省区的不发达地区向发达地区转移的情形。

表4　各地农村留守儿童分布

单位：万人，%

省　区	农村留守儿童规模	占全国农村留守百分比	占该地农村儿童百分比	省　区	农村留守儿童规模	占全国农村留守百分比	占该地农村儿童百分比
北　京	6.10	0.10	19.47	湖　北	270.34	4.43	48.61
天　津	6.71	0.11	12.41	湖　南	435.11	7.13	51.14
河　北	198.94	3.26	21.39	广　东	438.16	7.18	42.56
山　西	83.60	1.37	18.66	广　西	404.60	6.63	48.59
内蒙古	32.95	0.54	16.58	海　南	23.80	0.39	19.84
辽　宁	56.14	0.92	18.67	重　庆	217.25	3.56	66.52
吉　林	37.27	0.61	17.14	四　川	692.03	11.34	54.25
黑龙江	51.26	0.84	17.95	贵　州	314.28	5.15	40.26
上　海	7.93	0.13	29.92	云　南	209.93	3.44	24.53
江　苏	296.58	4.86	51.56	西　藏	18.92	0.31	26.11
浙　江	116.56	1.91	30.35	陕　西	147.07	2.41	33.09
安　徽	443.05	7.26	53.49	甘　肃	140.36	2.30	28.42
福　建	125.71	2.06	38.07	青　海	23.19	0.38	26.17
江　西	371.65	6.09	51.47	宁　夏	12.82	0.21	13.49
山　东	261.03	3.54	22.21	新　疆	49.43	0.81	12.73
河　南	654.80	10.73	39.46	全　国	6102.55	100.00	37.73

资料来源：段成荣等：《我国农村留守儿童生存和发展基本状况——基于第六次人口普查数据的分析》，《人口学刊》2013年第3期。

（二）农村留守儿童的权利现状

根据《未成年人保护法》[②] 的规定，未成年人享有生存权、受教育权、受

① 全国妇联课题组：《全国农村留守儿童、城乡流动儿童状况研究报告》，《中国妇运》2013年第6期。

② 第3条规定："未成年人享有生存权、发展权、受保护权、参与权等权利，国家根据未成年人身心发展特点给予特殊、优先保护，保障未成年人的合法权益不受侵犯。未成年人享有受教育权，国家、社会、学校和家庭尊重和保障未成年人的受教育权……"

保护权及发展权等权利。要切实保障农村留守儿童的上述权利，必须重视农村留守儿童自身的特殊性。

首先，农村留守儿童个体因父母归家可变为非留守儿童，或自然脱离0~17岁的年龄阶段成为成年人，但农村留守儿童整体规模仍会随着农村人口增加而扩大，并且在其存在的经济社会条件改变之前，作为一种阶段性的社会现象将会长期存在。

其次，农村留守儿童可能同时是女童、残疾儿童、贫困儿童等弱势人群，具有复合身份，在地域、家庭环境、性别上遭受歧视，只有在充分保障其安全、教育、社会参与等方面的个体需求的前提下才能实现其健康发展。

再次，农村留守儿童因父母外出缺乏情感依靠，普遍感到孤独、恐怖、焦虑和自责，易在学习、人际交往、行为方面出现问题，在不同年龄段、不同性别上表现也不同。但监护人及学校对这种情绪变化及心理需要不够关注，不能及时地解决农村留守儿童的心理行为问题。虽然极少数儿童经历单独留守生活后变得独立自主，但大部分儿童自律能力较弱，会出现逆反心理及行为偏差，不爱学习，沉迷网络，并有轻微违纪现象，一小部分儿童在父母为改善家庭经济状况外出的动机刺激下，其寂寞感转变为对金钱的强烈渴望，并通过以团伙违法犯罪的方式获得金钱或发泄内心情绪，既侵害他人权益又置自己于危险之中。

最后，相比城市儿童，农村留守儿童缺乏家庭教育、普法教育，对违法犯罪行为、可能遭遇的权益侵害、如何寻求救济没有准确认识，并缺乏家庭监护，在治安环境较差的农村地区易遭受权益侵害。

二　农村留守儿童权利保障的进展

（一）国内立法概况

我国一直关注农村留守儿童的权利保障问题，虽然缺乏有针对性的单项立法，但通过颁布一系列法律构建了保障儿童权利的国内法律体系。该法律体系主要包括以下几方面内容。

1. 宪法

宪法是法律的根本依据，也是保障农村留守儿童基本权利的首要手段。例如我国《宪法》第46条[①]规定了儿童的受教育权和获得全面发展的权利，并强调国家对于儿童教育与发展的义务。

2. 专项法律

保护未成年人、儿童的专项法律，包括《未成年人保护法》《预防未成年人犯罪法》《义务教育法》《禁止使用童工的规定》《公安机关办理未成年人犯罪案件的规定》等。此类法律针对未成年人，充分考量了未成年人的身心特点，以便能够切合实际地保障未成年人的权利。其中，《未成年人保护法》最为具体全面，是我国儿童的"权利法典"。《义务教育法》第12条[②]还规定了留守儿童平等接受义务教育的权利。

3. 其他保护对象包含儿童的法律

这些法律可以分为三类：

（1）第一类法律保护主体不特定，平等保护所有主体，对于儿童并没有专门规定，如《消费者权益保护法》《物权法》等。

（2）第二类法律保护主体也不特定，但包括所有未成年人、儿童，并有专门的法律规定。如《民法通则》中对于未成年人的权利行为能力、监护的规定，[③]《刑法》中的拐卖妇女、儿童罪等。

（3）第三类法律保护特定主体，但也可能涵盖一部分儿童。如《残疾人保障法》第3章关注残疾儿童的受教育权、《妇女权益保障法》第17条[④]保障

---

① 《中华人民共和国宪法》第46条规定："中华人民共和国公民有受教育的权利和义务。国家培养青年、少年、儿童在品德、智力、体质等方面全面发展。"

② 《中华人民共和国义务教育法》第12条第2款规定："父母或者其他法定监护人在非户籍所在地工作或者居住的适龄儿童、少年，在其父母或者其他法定监护人工作或者居住地接受义务教育的，当地人民政府应当为其提供平等接受义务教育的条件。具体办法由省、自治区、直辖市规定。"

③ 《中华人民共和国民法通则》第12条规定："十周岁以上的未成年人是限制民事行为能力人，可以进行与他的年龄、智力相适应的民事活动；其他民事活动由他的法定代理人代理，或者征得他的法定代理人的同意。不满十周岁的未成年人是无民事行为能力人，由他的法定代理人代理民事活动。"第16条规定："未成年人的父母是未成年人的监护人……"

④ 《中华人民共和国妇女权益保障法》第17条规定："学校应当根据女性青少年的特点，在教育、管理、设施等方面采取措施，保障女性青少年身心健康发展。"

女性青少年的健康权。

由上可见，我国保障儿童权利的法律体系虽然完备，但专门规定较为分散，可操作性不强，并在农村留守儿童方面缺乏针对性。因此，我国必须采取多方面举措，动员更多社会主体参与，以弥补现有国内法律体系的缺陷，在全面保障农村留守儿童权利上取得新的进展。

（二）2013 年取得的新进展

1. 政府举措

2013 年，我国政府致力于在立法、行政、司法的各方面和全过程中切实保障农村留守儿童的权利，并充分发挥其他社会主体在其中的作用。

（1）立法文件

我国尚未制定专门保护农村留守儿童权利的法律，而是根据社会客观形势的变化，相应地对现有保护儿童、未成年人、学生等相关主体的法律进行修订、更新。从表 5 及表 6 可见，2013 年国家及各省区颁布了不少法律文件，依法保障农村留守儿童所享有的生存权、受教育权、受保护权与发展权。

表 5　2013 年国家保护农村留守儿童法律文件

颁发时间	施行时间	颁发机关	法律法规	保护主体	涉及权利
1 月 4 日	—	教育部、全国妇联等 5 部门	《关于加强义务教育阶段农村留守儿童关爱和教育工作的意见》	农村留守儿童	受教育权
2 月 4 日	3 月 1 日	最高人民法院、最高人民检察院、公安部、司法部	《关于刑事诉讼法律援助工作的规定》	未成年人	受保护权
3 月 22 日	6 月 1 日	司法部	《司法行政机关强制隔离戒毒工作规定》	未成年人	生存权
4 月 25 日	—	司法部	《关于进一步推进法律援助工作的意见》	未成年人	受保护权
6 月 13 日	—	教育部、司法部、全国普法办等 5 部门	《关于进一步加强青少年学生法制教育的若干意见》	青少年学生	受保护权
7 月 29 日	—	教育部、农业部等 7 部门	《关于实施教育扶贫工程的意见》	农村特困地区学生	受教育权
8 月 9 日	8 月 9 日	环境保护部、教育部	《全国中小学环境教育社会实践基地申报与管理办法》	中小学生	受教育权、发展权

续表

颁发时间	施行时间	颁发机关	法律法规	保护主体	涉及权利
9月3日	—	教育部、共青团中央、公安部、全国妇联	《关于做好预防少年儿童遭受性侵工作的意见》	儿童	受保护权
10月23日	—	最高人民法院、最高人民检察院、公安部、司法部	《关于依法惩治性侵害未成年人犯罪的意见》	未成年人	受保护权
11月7日	—	教育部、公安部等12部门	《关于建立中小学校舍安全保障长效机制的意见》	中小学学生	受保护权

资料来源：本表由笔者根据教育部、司法部官网及中国法院网等2013年相关资料收集整理而成。

表6　2013年地方保护农村留守儿童法律文件

颁发时间	施行时间	颁发省市	法律法规	保护主体	涉及权利
1月15日	5月1日	江苏省无锡市	《无锡市人口服务管理条例》	适龄儿童	生存权、受教育权
3月31日	7月1日	山西省太原市	《太原市流动人口服务管理条例》	流动人口子女	生存权、受教育权
4月10日	5月10日	四川省达州市	《达州市爱国卫生管理办法》	儿童	生存权
4月18日	6月1日	四川省阿坝藏族羌族自治州	《阿坝藏族羌族自治州教育条例》	儿童	受教育权
4月25日	4月25日	山东省青岛市	《青岛市学前教育条例》	学龄前儿童	受教育权
5月27日	6月1日	湖北省咸宁市	《咸宁市流动人口适龄儿童国家免疫规划管理办法》	流动儿童	生存权
5月27日	6月1日	湖北省咸宁市	《咸宁市残疾预防管理办法》	0~6岁儿童	生存权
5月30日	7月1日	河北省	《河北省法制宣传教育条例》	青少年(13~20岁)	受保护权
6月19日	7月1日	上海市	《上海市居住证管理办法》	流动儿童	受教育权、生存权
7月23日	8月1日	广东省汕头市	《汕头市城乡居民大病保险实施细则》	新生儿(0~1岁)	生存权
7月24日	10月1日	云南省	《云南省少数民族教育促进条例》	少数民族学生	受教育权
7月30日	9月1日	海南省	《海南省法制宣传教育条例》	青少年学生	受保护权
9月26日	12月1日	湖北省	《湖北省全民健身条例》	学生	生存权

资料来源：本表由笔者根据各地政府官网2013年相关资料收集整理而成。

（2）行政措施

2013年，国家以四大规划指导农村留守儿童权利保障，即《中央宣传部、司法部关于在公民中开展法制宣传教育的第六个五年规划（2011－2015年）》《国家人权行动计划（2012－2015年）》《国家中长期教育改革和发展规划纲要（2010－2020年）》《中国儿童发展纲要（2011－2020年）》。尤其是《中国儿童发展纲要（2011－2020年）》在“儿童与福利”章节提出“健全农村留守儿童服务机制，加强对留守儿童心理、情感和行为的指导，提高留守儿童家长的监护意识和责任”，但在健康、教育、社会环境、法律保护方面缺乏对农村留守儿童的专门规定。全国多省区结合其经济社会发展现状，相应地出台了当地儿童发展纲要，[①] 并在实施过程中积累了不少保障农村留守儿童权利的先进经验。

第一，在法制宣传教育方面，为了确保农村留守儿童了解自身权利、树立正确是非标准、避免非法侵害、指引个人行为，人民检察院、人民法院、司法局（所）、派出所、教育局、法宣办等国家机构采用了多种方式进行普法教育。

一是从农村地区着手，主要以法律咨询会、法律讲座等方式对村民、留守儿童及其监护人进行普法教育。例如，湖北各地组建法制宣传车队，在乡镇、农村向农民开展法制宣传，解答法律咨询，真正将法律知识送到集镇村落、田间地头。[②] 此外，考虑到村民受教育程度普遍不高的现状，以歌谣、故事等更为通俗的方式普法，例如江苏省沛县司法局组织有关部门和专业人员编写了与《刑法》《治安管理处罚法》《未成年人保护法》等法律相关的普法歌谣，将其喷绘到墙壁上，在全县农村基本实现了“普法歌谣文化墙”的覆盖。[③]

---

① 各省区（香港、澳门、台湾除外）情况如下：5省区未提及农村留守儿童（北京、天津、陕西、青海、西藏），1省区总纲提及（山西），2省区只在教育章节提及（江苏、云南），16省区只在福利章节提及（略），4省区在教育、福利章节均提及（安徽、河北、山东、浙江），另外，广东在教育、福利、社会环境三章节保护农村留守儿童，湖北则是从健康、教育、社会环境、法律保护着手，重庆纲要创新体例，也多次提及农村留守儿童的保护问题。本资料由笔者收集整理，各省区纲要文件参见 http://www.bjwomen.gov.cn/a/fuerguihua/gygh/sjgh/list_317_1.html，2013年12月8日。

② 李鸿忠：《普治并举加快推进法治湖北建设》，司法部网站，http://www.moj.gov.cn/index/content/2013－10/22/content_4950407.htm?node=7341，2013年12月8日最后访问。

③《沛县村（居）建“普法歌谣文化墙”》，参见 http://www.legalinfo.gov.cn/index/content/2013－10/12/content_4926374.htm?node=7873，2013年12月8日最后访问。

二是加强对在校农村留守儿童及老师的法制教育，发挥学校的宣传教育作用，如学校“法制副校长”的设置。江西省永丰县中小学校开展了“法制副校长讲座”活动，① 重视学校内部普法。法制讲座也可由司法局、法宣办等国家机构进行，通过对农村地区教师进行法律培训，纠正其对留守儿童的偏见及体罚的暴力教育观念，使教师明确农村留守儿童权利不可侵犯，从而在留守儿童健康成长的过程中主动承担责任。另外，还有其他充分发挥农村留守儿童积极自主性的方式，如“法制歌曲唱响校园”比赛、“关爱明天，普法先行”演讲活动、“遵纪守法，尊师爱生”班会活动等主题实践活动等。

三是在农村留守儿童可能频繁出现的其他场所进行普法教育。以网吧为例，网吧不仅会吸引好奇心旺盛、缺乏自制力的儿童沉迷网络，而且容易滋生违法犯罪行为，尤其不利于农村留守儿童的权利保障。江西省高安市新闻出版局、司法局要求全市网吧必须张贴网吧法制宣传挂图，并增添“普法宣传员”，对青少年、外来务工人员大力宣传《未成年人保护法》《治安管理处罚法》《禁毒法》等法律，防范农村留守儿童权利遭到侵害。②

第二，在管理方面，农村留守儿童信息数据库建设统计了留守儿童的基本情况，对留守儿童实行动态管理，有助于及时了解留守儿童的新情况，解决其新问题。如湖南省率先建立农村留守儿童信息数据库，③ 完善动态监测机制，及时更新留守儿童数据，掌握留守儿童父母外出去向及其生活、学习和心理状况，推进农村留守儿童关爱服务体系建设。

第三，在生活方面，为部分农村留守儿童提供了必要的卫生条件、生活学习用品和经济补助，关注其心理健康。如国家卫生和计划生育委员会办公厅2013 年4 月下发的《关于做好2013 年全国免疫规划宣传工作的通知》体现了对农村留守儿童健康问题的重视；由教育部主办，中国电信集团公司承办的“翼校通关爱留守儿童大型公益活动”，利用亲情电话、爱心视频连线、翼校

① 《吉安永丰县：法制副校长进学校开讲座》，参见 http://www.legalinfo.gov.cn/pfzx/content/2013-10/08/content_4908829.htm?node=7897，2013 年12 月8 日最后访问。

② 《宜春高安市网吧新添“普法宣传员”》，参见 http://www.moj.gov.cn/index/content/2013-10/10/content_4917029.htm?node=7341，2013 年12 月8 日最后访问。

③ 《湖南在全国率先建设农村留守儿童信息数据库》，参见 http://www.chinanews.com/sh/2013/09-29/5337989.shtml，2013 年12 月8 日最后访问。

通家校互动应用等现代信息技术手段，为农村留守儿童提供更多与外出务工父母联系的机会;[①] 各地“爱心妈妈”与农村留守儿童手牵手结成帮扶对子，弥补其健康成长所需的关爱。

同时，各地还重视丰富农村留守儿童的文化生活，保障其娱乐权和获得全面发展的权利。不少地方组织农村留守儿童免费参观国家博物馆、纪念馆、美术馆等文化景点，在农村建造免费图书室或给留守儿童赠送图书，让其接受历史、文化、知识的熏陶；并且制作以农村留守儿童为主题的电影、电视剧、动画等，关注他们的学习生活，鼓励其积极向上。

（3）司法保护

对农村留守儿童权利的司法保护与我国法律中对未成年人的司法保护相同。近年来，农村留守儿童成为违法犯罪行为侵害对象的新闻报道屡见不鲜，司法机关在司法活动中保护了这些农村留守儿童的合法权益，依法追究了侵害人应承担的民事责任及刑事责任，如依法严厉打击侵犯儿童权利的犯罪——拐卖儿童罪、猥亵儿童罪、雇用童工从事危重劳动罪等。

目前尚无专门针对农村留守儿童涉嫌违法犯罪案件性质和数量的统计数据，不过，一个值得注意的现象是，作为整体的农村儿童在刑事司法领域与城市儿童还未能实现平等，如根据我国《刑事诉讼法》的规定并结合我国具体的司法实践，涉嫌犯罪的未成年人是否被批准取保候审措施，除了是否符合法定条件外，还必须考虑未成年人的监管条件。由于农村地区缺乏司法实体机构，客观上监管条件差，故相同类型的案情农村未成年人“获得取保候审的可能性比城市未成年人小，被逮捕的可能性相应增大”，而且，“在实践中由于城乡监管条件的差异，导致农村未成年被告人比城市未成年被告人被判处缓刑的机会相对较少、比率较低”，“未成年缓刑犯获得矫治帮教的机会比城市未成年缓刑犯人少得多”。[②] 因此，农村儿童在刑事司法领域遭遇的困境也是农村留守儿童面临的困境。

① 《教育部办公厅关于开展“翼校通关爱留守儿童大型公益活动”的通知》，参见 http://www.moe.gov.cn/publicfiles/business/htmlfiles/moe/s7062/201305/xxgk_152598.html，2013 年 12 月 8 日最后访问。

② 《统筹城乡发展要求刑事司法给予农村未成年人平等保护》，参见 http://china.findlaw.cn/bianhu/fanzuileixing/snfz/108896_2.html，2013 年 12 月 8 日最后访问。

2. 社会组织

传统社会治理机制要求国家管理绝大多数事务并承担保护公民权利的所有责任，而社会转型时期则要求转变社会治理机制，让更多社会主体参与到社会治理的过程当中，承担其应履行的责任。社会组织是社会主体的中坚力量，包括社会团体、民办非企业单位和基金会。它们作为非国家机构，也在以灵活多样的方式保护着农村留守儿童的权利。

（1）社会团体

社会团体诸如妇女联合会、中国共产主义共青团、中国少年先锋队、中国法学会、中国青年志愿者协会等在保障农村留守儿童权利中发挥了巨大的作用。例如，江西省妇联召开关爱留守儿童工作专题研讨会，① 陕西省妇联开展“留守儿童成长家园”项目专项培训，② 云南省妇联开展关爱农村留守儿童及家庭教育知识宣传活动，③ 江苏省妇联和邮政向留守儿童提供免费保险，④ 中央综治办、共青团中央、中国法学会举办“未成年人健康成长法治保障”主题征文活动，⑤ 江西省团委建设“关爱留守儿童爱心小屋”，⑥ 广西壮族自治区团委等开展“志愿者关爱农村留守儿童”活动，⑦ 中国青年报社、中国高校传媒联盟、四川青年志愿者协会以及多省多校团委主办暑期卫康公益“快乐学校”关爱留守儿童志愿服务行动，⑧ 实现农村留守儿童心愿；各地少先队开展

① 《江西省妇联召开关爱留守儿童工作专题研讨会》，参见 http：//www. cctf. org. cn/html/2013 - 05/11146. html，2013 年 12 月 8 日最后访问。

② 《陕西 2013 年“留守儿童成长家园”项目培训启动》，参见 http：//work. kids21. cn/dfcz/sxsdfcz1/201304/t20130416_ 189595. htm，2013 年 12 月 8 日最后访问。

③ 《省妇联赴永平县开展“关爱农村留守儿童健康成长”家庭教育知识公益巡讲活动》，参见 http：//www. ynwoman. cn/chpages/html/info1. asp？ id = 1928&catid = 106&cattype = 2，2013 年 12 月 8 日最后访问。

④ 《江苏邮政联合妇联守护留守儿童》，参见 http：//www. chinapostnews. com. cn/epaper/html/2013 - 05/18/content_ 49603. htm，2013 年 12 月 8 日最后访问。

⑤ 《“未成年人健康成长法治保障”主题征文公告》，参见 http：//www. legaldaily. com. cn/bm/content/2013 - 07/29/content_ 4705993. htm？ node = 20730，2013 年 12 月 8 日最后访问。

⑥ 《江西“希望工程——明日之星助学支教”大型公益行动启动捐赠仪式在南昌举行》，参见 http：//www. jxyouth. org. cn/gptq/201306/t20130621_ 882862. htm，2013 年 12 月 8 日最后访问。

⑦ 《“志愿者关爱农村留守儿童”活动》，参见 http：//www. qqwwr. com/subject/galset/，2013 年 12 月 8 日最后访问。

⑧ 《学生志愿队赴 11 省关爱留守儿童》，参见 http：//www. pubchn. com/articles/365306. htm，2013 年 12 月 8 日最后访问。

“红领巾相约中国梦”建队纪念日主题队日活动,[①] 以多种活动引导和教育农村留守儿童；越来越多的各地志愿者自发或有组织地帮助改善农村留守儿童的生活学习状况，关注其成长发展。

（2）民办非企业单位

不少民办非企业单位为保护农村留守儿童权利也做出了很大的贡献，如重庆市合川区卓尔实验学校申报并经国家民政部批准实施“农村留守儿童代理家长培训示范项目”,[②] 保障农村留守儿童得到更好的监护；绵阳市巴蜀企业文化爱心艺术团关爱留守儿童大型巡回义演活动,[③] 给留守儿童带去欢乐；四川慧济律师事务所为农村留守儿童送去了大量学习生活用品,[④] 等等。

（3）基金会

我国已有不少关爱儿童或者农村留守儿童的基金会组织，如中国儿童少年文化艺术基金会关爱农村留守儿童专项基金管理委员会、中华少年儿童慈善救助基金会、儿童希望救助基金会、中国儿童少年基金会等。2013 年，北京妇女儿童发展基金会携手北京祥云医院管理有限公司共同建立“留守儿童关爱基金”;[⑤] 中华慈善总会三生爱心基金、中国少年儿童新闻出版总社和三生（中国）健康产业有限公司共同主办以“手拉手，让留守儿童笑起来”为主题的爱心探访活动;[⑥] 中国儿童少年文化艺术基金会关爱农村留守儿童专项基金管理委员会举办“爱·助圆微梦”——2013 关爱留守儿童乡村行活动[⑦]以及

① 本资料由笔者收集整理，参见 http：//www. gqt. org. cn/was40/search，2013 年 12 月 8 日最后访问。

② 《重庆市合川区培训 8000 名农村留守儿童代理家长》，参见 http：//www. women. org. cn/allnews/0502/841. html，2013 年 12 月 8 日最后访问。

③ 《绵阳市巴蜀企业文化爱心艺术团关爱留守儿童、空巢老人暨弘扬抗震救灾重建援建感恩社会大型巡回义演活动启动汇报演出》，参见 http：//www. bsax366. com/？ action = newshow | bsqywh | 2360 | cn | 38302，48508 | 48508，2013 年 12 月 8 日最后访问。

④ 《四川慧济律师事务所为贫困留守儿童送温暖》，参见 http：//www. acla. org. cn/lvshigongyi/6061. jhtml，2013 年 12 月 8 日最后访问。

⑤ 北京妇女儿童发展基金会：《点亮留守儿童希望之光——留守儿童关爱基金启动》，http：//www. bjwomen. gov. cn/a/gongzuoyuandi/gongzuodongtai/2013/1028/17688. html，2013 年 12 月 8 日最后访问。

⑥ 《让笑容更灿烂，三生留守儿童关爱行动正式启动》，http：//www. yofoto. cn/newslove/newspost. asp？ id = 5464，2013 年 12 月 8 日最后访问。

⑦ 《爱·助圆微梦 2013 关爱农村留守儿童乡村行》，http：//www. cfcac. org/contents/6/564. html，2013 年 12 月 8 日最后访问。

“第二届全国优秀留守儿童暨关爱留守儿童爱心集体与个人评选活动”,[①] 诸如此类的关爱农村留守儿童权利的基金会活动不胜枚举。

3. 企业和个人

不少企业和个人都自发地保护农村留守儿童的权利，进行捐款捐物，组织或者作为志愿者下乡支教普法。例如，“全国百家爱心企业”深圳市东方金字塔贸易有限公司负责人王鹏为四川资中利民小学等各地学校捐赠安全智能书包;[②] 江苏南通供电公司为10多万留守儿童家庭户建立安全用电档案，为农村留守儿童捐赠图书衣物，公司员工关爱帮扶农村留守儿童。[③] 国家应当赞扬和提倡企业及个人的帮扶行为，并提供科学透明的平台确保帮扶行为能够直达农村留守儿童，增强企业和个人对慈善捐助及志愿行动的信心，带动更多企业和个人加入保护农村留守儿童的队伍中去。

三 农村留守儿童权利保障存在的问题

尽管2013年我国在农村留守儿童的权利保障上取得了诸多成效，颁布了众多法律文件，实施了各种行政举措，并动员了不少社会主体参与帮扶农村留守儿童，但是在农村留守儿童权利保障过程中依然存在如下问题。

（一）法律体系不健全

（1）我国尚不存在针对农村留守儿童权利保障的专门法规，现有法规是以未成年人为法律保护对象，从教育、人身保护、预防犯罪等多个方面着手，规定较为分散。即便是作为行政指导文件的《中国儿童发展纲要（2011－2020年)》，其中与农村留守儿童相关的内容也寥寥无几，忽视了健康、教育、社会环境等方面的权益保护，全国大部分省区亦同，并且大部分实施目标都未

---

① 《“中国梦想·榜样力量”全国优秀留守儿童评选发布会在京举行》，http://news.xinhuanet.com/gongyi/2013－11/15/c_125708201.htm，2013年12月8日最后访问。

② 《深圳90后小伙赴川为留守儿童捐赠安全书包》，http://www.sznews.com/news/content/2013－02/05/content_7687603.htm，2013年12月8日最后访问。

③ 曹巍、吴庆华：《将关爱进行到底——江苏南通供电公司牵手农村留守儿童服务侧记》，http://www.cpnn.com.cn/dw/201306/t20130604_580731.html，2013年12月8日最后访问。

提供具体指标，实际可操作性不强。

（2）现有立法缺乏对农村留守儿童发展权的具体规定。发展权的实现不仅仅限于生存权、受教育权、受保护权的保障，还对精神发展、娱乐、信息获得、参与社会实践等方面提出了较高要求，这些都需要法律予以规范。

（3）农村留守儿童权利救济手段不明确，《未成年人保护法》就侵犯未成年人权益的部分社会主体规定了其应承担的法律责任，但未成年人自身可以何种方式维权、其受损权益如何得到弥补并不确定。农村留守儿童自行维权尚无法律依据，其权利遭受权益保护人侵害时更是难以获得任何救济。

（二）责任主体分工不科学

1. 各级政府间的分工仍需细化

对于农村留守儿童的权利保障，国家只能统筹确定宏观指导方针、具体指标以及资源分配，实施则主要依靠各省区在计划时间内自发落实，只能大体改善农村留守儿童权利现状，但无法解决农村留守儿童的个体需要。而农村留守儿童的规模随着行政区划级别的递减而不断缩小，从省到市到区到乡镇到农村依次考量，一个农村最多还有几百个留守儿童。如果采取化整为零的基本思路，各级政府均为下级政府设定具体目标，关注本区域内的农村留守儿童问题，就能使一一解决留守儿童个体需要成为可能。

2. 政府各部门间联动性不够

农村留守儿童权利保障需要从健康、教育、福利、社会环境、法律保护多方面着手，以纲要为指导方针。目前政府各部门各自为政，涉及多部门职责时则协商调解、联合执法，难免互相推诿，效率不高。因此，国家可以设立专门机构或赋予现有机构农村留守儿童问题的统管职能，权责分明，从而积极快速地满足农村留守儿童权利保护需求。

3. 没有充分发挥其他社会主体的作用

政府作为社会的主要管理者，在农村留守儿童权利保障方面占据主导地位。其他社会主体也以捐款、慰问等方式发挥了很大的作用，但由于缺乏统一的信息平台和健全的组织机制，许多社会主体只能对已知的本区域内的农村留守儿童进行帮扶，捐助结对不够合理，没有达到预期的实效。

（三）权利主体地位未达成社会共识

1. 传统观念影响

农村留守儿童的权利主体地位受到传统观念及现代权利能力认识的影响，并未达成社会共识，获得应有的尊重。传统观念认为子女作为父母的附庸，不享有独立的主体地位，并且强调长幼尊卑、尊师重道，仍然要求农村留守儿童听从父母、长辈、教师的教诲，没有给予其发表意见和行使权利的机会。从现代权利能力理论来看，由于心智发展尚未成熟，农村留守儿童大多不具备完全行为能力，与其能力不相适应的行为必须由其父母或监护人代理。这种权益保护机制易使仍受传统观念影响的父母及其他社会成员忽视农村留守儿童的权利主体地位。

2. 农村留守儿童还遭受多种歧视及不公正待遇

一是地域歧视。农村相比城市，经济发展水平较低、社会基础设施建设不足，国家对资源的再分配也很难缩小城乡差距，因而生活在农村的留守儿童的学习生活环境普遍较差。二是身份歧视。农村留守儿童因父母外出打工、无人管教易被冠上“坏孩子”的名号，有些经济状况较好或社会地位较高家庭的子女优越感较强，不愿与农村留守儿童正常交往，部分教师也易对农村留守儿童产生偏见而不重视其学习生活问题。三是性别歧视。农村地区受“重男轻女”“多子多孙”思想影响，一般家里有几个孩子，在经济拮据、精力有限的情况下，父母会优先支持并关注男性留守儿童的学习生活，而无法满足女性留守儿童的相应需求。四是间接歧视。现有相关立法以城市未成年人（儿童）为准预设权利义务、行为责任，可能没有合理考量农村留守儿童自身的特殊性。

3. 普法教育仍需加强

农村留守儿童的权利主体地位未获得应有重视，并且由于自身弱势遭受各种歧视，也是我国普法教育不足所造成的结果。法律及权利的平等性强调法律面前人人平等，农村留守儿童作为权利主体理应享有法律所规定的权利，并且实现其权利要达到与其他主体相当的程度或水平，对自己遭受的不公正歧视待遇有权要求国家采取措施予以消除，有权主张同等的教育机会及发展机会。但我国普法教育尚未将平等法律理念深深植根于社会公众心中，压抑了农村留守儿童的权利主体地位，阻碍了农村留守儿童的权利保障。

（四）农村基础设施建设不足

由于农村地区经济发展相对落后，国家资源向城市地区倾斜，农村医疗、教育、活动基础设施建设水平较低，不能满足农村留守儿童的健康、教育、发展需求。农村地区医疗设施较少、医疗设备不足、医疗人员缺乏资质，对缺乏照料、容易患病的留守儿童的生存权保障带来了不小的困难；教学资源优化造成的农村学校合并，加大了农村留守儿童上学的难度，学前教育设施的缺乏则对教育机会、质量的城乡平等化提出了很大的挑战；《未成年人保护法》明确规定各类儿童活动场所应当对儿童免费或优惠开放，[①] 但大部分农村地区都缺乏图书馆、美术馆、文化馆、体育馆等活动场所，这不利于农村留守儿童的身心健康和精神发展。

四　农村留守儿童权利保障的对策建议

全国妇联于2013年公布的《我国农村留守儿童、城乡流动儿童状况研究报告》对农村留守儿童权利保障提出了几点对策：一是进一步完善法律政策体系；二是进一步强化政府的主导作用；三是构建学校、家庭、社区相衔接的关爱网络；四是进一步加强家庭和社区干预；五是进一步加快学前教育发展；六是关注大龄留守流动儿童的需求和困境；七是促进流动儿童城市融入与社会适应。结合上述对策及前述农村留守儿童权利保障中存在的问题，参考全国各地实践经验，兹提出以下建议。

（一）完善农村留守儿童法律体系

要更好地保障农村留守儿童的权利，需要明确的法律依据。应在现有法律体系下修订新增保护农村留守儿童权利的专门法律条款，完善现有农村留守儿

① 第30条规定：“爱国主义教育基地、图书馆、青少年宫、儿童活动中心应当对未成年人免费开放；博物馆、纪念馆、科技馆、展览馆、美术馆、文化馆以及影剧院、体育场馆、动物园、公园等场所，应当按照有关规定对未成年人免费或者优惠开放。”

童法律体系，设置针对农村留守儿童权利的专项保护措施，明确权利侵害或保障不力的法律责任，确保权利救济途径畅通，可以规范和实现国家、社会对农村留守儿童的各项举措。

（二）加大普法教育，消除对农村留守儿童的歧视

加大对社会公众尤其是农村留守儿童、父母、监护人、教师的普法教育，以更为通俗易懂的方式普及与农村留守儿童权利保护相关的法律法规，可以提升农村留守儿童的权利认知及自我保护意识，增强社会公众对农村留守儿童权利主体地位的认同，消除对农村留守儿童的地域、身份、性别歧视，发挥对潜在侵害行为的预防警示作用，最终保障农村留守儿童权利。

（三）建设全国农村留守儿童信息数据库

当前以人口普查抽样数据推算方式统计全国各地农村留守儿童的基本数据并不准确，全国应当统一建设农村留守儿童信息数据库，各省区数据库之间保持信息互通并汇总，通过统计农村留守儿童的基本现状——父母外出务工去向、联系方式及儿童自身生活学习就业状况等，对农村留守儿童实行动态监测管理，以便真正了解其权利现状及现实需求，有针对性、预防性地解决问题，切实保障农村留守儿童权利。

（四）大力发挥其他社会主体的作用

除政府外的其他社会主体，包括社会组织、民办非企业单位、基金会、企业、个人等，均是推动农村留守儿童权利保障工作的重要力量。要大力发挥其他社会主体的作用，建立统一的透明化信息平台，使社会主体的扶助与农村留守儿童的需要相对应，密切关注捐助物资、爱心帮扶行动的后续动态及实际效果，可增强社会主体对农村留守儿童权利的重视以及保障举措的信心，动员更多的社会力量参与其中。

（五）将针对农村留守儿童与流动儿童的举措相结合

构建减量化机制与完善关爱服务机制相结合，是解决农村留守儿童问题的

有效途径。[①] 即一方面，加快社会主义新农村建设和小城镇建设，吸引外出务工父母返村就业创业，与农村留守儿童团聚；另一方面，城市逐渐开放居住证管理及社会福利待遇，鼓励外出务工父母带农村留守儿童入城，使农村留守儿童成为流动儿童，减少农村留守儿童总量。同时，发挥家庭、学校、农村构建关爱网络，保护与父母分离的农村留守儿童。

（六）加强儿童医疗、教育、活动设施建设

要加强与农村儿童相关的基础设施建设。一是加大农村卫生经费投入，建设妇幼卫生服务体系，完善出生缺陷以及儿童疾病防治体系，保障农村留守儿童的生存权。二是加强农村学前教育、义务教育设施，促进基本公共教育服务均等化，依法保障儿童的受教育权。三是发展各类文化、科技、体育等公益性设施和场所，创造有益于儿童身心健康和全面发展的社会环境，保障儿童的发展权。

① 全国妇联课题组：《全国农村留守儿童、城乡流动儿童状况研究报告》，《中国妇运》2013年第6期。

B.15

2013 年中国女童免遭性侵的法律保护报告*

赵树坤**

摘　要：

性侵女童是一个世界性的问题，保护女童免于性侵是我国人权事业的一个重大课题。2013 年我国女童遭性侵案件报道非常集中。本报告选取 26 个案例综合分析 2013 年女童遭受性侵的现状，对我国女童免于性侵的法律保护以及法律救济的现状和问题进行了分析，从立法、司法、社会三个层面提出了进一步完善的建议。

关键词：

性侵女童　法律保护　法律救济

性侵女童是指以满足淫欲为目的，强行与女童发生性关系或者以非性行为的方式猥亵侵害女童的行为。性侵女童作为一种侵害女童的性暴力，属于影响极广的、全球性的侵犯人权行为和现象。联合国 2013 年 10 月 17 日正式发布的《2013 暴力侵害儿童全球调查报告》表明，据世界卫生组织估算，全世界大约有 4000 万 15 岁以下的儿童遭到虐待和忽视，需要保健服务和社会关爱；约有 180 万儿童遭受包括数字色情活动在内的卖淫和色情活动的剥削。2005 年全国妇女联合会和联合国儿童基金会发起的中国首次大规模儿童暴力调查结果表明，有 12.2% 的男生和 13.8% 的女生表示曾受到言语性骚扰；6.5% 的男

* 本文是重庆市社会科学规划项目“儿童免于性侵法律保护研究”的阶段性成果。

** 赵树坤，法学博士，西南政法大学副教授，西南政法大学人权教育与研究中心培训部主任，主要学术兴趣集中于法社会学、人权法学。

生和 11.9% 的女生表示曾有人故意向他们暴露生殖器。中国拥有世界上 1/5 的儿童。2013 年，奸淫幼女案件、农村针对留守儿童的性暴力案件、校园发生的性侵害案件等的媒体报道呈现密集态势。本报告重点梳理 2013 年我国女童遭受性侵的概况，分析女童免于性侵的法律保护和救济现状，以期有助于切实保障女童合法权利，确保她们远离伤害。

一 中国女童遭受性侵害的现状

（一）女童的定义及女童基本情况

到目前为止，关于女童并没有一个很明确的法律定义。根据我国已经批准的联合国《儿童权利保护公约》，儿童是指 18 岁以下的所有人。根据我国《民法通则》规定，16～18 岁以自己的劳动收入为主要生活来源的视为完全民事行为能力人。《刑法》规定 16 岁以上为完全刑事责任能力人。我国《未成年人保护法》规定，18 岁以下的为未成年人。《劳动法》则规定 16 岁以下为童工。《最高人民法院关于拐卖人口案件中婴儿、幼儿、儿童年龄界限如何划分问题的批复》曾经规定，不满 14 周岁的女性为女童。我国《儿童发展纲要（2011－2020 年）》中也明确提出“18 岁以下儿童”的健康权问题。结合上述规定，本报告论及的女童主要为 14 周岁以下女性。

截至 2011 年，我国 14 岁以下人口数量已达到 18513.5 万人，其中女性 8481.9 万人，占到了人口总量的 7.54%，占到 14 岁以下人口的 45.81%。[①] 2011 年女童年龄分布情况如图 1 所示。

从 21 世纪初开始的近 10 年来，在总人口不断增加的情况下，我国儿童人口数量却持续地下降（如图 2 所示）。但是在儿童人口数量逐年减少的情况下，儿童的抚养比并没有上升，反而是下降了（如图 3 所示）。

---

① 根据最新的中国年鉴 2012 公布的 1‰抽样调查数据推算的结果。0～14 岁人口数为 185135，按照 1‰的比例推算为 185135000 人，即 18513.5 万人；0～14 岁女性人口数为 84819，按照 1‰的比例推算为 84819000 人，即 8481.9 万人。总人口数为 1124661，按照 1‰的比例推算为 1124661000 人，即 112466.1 万人。参见中华人民共和国国家统计局网站，http://data.stats.gov.cn/search/keywordlist2? keyword=%E4%BA%BA%E5%8F%A3。

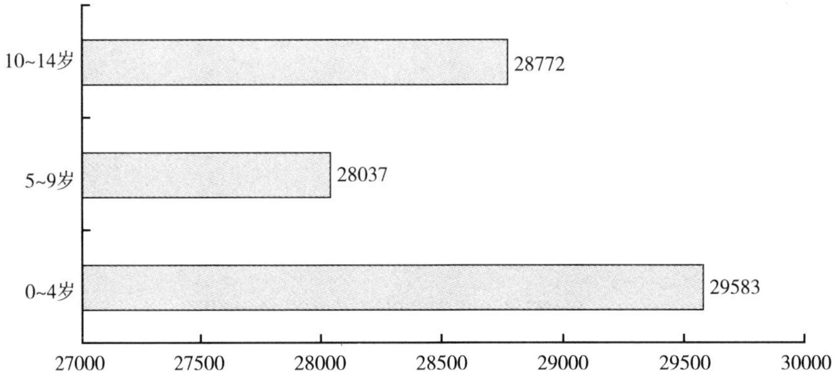

图 1　2011 年 0～14 岁女性人口年龄分布

注：此数据为 1‰人口变动调查样本数据。缺 14 岁以上女性数据。

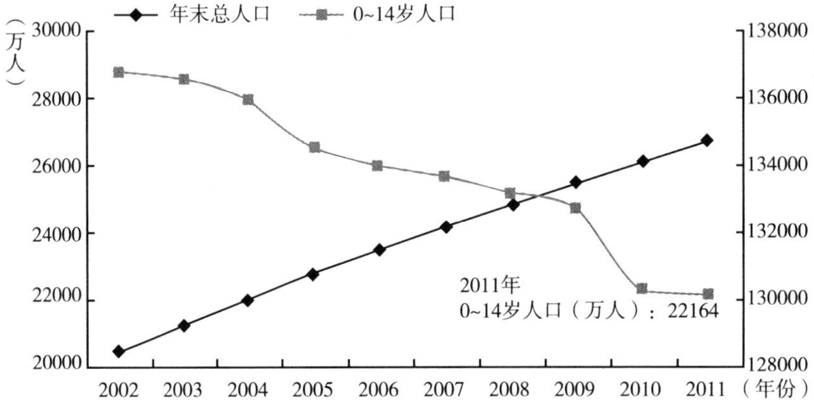

图 2　2002～2011 年 14 岁以下人口发展趋势

注：缺 14 岁以上女童数据。

儿童的抚养比下降，说明儿童受到的关心和教育呈现一个下降的趋势。换言之，在儿童保护和防止儿童受伤害方面的形势越来越严峻了。这其中的女童保护和免于伤害问题形势尤其严峻。近年来大量留守儿童的出现及其衍生的一系列问题，更加深了儿童（包括女童）免于伤害方面问题的严峻程度，[①] 其中性侵害女童问题非常让人忧心。

① 根据《中国 2010 年第六次人口普查资料》样本数据推算，目前全国有农村留守儿童约 6102.55 万，占农村儿童的 37.7%，占全国儿童的 21.88%。与 2005 年全国抽样调查估算数据相比，五年间全国农村留守儿童增加约 242 万。

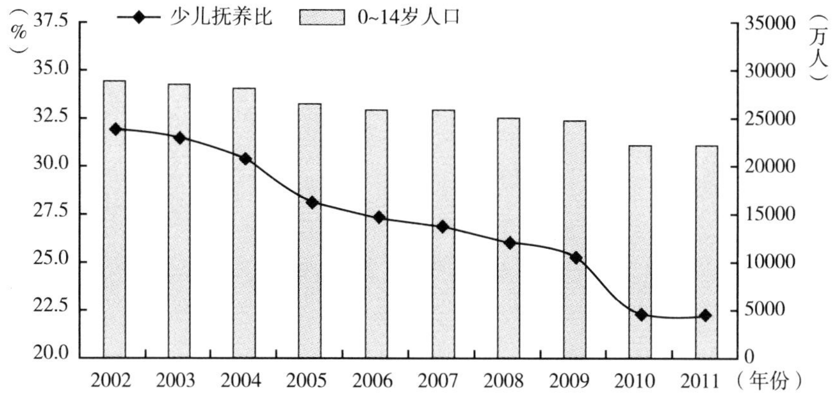

图 3　14 岁以下人口与抚养比

注：缺 14 岁以上女童数据。

（二）女童遭受性侵犯概况分析

以下以 2013 年 1 ~ 12 月各大媒体公开报道的性侵女童案件为基础，选取有影响性的 26 件典型案例①作为样本，按以下几个变量分析女童遭受性侵害

① 资料来源为政府公告及各大网站。海南万宁校长开房案，参见 http: //t. qq. com/wnsxcb? lang = zh_ CN；广东湛江校长强奸案，参见 http: //gd. sina. com. cn/news/m/2013 - 05 - 24/073525994. html；安徽潜山教师猥亵案，参见 http: //news. sina. com. cn/c/2013 - 06 - 25/125027492730. shtml；安徽舒城教师猥亵案，参见 http: //ah. sina. com. cn/news/g/2013 - 05 - 28/103054287. html；北京朝阳区快递员猥亵案，参见 http: //news. xinhuanet. com/legal/2013 - 08/04/c_ 116800146. htm；福建宁德邻居猥亵案，参见 http: //henan. china. com. cn/news/minsheng/201307/P71285J41X. html；福州连江村医强奸案，参见 http: //news. ifeng. com/society/1/detail_ 2013_ 09/28/29965089_ 0. shtml；广东东莞民工猥亵案，参见 http: //news. timedg. com/2013 - 06/06/content_ 13861647. htm；河北泊头宿舍强奸案，参见 http: //news. sina. com. cn/c/2013 - 05 - 31/031927271447. shtml；河北廊坊幼儿园老板猥亵案，参见 http: //news. 163. com/12/0801/09/87QGC0V600011229. html；河南南阳教师猥亵案，参见 http: //news. sina. com. cn/c/2013 - 07 - 23/064027743555. shtml；河南桐柏校长猥亵案，参见 http: //news. china. com/social/1007/20130530/17863225. html；河南永城市委官员猥亵案，参见 http: //news. 163. com/13/0619/09/91NMN39J0001124J. html；湖北蕲春教师猥亵案，参见 http: //www. hb. xinhuanet. com/2013 - 06/05/c_ 116040795. html；湖南嘉禾教师猥亵强奸案，参见 http: //hunan. sina. com. cn/news/s/2013 - 05 - 28/093254284. html；湖南永州 12 岁妈妈案，参见 http: //hunan. sina. com. cn/news/m/2013 - 07 - 10/082760335. html；江西临川教师猥亵案，参见 http: //news. xinhuanet. com/legal/2013 - 07/04/c_ 124958043. htm；广西贵港村民猥亵案，参见 http: //news. 163. com/api/13/1115/16/9DO2L85I00014JB6. html? frp091；北京朝阳拾荒者强奸案，参见 http: //news. mylegist. com/1711/2013 - 08 - 01/66453. html；山（转下页注）

的基本概况。

1. 性侵女童的地域分析

2013 年性侵女童案件在地域上具有普发的特点。在对 2013 年发生的重大性侵女童案件整理后，如表 1 所示，性侵女童案件涉及 13 个省、1 个直辖市、1 个少数民族自治区。这说明了性侵女童并不是特定地域的特殊现象，而是全国普遍存在的一种危害女童权利的严重犯罪现象，这一点必须引起注意。因为性侵女童案件具有非常特殊的一面，不宜发现，所以完全可以推测，公开曝光的只是冰山一角，在很多地域，女童遭受性侵害还有很多没有被及时发现。

表 1　女童性侵的地域分析

单位：件

地区	北京	河北	河南	湖北	湖南	广西	山东	陕西	四川	广东	海南	安徽	江西	云南	福建	总计
件数	2	2	3	1	2	1	1	1	1	4	1	2	2	1	2	26

资料来源：根据 26 件案例制表。

2. 性侵犯行为发生的空间

性侵女童行为大部分发生在女童的日常生活空间范围中（如表 2 所示）。在 26 个重大案例中，发生在教室内的有 7 件，发生在教师办公室或教师宿舍的有 5 件，发生在幼儿园内的有 3 件，发生在学生宿舍内的有 1 件。也就是说，性侵女童案件发生在教师监管范围内的高达 16 件，占到了总数的 61.54%。发生在被侵害女童家中或者家附近的有 7 件，而被带到侵害人家中或者酒店的只有 3 件。由此可见，女童受侵害往往发生在自己的正常活动空间中，其中校园作为儿童活动的主要场所，也是女童性侵发生的最主要场所，应当重点

（接上页注①）东青岛幼儿园保安猥亵案，参见 http://qingdao.sdchina.com/show/2634073.html；广东深圳教师猥亵案，参见 http://jx.people.com.cn/n/2013/0529/c186330-18756632.html；四川德阳幼儿园教师猥亵案，参见 http://news.china.com/domestic/945/20130531/17867477.html；云南大关官员强奸案，参见 http://news.ifeng.com/mainland/detail_2013_12/11/32026355_0.shtml；江西教师猥亵案，参见 http://rcfy.chinacourt.org/public/detail.php?id=3655；广东清远无业人员强奸案，http://news.qq.com/a/20130709/004065.htm；陕西蓝田教师猥亵案，参见 http://news.xinhuanet.com/tw/2013-10/20/c_125565619.htm。

预防。在校园这种空间中，一方面，女童与老师是熟人关系；另一方面，女童处于老师的监管之下，对于性侵犯，女童要么疏于防范，要么不敢有反抗举动。

表2　女童性侵的发生空间分析

单位：件，%

作案地点	件数	比重	作案地点	件数	比重
学生宿舍	1	4	被害人家或附近	7	26
幼儿园内	3	11	侵害人的家	2	7
教室	7	26	酒店	1	4
教师办公室或宿舍	5	19	工厂宿舍	1	3

注：广东湛江一案涉及两个作案地点。

资料来源：根据26件案例制表。

3. 被害人年龄

如表3所示，被害人年龄在6～14岁的有18件，占26件案例的69.23%。这说明受到侵害的主要是小学生，她们大部分处于身体发育期，同时也处于生理上的性发育期。侵害人往往以零食、零花钱、娱乐等手段进行引诱，受害人面对这些诱惑没有清晰的防范意识、判断能力和抵抗力。同时，她们虽然对性侵犯的后果有一定的认识能力，但没有非常准确的估计和认识。性侵犯带来的伤害会留在记忆中，随着年龄增长会造成受害人越来越大的心理负担，甚至成为永远的阴影。

表3　被害人年龄分析

单位：岁，%

年龄段	被害人年龄	比例
≤5岁	8	30
6～14岁	18	67
15～18岁	1	3

注：小学生按照学龄儿童，一年级的为6岁，二年级以上为7～14岁计算，河南永城案中罪犯作案14次，涉及6～14岁及14岁以上的两种类型。

资料来源：根据26件案例制表。

4. 侵害次数

据统计，侵害次数达3次及以上的有10件，占到26件案例的38.46%；侵害持续1年以上的有6件，占到26件案例的23.08%（见图4）。这说明女童受到侵害往往不敢揭发或者不知道如何揭发。在26件案例中，侵害人多为具有一定能力的成年人，利用利诱和威逼等多种方式使女童进入自己的圈套，然后实施侵害，在侵害之后利用女童“害怕别人歧视”“害怕被父母骂”等心理，加上家长等监护人忽略等原因，实施多次侵害。这表明女童的性教育很不到位，对性没有形成一个合理的认识，监护也存在许多问题，为罪犯留下了可乘之机。

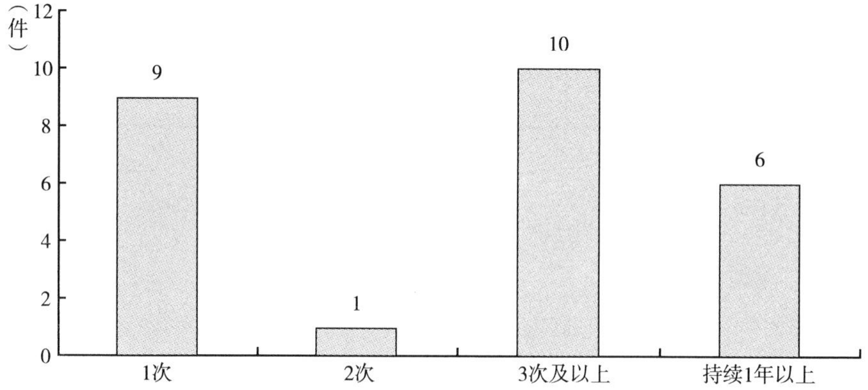

图4　侵害次数

5. 侵害人身份

从侵害人的职业来看，校长、教师、学校管理人员利用职务便利实施犯罪的概率极大。从侵害人与受害人的关系来看，最多的是小学教师（见表4）。在我国的学校中，尤其是小学，教师往往具有极大的权威，学校教育中忽视儿童的权利意识教育，学生作为一个人的个体尊严和权利常常被忽视，儿童受到的教育是要听老师的话，这些都为教师侵害学生提供了一些便利条件。另外，侵害人与受害人大多数是熟悉的，无论是校长、教师，还是邻居、受害人家附近的工作人员，这表明侵害人利用这种“熟悉”关系施加侵害，受害人（包括受害人家长）也因为这种“熟悉”关系而疏于防范。

表4　侵害人身份

单位：件

身份	小学校长	小学教师	幼儿园教师	学校管理人员	其他	公务员	邻居	附近工作、常驻人员
件数	4	9	1	2	1	3	3	4

注：海南万宁一案涉及校长和公务员两个侵害人身份。

资料来源：根据26件案例制表。

6. 侵害人年龄

从侵害人的年龄来看，50 岁以上的有 12 件，占到了 26 件案例的 46.15%（见表 5）。一方面，他们具有作案能力；另一方面，他们作为长辈的身份容易与女童形成比较亲近的关系，家长也往往容易忽视自己身边的年长者、老年人，不能及时发现孩子受害。

表 5　侵害人年龄分析

单位：件

年龄	30 岁以下	30～39 岁	40～49 岁	50～59 岁	60 岁及以上	不明
件数	2	4	4	7	5	4

注：河北泊头一案涉及两名嫌疑人，一为 12 岁，一为 19 岁，取其平均数 15.5 岁计算。

资料来源：根据 26 件案例制表。

二　女童免于性侵的法律保护现状及问题

（一）女童免于性侵的性法律保护现状

法律是保护儿童免于性侵犯的第一道防线。我国是联合国《儿童权利公约》的缔约国之一，儿童保护立法伴随着整个国家立法的发展在不断完善，其中在女童免于性侵的法律保护上也取得了许多进步。

1. 保护女童免于性侵害的宣示性立法已经成体系

我国现行《宪法》第 49 条规定："婚姻、家庭、母亲和儿童受国家的保护"，"禁止虐待老人、妇女和儿童"。《婚姻法》第 2 条第 2 款规定："保护妇女、儿童和老人的合法权益。"1991 年通过、2006 年修订的《未成年人保护法》第 1 条确立了保护未成年人合法权益的立法目的。2005 年通过的《妇女权益保障法》第 1 条就确立了"保障妇女的合法权益"的立法宗旨，为了实现立法宗旨和目的，第 2 条进一步规定了立法的基本原则，其中第 4 款规定"禁止歧视、虐待、遗弃、残害妇女"。虽然上述这些层级效力不同的法律条款，都属于宣示性规定，也没有明确提及保护女童免于性侵害，但是，在逻辑上，从这些条款中都可以推导出禁止性侵女童的基本立场。而修订后的《未成年人保护法》明显加强了对儿童免受暴力的保护，增设了禁止对未成年人性侵害的规定，其第 41 条第 1 款明确规定："禁止拐卖、绑架、虐待未成年人，禁止对未成年人实施性侵害。"

2. 保护女童免于性侵的法律责任主体体系明确

《未成年人保护法》第 3 条规定，国家根据未成年人身心发展特点给予特殊、优先保护，保障未成年人的合法权益不受侵犯。该法第 6 条规定，保护未成年人是国家机关、武装力量、政党、社会团体、企业事业组织、城乡基层群众性自治组织、未成年人的监护人和其他成年公民的共同责任。《婚姻法》第 23 条规定，父母有保护和教育未成年子女的权利和义务。《妇女权益保障法》第 17 条规定，学校应当根据女性青少年的特点，在教育、管理、设施等方面采取措施，保障女性青少年身心健康发展。《预防未成年人犯罪法》第 40 条规定，未成年人应当遵守法律、法规及社会公共道德规范，树立自尊、自律、自强意识，增强辨别是非和自我保护的能力，自觉抵制各种不良行为及违法犯罪行为的引诱和侵害。由此可见，当前我国法律将保护女童免于性侵的责任配置成为"国家、社会、家庭、女童"这一多元主体参与的多维责任构成。

3. 性侵犯案件发生后的惩罚性、救济性措施，集中体现在刑事法律规定中

《刑法》第 236 条规定，以暴力、胁迫或者其他手段强奸妇女的，处三年以上十年以下有期徒刑，奸淫不满十四周岁的幼女的，以强奸论，从重处罚；第 237 条规定了强制猥亵、侮辱妇女罪，猥亵儿童罪；第 301 条规定了引诱未成年人聚众淫乱罪；第 358 条规定了组织卖淫罪、强迫卖淫罪、协助组织卖淫罪；第 359 条规定了引诱、容留、介绍卖淫罪，引诱幼女卖淫罪；第 360 条规定了嫖宿幼女罪等。以上都属于救济、惩罚性侵犯女童的重要刑事法律条款。

此外，最高人民法院做出的对上述相关刑事法律规范在适用过程中的司法解释，对司法实践中的刑事法律规范适用影响重大。其中 2000 年 2 月 24 日起施行的《最高人民法院关于审理强奸案件有关问题的解释》（已失效）、2001 年 6 月 11 日起施行的最高人民检察院《关于构成嫖宿幼女罪主观上是否需要具备明知要件的解释》、2003 年 1 月 24 日起施行的《最高人民法院关于行为人不明知是不满十四周岁的幼女，双方自愿发生性关系是否构成强奸罪问题的批复》、2004 年 5 月 1 日起施行的最高人民法院《关于审理人身损害赔偿案件适用法律若干问题的解释》等相关规定，都对实践层面的保护女童免于性侵产生了实质性影响。

4. 保护女童免予性侵的其他救济性规定及时出台

首先，1992 年我国制定了《九十年代中国儿童发展规划纲要》,[①] 这是中国第一部以儿童为主体、促进儿童发展的国家行动计划。此后，国家各有关部门和全国 31 个省区和地市以及 99% 的县（市）也制定了适合本地区的儿童发展规划。2001 年，国务院发布了《中国儿童发展纲要（2001－2010 年）》，该《纲要》从儿童的健康、教育、法律保护和环境四个领域提出了儿童发展的主要目标和策略措施。2006 年，《中华人民共和国国民经济和社会发展第十一个五年规划纲要》颁布实施，该《纲要》强调："坚持儿童优先原则，实施儿童发展纲要，依法保障儿童生存权、发展权、受保护权和参与权。改善儿童成长环境，促进儿童身心健康发展。"2011 年 7 月 30 日，国务院制定印发了新时期的《中国儿童发展纲要（2010－2020 年）》，该《纲要》明确提出了儿童发展的指导思想和基本原则及将要实现的总目标。这些纲要是我国政府全面推动儿童权利保护的基础性文件，当然也为保护女童免于性侵害提供了许多有益的政策指导精神和原则。

其次，2013 年 9 月 3 日《教育部、公安部、共青团中央、全国妇联关于做好预防少年儿童遭受性侵工作的意见》发布，该《意见》强调要科学做好预防性侵犯教育，各个教育部门要落实日常管理、密切家校联系、妥善处理性侵事件、建立长效机制等，在许多方面提出了具体要求，强调务必防患于未然，切实"预防性侵犯少年儿童案件的发生，进一步加强少年儿童保护工作，确保教育系统和谐稳定"。

最后，2013 年 10 月 23 日发布的《最高人民法院、最高人民检察院、公安部、司法部关于依法惩治性侵害未成年人犯罪的意见》，作为指导办案的规范性文件，明确强调"从严惩治"、从严执法，要求严惩性侵幼女、校

① 国务院妇女儿童工作委员会：《九十年代中国儿童发展规划纲要》（序言），1992。

园性侵等行为。该《意见》“强化了办案机关及时立案和收集、固定证据职责，重点明确了奸淫幼女等性侵害犯罪的认定原则”。《意见》突出体现了对未成年被害人的特殊、优先保护，用近一半的篇幅从办案工作要求、避免对被害人造成“二次伤害”、为被害人提供法律援助、法定代理人代为出庭陈述意见、加大民事赔偿和司法救助力度等方面，为未成年被害人提供最大限度的司法关怀与呵护，为保护未成年人权益架起一道不容触碰、不容逾越的高压线。①

（二）法律保护上的争议

尽管从立法层面来看，我国已经出台了一系列法律法规和政策性规定，以保护包括女童在内的未成年人的各项权利，然而，现有制度层面的保护仍然存在诸多争议。

首先，根据目前刑事法律及司法解释的规定，某一性侵女童行为的定性有三种可能，强奸罪、嫖宿幼女罪或者无罪。根据《最高人民法院关于行为人不明知是不满十四周岁的幼女，双方自愿发生性关系是否构成强奸罪问题的批复》，当行为人确实不知对方是不满 14 周岁的幼女，双方自愿发生性关系，未造成严重后果，情节显著轻微的，不认为是犯罪。这表明该司法解释坚持了国内刑法“主客观统一”的归罪原则，即只要侵害人主观上不知对方是幼女，且对方“自愿”，该行为就可能被认定为无罪。但是，这一“主客观统一”归罪原则与目前许多国家坚持“儿童利益最大化”，从而坚持“法定强奸”的立场是明显不一致的。② 所谓法定强奸，即无论行为人是否知道对方是幼女，也无论是否幼女“自愿”，只要与之发生性关系，都认定为强奸罪。一方面，法

① http://www.legaldaily.com.cn/xwzx/content/2013-10/24/content_4958923.htm?node=53628.

② 世界上绝大多数的法域都规定了只要是同法定意思表示年龄以下的非其配偶的女性（或男性）发生性关系，即构成法定强奸。例如，日本、印度、以色列、俄罗斯、美国几乎所有的州、英国、瑞士、澳大利亚、南非、越南、卢旺达等规定与 16 周岁以下的儿童发生性关系，构成法定强奸；而新加坡、波兰、罗马尼亚、法国、德国等将法定意思表示年龄规定为 14 岁或 15 岁以上。总体上讲，只要不符合法定意思表示年龄的刚性规定，行为人是否明确知道对方是幼女，或是否幼女自愿，都不构成强奸的抗辩理由。

定强奸之罪的历史实践表明，从古代开始，法律就对那些被认为年龄太小而不能理解自己行为的女性予以特别的保护。事实也是，法定强奸的归罪原则对于保护女童免于性侵具有更强的刑罚威慑力。如同波斯纳所言："对严格责任之犯罪，诸如法定强奸，予以惩罚会有所收益；这种惩罚之威胁会促使潜在违法者更好绕开受到保护的那一类人，因此也就更安全地保护了这类人。"① 另一方面，既然受害人是幼女，其主体的行为能力受限，故而对其意志进行"自愿"与否的评价，也颇受争议。换言之，幼女"愿意"还是"不愿意"发生性关系，在法律上应该是没有意义的。

其次，争议集中在嫖宿幼女罪的存废上。我国 1997 年之前的刑法并没有规定嫖宿幼女罪。1986 年的《治安管理处罚条例》第 30 条第 2 款规定："嫖宿不满十四周岁幼女的，依照刑法（1979 年刑法）第一百三十九条的规定，以强奸罪论处。"现行刑法却把嫖宿幼女罪独立出来，量刑上也从死刑降到了有期徒刑。在逻辑上，嫖宿幼女罪成立的前提之一是幼女卖淫。在国际上有一种趋势，把卖淫活动分为自愿和非自愿两类，但这个分类对于幼女的观点是一致的，即幼女的主观意志并不存在"自愿"或"不自愿"，客观上幼女对自己的身体也没有完全处分能力。这样，幼女卖淫在理论上就无法成立。幼女卖淫若不成立，嫖宿幼女罪从施害主体的角度看，实质上则是通过与幼女发生性关系，对幼女实施性剥削。按照联合国《儿童权利公约》，奸淫儿童是性虐待，"嫖宿儿童"则是性剥削。从实践上看，全国妇联来信来访的数据显示，全国各地投诉"儿童性侵犯"的个案，1997 年下半年为 135 件，1998 年为 2948 件，1999 年为 3619 件，2000 年为 3081 件。确立嫖宿幼女罪后，性侵儿童案件呈逐年上升趋势，不能说与许多原本属于强奸幼女的罪行，却可能被转换为嫖宿幼女罪甚至不是犯罪，从而减轻或免除严厉的刑事处罚之间没有任何关系。如此，如何使保护女童免于性侵的现行不同刑事法律规范之间的价值立场相互协调，是女童权利能否切实得到保障所面临的问题之一。

最后，前文提及的《最高人民法院、最高人民检察院、公安部、司法部

① 〔美〕波斯纳：《法理学问题》，苏力译，中国政法大学出版社，2002，第 222 页。

关于依法惩治性侵害未成年人犯罪的意见》，其中许多规定都超越了现行刑法的范围。例如《意见》第19条第2款规定，对于不满12周岁的被害人实施奸淫等性侵害行为的，应当认定行为人“明知”对方是幼女。这表明只要与不满12周岁的幼女发生性关系，即认定为强奸，“主客观统一”归罪原则被“法定强奸”原则替代。再比如，《意见》第20条规定，以金钱财物等方式引诱幼女与自己发生性关系的；知道或者应当知道幼女被他人强迫卖淫而仍与其发生性关系的，均以强奸罪论处。一方面，可以说上述规定契合了当今各国强化幼女权益保护的世界潮流，也对切实保护女童免于性侵有巨大的推动作用；但是另一方面，因为该《意见》仅是指导性办案文件，并不具有法律强制效力。若被作为法律严格执行，就会实质性消解相应刑事法律规范的效力，尽管其反映了当前社会对性侵女童行为深恶痛绝的情感和保护女童的普遍诉求，但代价可能是牺牲了现行法律权威。

三　女童免于性侵的法律救济现状及问题

（一）女童免于性侵的法律救济现状

性侵女童案的法律救济过程，是包含执法、司法等公权力机关以及各相关社会组织、受害人家庭等在内全面参与的过程。考察法律运行中的女童保护情况，可以发现许多值得肯定的做法和经验。

首先，在案件处理中各个权力机关通常能以女童权益为中心，及时迅速有效地处理案件。性侵案发之后，政府、司法机关等都能够认识到性侵女童的严重性，迅速做出反应，及时救济被侵害女童，使女童及其家人及时感受到社会的公平正义。例如，在海南万宁第二小学校长带学生开房案（以下简称海宁案）[①] 中，2013年5月8日，六名六年级女学生集体失踪。警方及时寻找被害人，在被害人家长报案后的第二天晚上将六名女生全部找到。2013年8

① 本报告涉及的海宁案的案情、日期等资料均来自万宁市委宣传部官方微博，参见 http://p.t.qq.com/longweibo/index.php? lid=18415442288168072100。

月 24 日发生的云南省大关县官员强奸女童案（以下简称大关案）① 中，大关县警方接警后能够迅速行动，当晚将受害女童在大关县编制办主任郭玉驰家中找到。检察院也能够及时批捕、提出公诉。例如，海宁案案发 7 天后，万宁市检察院对两名犯罪嫌疑人批捕。案发 20 天后即以被告人陈在鹏、被告人冯小松犯强奸罪向万宁市人民法院提起公诉。而在大关案中，案发 4 天后，大关县检察院对犯罪嫌疑人批准逮捕，案发 18 天后提起公诉。法院也能够及时审理，海宁案案发 43 天后公开宣判，大关案案发 30 天后公开宣判。此外，在性侵女童案件的审理中，公检法机关还注意考虑案件的特殊性，保护女童权益，防止和减少对被害人的“二次伤害”。例如，海南省以不公开的方式审理性侵女童案，有关证据也依法未予公开，最大限度地保护未成年被害人的隐私。

其次，对性侵女童案件的罪犯从严处罚。在前述 2013 年发生的 26 件重大案例中，已经宣判的有 11 件，其中判处 10 年以上有期徒刑以及无期徒刑、死刑的 7 件，占到 63.64%（如表 6 所示）。

表 6　惩罚情况

单位：件

处罚	10 年以下有期徒刑	10～19 年有期徒刑	20 年以上有期徒刑	无期徒刑	死刑	尚未宣判
件数	4	3	2	1	1	15

资料来源：根据 26 件案例制表。

其中河南永城官员强奸女童被宣判死刑，且已经执行。其他性侵女童案件中，当地的公检法机关包括政府都能够认识到案件的严重社会危害性，以“严格执法，从严惩处”的态度来对待。在海宁案中，万宁市检察院提起公诉之后，海南省一中院认为案件性质严重，做出了改变管辖的决定，提高一审审级，由海南省一中院开庭审理。在大关案中，大关县人民法院一审做出 5 年有期徒刑的判决，引起社会舆论争议，昭通市检察院随即在 10 月 14 日依照审判

① 本报告涉及的大关案案情、日期等资料均来自人民网，参见 http://ln.people.com.cn/n/2013/1010/c353972-19659646.html。

监督程序以“未依法从重处罚，被告人作案动机卑劣，犯罪行为影响恶劣”三条理由认为一审判决“量刑明显不当”，向昭通市中级人民法院提出抗诉。12 月 7 日，大关县人民法院重新组成合议庭再审宣判改判为 8 年有期徒刑。在大关案二审期间，前述强调“从严惩治、从严执法”的《最高人民法院、最高人民检察院、公安部、司法部关于依法惩治性侵害未成年人犯罪的意见》出台，进一步为严惩性侵女童案犯明确了方向。

最后，在性侵女童案发后，新闻媒体的监督作用得到了发挥。2013 年性侵女童案曝光率奇高，一个重要的平台就是网络媒体。网络对性侵女童案件的传播，对及时救济受害人起到了非常重要的推动作用。一些性侵女童案件正是因为网上的帖子、微博等方式的传播，引起了社会关注和政府、司法机关的重视。在海宁案中，海宁市政府专门开通微博“海宁发布”，及时向公众发布案件的最新进展，大关案也是从网上的一个帖子的流传开始受到公众关注的。一方面，司法机关在追究犯罪的同时，注重向社会公布信息，寻求与社会的沟通和交流；另一方面，多元形式的社会监督有助于公权力在阳光下运行。这些为性侵女童案件能够及时正当地处理、切实保护女童权益提供了支持。

（二）女童免于性侵法律救济存在的问题

第一，有关“二次伤害”的问题。司法机关在办理此类案件时，虽然对受害人“二次伤害”问题有所注意，但重视程度还非常低，保护受害人避免“二次伤害”的意识和措施都远远不够。例如，案发后，公安人员在调查取证时，往往穿着警服开着警车直接到受害人家里或者学校取证，没有保护受害人隐私的意识；取证过程简单粗暴，通常让孩子口述和回忆受到伤害的过程，甚至反复要求受害人回忆受害情景，缺乏对孩子的心理辅导；性侵案件常要进行医学鉴定，实践中这个环节也少有注意保护受害人隐私的措施，相反，往往会加剧受害孩子内心的创伤。

社会舆论在对此类案件细节披露时，也容易造成对女童的“二次伤害”。在海宁案中，女童家长明确表示自己和女儿都感受到了巨大的压力。[①] 家长希

① 中央电视台《面对面》采访家长的访谈。

望媒体报道，但并不希望细节成为报道的内容。孩子尤其是小学生，已经具有一定的社会意识，媒体找到受害人跟踪报道，甚至造成了孩子不敢见人的情形。在湖南 12 岁女童被强奸并怀孕生子的案件中，不少记者扛着摄像机直接闯进受害人家里到处拍，家长认为“很多媒体都没有按照他们的意愿报道”。[①] 而在封闭的地区，这种大面积的传播甚至导致了周边人对受害女童及其家庭的歧视。

第二，在司法实践中，对女童的“特殊”保护因缺乏可操作性细则而无法落实。《经济、社会和文化权利国际公约》规定，缔约国应为一切儿童和少年采取特殊的保护和协助措施。《儿童权利公约》规定了儿童优先及儿童利益最大化原则。我国也规定了未成年人的特殊保护原则，但是，总体上缺乏对女童进行“特殊”保护的实施细则。大关县人民法院一审之所以做出 5 年有期徒刑判决，并非没有依据。2010 年的《人民法院量刑指导意见（试行）》第四部分规定：“在量刑起点的基础上，可以根据强奸人数、次数、致人伤亡后果等其他影响犯罪构成的犯罪事实增加刑罚量，确定基准刑”，“强奸妇女、奸淫幼女一人一次的，可以在三年至五年有期徒刑幅度内确定量刑起点”。这样的规定可以说没有考虑到幼女的特殊性，没有给予女童特殊的保护，从而导致了判决公布后社会舆论的不满。[②] 再比如精神赔偿的问题，大关县法院一审驳回原告精神损害赔偿要求，其依据是最高人民法院《关于刑事附带民事诉讼范围问题的规定》（法释〔2000〕47 号）第 1 条第 2 款，“对于被害人因犯罪行为遭受精神损失而提起附带民事诉讼的，人民法院不予受理”。最高人民法院《关于人民法院是否受理刑事案件被害人提起精神损害赔偿民事诉讼问题的批复》（法释〔2002〕17 号）规定：“对于刑事案件被害人由于被告人的犯罪行为而遭受精神损失提起的附带民事诉讼，或者在该刑事案件审结以后，被害人另行提起精神损害赔偿民事诉讼的，人民法院不予受理。”

第三，性侵案件判决后的善后工作做得还不够。保护遭受性侵害女童是一项系统工程。性侵女童犯罪具有极大的特殊性，这类案件中受害人是女性，同

---

① 中央电视台《今日说法》采访访谈。

② 朱永华：《强奸幼女案判决应彰显公正》，http://caijing.chinadaily.com.cn/zxqxb/2013-10-10/content_10283422.html。

时又是未成年人。双重独特性要求在案件判决后需要做善后工作。但实践中这一点几乎完全被忽略。公权力机关在开展侦查取证、开庭审理、宣判等工作时，破坏了女童的常态生活环境。女童性侵事件曝光之后，受害女童往往会受到学校、社区、社会的广泛关注，但这种关注尤其是在农村地区往往带有猎奇色彩，而并非全部一体的关怀和爱护。这种“关注”会给受害女童带来沉重的精神压力和负担。如何对待受害女童所处的判决后境况？如何为受害女童恢复日常生活环境？目前的女童性侵案件在处理过程中，公权力机关尚未能考虑这些问题，结案即画了句号。虽然这类问题并非公权力机关独自可以解决的，但是，公权力机关在这其中毫无疑问也是有责任的。

四　完善性侵受害女童法律保护的建议

（一）立法方面

要进一步加强预防性侵害方面的立法。没有全面而有效的事前预防，仅仅进行事后救济是不讲效益的思路。通过预防性立法，可以使女童获得适宜的关于性与生殖健康方面的信息、教育和服务，加强自我保护。由于性侵行为发生于学校的概率高，侵害人中教师占有很大比例，可以考虑借鉴联合国儿童权利委员会的儿童权利监督制度、挪威的儿童监察使制度等，建立封闭性教育场所内未成年人人身安全的记录与公开制度等。同时，在立法层面要继续加大对性侵女童犯罪的打击力度，真正保障受害人权利。尽管前述《最高人民法院、最高人民检察院、公安部、司法部关于依法惩治性侵害未成年人犯罪的意见》强调了“从严惩治、从严执法”的导向，但其毕竟不是规范性法律文件，缺乏法律强制力。要努力将这种导向精神贯彻到相关法律的“立改废”中。[①] 此外，要继续健全恢复、救济方面的立法，例如，建立针对

① 2013年7月，最高人民法院答复全国人大代表孙晓梅关于废除嫖宿幼女罪的建议时，明确表示完全赞成废除嫖宿幼女罪。最高人民法院希望能够与社会各界共同推动全国人大法工委尽快立项废除该罪名，如果一段时间内该罪名依然未被废除，最高人民法院会进一步规范该罪的适用。

遭受性侵的未成年被害人国家救助制度，以弥补目前法律不支持受害人精神损害赔偿的不足；建立专门的未成年人性卫生立法，在体检、保健、流产等方面有可操作性的规定；等等。

（二）司法方面

要更加注意保护受害女童的身心，注意法律运行各环节的方式方法。性侵女童案件中，在侦查阶段，侦查机关询问被害人比其他阶段更容易造成被害人的第二次伤害，所以调查取证时要尽量采取人性化的手法，尽最大努力保护受害人隐私。为有效保护受害人权利，应该考虑赋予未成年被害人在侦查阶段委托代理律师的权利，并允许侦查机关询问时代理律师在场。在裁判过程中，要确保对未成年被害人的法律援助到位；在民事赔偿上涉及强制执行的，要积极履行职责，提高执行率，确保对受害女童的救济不落空，切实保护和救济受害人。

（三）社会方面

从传媒监督的角度，提倡新闻媒体以理性的方式报道性侵案件。应当以保护孩子、谴责犯罪为出发点，以维护受害儿童的权利为原则，杜绝以获取“热点新闻”为目的，强行采访，任意披露案件细节，损害受害人及其家人利益的各种失当行为。

家庭、学校、社区等要为恢复受害女童的生活环境创造、提供条件。家庭是保护孩子免于性侵的第一场域，也是让受害女童治疗创伤、恢复生活状态的重要港湾。从现实看，许多家庭以及家长没能很好地履行该环节的责任，对性侵发生存在怠于教育、疏于监护，案发后对受害人在看护、疏导心理等方面存在方式不当等问题。因此，从全社会层面强化保护女童免于性侵的观念意识，发挥妇联、社区等民间社会组织力量，改善“谈性色变”的社会风气和氛围。同时，学校尤其是中小学，应进一步完善青少年性教育政策及实施体系，明确性教育的策略和目标，致力于改善儿童性教育极度匮乏的局面。另外，从师生关系角度出发，学校教育应重视对人的权能感、现代公民意识和平等观念的培育，而非灌输“要听老师的话”，要逐步培育起健康的师生关系。

B.16

海外中国公民的正当权益保护

刘杰 石冬旭*

摘 要：

随着中国对外开放的程度不断提高，中国公民走出国门的人数越来越多。涉及侵害中国公民及组织在海外合法权益的事件频发，加强对海外中国公民的正当权益保护已成为一个重要议题。近年来由于中国政府对于海外公民权益保护的重视程度不断上升，公民自身权利意识不断增强，在居留地设立维权组织积极协助个人维权不断增多等因素，海外中国公民的权益保护水平逐步提高。但是，随着形势的发展，未来还应通过立法及体制和机制的健全切实加大对海外中国公民的权益保护力度。

关键词：

海外 中国公民 正当权益 保护

随着中国改革开放的深化和扩大以及经济、政治、军事、文化等实力的不断提升，中国公民每年出境的人数越来越多。尤其进入新世纪以来，中国国内居民出境人数自2000年突破1000万人次后（不包括港澳台居民出境人数），一直以年均18.5%的高速递增，基本上每2~3年即增加1000万人次。[①] 据外交部领事司的数据，2013年，内地居民年出境人数达到9818.7万人次，连续

* 刘杰，法学博士，上海社会科学院政治与公共管理研究所所长、人权研究中心主任，研究员，博士生导师，华东师范大学双聘教授，中国人权研究会理事，主要研究方向为中国政治和人权理论；石冬旭，法学硕士，上海社会科学院政治与公共管理研究所助理研究员，主要研究方向为政府体制和公民政治参与。

① 苏禾：《中国人在海外遇险怎么办?》，《看世界》2013年第15期。

4 年以年均1000 多万的数量增长；境外中国企业近2 万家，遍布全球180 多个国家和地区。[①] 随着中国同国际社会的交往日益频繁，涉及中国公民及组织在国外合法权益遭受侵害的突发事件频发。面对新问题、新挑战，中国政府进一步调整、充实和完善了保护海外公民权益的政策，加强对海外中国公民正当权益的保护已成为一个重要议题。

一　海外中国公民的群体构成状况

一般认为，海外中国公民是指不在中华人民共和国境内而具有中华人民共和国国籍的人，既包括那些享有外交特权与豁免权的中国的外交代表、领事官员、国际组织代表等，又包括那些为了从事专业或商业活动、为了留学或与亲人团聚、为了定居或进行各种国际交流与合作，而离开中国到外国短期或长久居留的中国公民。[②] 海外中国公民大致包括两类人群。一类是华侨，指在国外长期或永久居住，获得住在国永久居留权的中国公民。[③] 其中又分为老一辈华侨和改革开放后加入外国国籍的新华侨。另一类是临时出国人员，主要指短期在国外从事经济、商务、科技、文化、教育、体育以及劳务、探亲、访友、旅游、留学、学术交流等活动，未获得住在国永久居留权的中国公民。[④] 包括留学生（含自费生和公派留学生）、经商人员（含投资海外的公司和自主经商人员）、海外就业人员（含劳务派遣工人和在所在国长期就业的人员）、非法居留人员（含偷渡、非法滞留务工人员、少数犯罪人员）、游客等。海外中国公民主要具有以下特点。

（一）分布日益广泛

海外华侨分布非常广泛却又相对集中在亚洲和发达国家，且主要集中居住

① 岳菲菲：《“国人海外过度维权令人尴尬”》，《北京青年报》2014 年1 月15 日，第A18 版。

② 王秀梅、张超汉：《论海外中国公民的保护——以国际法人本化为视角》，《法治论丛》2010 年第2 期。

③ 竹青：《关于加强对国外中国公民权益保护的思考——兼论保护在美国的中国公民权益问题》，《侨务工作研究》2006 年第3 期。

④ 竹青：《关于加强对国外中国公民权益保护的思考——兼论保护在美国的中国公民权益问题》，《侨务工作研究》2006 年第3 期。

在大城市的唐人街。目前，华侨华人不再高度集中在东南亚地区，而是随着经济全球化大潮以及中国与相关国家关系的改善，真正地遍布世界各地，尤其是发达国家和地区，连近百年来中国移民鲜至的拉丁美洲、非洲和中东各地，也出现了多个数以万人计的华侨华人聚居区。[①]

（二）出境途径相对集中

20 世纪 70 年代以来，中国国内掀起了大规模的国际移民热潮。其中，留学成为中国人移民国外的主要渠道之一。从 1978 年到 2013 年底，中国各类出国留学人员总数达到 305.86 万人，仅 2013 年度中国出国留学人员的总数就达到了 41.39 万人，比上一年增长 3.58%；[②] 第二类移民为非熟练劳动力，他们主要以亲属团聚理由申请定居身份，少部分人选择非法途径前往海外定居；第三类移民为商务移民，包括投资移民、驻外商务人员和各类商贩；第四类移民为劳务输出人员，通常期限一般是两年，且常年保持增长趋势，可视为特殊移民群体。[③]

随着中国出境人口数量的增多，涉及中国公民和机构在国外安全及合法权益的突发事件也增加了。自 2006 年起，每年由外交部处理的海外公民领事保护案件超过 3 万宗，仅 2013 年一年，外交部就协调、指导各驻外使领馆妥善处置领保案件 4 万多宗。[④] 中国公民的海外风险问题越来越突出，海外公民或组织面临的人身、财产安全等问题不容忽视。

二　海外中国公民的权益保护水平逐步提高

近年来中国政府对于保护海外中国公民合法权益的重视程度日益上升，尤其注重保护公民的生存权和发展权。同时相关部门不断加大投入，狠抓境外人

---

① 刘威：《约 5000 万：全球华侨华人总数首次得出较明确统计数字》，新华网，http://news.xinhuanet.com/overseas/2011-11/30/c_111206719.htm。

② 吴晶：《2013 年中国出国、归国留学人员继续增长》，《科技日报》2014 年 2 月 22 日，第 3 版。

③ 庄国土、张晶盈：《中国新移民的类型和分布》，《社会科学》2012 年第 12 期。

④ 岳菲菲：《“国人海外过度维权令人尴尬”》，《北京青年报》2014 年 1 月 15 日，第 A18 版。

权保障的机制建设和能力建设，取得了明显成效。中国人的境外人权保障水平总体上不断提高，整体呈现出良好的趋势。

（一）中国政府重视程度的上升

1. 立法建设

中华人民共和国政府从成立伊始就十分重视保护海外中国公民的正当权益。1949 年 9 月 29 日通过的《中国人民政治协商会议共同纲领》规定："中华人民共和国中央人民政府应尽力保护国外华侨的正当权益。"1954 年，中国外交部根据当时的实际情况制定了《关于领事工作任务的初步规定》，这是新中国成立后第一个有关领事工作的法规，尽管在内容上仅就一些项目做了原则规定，但对指导新中国领事工作和推动中国与外国领事关系的发展发挥了极为重要的作用，并为新中国领事制度的建立奠定了基础。同年颁布的第一部《中华人民共和国宪法》第 98 条规定"中华人民共和国保护国外华侨的正当的权利和利益"，在 2004 年的宪法修正案中又首次把"人权"概念写入宪法当中，明确规定了"国家尊重和保障人权"。

关于领事工作的具体职责也通过相关条例予以规范。1983 年，在总结 30 多年中国领事工作实践的基础上，中国外交部制定了新中国第一部《中华人民共和国领事条例（试行）》，该领事条例将领事保护的对象从华侨扩大到了海外中国公民，领事职责也有明显增加。此外，外交部于 2000 年制定了《中国境外领事保护和协助指南》，此后又根据不断变化的国际及国内形势陆续对其进行了修订，明确了领事保护范围、所提供的特定服务及可提供的协助、遭遇突发事情时的处理方法、联络中国驻外使领馆的方法、注意事项，以及索取进一步资料的途径，以更具体更方便地服务于不同群体的海外中国公民。

随着公民权益保护法律法规的不断健全，立法调研的理念也逐步体现于立法建设的各个阶段。2013 年 11 月，全国人大常委会副秘书长、全国人大华侨委员会委员刘水生率代表团到南非进行调研，与当地的华侨领袖及华人华侨代表座谈，倾听当地侨胞的心声。目的是了解侨胞的工作和生活情况、探望侨胞并听取他们的意见和建议。座谈后，代表团整理侨胞们的意见和建议，写入调研报告，目的是今后在相关法律修改时提供建议，体现侨胞们的意见。

2. 机制建设

从机制建设的角度看，中国政府总结了几十年来领事保护工作中的宝贵经验和教训，借鉴其他国家领事工作的成功做法，经过不断改革创新，针对领事案件频发的情况，采取了一系列的措施，从各方面提高领事保护和服务的水平。2004 年建立了境外中国公民和机构安全保护部际联席会议机制。此后，2006 年外交部领事司正式成立了领事保护处，下一年度，领事保护处又升格为领事保护中心，海外公民的权益保护问题有了专门的处理机构。在此基础上，中央、地方、企业和驻外使领馆“四位一体”机制不断得到完善，对各类境外重特大突发事件应急处置能力不断加强，风险预警、宣传教育、安全培训等预防性领事保护工作手段不断丰富，境外中国公民和机构的权益保护工作水平显著提升。

此外，相关工作的透明度也进一步提高。政府利用外交部官方网站这一平台，及时对各国的安全状况、入境手续以及旅游、经商和求学等信息发布公告，提出预警，提供公民出境注意事项和有关国家的政策，帮助公民提高自我保护和防范意识。上述举措进一步密切了外交、领事工作与公众的关系，增进了公众对领事保护工作的认识和理解，有效地预防了某些案件的发生。经过近年来的宣传工作，公民对外交及领事工作有了更深的了解，外交部网站上关于领事问题的在线交流活动得到了网友的积极支持，网友们也不再围绕一些基本的问题进行交流，而是显得更为专业和有针对性，向外交部和驻外使领馆寻求领事保护的观念逐渐加强。

3. 能力建设

从能力建设的角度看，2009 年通过了《中华人民共和国驻外外交人员法》，其中第 5 条第 5 项明确规定了驻外外交人员应当维护中国公民和法人在国外的正当权益。根据外交部的统计数据，2007 ~ 2012 五年间，外交部牵头，会同有关部门、地方、企业，指导驻外使领馆妥善处理政局动荡、绑架劫持、自然灾害、意外事故、劳务纠纷等引起的各类涉中国领事保护案件 12 万余起，执行撤侨任务 10 余次，有力维护了数以十万计的中国公民和企业的安全和合法权益。[①]

---

① 刘华、曹欣阳：《中国五年处理涉华领事保护案件超过 12 万起》，新华网，http：//news.xinhuanet. com/2012 - 02/10/c_ 111511927. htm。

2013 年 7 月，韩国韩亚航空公司的一架航班在降落美国旧金山国际机场过程中失事，导致 3 名中国公民遇难。接到失事情况报告后，外交部立即启动应急机制，指示驻旧金山总领馆，驻美国、韩国使馆立即核实中方人员伤亡情况，要求美方全力抢救并妥善处置中方人员；驻旧金山总领馆成立以总领事为组长的应急处置工作小组，第一时间公布对外值守电话，同韩亚航空公司、当地机场、警方及医院保持密切联系；驻美使馆要求美方提供相关支持与便利；驻韩国使馆第一时间同韩亚航空公司联系，要求对方尽快通报机上中方人员情况。①

由于遇难的中国公民均为中学生，此事也引起教育部的高度重视并立即启动了相关应急机制，要求驻旧金山总领事馆教育组全力为遭遇事故的师生提供各种帮助。同时，中国民用航空局要求相关航空公司驻旧金山营业部全力以赴协助有关部门做好中国旅客的相关工作，同时协助做好中国旅客和家属乘坐航班事宜。

通过多部门的联手努力，善后工作迅速展开。浙江省公安厅出入境管理局为赴美处理善后事宜的相关人员开辟“绿色通道”，当天即办理好相关护照。仅仅相隔一天，浙江省善后工作组及伤亡人员家属已抵达失事地点。紧接着，江山市委市政府聘请精通相关法律法规的律师和专家组成了律师顾问团，举办法律研讨会，寻求维权索赔的最佳方案，协助家属做好相关索赔材料的准备，帮助指导索赔，最大限度保护公民的正当权益。这一事件充分体现了中国政府各部门协同作战，处理海外中国公民权益保护事件的能力与决心。

2013 年 10 月 4 日，138 名中国工人在菲律宾被当地警方扣留，随后释放了 3 名证件齐全者。中国驻菲律宾大使馆官员连夜赶赴事发城市核实情况，了解事件信息，并派出领事部和商务处的工作人员前往现场进行探视。同时，使馆全力以赴，和菲律宾有关部门进行交涉，与地方政府进行协调，要求菲律宾方面文明执法，给予被扣押的中方工人人道主义待遇，保障他们的安全与合法权益。在使馆的努力与协调下，135 名中国工人于 6 日上午被菲移民局转移至条件较好的场所。事件最终获得了较为妥善的解决。

① 《外交部及驻外使领馆启动应对韩亚航空公司飞机失事应急机制》，中国领事服务网，http：//cs. mfa. gov. cn/gyls/lsgz/lsyj/t1056739. shtml。

这些事件中中国政府采取的行动彰显了卓越的组织协调能力、执行效率和处理突发事件的应变能力。可以预见，随着国际局势的日趋复杂化，海外中国公民的权益保护工作面临的各种形势也将更加严峻，如何构建一个完整、高速、有效的保护体系已经成为一个亟待解决的问题。

（二）境外公民自身人权意识的增强

随着涉外权益保护事件数量的增加，也随着中国政府处理此类事件的制度进一步完善，中国公民在自身维权及接受政府权益保护的过程中不断积累维权经验，探索出通过法律程序，通过华人华侨社团的帮助、支持，通过媒体舆论等多渠道维权的方式，境外中国公民的权益保护意识不断增强。

2013 年 10 月，美国广播公司（ABC）的一档讨论节目遭到当地华人华侨及华裔民众的强烈抗议。节目的主题是讨论美国由于债务问题未达成协议而导致政府部门停止运作的问题，一名美国儿童为此提出对策称“杀死中国人”。节目播出后引起了华人华侨的强烈不满，爆发了有史以来范围最大的华裔抗议活动。全美各地华人华侨先后陆续自发组织活动响应，抗议 ABC 默许种族仇杀和辱华言论，并透过网络平台交流经验。这表明了华人华侨对于政治权利的主张和对切身权益的关注，也表明了海外中国公民主动维权意识的增强。

随着华人移民的增多，很多华人移民在当地发挥着越来越大的作用，其行为可以直接或间接地影响当地的法律或政策。2013 年 3 月，加拿大司法部和加拿大公民、移民和多元文化部宣布，由华人陈旺引发的 C－26 法案，即《公民拘捕及自卫法案》正式生效。从中国福建移民加拿大的华裔超市的业主陈旺于 2009 年在其店内因捉拿窃贼反遭多伦多警方逮捕，并以强行禁锢及攻击等重罪予以起诉，该案随后在宣判时判决陈旺无罪。不过，此案仍引起轩然大波，并导致加拿大国会为此进入刑法修正案的法律程序。由于陈旺的超市名叫“金牛城超市”，因此，该法案也被叫作“金牛城法案”。新法案简化了加拿大的《刑法》中关于公民自卫和保护财产的相关规定。这些法律条文扩大了公民自卫的权利，授权公民用适当的武力制止犯罪，保护自身和财产不受侵犯。

（三）在居留地设立维权组织帮助个人维权

2013 年 6 月，由欧洲保护中华艺术协会和法国华人收藏家协会联合建立的欧洲华人收藏家维权中心在巴黎成立。中心拥有一流的专业团队，由著名律师和艺术品鉴定专家组成。律师团队由欧洲不同国家的著名律师及通晓多种语言的华人律师团组成。他们有着丰富的法律知识，通晓欧洲各国法律诉讼程序，可以帮助华人收藏家解决各种疑问和纠纷。该组织的宗旨是帮助华人收藏家解决在欧洲购买艺术品时遇到的各种纠纷，保护他们的合法权益。

由于历史原因和进出口贸易，欧洲地区藏有大量中华瑰宝。近 20 年来，华人收藏家愈发频繁地来到欧洲购买中国艺术品，为中国艺术品的海外回归做出了巨大贡献。但是，为数不少的华人买家在期间遭遇了购买赝品的困扰。由于语言沟通的困难和对欧洲各国法律缺乏了解，他们很难运用法律武器维护自身的合法权益。加之大部分华人买家不清楚在欧洲拍卖行竞拍艺术品的权利和义务，所以他们迫切需要一个懂得所在国法律法规并且能够帮助他们有效维权的机构来助其维护正当权益。而欧洲华人收藏家维权中心的成立，恰好填补了这方面的空白。

三　当前海外中国公民权益遭受侵犯的情况及原因

在全球经济一体化进程不断加速的同时，国际社会非传统安全因素逐渐凸显并成为危害国际社会安全的一大隐患。与近年来中国出境人数激增相伴而生的是越来越多的中国公民在海外的遇险事件。仅以 2013 年为例，这一年中国公民在海外遇到的风险主要有以下几类：一是有关国家政局动荡，如南苏丹局势动荡影响在当地的中国公民和机构的安全；二是重大意外事故，如埃及卢克索热气球事故致 9 名香港游客死亡；三是恐怖袭击事件，如肯尼亚“西门”购物中心恐怖袭击导致中国公民 1 死 1 伤；四是社会治安问题，如抢劫、盗窃等犯罪行为导致中国公民人身安全和财产权益受损；五是海外中国公民自身行为不当，特别是违反当地法律法规、风俗习惯、宗教禁忌，如在国际旅行中非法携带象牙制品、在伊斯兰国家携带酒精饮料入境等。[1] 其中前四项均可能造成海外中国公民的正当权益遭到侵犯。

由于中国政府过去对海外中国公民的权益保护的重视程度不够，相关的政策措施准备不足，实现对这一群体的权益保护难度很大。近年来，海外中国公民的权益受所在地政府或民众侵犯的现象日趋严重，这一则由于当地中国公民的经济状况容易招致当地人妒忌，二则也在于其自身维权意识比较薄弱，除领事保护之外的其他维权渠道较少，海外中国公民在权益保护方面处于严重的弱势地位，这进一步凸显了中国政府采取主动行动加大保护力度的必要性和紧迫性。大致说来，目前海外中国公民权益受损的情况主要包括如下几个方面。

（一）在政治和司法领域，近年来一些国家的“黄祸”意识有所抬头

继近年来美国、法国、意大利、澳大利亚及一些东南亚国家相继出现反华言论或发生排华事件后，2013 年，连续发生数起坦桑尼亚人持枪抢劫当地中国公民事件。抢劫地点包括位于达累斯萨拉姆市的华侨超市、中资企业驻地、华侨老板家里、中国员工所乘班车、相关事件多发区域以及远离城市的项目工地。这些事件已经造成数名中国公民不同程度受伤和数万美元的经济损失。坦桑尼亚安全部门的调查显示，这些连续发生的持枪抢劫案件性质恶劣，针对中国公民的倾向明显，且有愈演愈烈的趋势。中国驻坦桑尼亚经商代表处将配合使馆加大同坦方交涉力度，敦促坦方尽快破案，将犯罪分子绳之以法，有效保护中国公民的生命和财产安全。近年来受“中国威胁论”抬头的影响，某些国家或民众针对中国人的种族仇恨情绪不断上升，导致在海外的一些中国公民成为种族暴力宣泄的受害者。

除民间排华情绪滋生外，一些国外的媒体也推波助澜，大肆渲染和传播“中国威胁”的言论。2013 年 6 月，法新社的报道称“中国政府正帮助其移民在加拿大大肆购买农地，并将在这些农地上所生产的农作物运回中国”。报道说，中国地少人多，农产品满足不了人口需求，因此竭力在海外购买农地。报道以

① 岳菲菲：《“国人海外过度维权令人尴尬”》，《北京青年报》2014 年 1 月 15 日，第 A18 版。

“加拿大谷仓”萨斯喀彻温省为例渲染说，那里拥有加拿大农地总量的45%，由于中国投资客的加入，去年农地价格上涨10%，近3年则上涨45%。

（二）在经济领域，公私财产受到所在国侵犯的情况时有发生

包括一些投资所在国违背协议采取侵权行为，海外中国公民因受到偷盗、抢劫等导致财产受损等。尤其是当一些所在国发生政治和社会动荡时，中国公民的财产权几乎得不到任何有效保障，常常受到肆意抢夺而无法得到任何赔偿。

近几年，海外中国公民开办的企业遭抢事件时有发生。2013年11月，美国纽约市法拉盛社区的一家华人珠宝店遭到5名犯罪分子的抢劫，其中至少3人持枪进店抢劫，砸坏店内玻璃柜台抢走珠宝金饰。这已是近一个月内法拉盛社区华人金行珠宝店遭遇的第三起抢劫案。自9月开始，纽约华埠等多个地点，曾发生多起华人珠宝店遭遇劫匪持枪抢劫事件。

同样在11月，阿根廷发生三起哄抢华人超市事件，冲突造成4人受伤，54人被捕。遭哄抢超市均位于贫民区。而在2012年，当地有40多家华人超市遭到哄抢，10多家超市被洗劫一空。中国驻阿根廷使馆获悉后，立即要求阿根廷联邦和警方派人保护华商，事件发生地政府当晚启动“紧急安全计划”，部署2000多警力，加强对哄抢热点地区的巡逻，保护商家安全。目前，阿根廷华人超市已达上万家，大部分位于贫困地区，由于社会治安形势日趋严峻，在经济不景气和社会动荡时，华人超市很容易受到攻击。

近年来，随着中国企业国际竞争力的不断增强，中国许多优秀企业的自主知识产权在海外遭到侵犯和恶意诉讼。如知名品牌“老干妈”“洽洽”在德国被抢注，“狗不理”“同仁堂”在日本遭到抢注，“五粮液”在韩国和加拿大同时被抢注。[①] 尽管有胜诉的案例，但是更多的企业受制于有限的财力和资源以及不熟悉的法律环境和诉讼程序，被迫放弃了海外维权之路。

一般来讲，商标抢注的目的无外乎两种：其一是以保护知识产权、防止商标侵权为由阻碍被抢注商标的企业的产品进入某个市场，由于知识产权保护的地域性，商标一旦在某国或某区域注册成功，被抢注商标的企业就不得在该国或该

① 蒋皓、周斌：《海外维权难挡住大批中小企业》，《法制日报》2013年7月23日，第5版。

区域使用此商标，否则就构成商标侵权；其二是以牟利为目的，通过商标抢注，向被抢注的企业索要巨额商标转让费，或进行商标倒卖以谋取利益等。[①]

在不断发展的国际贸易及企业竞争中，为构筑贸易壁垒、排斥竞争对手，国外企业采取的竞争手段和方式开始发生明显变化。为抵制中国企业向海外渗透，它们越来越多地应用知识产权保护、反倾销、特保措施以及限定商品生产社会标准等措施阻挡中国企业进入国外市场。随着经济全球化和中国企业走向世界市场的步伐日益加快，知识产权纠纷不可避免。除商标纠纷外，中外企业在专利、版权、商业秘密、不正当竞争等方面都有可能产生法律上的摩擦。

（三）文化的冲突导致话语权的丧失，进而导致权益被侵害

据美国《侨报》报道，纽约的华人社会不断发生华裔家长因打孩子或在抚养孩子过程中不慎弄伤孩子而遭到市儿童局介入，由此被剥夺孩子的抚养权，同时父母被抓吃官司的悲剧。究其原因，这里面既有华裔家长被冤枉而惹祸的，也有移居海外的中国公民与当地的文化观念不同，家长没有及时调整观念，不能“入乡随俗”而导致悲剧发生的。[②]

类似的事件在西班牙也有发生。据西班牙《欧华报》报道，很多生活在西班牙的中国人，由于面临海外生活的压力而来往奔波，无暇照看孩子，只好把亲生子女寄养在西班牙家庭，却由于这种行为最终丧失了孩子的抚养权。2013 年，仅生活在马德里的华人家庭中就有三对华人父母痛失了亲生子女抚养权。[③] 除了西班牙文化认为这种行为相当于变相的“遗弃”因素外，还由于华人父母与长期分离的子女之间产生文化上的隔阂，导致子女与父母产生观念上的冲突，进而对父母的行为难以认同。

海外中国公民生活在与国内迥然不同的社会文化环境下，语言障碍、移民特性及意识形态冲突等往往成为自身融入当地社会的绊脚石。文化的冲突会导致

---

① 张跃：《浅析我国商标国外被抢注现象》，中华人民共和国国家工商行政管理总局网，http：//www. saic. gov. cn/gsld/llyj/xxb/201004/t20100408_ 81589. html。

② 崔国萁：《美华裔单身父亲为 10 岁女儿洗澡惹祸上身被击毙》，中国新闻网，http：//www. chinanews. com/hr/2013/10 –22/5409597. shtml。

③ 凌锋：《华人孩子寄养西班牙家庭　频频引发抚养权争夺战》，欧华网，http：//chinatown. ouhua. info/news/2013/09/27/1950330. html。

弱势群体的话语权被彻底忽视，导致不同群体间的人权价值判断从主体上就处于不平等的地位，进而导致弱势群体的各项权益容易受到侵犯。

四　改善海外中国公民权益保护状况的方式和路径

近年来，侵犯海外中国公民权益的事件频频发生，除了涉及公民个人利益的一般性事务外，某些事件还呈现出涉及面广、影响范围大、政治敏感性强的特点，给海外中国公民的权益保护工作提出了严峻挑战。为此，中国政府根据海外形势及时转变执政理念，努力采取各种政策措施改善海外中国公民的权益保护水平。2011 年 2 月，中国政府组织从利比亚撤侨。此次行动为新中国成立以来最大规模的有组织撤离海外中国公民行动。共协调派出 91 架次民航包机、12 架次军机，5 艘货轮、1 艘护卫舰，租用 35 架次外国包机、11 艘次外籍邮轮和 100 余班次客车，实现了海、陆、空的联动，从利比亚撤离中国公民共计 35860 人。[①]展示了应急机制的成熟和专业化，这种应急保护措施是海外公民权益保护职能的重要体现。

但总体而言，目前中国政府对海外公民提供的正当权益保护主要属于事后救济性质，大多数时候仍停留在敦促侵权方支付方面采取必要行动，或者为受害者家属提供必要的外事帮助，很少采取主动行动来维护海外中国公民的正当权利。用发展的眼光看，中国政府要切实加大海外中国公民的权益保护力度，有必要在如下几方面采取更多的主动行动。

（一）树立公民权益保护的责任意识和服务意识

中国作为负责任的大国，不仅有能力承担一定程度的国际事务，在本国公民的保护上，更有着义不容辞的责任。对此，政府要首先认识到保障海外公民和法人的正当权益既是一国的权利与权力，更是一国的责任与义务。要将“以人为本”“外交为民”的原则贯穿于领事保护工作的始终，以坚定的责任意识和人权意识服务于海外中国公民。同时，政府应积极提高海外公民权益保护的相关能

① 李妍：《35860 在利同胞已全部回国》，《广州日报》2011 年 3 月 6 日，第 2 版。

力和水平，在发生海外公民权益受侵害的事件时，政府各部门应及时应对、协同作战，积极寻求事件的解决办法，在第一时间内维护受害公民的正当权益。

（二）重视法律和财政的保障

公民权益的保护需要一个多层次、立体化的保障体系，法律方面的完备应当成为保障的基础。首先，应考虑制定海外公民权益保护法。由于缺乏国内法的保障，中国政府在海外公民的权益受到损害时只能采取应急措施，难以根据法律来进行必要的外交干涉或对所在国政府施加有效的政策压力。目前，世界上许多国家对于保护海外公民权益的问题都加强了立法建设，从法律层面对这一问题予以保障。如日本于2004年制定了有事法案之一的《国民保护法案》，2005年在内阁会议上通过《有关国民保护的基本方针》以及《外务省国民保护计划》，使其保护海外国民安全的措施进一步完善。而美国于“9·11”事件后，在原有的《全国紧急状态法》体系外，也更加紧了对美国海外机构和公民的安全保卫工作。尽管从目前中国的情况看，相关立法的时机可能还不成熟，但必要的法律准备或在相关法律的修订时增加保障海外中国公民权益的条款应该是可行的。

其次，应探索实施两项保护措施，一是建立海外公民权益保护的专项基金，可用于一些突发事件发生时海外公民回国或者接受其他紧急救助所需费用以及依法对境外公民的损失进行赔偿所需费用等，主要用于事后救济工作；二是开发特定的保险险种，可以考虑联合全球几大保险公司和人道主义组织，寻求设立与人权保护有关的险种，帮助转移一部分海外中国公民或企业承担的风险，并可用于弥补因战争、自然灾难、流行病给海外公民带来的损失等，主要用于事先预防工作。

（三）健全由外交部牵头、相关部门共同协作的海外公民权利保障机制，尤其注重海外安全风险预警机制的建立

协同保障的机制不仅包括事后救济，更应注重解决以下问题：第一，及时关注，即对世界各地因人为原因可能导致侵害中国公民事件发生的动向、趋势给予重视、关心和关注；第二，预判或评估，即对海外中国公民所在国的政治走向或中国侨民与当地民众矛盾激化程度可能导致排华、侵权事件的发生进行预判或评

估；第三，发出预警，即提前对国内公民发出出国安全警示和对海外中国公民发出安全风险警示。

（四）加强海外中国公民的维权意识教育

相关部门针对公派出国的劳务人员、留学生和旅游者等不同群体，在出国前应由派出单位进行有针对性的、专门的维权常识教育和权益受损后的申请救助教育。

（五）积极鼓励境外公民组成自助性的维权组织

外交机构应为此提供必要的支持和资助。同时重视海外中国公民已有的民间组织和海外华侨领袖的影响力，一旦发生针对当地中国公民的侵权事件就推动它们发挥作用，促使问题尽快得到解决。

（六）重视加强对海外公民权益保护的研究

研究内容包括有效利用国外法律、在高层对话机制中加入海外中国公民的权利维护、境外公民权益保护涉及的国内政策和法律调整、人权保护的国际合作等。只有在深入的政策研究基础上，我们才能逐步摆脱被动应对的局面。

随着2013年中国成为世界上最大贸易国、公民出境旅游客源最大输出国、国际留学生最大生源地等诸多“第一”时代的到来，未来的中国公民海外安全形势会更复杂。如何保护海外公民的人身和财产安全，重视并维护他们的正当权益，已经成为一个现实而紧迫的问题。因此，相关政府部门应该积极应对，探索创新海外公民权益保护工作的体制和机制，以落实预防性保护措施为重点，构建一个多层次、立体化的权益保护体系。

B.17

戒毒人员的权利保障

李　昊*

摘　要：

2013年，中国出台了有关强制隔离戒毒、社区戒毒和社区康复的行政立法，充实了戒毒人员享有的权利内容。戒毒人员权利保障机制也日益完善，着重巩固以人为本的自愿戒毒模式，加强关怀救助的社区戒毒康复，规范综合矫治的强制隔离戒毒，推广科学戒毒的药物维持治疗。当前，中国戒毒工作总体形势依然严峻，戒毒人员权利面临多种挑战，应当加强戒毒人员权利保障的立法工作，完善戒毒人员权利实施与救济机制，进一步提高戒毒人员权利保障的水平。

关键词：

戒毒人员　人权保障　强制隔离戒毒　社区戒毒康复

一　中国戒毒人员权利保障的历程与最新进展

（一）保障戒毒人员权利的法制历程

1. 以惩戒戒毒为核心的阶段

新中国成立之后，中国禁吸戒毒工作长期偏重惩戒戒毒模式。新中国成立初期，中国通过强大的政权力量迅速消除了百年毒害，但是，在这个阶段戒毒

* 李昊，法学博士，四川师范大学法学院讲师、四川大学中国西部边疆安全与发展协同创新中心特约研究员，主要研究方向为宪法学、反歧视法、少数人权利。

工作主要借助政策文件和群众运动，禁吸戒毒的法律体系并未形成。① 1979 年改革开放之后，伴随着毒品逐步蔓延，中国开始通过法制方式惩戒吸毒行为，实行强制戒毒和劳动教养戒毒两种羁押戒毒措施，形成了“以强制戒毒、劳教戒毒为主，自愿戒毒为辅”的戒毒法律制度。惩戒戒毒的价值取向，使吸毒人员权利保障问题未受到足够的关注。

2. 以人为本戒毒模式的初步建立

2004 年，《中华人民共和国宪法》第 33 条增加了“国家尊重和保障人权”的条款。国家对戒毒人员的法律地位和管理态度也逐步从以往的“强制戒除、劳教戒除”转向“以人为本”。2007 年国家颁布《中华人民共和国禁毒法》（以下简称《禁毒法》），2011 年国务院公布《戒毒条例》，初步确立了“以人为本、科学戒毒、综合矫正、关怀救助”的戒毒原则，取消了劳动教养戒毒和强制戒毒，设定了自愿戒毒、强制隔离戒毒、社区戒毒、社区康复、药物维持治疗五种新型戒毒措施，确立了“生理脱毒，心理康复，回归社会”为一体的权利保障型戒毒康复新模式。

（二）保障戒毒人员权利的最新立法

2013 年，中国着力加强《禁毒法》和《戒毒条例》的立法配套工作，在强制隔离戒毒和社区戒毒社区康复领域颁布实施了两部重要的行政规章与行政规范性文件，着重保护戒毒人员易受侵犯的权利，戒毒人员的法律权利得到了新的发展。首先，2013 年 4 月 3 日，司法部发布《司法行政机关强制隔离戒毒工作规定》（以下简称《工作规定》）。《工作规定》以部门规章的形式详细规定了司法行政机关强制隔离戒毒场所设置、戒毒人员接收、戒毒管理、治疗康复、戒毒教育、生活卫生条件保障、强制隔离戒毒解除条件等重要内容。其次，2013 年 1 月 18 日，国家禁毒委员会制定发布了《国家禁毒委员会办公室关于加强社区戒毒社区康复工作的意见》（以下简称《意见》），切实落实戒毒

① 1950 年 2 月 24 日，中央人民政府政务院发布了《关于严禁鸦片烟毒的通令》，规定吸毒者必须定期戒除，逾期而犹未戒除者，查出后予以处罚；1952 年 4 月 15 日，中共中央又发布了《关于肃清毒品流行的指示》，规定在全国范围内有重点地大张旗鼓地开展禁毒戒毒群众性运动，通过强大的专政与社会压力迫使吸毒人员彻底戒除毒瘾。

治疗、康复指导、就业安置、救助服务措施，进一步加强对社区戒毒社区康复人员的权利保障与服务管理工作。

1. 通过行政立法扩展戒毒人员享有的权利内容

第一，人格尊严与平等权。《禁毒法》第70条规定：有关单位及其工作人员在入学、就业、享受社会保障等方面歧视戒毒人员的，由教育行政部门、劳动行政部门责令改正。《戒毒条例》第7条规定：戒毒人员在入学、就业、享受社会保障等方面不受歧视。2013年《工作规定》进一步规定：从事强制隔离戒毒工作的人民警察应当严格、公正、廉洁、文明执法，尊重戒毒人员人格，保障其合法权益。

第二，人身自由权。戒毒模式从强制羁押戒毒模式转向以自愿戒毒、社区戒毒为主。在强制隔离戒毒领域，《工作规定》规范了临时限制戒毒人员人身自由的管理措施，严格限定强制隔离戒毒人员“单独管理”的标准、程序、监管和期限，要求单独管理应当经强制隔离戒毒所负责人批准。一次单独管理的时间不得超过5日，单独管理不得连续使用。

第三，健康权、康复权。健康权和康复权是戒毒人员享有的基本人权。2013年《工作规定》和《意见》要求：一是禁止以戒毒人员为对象进行戒毒药物试验，保护戒毒人员的生命权、健康权；二是卫生行政部门对戒毒场所指导和监督，保障强制隔离人员获得充分的医疗卫生条件；三是对患有疾病的戒毒人员，应当及时治疗；四是强制隔离戒毒所可以与社会医疗机构开展医疗合作，提高戒毒治疗水平和医疗质量；五是简化了所外就医相关程序，强制隔离戒毒场所医疗机构拥有了出具诊断证明的权力，缩短了危重病人所外就医、所外抢救的时间。

第四，特殊群体权利。妇女、孕妇、哺乳妇女、未成年人等属于国际人权法和中国宪法规定的基本权利的特殊保障群体。2013年，中国完善了特殊戒毒群体的权利保障体系。首先，保护孕妇、哺乳妇女的特殊权利。《工作规定》要求对女性戒毒人员进行妊娠检测，避免对怀孕妇女适用强制隔离戒毒。其次，保障女性戒毒人员的特殊权利。要求具备条件的地方单独设置收治女性戒毒人员的强制隔离戒毒场所。女性戒毒人员的身体检查，应当由女性人民警察进行，且女性戒毒人员由女性人民警察直接管理。最后，保护未成年戒毒人员的特殊权利。要求具备条件的地方单独设置收治未成年戒毒人员的强制隔离戒毒场所。

第五，劳动保障与报酬权。《工作规定》规定了被强制隔离戒毒人员的劳动报酬和劳动保障制度，防止强迫劳动和超时劳动现象。《工作规定》第43条第2款规定："组织戒毒人员参加生产劳动的，应当支付劳动报酬。戒毒人员劳动时间每周不超过五天，每天不超过六小时。法定节假日不得安排戒毒人员参加生产劳动。"

第六，申诉、控告权。《工作规定》规定了强制隔离戒毒人员可以提出申诉、检举、揭发、控告，并明确了以上行为的受理机关与程序。

2. 通过行政立法明确戒毒人员权利的保障机制

2013年，中国政府为了落实戒毒人员权利的新变化、新发展，通过行政规范性文件保障戒毒人员权利的落实。《意见》提出：

（1）建立健全社区戒毒社区康复工作体系

一是优化社区戒毒管理机构的性别结构，维护女性戒毒人员权利。负责女性社区戒毒社区康复人员的工作小组应当有女性工作人员参加。二是制定配备专职工作人员的量化标准。按照辖区每30名实有吸毒人员原则上至少配备1名专职工作人员的比例，配齐社区戒毒社区康复专职工作人员。三是确保专职工作人员队伍的稳定性。县级以上人民政府可以通过政府购买服务、提供公益性岗位、落实事业编制等方式，统一招聘社区戒毒社区康复专职人员和专业社会工作者，落实工资报酬、福利待遇和社会保险，加强业务培训，提升专业社会工作服务能力。四是落实社区戒毒社区康复保障政策。将社区戒毒社区康复工作经费纳入本级财政预算，制定戒毒康复、职业技能培训、就业安置、社会保障等方面优惠政策，对参加戒毒药物维持治疗生活困难人员、自主创业戒毒康复人员以及参与戒毒康复工作的企业给予相关政策和经费支持。

（2）切实落实社区戒毒社区康复工作措施

一是及时签订《社区戒毒（社区康复）协议》。规范协议的法定形式要件、权利义务内容、执行主体、法律责任。二是完善对戒毒人员的帮教措施。定期与社区戒毒社区康复人员及其家属进行谈心，掌握其现实表现，督促履行协议。三是规范戒毒康复人员的吸毒检测工作。对社区戒毒人员的检测为3年内至少22次，第1年为每月1次，第2年为每2个月1次，第3年为每3个月1次；对社区康复人员的检测为3年内至少12次，第1年为每2个月1次，第2年为每3个月1次，第3年为每6个月1次。四是明确戒毒人员就业安置的部门责任。《意见》明确规定了乡（镇）人民政府、城市街道办事处、公安机关、司法行政部门、人力资源社会保障部门、公共就业服务机构、卫生行政部门、民政部门等相关机构在促进帮扶社区戒毒社区康复人员就业工作中的具体分工与职责。

（三）戒毒人员权利保障工作的最新成效

1. 戒毒成效显著，保障康复权利

2013年，中国戒毒成效显著，戒除毒瘾人员增加，吸毒人员康复权利总体保障水平得到较大提高。从近5年的统计数据可以看出，中国戒毒工作总体形势开始好转，反映了国家在戒毒人员权利保护领域的最新成果。

第一，中国依然属于总体吸毒率较低的国家。截至2013年末，全国累计登记吸毒人员数量为240万，占中国总人口的1.791‰，2009~2013年，中国总体吸毒率保持在0.975‰~1.791‰之间，远低于全球毒品滥用情况（见图1）。[①]

第二，中国35岁以下吸毒人员占总吸毒人员比例持续下降（见图2）。

第三，中国成功解除毒瘾人员数量显著增长（见图3）。

2. 巩固以人为本的自愿戒毒模式

自愿戒毒模式的发展与完善标志着中国戒毒工作从“惩戒强制”转向“关怀救助”，从权利限制转向权利给付。

---

① 2010年全世界问题药物使用者的数量约为2700万人，占世界成人人口的0.6%。2010年（含）之前的5年里，全球非法药物使用者占成人（15~64岁）总人口的3.4%~6.6%，全球可卡因和阿片剂（鸦片和海洛因）的年度流行率分别占15~64岁成人人口的0.3%~0.4%和0.3%~0.5%，其中，美国15~64岁成人使用可卡因的流行率从3.0%（2006年）降至2.2%（2010年）；类阿片（主要是海洛因、吗啡和非医疗使用处方类阿片）的使用在所有主要市场中都比较稳定，15~64岁人口的年度流行率估计为0.6%~0.8%。资料来源：《世界毒品报告2012》，联合国禁毒署，www.unodc.org/documents/data-and-analysis/WDR2012/Executive_summary_chinese.pdf。

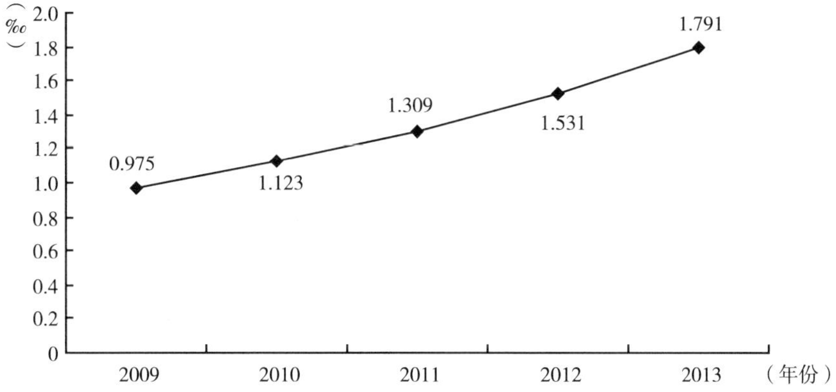

图 1　2009～2013 年全国总体吸毒率

资料来源：1. 2009～2012 年数据来源为相应年份的《中国禁毒报告》；2. 2013 年数据来源为《禁毒局局长称中国实际吸毒人数或超 1 千万》，新疆平安网，http：//www. xjpeace. cn/video/shipinjiaodiantu/201401/t20140115_ 328165. html，2014 年 1 月 16 日访问、整理、计算。

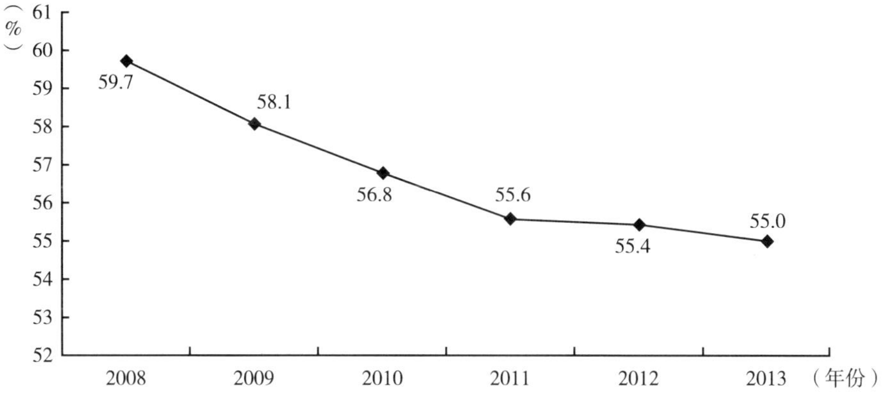

图 2　2008 年以来全年 35 岁以下吸毒人员占比情况

资料来源：1. 2008～2012 年数据来源为相应年份的《中国禁毒报告》；2. 2013 年（到 7 月底）数据来源为《230 万吸毒人员　过半为青年》，法制晚报网，http：//www. fawan. com. cn/html/2013－09/06/content_ 453425. htm，2013 年 11 月 16 日访问。

（1）确立鼓励、保护、救助的自愿戒毒原则

《戒毒条例》第 9 条规定：国家鼓励吸毒成瘾人员自行戒除毒瘾。对自愿接受戒毒治疗的吸毒人员，公安机关对其原吸毒行为不予处罚。第 9 条有关鼓

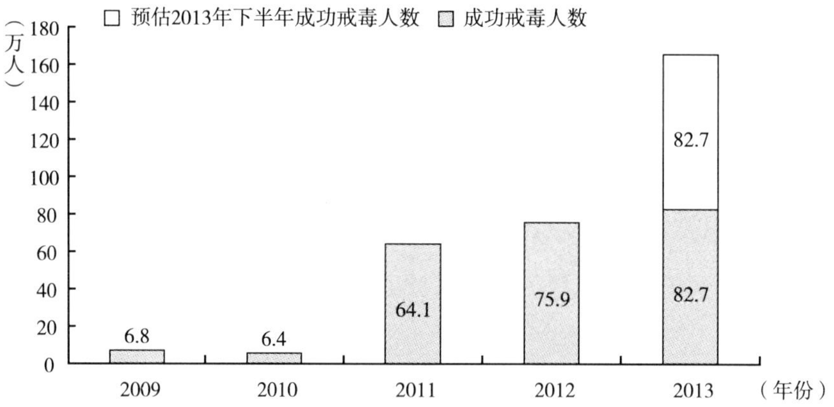

图3 2009～2013年成功戒毒人数

资料来源：1. 2009～2012年数据来自相应年份的《中国禁毒报告》；2013年数据来自《全国社区戒毒社区康复迈上新台阶》，公安部网站，http：//www.mps.gov.cn/n16/n1252/n1897/n2872/3884746.html，2013年11月18日访问。

励自愿戒毒和免于公安机关处罚的规定，为吸毒人员主动参加戒毒活动，自愿获取戒毒医疗服务打开了绿色通道，有利于戒毒人员在保持人身自由的基础上实现康复权利。

（2）规范自愿戒毒协议，保障戒毒人员权益

卫生部发布了《自愿戒毒协议》和《入院戒毒记录》，明确规定戒毒医疗机构应当与自愿戒毒人员或者其监护人签订自愿戒毒协议。协议应当载明戒毒方法、戒毒期限、戒毒的个人信息保密、戒毒疗效、戒毒治疗风险等重要事项，明确医患双方权利义务，着重维护自愿戒毒者的合法权益。

（3）制定自愿戒毒医疗机构医疗服务标准

卫生部制定了《医疗机构戒毒治疗科基本标准（试行）》和《戒毒医院基本标准（试行）》，为戒毒医疗机构确定了高于一般普通科室的设置标准，要求戒毒科必须是独立科室，单独设检查、接诊、治疗、心理等多个诊室；每床至少配备0.88名卫生技术人员，至少有3名医师、5名护士和1名心理卫生专业人员；科室的业务负责人要从事精神卫生或戒毒医疗工作3年以上，并应具备相应的心理卫生专业知识。医疗用房每床建筑面积不少于35平方米，病房每床净使用面积不少于6平方米，戒毒人员室外活动场地平均每床不少于2

平方米。[1]

（4）清理公布自愿戒毒医疗机构名录，降低自愿戒毒医疗风险

为进一步提高自愿戒毒医疗服务水平，保障自愿戒毒人员的合法权益，卫生部加强了戒毒医疗机构的资格审查与登记工作，颁发了《卫生部办公厅关于印发全国自愿戒毒医疗机构名单的通知》（以下简称《通知》）。截至2010年底，全国符合条件的自愿戒毒医疗机构共计141所，其中，戒毒医院49所，医疗机构戒毒治疗科92个（见表1）。[2]

表1　截至2010年底全国自愿戒毒医疗机构名单

单位：个

省　区	机构数量	省　区	机构数量	省　区	机构数量
天　津	1	海　南	1	河　北	2
内蒙古	2	辽　宁	2	江　苏	2
江　西	2	山　东	2	广　西	2
山　西	3	上　海	3	青　海	3
四　川	4	北　京	4	吉　林	4
安　徽	4	福　建	4	云　南	4
新　疆	5	重　庆	7	浙　江	7
河　南	7	陕　西	8	湖　南	14
广　东	18	湖　北	26		
总计:26个省区,141所机构					

资料来源：中华人民共和国卫生部网站。

3. 加强关怀救助的社区戒毒康复

社区戒毒社区康复是一种综合性的权利保障机制，集“生理脱毒、身心康复、就业安置、融入社会”为一体，使戒毒康复人员有业可就、有事可干、有稳定收入、有固定住所，困有所帮、病有所医、身心健康有人关爱，最终彻底摆脱毒品的生理和心理依赖。

---

① 孙妮：《自愿戒毒机构为何萎缩?》，广西新闻网，http：//ngzb. gxnews. com. cn/html/2011－08/05/content_ 573288. htm，2013年11月17日访问。

② 《卫生部办公厅关于印发全国自愿戒毒医疗机构名单的通知》，中国药物滥用防治协会网站，http：//www. cadapt. com. cn/2012/1023/937. html，2013年11月16日访问。

（1）健全社区戒毒社区康复服务体系

2013年，中国加快社区戒毒社区康复工作机构建设和工作人员配备，提高社区戒毒康复的综合性权利保障能力。第一，社区戒毒社区康复机构基本覆盖全国，增强戒毒人员劳动就业能力和社会回归机会。截至2013年8月，全国已建立社区戒毒社区康复工作领导小组23083个，成立社区戒毒社区康复工作办公室26669个。① 第二，按比例配备社区戒毒社区康复工作人员，提高戒毒服务水平。截至2013年8月，全国社区戒毒社区康复专职工作人员22600余名，兼职工作人员68300余名。② 其中，贵州省按照每20名吸毒人员对应一名社区戒毒专职人员的比例配备戒毒专干，截至2013年4月，该省共有戒毒专职专干3840人，部分地区已将戒毒专干纳入事业编制以确保队伍稳定性。③

（2）推广社区戒毒社区康复就业安置模式

截至2013年8月，全国已建立戒毒康复人员就业安置基地（点）755个，累计安置阿片类戒毒康复人员34万名，就业安置率达到35.5%。其中，贵州、云南、甘肃、广西等6个省区就业安置人数超过2万人次；黑龙江、江苏、湖南、辽宁、贵州、湖北、甘肃、海南、新疆、河南等省区就业安置率均已超过50%（见表2）。

表2　地方部分省区就业安置成就

省　区	具体措施	工作成效
宁　夏	加强社区戒毒康复指导意见	2012～2013年，吸毒人员在1000人以上的县至少建立1个安置规模100人以上或2个以上安置规模50～100人的就业安置基地。①
甘　肃	制定第五个全省禁毒工作三年规划	2012年就业安置率达到40%，2013年达到55%。② 截至2013年10月，甘肃省吸毒人员社区戒毒社区康复执行率达71.3%，戒断3年未复吸率达56.6%。③

① 《社区戒毒社区康复迈上新台阶》，中国警察网，http：//news. cpd. com. cn/n3559/c18737857/content. html，2013年11月17日访问。

② 《社区戒毒社区康复迈上新台阶》，中国警察网，http：//news. cpd. com. cn/n3559/c18737857/content. html，2013年11月16日访问。

③ 《四位一体破解“三难一高”　戒毒康复人员将全部安置　“阳光工程”：中国戒毒管理贵州样板》，法制网，http：//www. legaldaily. com. cn/News_ Center/content/2013－04/18/content_ 4380696_ 2. htm，2013年11月16日访问。

续表

省　区	具体措施	工作成效
新　疆	建立戒毒康复人员就业安置基地	建立戒毒康复人员就业安置基地20余个，就业安置率达30.91%。[④]
安　徽	建立劳教和戒毒人员创业培训基地	累计培训获证865人，其中创业意识培训合格768人，创业培训合格97人，分别获得安徽省劳动就业服务局颁发的创业意识培训合格证和创办企业培训合格证，获证率达100%。[⑤]
浙　江	推进戒毒康复体制转变	截至2013年9月，全省共建立就业安置点197个，全省戒毒人员就业率为53.1%。对于无就业能力且符合最低生活保障条件的社区戒毒社区康复人员，各级禁毒部门协调民政部门全部办理低保。财政部门每年为县级禁毒办保障的专项经费超过5000万元。此外，浙江省1346个乡镇（街道）全部成立了社区戒毒社区康复工作办公室。[⑥]
贵　州	建立以就业安置为重点的阳光工程	第一，集中安置就业。截至2013年10月，贵州已建成"阳光企业"200多家，公益性岗位安置近200人，自谋职业12000多人，自主创业6500多人，共计安置29000多人就业。[⑦]第二，推荐分散就业。对不具备集中安置就业条件的地方，组织进行技能培训，采取分散安置、自主创业安置、开放公益性岗位安置的方式。开放公益性岗位共安排303人就业。[⑧]截至2013年7月，贵州通过分散安置、自主创业安置、开放性公益岗位安置等多种途径安置社区戒毒康复人员26904名。

①《宁夏出台加强社区戒毒康复指导意见》，宁夏新闻网，http://www.nxnews.net/sz/system/2012/04/18/010333676.shtml，2013年11月16日访问。

②《甘肃社区戒毒康复执行率达71.3%》，中国警察网，http://www.cpd.com.cn/epaper/rmgab/2013-10-15/04b-3.html，2013年11月16日访问。

③《甘肃强化措施积极推进吸毒人员就业安置工作》，中国警察网，http://news.cpd.com.cn/n12021581/n12021606/c19445106/content.html，2013年12月15日访问。

④《2013年新疆禁毒工作会议　总结部署全疆禁毒工作》，新华网，http://www.xj.xinhuanet.com/2013-03/05/c_114898432.htm，2013年12月15日访问。

⑤《安徽劳教和戒毒人员创业培训基地865人获得培训合格证》，司法部网站，http://www.legalinfo.gov.cn/moj/ldjyglj/content/2013-08/06/content_4732045.htm?node=255，2013年12月15日访问。

⑥《浙江：社区戒毒社区康复执行率超九成》，中国警察网，http://www.cpd.com.cn/epaper/rmgab/2013-09-13/03b-4.html，2013年12月15日访问。

⑦《"阳光工程"铺就回归路》，新华网，http://www.gz.xinhuanet.com/2013-11/20/c_118210436.htm，2013年12月17日访问。

⑧《贵州社区戒毒"阳光工程"步入法制化轨道》，中国长安网，http://www.chinapeace.org.cn/2013-09/14/content_8905543.htm，2013年12月20日访问。

（3）推动全国戒毒康复场所的建设工作

截至2013年4月《2013中国禁毒报告》发布时止，国家发展和改革委员会立项建设的70个戒毒康复场所试点项目中，已投入使用并开始安置人员的有59个，累计安置戒毒康复人员67000名，在所康复9000名。

4. 规范综合矫治的强制隔离戒毒

2013年，国家在强制隔离戒毒领域开展了“全国戒毒场所教育质量年活动”，出台《全国戒毒场所教育质量年活动实施方案》（以下简称《方案》），通过规范戒毒管理活动，提高强制隔离戒毒人员的权利保障水平。

（1）加快强制隔离戒毒场所建设

从2008年到2013年6月，全国司法行政系统强制隔离戒毒所已累计收治强制隔离戒毒人员47万余人，2013年6月强制隔离戒毒人员有近16万人。截至2013年1月，全国共有680多个强制隔离戒毒所。[①] 2013年11月15日，《中共中央关于全面深化改革若干重大问题的决定》决定废止“劳动教养制度”，全国多地劳教所转为强制戒毒所。

（2）改善强制隔离戒毒所生活卫生条件（见表3）

表3 2013年部分省区强制隔离戒毒所改善安全、生活、卫生、膳食、文化工作情况

开展项目内容	开展主体	具体措施
危险物品排查	内蒙古五原劳教所（强制隔离戒毒所）	排查整治违禁品流入和危险品管理不善
加强疾病防控	山西省下寨劳教所（强制隔离戒毒所）、浙江省十里坪强制戒毒所	六屏障防禽流感入所，五项措施积极部署H7N9禽流感预防工作
活跃文化生活	山西省大同市劳教所（强制隔离戒毒所）	“每周一影”活跃学员矫治生活
改善生活设施	江苏省太湖劳教所	科学规划场所未来发展；创优矫治环境；全面提升科技应用水平
提高膳食水平	重庆市劳教戒毒所	编写营养指南
创新管理机制	福建劳教（戒毒）系统	实行岗位间联动补位机制

资料来源：中华人民共和国司法部网站。

① 《全国有680个强制隔离戒毒所》，法制网，http://www.legaldaily.com.cn/Social_management/content/2013-01/05/content_4108848.htm?node=35355，2013年12月15日访问。

（3）取消行政事业收费，减轻经济负担

自 2013 年 11 月 1 日起，我国取消了 314 项各省区设立的行政事业性收费。财政部发布了《关于公布取消 314 项行政事业性收费的通知》，北京市涉及强制戒毒费等 7 项收费，各地强制隔离戒毒费用也将逐步减免。[①]

（4）投入保障经费，提供人道主义救助

第一，加大对戒毒机构的经费投入。财政部发布《财政部、司法部关于制订强制隔离戒毒所经费基本支出标准的通知》，要求中央与地方携手，进一步增加投入，完善多功能戒毒场所与辅助设施建设。第二，给予戒毒者人道主义救助。海南省第三劳教（强制隔离戒毒）所出台管理办法，多渠道筹措戒毒人员生活困难救助基金，包括上级拨款、所内商店销售收入的 2%、社会捐赠、救助基金利息收入，以及其他资金。[②] 第三，给予戒毒者家庭人道救助。广东省第二强制隔离戒毒所帮助贫困戒毒人员家庭获得低保补助金。乌海市将戒毒人员安置纳入社保救助体系，出台了《乌海市刑释解教人员戒毒人员安置救助帮扶暂行办法》。[③]

（5）加强强制隔离戒毒机构的医疗服务

第一，完善戒毒医疗机构。《方案》要求强制隔离戒毒场所要普遍设立医务室（医院），并至少和一家以上社会三甲专科医院建立专业帮扶机制。内蒙古图牧吉劳教（戒毒）所借内蒙古自治区人民医院等社会医疗资源提高戒毒所医疗服务水平；浙江宁波要求各县（市）区建 1 家以上戒毒医疗机构。第二，配备专业医疗服务人员。《方案》提出，戒毒场所应打造戒毒医疗卫生专业队伍，配备必要的专业医护人员，使专职心理咨询师比例达到戒毒人员的 0.6% 以上。第三，提高医疗服务能力。江苏省女子强制隔离戒毒所通过“三个基础”提升医疗服务能力。一是健全医疗管理体系；二是加强制度建设，制定《突发疾病应急处置流程》《矫治人员外出就诊暂行规定》；三是加大医

① 《北京下月起将取消强制戒毒费等 7 项收费》，法制网，http：//www.legaldaily.com.cn/locality/content/2013-10/25/content_4961967.htm?node=34710，2013 年 12 月 17 日访问。

② 《海南省第三劳教（强制隔离戒毒）所建立劳教（戒毒）人员生活困难救助基金》，海南省人民政府网，http：//www.hainan.gov.cn/data/news/2010/06/105283/，2013 年 12 月 17 日访问。

③ 史万森：《乌海市创新社会管理机制》，法制网，http：//www.legaldaily.com.cn/index/content/2010-10/15/content_2318117.htm?node=20908，2013 年 12 月 17 日访问。

疗硬件投入。[①]

（6）提高特殊群体强制隔离戒毒机构的服务水平

2013年，多地戒毒机构结合帮扶女性与未成年戒毒人员的特殊要求，开展了多种活动创新戒毒服务工作。甘肃省妇联、兰州市妇联走进省女子（戒毒）劳教所开展维权帮教；江苏省女子强制隔离戒毒所开展“快乐心灵”心理矫治主题活动，组织“携手共进　快乐相伴”亲子夏令营活动。[②] 在加强未成年人强制隔离戒毒机构建设工作上，北京市、重庆市、贵州省、上海市等多地分别建立了未成年人强制隔离戒毒所，并着力探索未成年戒毒人员戒毒管理服务与权利保障模式。

5. 推广科学戒毒的药物维持治疗

中国2004年启动社区美沙酮维持治疗，截至2012年底，全国已有28个省区开展戒毒药物维持治疗工作，共设立美沙酮维持治疗门诊756个，配备流动服药车30辆；累计参加美沙酮维持治疗的戒毒人员达到38.4万名；在治人员20.8万名；新发现的艾滋病病毒感染者经吸毒传播所占比例连续多年低于经性传播所占比例。[③]

（1）提高药物维持治疗的法制化水平

近年来，国家卫生行政管理部门发布了多种行政规范性文件，推广和规范戒毒人员药物维持治疗工作，落实《禁毒法》《戒毒条例》有关科学戒毒的规定（见表4）。

表4　近年来卫生部发布关于药物维持治疗的行政规范文件汇总表

规范名称	发布机构	发布日期
关于印发《2012年全国卫生系统戒毒医疗管理工作意见》的通知	卫生部	2012年3月2日
卫生部办公厅关于印发《自愿戒毒协议》和《入院戒毒记录》的通知	卫生部	2011年12月20日

① 《江苏省女子劳教所（强制隔离戒毒所）多措并举不断提升医疗服务保障水平》，中华人民共和国司法部戒毒管理局网站，http://www.moj.gov.cn/ldjyglj/content/2013-05/20/content_4473585.htm?node=7516，2013年12月17日访问。

② 司法部戒毒管理局网站，http://www.moj.gov.cn/ldjyglj/node_222.htm，2013年12月17日访问。

③ 公安部禁毒局：《2013中国禁毒报告》，公安部禁毒局官网，http://www.mps.gov.cn/n16/n80209/n80481/n804535/3815337.html，2013年12月19日访问。

续表

规范名称	发布机构	发布日期
卫生部办公厅关于认真贯彻落实戒毒条例的通知	卫生部	2011 年 8 月 18 日
关于印发《全国自愿戒毒医疗机构名单》的通知	卫生部	2011 年 5 月 30 日
戒毒医疗服务管理暂行办法	卫生部　公安部　司法部	2010 年 1 月 5 日
阿片类药物和苯丙胺类药物依赖诊断治疗指导原则	卫生部	2009 年 11 月 26 日
医疗机构戒毒治疗科基本标准（试行）、戒毒医院基本标准（试行）	卫生部	2009 年 11 月 13 日
关于立即停止开展皮下埋植盐酸纳曲酮治疗吸毒成瘾的通知	卫生部	2009 年 7 月 14 日
协助开展《美沙酮社区维持治疗工作的长效机制研究》课题调研	卫生部	2008 年 1 月 14 日
滥用阿片类物质成瘾者可接受社区药物维持治疗工作方案	卫生部　公安部　国家食品药品监督管理局	2006 年 7 月 19 日
戒毒治疗中使用麻醉药品和精神药品有关规定的通知	国家食品药品监督管理局　公安部　卫生部	2006 年 5 月 31 日
麻醉药品和精神药品管理条例	国务院	2005 年 8 月 3 日

资料来源：中华人民共和国卫生部网站。

（2）降低门诊服药费

为了彻底解决药物维持治疗“价格高”的问题，兰州市决定从 2012 年 4 月 1 日开始，全市 9 个美沙酮药物维持治疗门诊服药费用由原来每人每次 10 元降至 5 元，降低美沙酮服药费用通过县区财政补贴或直接降低价格的途径解决。①

（3）药物维持治疗门诊部和在治人数稳步增加，艾滋病经吸毒传染得到控制（见图 4 ~7）

① 周文馨：《兰州攻克禁吸戒毒价高收治就业三难》，法制网，http：//www. legaldaily. com. cn/bm/content/2012 -06/26/content_ 3660670. htm？ node =20733，2013 年 12 月 19 日访问。

（4）药物维持治疗在戒毒中作用日益重要，美沙酮维持治疗保持率逐年提高（见图8、图9）

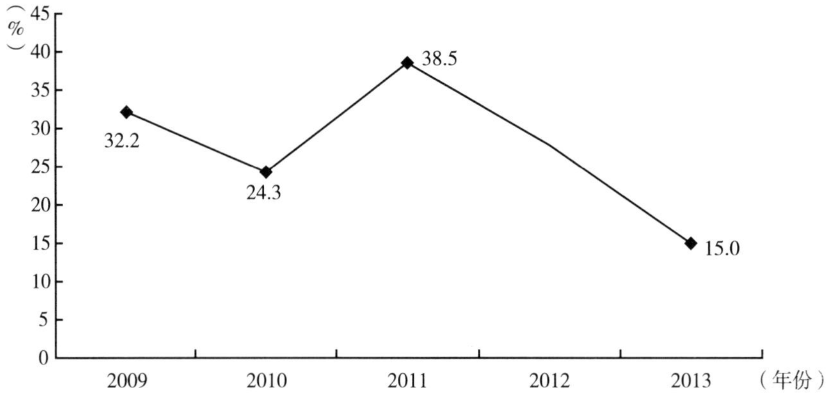

图4　2009～2013年全国累计发现艾滋病毒感染者中经吸毒传播的比例

资料来源：1. 2009～2011年数据来自相应年份的《中国禁毒报告》；2. 2012年无相应数据；3. 2013年数据截至2013年6月底，参见张昊《新报告艾滋病病毒感染者九成经性传播》，健康报网站，http://www.jkb.com.cn/htmlpage/38/383465.htm?docid=383465&cat=0I&sKeyWord=null，2013年12月19日访问。

注：2013年6月全国累计发现艾滋病毒感染者中经吸毒传播的比例不到10%，预估全年比例为15.0%。

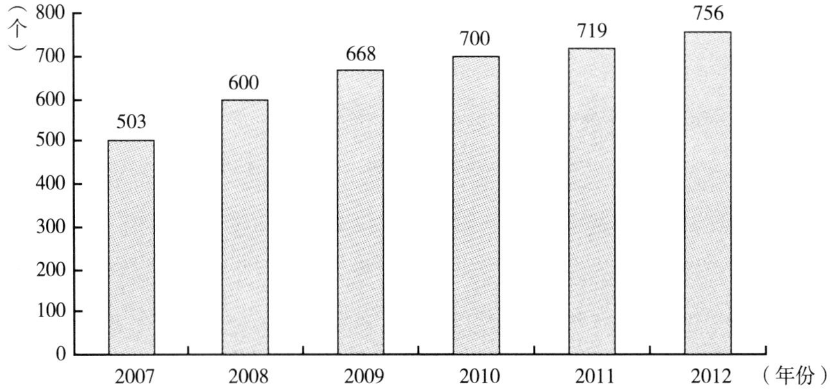

图5　2007～2012年全国美沙酮维持治疗门诊数量

资料来源：相应年份的《中国禁毒报告》。

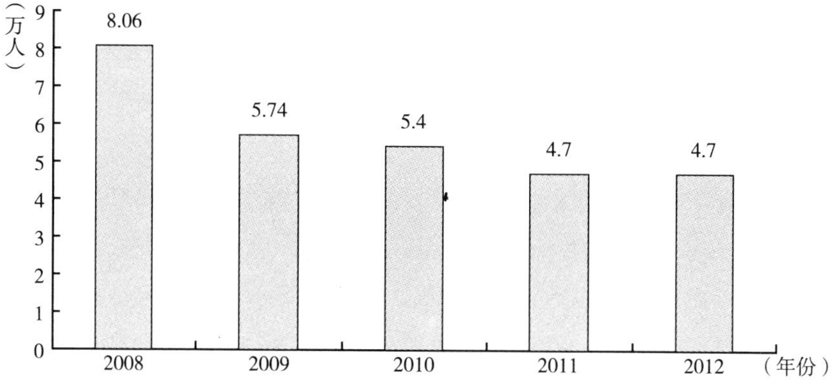

图 6　2008～2012 年新增收治吸毒人员数

资料来源：相应年份的《中国禁毒报告》。

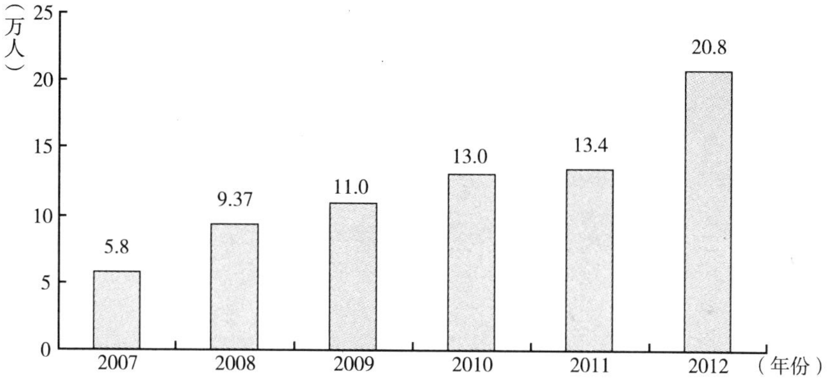

图 7　2007～2012 年吸毒人员在治人数

资料来源：相应年份的《中国禁毒报告》。

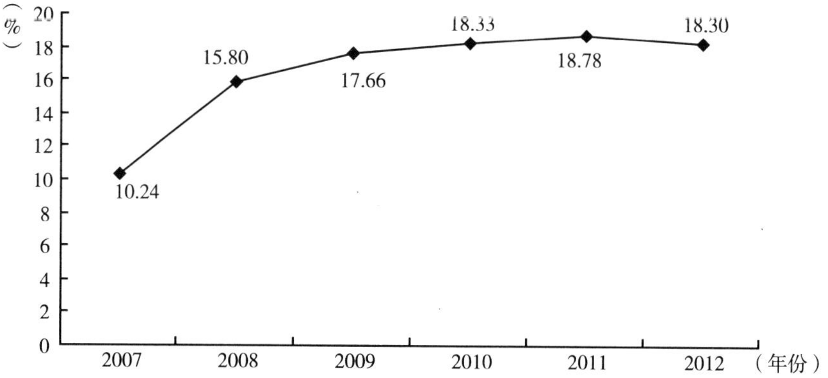

图 8　2007～2012 年累计药物维持治疗病人占累计登记吸毒人比例

注：笔者通过相应年份的《中国禁毒报告》数据整理、计算。

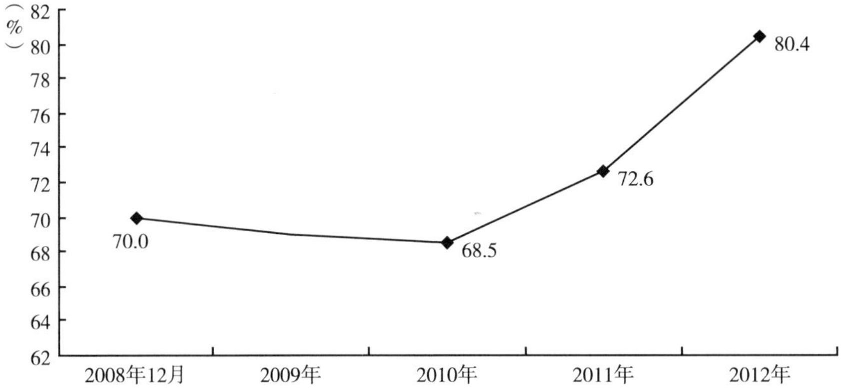

图9　2008～2012 年美沙酮维持治疗的年保持率趋势图

资料来源：1. 2008 年、2011～2012 年数据来源为相应年份的《中国禁毒报告》；2. 2009 年无相应数据；3. 2010 年数据来源：《中国美沙酮维持治疗保持率偏低》，健康报网，http：//www. jkb. com. cn/htmlpage/25/255410. htm? docid = 255410&cat = 09C&sKeyWord = null，2013 年 12 月 19 日访问。

二　戒毒人员权利保障面临的主要问题与挑战

（一）中国戒毒工作总体形势依然严峻

1. 中国新发现登记吸毒人员数量增长快

近 5 年来，中国新增吸毒人员数量呈现逐年增长的趋势（见图 10），这反映出禁吸戒毒工作的形势严峻。2009 年，中国新发现登记吸毒人员为 21 万人；2010 年，新发现吸毒人员为 21. 4 万人，增幅 1. 90%；2011 年，新发现吸毒人员 23. 5 万人，增幅 9. 81%；2012 年，新发现吸毒人员 30. 5 万人，增幅 29. 79%；2013 年截至 7 月底，已新发现吸毒人员 20. 2 万人，全年预计 34. 6 万人，预计增幅为 13. 44%。

2. 戒毒成果面临新型毒品的严峻挑战

（1）青少年戒毒成果面临新型毒品的挑战

近年来，中国滥用新型合成毒品人员数量逐年增加，在滥用新型合成毒品人员中，35 岁以下吸毒人员已经成为主体，这一趋势表明，中国来之不易的青少年戒毒成果将面临反弹的危险（见图 11、图 12）。

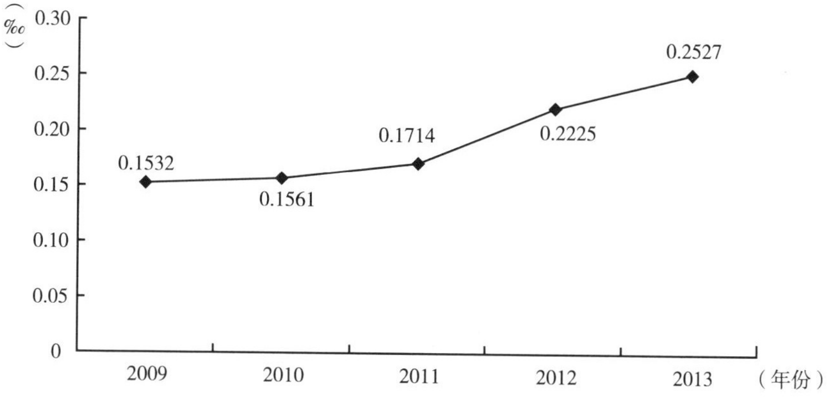

图 10　2009～2013 年全国新增加吸毒人员比例

注：笔者根据相应年份的《中国禁毒报告》整理、计算。

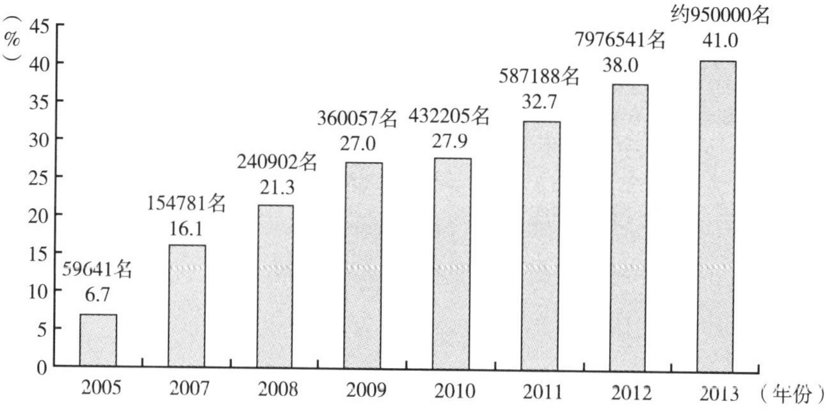

图 11　2005 年以来登记滥用合成毒品人员情况（含交叉滥用阿片类毒品人员）

资料来源：2005～2012 年数据来源为相应年份的《中国禁毒报告》；2013 年数据截至 2013 年 6 月，参见《中国累计登记吸毒者逾 213 万》，法制网，http：//legal. gmw. cn/2013－06/26/content_ 8080527. htm，2013 年 12 月 20 日访问。

（2）美沙酮维持治疗面临新型毒品的挑战

首先，美沙酮药物维持治疗具有局限性。即只适用于海洛因等阿片类传统毒品上瘾者的维持治疗，不适用于新型毒品的药物治疗，目前，新型毒品的药物治疗手段仍然存在空白。其次，美沙酮药物维持治疗覆盖面不足。中国美沙

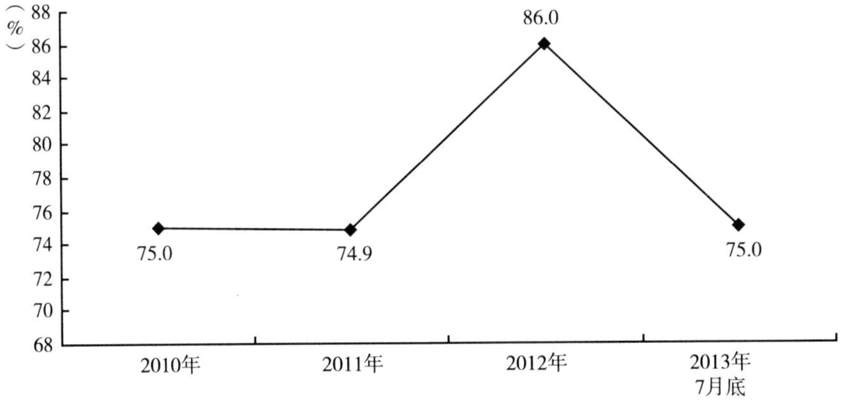

图 12　2010～2013 年新型毒品吸食者 35 岁以下青少年的比例

资料来源：2013 年数据来源为《230 万吸毒人员　过半为青年》，法制日报电子版，http：//www.fawan.com.cn/html/2013－09/06/content_ 453425.htm，2013 年 11 月 16 日访问；2012 年数据来源为《新型毒品在中国呈蔓延流行趋势　吸食人员青少年占 86%》，新华网，http：//news.xinhuanet.com/legal/2013－06/26/c_ 116291785.htm，2013 年 11 月 16 日访问；2011 年数据来源为《青少年，向毒品说“不”》，中国警察网，http：//news.cpd.com.cn/n3559/c12374193/content.html，2013 年 11 月 16 日访问；2010 年数据来源为《调查显示：青少年吸食合成毒品人数上升》，人民网天津视窗，http：//www.022net.com/2011/6－20/44193630275058.html，2013 年 11 月 16 日访问。

酮维持治疗项目推广迅速，然而维持治疗对适用人群的覆盖范围仍然不足，再加上新型毒品流行率逐年提高，导致美沙酮药物维持治疗病人数量占累计登记吸毒人数的比例依然偏低（见图 8）。

（二）保障戒毒人员权利的立法工作尚需加强

在权利的法律保障方面，存在以下三个方面的突出问题。其一，有关戒毒人员权利保障的立法未能及时和充分地转化为地方性法规及相关规范性文件。相对于权利保障的国家立法活动，地方戒毒立法的配套活动则存在一定程度的滞后和漏洞，很多省区并未及时制定有关戒毒工作和保障戒毒人员权利的规范性文件。2013 年，除云南等个别省区政府法制部门向社会公布《戒毒规定（草案）》之外，多数地方在制定地方性戒毒规范性文件时未及时向社会公布草案，没有充分听取社会各界的意见。其二，戒毒法律与救助法律之间衔接不畅，戒毒人员社会救助权利立法滞后。社会救助基本立法长期缺位，现行社会救助法规未载明戒毒人员的救助权利，无法满足困难戒毒人员迫切的脱困需要。其三，平等保护与禁止歧视立法相对薄弱，难以全面有效遏制针对戒毒人员的歧视现象。《禁毒法》《戒毒条例》虽然明确规定了不得歧视戒毒人员，但针对戒毒人员的制度性歧视与社会偏见依然存在，如 2012 年 4 月实施的《深圳市外来务工人员积分入户暂行办法》规定，申请者除需要积分达到 100 分之外，还应“无劳动教养及违法犯罪记录”，而已经被废除的强制戒毒记录同样被作为入户排除事项。

（三）戒毒人员权利的保障机制有待完善

1. 自愿戒毒医疗服务工作面临发展瓶颈，不利于戒毒人员自由权和康复权的实现

近年来，自愿戒毒医疗机构面临经营困难、人员流失、规模萎缩等多种障碍，自愿戒毒医疗机构总体数量呈现逐年减少趋势，戒毒人员接受自愿戒毒的权利受到了一定的挑战。这主要是因为：第一，自愿戒毒医疗机构业务范围单一，多数医院只能开展传统毒品的戒毒治疗工作，随着传统毒品流行度的降低，自愿戒毒医疗机构病源随之减少。第二，戒毒医疗人员职业成就感低，身心风险和法律风险较高，职业发展道路狭窄。以广州白云自愿戒毒医院为例，医护人员每年流失率达 40%，最高时流失率达 50%。第三，美沙酮药物维持治疗规模逐年扩大，客观上与自愿戒毒医疗机构形成了直接的竞争与分流关系。

2. 强制隔离戒毒体系不健全且刚性过强，综合矫治中的权利保障功能亟待完善

第一，强制隔离戒毒的监督体系尚不完整。强制隔离戒毒管理部门众多，实施环节复杂，涉及权益重大，戒毒周期较长，从做出强制隔离决定，到交付公安机关强制隔离戒毒所或移交行政司法机关戒毒所，再到戒毒管理与解除，尚未建立起严密的行政与司法监督体系和工作机制。第二，人身强制功能与戒毒治疗功能尚需调整。强制隔离戒毒倡导综合矫治，虽然比强制戒毒和劳教戒毒的羁押戒毒更为人性化，但是毕竟依然具有较强的限制人身自由的属性。当前，在实际工作过程中，不同程度地存在重“强制”轻“自由”、重“管理”

轻“治疗服务”的现象。第三，未成年人权益与强制隔离戒毒衔接不畅。《禁毒法》第39条规定，不满16周岁的未成年人吸毒成瘾的，可以不适用强制隔离戒毒。但近年来青少年吸毒人群逐年增加，对于已满16周岁的未成年人被公安机关决定接受强制隔离戒毒的，其受教育权等未成年人特殊权益往往会与戒毒工作产生冲突。

3. 社区戒毒社区康复存在保障落实困难，戒毒人员劳动就业与社会回归依然困难

第一，社区戒毒存在偏重药物治疗而忽视心理矫治的倾向，导致戒毒成功率较低，戒毒人员的康复权难以保障。第二，偏见与歧视的社会环境使得社区戒毒康复人员的人格尊严与平等权易受侵犯。第三，部分地方政府、乡（镇）、街道等基层组织社区戒毒社区康复工作措施执行不力，存在社区戒毒社区康复人员超期未报到、严重违反协议和脱管失控问题，影响了社区戒毒康复工作救助关怀和保障戒毒人员权利的功能。

三　完善戒毒人员权利保障的对策建议

（一）加强戒毒人员权利的立法工作

1. 加快戒毒法律体系的立法配套工作

地方政府应当进一步加强《禁毒法》《戒毒条例》等戒毒法律法规的立法配套工作，尽快制定和完善各地戒毒工作办法，清理各地与国家戒毒法律法规不符的做法，主管部门与地方权力机关应当对地方戒毒立法配套工作加强监督，切实避免因立法配套工作滞后导致戒毒人员权利无法有效落实的状况。

2. 加强社会救助立法的戒毒救助功能

尽快形成以困难戒毒人员救助需要为中心，以救助法与戒毒法为手段的一体两翼且功能完备的戒毒人员社会救助法律体系。在社会救助立法领域，加快创设并逐步健全社会救助立法的戒毒救助功能。在专项戒毒立法领域，进一步丰富戒毒法律的救助制度，将“关怀救助”的戒毒立法原则落实为具体的救助法律制度和法律规范，丰富和发展戒毒救助工作体系与实施方法。

3. 兼顾禁止歧视与优惠照顾的平等保护

应根据《宪法》人权保障条款和《国家人权行动计划（2012－2015年）》的精神，落实戒毒法律法规的平等与反歧视原则，在人格尊严、人身自由、身心康复、劳动就业、社会保障等重点权利领域，建立体系严密、功能齐全、实施灵活、救济便捷的平等与禁止歧视立法体系，在消除制度性歧视与社会偏见的基础上，戒毒人员应享有作为公民享有的一般平等权和作为弱势群体享有的优惠照顾权利。完善立法工作的人权教育功能，针对戒毒人员开展广泛的人权教育，在全社会传播人权理念，提高人权意识，普及人权知识，防止国家公职人员与其他社会主体侵害戒毒人员合法权益。将人权教育纳入公务员尤其是戒毒机构人员培训计划，鼓励企事业单位形成尊重和保障人权的企业文化，倡导新闻媒体弘扬关注、爱护、接纳戒毒人员的社会舆论环境。

（二）完善戒毒人员权利的实施机制

1. 鼓励发展自愿戒毒，增强戒毒康复的选择权与自主性

第一，完善社会力量参与自愿戒毒工作的准入制度，规范社会组织参与戒毒活动的政策、标准、程序、权责，鼓励社会力量提供人道主义戒毒救助，鼓励社会人士对戒毒工作的公益捐助，扩大戒毒人员实现康复权利的自主性和选择面。第二，明确自愿戒毒医疗机构的社会公益组织与社会公益工作性质，保障戒毒机构及其工作人员与自愿戒毒人员的合法权益。第三，国家加大对自愿戒毒机构的扶持力度与规范管理。

2. 规范强制隔离戒毒，以权利保障为核心实现综合矫治

第一，落实“综合矫治，关怀救助”“帮助、教育、挽救”的强制隔离戒毒工作方针，提高戒毒工作的科学性和友好度，避免片面强调戒毒工作的人身强制功能。第二，完善强制隔离戒毒的监督机制，防止强制隔离手段的侵权可能性。要发挥上级行政机关的行政监督职能、人民检察院的司法监督功能、人民法院的法律救济功能，以及社会力量的社会监督功能。第三，对于特殊群体还是以自愿和社区戒毒为主，尽量不使用强制隔离戒毒。对16周岁以上的青少年，通过灵活方式保障其充分获取心理关爱和接受教育的权利。

3. 完善社区戒毒康复工作机制，实现权利综合保障

第一，将社区戒毒社区康复建设为综合性的权利保障机制，集“生理脱毒、身心康复、就业安置、融入社会”为一体，加强心理矫治，以身心健康权与劳动就业权为基础实现社会回归。第二，加强反歧视宣传教育，增进社会平等、宽容精神，营造尊重戒毒人员的基本人权的氛围，为实现戒毒人员的人格尊严和平等权利创造良好的社会环境。第三，提高基础社区戒毒康复服务水平，落实专业工作人员的配备和相关保障政策，从组织结构上保障戒毒人员的康复权利。

B.18

2013年国家人权立法分析报告

班文战*

摘　要：

2013年，全国人大常委会和国务院在社会管理、文化、教育、环境和其他若干领域采取了一系列与人权直接相关的立法措施，人权的法律保障得到进一步加强，并在个别方面取得了突破性进展。未来几年，我国的人权立法任务依然紧迫而艰巨，人权立法工作需要更加深化和完善。

关键词：

人权　立法　法律　法规

一　全国人大常委会2013年的人权立法工作

2013年是全面贯彻落实党的十八大精神的开局之年，也是十二届全国人大及其常委会依法履职的第一年。4月15日，十二届全国人大常委会第二次委员长会议审议通过了常委会2013年立法工作计划，明确列出了常委会将于当年审议的13项和1类法律草案，① 以及视情况在当年或此后安排审议的7项

* 班文战，法学硕士，中国政法大学人权研究院教授、副院长，人权法学专业硕士研究生导师，主要研究方向为国际人权法、实体权利、人权国内保障和人权教育。

① 包括初次审议航道法、社会救助法、中医药法、消费者权益保护法修正案、传染病防治法修正案、军事设施保护法修正案、行政诉讼法修正案等法律草案；继续审议特种设备安全法、环境保护法修正案、商标法修正案、预算法修正案等法律草案；适时安排审议资产评估法草案、土地管理法修正案草案和落实《国务院机构改革和职能转变方案》需要修改的法律。

立法预备项目，[①] 决定编制本届全国人大常委会立法规划，统筹安排未来五年的立法工作。[②] 在该计划列明的将于年内完成的13项审议工作中，有8项工作[③]与人权直接相关，约占这类立法工作总数的62%。按照上述立法计划的要求，全国人大常委会第二次至第六次会议先后开展了一系列与人权有关的立法工作，主要体现为以下五个方面。

（一）制定新法

2013年，全国人大常委会制定了《旅游法》和《特种设备安全法》这两部与人权有关的新的法律。

4月25日，全国人大常委会第二次会议通过《旅游法》。该法把保障旅游者和旅游经营者的合法权益作为首要立法目的，同时注意保护旅游当地居民的合法权益。首先，关于旅游者在旅游活动中享有的权利。该法规定，旅游者有权知悉其购买的旅游产品和服务的真实情况，其人格尊严、民族风俗习惯和宗教信仰应当得到尊重，其在人身和财产安全遇有危险时有权请求救助和保护，在人身和财产受到侵害时有权依法获得赔偿。[④] 其次，关于有关方面尊重或保护旅游者权利的义务。该法规定，国家依法保护旅游者在旅游活动中的权利，国务院旅游主管部门和县级以上地方人民政府应当无偿向旅游者提供旅游景区、线路、交通、气象、住宿、安全、医疗急救等必要信息和咨询服务，导游和领队应当尊重旅游者的风俗习惯和宗教信仰，旅游经营者应当保证其提供的商品和服务符合保障人身和财产安全的要求，并对其在经营活动中知悉的旅游者个人信息予以保密。[⑤] 再次，关于旅游经营者和旅游从业人员的权益。该法要求旅游者在旅游活动中或者在解决纠纷时不得损害旅游经营者和旅游从业人

---

① 即修改《水污染防治法》《著作权法》《行政复议法》《红十字会法》，制定反家庭暴力法、慈善事业法、单行税法。

② 参见《全国人大常委会确定2013年立法工作计划和监督工作计划》，中国人大网，http：//www. npc. gov. cn/npc/xinwen/syxw/2013－04/27/content_ 1793635. htm，最后访问日期为2014年2月17日。

③ 即审议社会救助法、中医药法、特种设备安全法、消费者权益保护法修正案、传染病防治法修正案、行政诉讼法修正案、环境保护法修正案、土地管理法修正案等法律草案。

④ 参见《旅游法》第9条第2款、第10条、第12条和第82条第1款。

⑤ 参见《旅游法》第3条、第26条第1款、第41条第1款、第50条第1款和第52条。

员的合法权益，还要求旅行社与其聘用的导游依法订立劳动合同，支付劳动报酬，缴纳社会保险费用，并向临时聘用的导游支付服务费用。[①] 最后，关于旅游当地居民的权益。该法要求旅游者在旅游活动中尊重当地的风俗习惯、文化传统和宗教信仰，在旅游活动中或者在解决纠纷时不得损害当地居民的合法权益，还要求对自然资源和文物等人文资源进行旅游利用时尊重和维护当地传统文化和习俗。[②] 此外，该法对于影响旅游者和旅游经营者权益保护的旅游安全、旅游监督管理、旅游纠纷处理和法律责任等问题分别做了专章规定。[③]

6 月 29 日，全国人大常委会第三次会议通过《特种设备安全法》。该法把“预防特种设备事故，保障人身和财产安全”作为该法的一项立法目的，分别规定了国务院，地方各级人民政府，负责特种设备安全监督管理的政府部门，特种设备的生产、经营、使用单位及其主要负责人，特种设备安全管理人员、检测人员和作业人员在特种设备的生产（包括设计、制造、安装、改造、修理）、经营、使用、检验、检测和特种设备安全的监督管理方面负有的义务，同时规定了违反义务的单位和个人应当承担的法律责任。

（二）废止旧法

2013 年 12 月 28 日，全国人大常委会第六次会议决定废止全国人大常委会和国务院分别于 1957 年和 1979 年通过的关于劳动教养问题的 4 部法律文件。

1957 年 8 月 1 日，第一届全国人大常委会第七十八次会议通过《全国人民代表大会常务委员会批准国务院关于劳动教养问题的决定的决议》。8 月 3 日，国务院公布《国务院关于劳动教养问题的决定》。这 2 部法律文件是我国劳动教养制度最早的法律依据。根据《国务院关于劳动教养问题的决定》的规定，劳动教养机关对 4 种符合法定情形的人应当加以收容，实行劳动教

① 参见《旅游法》第 14 条和第 38 条。

② 参见《旅游法》第 13 条、第 14 条和第 21 条。

③ 参见《旅游法》第六章至第九章。

养。[1] 1979 年 11 月 29 日，第五届全国人大常委会第十二次会议通过《全国人民代表大会常务委员会批准国务院关于劳动教养补充规定的决议》。同日，国务院公布施行《国务院关于劳动教养的补充规定》，对 1957 年《国务院关于劳动教养问题的决定》做了补充，规定了劳动教养工作的领导和管理机构、劳动教养的审查批准机构和劳动教养活动的监督机构，明确了劳动教养的期限。在上述 4 部法律文件的基础上，劳动教养措施多次得到确认和加强，其适用对象不断扩大，工作机构不断增多，工作程序不断细化，形成了一项具有中国特色的行政处罚制度。

劳动教养制度形成于中华人民共和国成立之初的“镇反”、“三反”、“五反”和“肃反”等运动的背景之下，并以中共中央的文件作为最初的政策依据。[2] 近些年来，随着社会形势的变化、法律规范的健全、司法改革的深入和人权观念的普及，劳动教养制度的正当性和合法性受到了日益广泛的质疑和批判，劳动教养制度的历史使命宣告结束，劳动教养措施的使用逐年减少，相关的法律法规也得到了一定程度的修改。[3] 2013 年 1 月 7 日，全国政法工作电视电话会议提出将于年内停止使用劳动教养制度。11 月 12 日，中共十八届三中全会决定废止劳动教养制度，[4] 为相关法律制度的彻底废止奠定了政策基础。12 月 28 日，全国人大常委会第六次会议决定废止前述关于劳动教养的 4 项法律文件，从而在法律上正式终结了存在 50 余年的劳动教养制度。

（三）修改旧法

2013 年 8 月 30 日和 10 月 25 日，全国人大常委会第四次和第五次会议先后对《商标法》和《消费者权益保护法》做了比较全面的修改。6 月 29 日和 12 月 28 日，全国人大常委会第三次和第六次会议先后对《文物保护法》、《草

---

① 关于劳动教养最初的 4 类对象，参见《国务院关于劳动教养问题的决定》第一项。

② 参见 1955 年 8 月 25 日中共中央《关于彻底肃清暗藏的反革命分子的指示》和 1956 年 1 月 10 日中共中央《关于各省、市应立即筹办劳动教养机构的指示》。

③ 例如，随着 2005 年《治安管理处罚法》和 2007 年《禁毒法》的施行，1986 年《治安管理处罚条例》和 1990 年《全国人民代表大会常务委员会关于禁毒的决定》先后废止，后两部法律文件关于劳动教养的规定随之失效。

④ 参见《中共中央关于全面深化改革若干重大问题的决定》第九部分第 34 节第 2 段。

原法》、《海关法》（2 次修改）、《进出口商品检验法》、《税收征收管理法》、《固体废物污染环境防治法》、《煤炭法》、《动物防疫法》、《证券法》、《种子法》、《民办教育促进法》、《传染病防治法》、《海洋环境保护法》、《药品管理法》、《计量法》、《渔业法》、《烟草专卖法》和《公司法》等 18 部法律的部分条款做了修改。

1993 年制定并经 2009 年第一次修正的《消费者权益保护法》以保护消费者的合法权益为首要立法目的，比较系统地规定了消费者在购买、使用商品和接受服务时享有的合法权益、经营者在提供商品和服务时尊重和保障消费者合法权益的义务和违反义务的法律责任，以及国家和消费者组织保护消费者合法权益的职责。2013 年第二次修正的《消费者权益保护法》增列了消费者个人信息被依法保护的权利以及经营者及其工作人员在收集和使用消费者个人信息时负有的义务，充实了经营者对消费者应尽的安全保障义务，加强了政府行政部门保护消费者人身和财产安全的职责，扩大了消费者协会的公益性职责，补充了依法成立的其他消费者组织保护消费者合法权益的权利，强化了经营者侵犯消费者合法权益应当承担的法律责任，包括精神损害赔偿责任和刑事责任，进一步加强了对消费者人身安全、财产安全、个人信息、人格尊严和其他合法权益的保护。①

除《消费者权益保护法》外，全国人大常委会 2013 年修改的《固体废物污染环境防治法》《动物防疫法》《民办教育促进法》《传染病防治法》《海洋环境保护法》《药品管理法》等 6 部法律本身与人权保障也有不同程度的联系，但相关修改主要涉及有关活动的行政审批程序的简化或变更等事宜，对人权的尊重和保障并无直接影响。

（四）审议法律草案

2013 年，全国人大常委会先后审议了环境保护法修正案、《资产评估法》、行政诉讼法修正案和军事设施保护法修正案等法律草案，并曾通过网站向社会

① 参见《全国人民代表大会常务委员会关于修改〈中华人民共和国消费者权益保护法〉的决定》第 2、4、10 ~ 12、14 ~ 15、18、20 ~ 21、23 ~ 24、27 ~ 29 项。

各界公开征求关于这些法律草案的意见。[①] 其中，《环境保护法》和《行政诉讼法》的修改与人权保障具有密切联系。

（五）制定五年立法规划

2013 年 10 月 30 日，全国人大常委会公布了中共中央 9 月 2 日批准的《十二届全国人大常委会立法规划》，[②] 对本届任期内的立法工作做出了统筹安排。该规划将 2013 ~2017 年的立法项目分为三类：第一类包括条件比较成熟、本届任期内拟提请审议的 47 件法律草案；第二类包括需要抓紧工作、条件成熟时提请审议的 21 件法律草案；第三类包括立法条件尚不完全具备、需要继续研究论证的 17 个方面的立法项目。在第一类立法项目中，与人权直接相关的项目有 26 件，包括制定公共图书馆法、基本医疗卫生法、中医药法、土壤污染防治法、粮食法、电信法、旅游法、社会救助法、慈善事业法、特种设备安全法和刑法修正案，以及修改《立法法》《人民法院组织法》《人民检察院组织法》《消费者权益保护法》《行政复议法》《职业教育法》《食品安全法》《药品管理法》《水污染防治法》《大气污染防治法》《广告法》《红十字会法》《安全生产法》《矿山安全法》《行政诉讼法》。在第二类项目中，与人权直接相关的项目有 9 件，包括制定社区矫正法、看守所法、电影产业促进法、核安全法、基础设施和公用事业特许经营法、反家庭暴力法、刑事被害人救助法，以及修改《海上交通安全法》和《文物保护法》。在第三类项目中，强制执行、行政程序、网络安全、广播电视传输保障、文化产业促进、公共文化服务保障、农村扶贫开发、学前教育等 8 个方面的项目与人权直接相关。

二　2013 年国务院的人权立法工作

2013 年 5 月 17 日，国务院办公厅向各省区人民政府以及国务院各部委、

---

① 关于征求意见的时间、参与人数和收到意见的条数等信息可参见全国人大信息中心主办的中国人大网所做的说明，http：//www. npc. gov. cn/npc/flcazqyj/node_ 8176. htm，最后访问日期为 2014 年 2 月 17 日。

② 《十二届全国人大常委会立法规划》，《中国人大杂志》2013 年第 21 期。

各直属机构印发了《国务院 2013 年立法工作计划》。① 该计划把推进政府机构职能转变、行政审批制度改革和简政放权、促进经济持续健康发展、保障和改善民生、维护社会公平正义与和谐稳定、推进生态文明建设作为国务院 2013 年立法工作的重点领域，列举了 37 件力争年内完成的项目、57 件预备项目和 81 件研究项目。在力争年内完成的项目中，与人权密切相关的项目有 24 件，② 约占此类项目总数的 65%。按照上述立法工作计划的要求，国务院在 2013 年开展了一系列与人权有关的立法工作，主要体现为以下三个方面。

（一）制定新法

2013 年，国务院先后制定了《外国人入境出境管理条例》《长江三峡水利枢纽安全保卫条例》《铁路安全管理条例》《城镇排水与污水处理条例》《畜禽规模养殖污染防治条例》等 5 部行政法规。除《长江三峡水利枢纽安全保卫条例》外，其余 4 部法规均与人权保障有直接联系。

7 月 3 日，国务院第十五次常务会议通过《外国人入境出境管理条例》。该条例根据 2012 年《出境入境管理法》的规定，对外国人在我国的入境、出境、停留、居留、就业以及对涉嫌违反出境入境管理的外国人的调查和遣返等问题做了更加具体的规定。

7 月 24 日，国务院第十八次常务会议通过《铁路安全管理条例》。该条例把“保护人身安全和财产安全”作为立法目的之一，③ 分别规定了国务院铁路行业监督管理部门及其设立的铁路监督管理机构，铁路沿线地方各级人民政府和县级以上地方人民政府有关部门，从事铁路建设、运输、设备制造维修的单位及其工作人员，铁路运输企业和铁路建设、运输、设备制造维修单位的工作

① 参见《国务院办公厅关于印发国务院 2013 年立法工作计划的通知》（国办发〔2013〕37 号）。

② 这些项目包括：提请全国人大常委会审议社会救助法和中医药法草案以及《固体废物污染环境防治法》《广告法》《教育法》《教师法》《传染病防治法》《食品安全法》《安全生产法》《大气污染防治法》等法律的修订草案；修订《社会团体登记管理条例》《铁路运输安全保护条例》《医疗器械监督管理条例》《乳品质量安全监督管理条例》《无线电管理条例》《农药管理条例》《互联网信息服务管理办法》；制定特许律师执业考核条例、外国人入境出境管理条例、城市公共交通条例、城镇排水与污水处理条例、畜禽养殖污染防治条例、事业单位人事管理条例、保守国家秘密法实施条例和清真食品标志使用管理办法。

③ 参见《铁路安全管理条例》第 1 条。

人员及铁路机车车辆的驾驶人员在铁路安全方面负有的义务，以及违反义务的单位和个人应当承担的法律责任。

9月18日，国务院第二十四次常务会议通过《城镇排水与污水处理条例》。该条例把“保障公民生命、财产安全和公共安全，保护环境”作为重要立法目的，[①] 分别规定了县级以上人民政府及其城镇排水与污水处理主管部门和其他有关部门、城镇排水设施覆盖范围内的排水单位和个人、排水户、城镇排水设施维护运营单位、城镇污水处理设施维护运营单位和污泥处理处置单位在城镇排水与污水处理的规划、城镇排水与污水处理设施的建设、维护与保护、向城镇排水设施排水和处理污水以及城镇内涝防治等方面负有的义务，以及违反义务的法律责任。

10月8日，国务院第二十六次常务会议通过《畜禽规模养殖污染防治条例》。该条例把“保护和改善环境，保障公众身体健康”作为立法目的之一，[②] 分别规定了各级人民政府、县级以上人民政府环境保护主管部门、农牧主管部门、循环经济发展综合管理部门和其他有关部门、乡镇人民政府、畜禽养殖场和养殖小区在养殖污染防治方面负有的义务，以及违反义务的政府部门、养殖场和养殖小区所应承担的法律责任。

（二）废止和修改旧法

2013年5月31日，国务院第十次常务会议通过《国务院关于废止和修改部分行政法规的决定》，废止了1994年公布的《煤炭生产许可证管理办法》，并对25部行政法规的部分条款进行了修改。12月4日，国务院第三十二次常务会议通过《国务院关于修改部分行政法规的决定》，对16部行政法规的部分条款进行了修改。在此前后，国务院还先后通过7项决定，[③] 分别对《信息网络传播

① 参见《城镇排水与污水处理条例》第1条。

② 参见《禽畜规模养殖污染防治条例》第1条。

③ 即：1月16日通过的《国务院关于修改〈信息网络传播权保护条例〉的决定》《国务院关于修改〈计算机软件保护条例〉的决定》《国务院关于修改〈中华人民共和国植物新品种保护条例〉的决定》《国务院关于修改〈中华人民共和国著作权法实施条例〉的决定》；5月30日通过的《国务院关于修改〈中华人民共和国外资保险公司管理条例〉的决定》；11月9日通过的《国务院关于修改〈国际收支统计申报办法〉的决定》；12月11日通过的《国务院关于修改〈全国年节及纪念日放假办法〉的决定》。

权保护条例》《计算机软件保护条例》《植物新品种保护条例》《著作权法实施条例》《外资保险公司管理条例》《国际收支统计申报办法》《全国年节及纪念日放假办法》等7部行政法规的部分条款进行了修改。在上述决定涉及的46部[①]行政法规中，有18部法规[②]与人权保障有不同程度的联系。不过，对这些法规所做的修改主要涉及有关活动的行政审批权限的变更，或者对有关活动的处罚金额的调整，因此对人权的尊重和保障没有很大的实质性的影响。

（三）提请审议法律草案

2013年，国务院先后提请全国人大常委会审议《文物保护法》等12部法律的修正案草案、《军事设施保护法》修正案草案、《海洋环境保护法》等7部法律的修正案草案、关于废止《国务院关于劳动教养问题的决定》和《国务院关于劳动教养的补充规定》的议案，这些议案均获得了全国人大常委会的通过。

除上述三个方面的立法工作外，国务院在2013年还开展了一些立法准备工作，曾就《残疾人教育条例（修订草案送审稿）》《税收征收管理法修正案（征求意见稿）》《军事设施保护法》《南水北调工程供用水管理条例（征求意见稿）》《教育法律一揽子修订草案（征求意见稿）》[③]《食品安全法（修订草案送审稿）》《促进科技成果转化法（修订草案送审稿）》向社会各界公开征求意见。[④] 其中，关于教育和食品安全问题的法律草案与人权保障直接相关。

---

① 国务院2013年关于废止和修改行政法规的各项决定先后提及49部法规，其中，《大中型水利水电工程建设征地补偿和移民安置条例》《船员条例》和《防治船舶污染海洋环境管理条例》等3部法规均先后经过了两次修改。

② 《信息网络传播权保护条例》《卫星电视广播地面接收设施管理规定》《出版管理条例》《中外合作办学条例》《营业性演出管理条例》《大中型水利水电工程建设征地补偿和移民安置条例》《船员条例》《全民健身条例》《乡镇煤矿管理条例》《煤矿安全监察条例》《安全生产许可证条例》《国务院关于预防煤矿生产安全事故的特别规定》《广播电视管理条例》《饲料和饲料添加剂管理条例》《音像制品管理条例》《危险废物经营许可证管理办法》《麻醉药品和精神药品管理条例》《危险化学品安全管理条例》。

③ 该修订草案涉及《教育法》《高等教育法》《教师法》《民办教育促进法》等4部教育法律的修改。

④ 关于国务院法制办公室公开征求意见的通知和各征求意见稿的内容，参见该办主办的中国政府法制信息网法规规章草案意见征集系统所载的相关公告，http：//www.chinalaw.gov.cn/article/cazjgg/。

三 2013年国家人权立法工作的进展与问题

2013年，全国人大常委会和国务院采取了一系列与人权直接相关的立法措施，使得人权的法律保障得到进一步加强，并在个别方面取得了突破性进展。与此同时，从尊重和保障人权的角度来看，二者的立法工作仍有若干有待改进之处。

（一）2013年国家人权立法工作取得的进展

2013年，全国人大常委会先后制定了2部新的法律，废止了4部旧的法律法规，修改了20部法律，审议了5部法律草案，制定了五年立法工作规划。在其制定、废止和修改的26部法律文件中，有13部法律文件与人权直接相关，占全部法律文件的50%。同年，国务院先后制定了5部新的行政法规，废止了1部旧的行政法规，修改了45部行政法规，并提请全国人大常委会对近20部法律文件进行了审议。在其制定、废止和修改的51部行政法规中，有22部法规与人权直接相关，约占全部法规的43%。

从年度立法工作计划确定的立法任务来看，全国人大常委会于2013年完成了8项拟于年内完成的立法工作，[①] 并开展了若干“计划外”的立法工作，[②] 其所完成的计划内的立法工作约占计划中列明的13项和1类立法任务的57%，其所完成的与人权直接相关的立法工作占相关立法任务的50%。国务院于2013年完成了9项力争年内完成的立法工作，[③] 也开展了若干“计划外”

---

① 即审议消费者权益保护法修正案、军事设施保护法修正案、行政诉讼法修正案、特种设备安全法草案、环境保护法修正案、商标法修正案、资产评估法草案和落实《国务院机构改革和职能转变方案》需要修改的法律。

② 即制定《旅游法》和废止关于劳动教养的4部法律文件。

③ 即制定《外国人入境出境管理条例》《长江三峡水利枢纽安全保卫条例》《铁路安全管理条例》《城镇排水与污水处理条例》《畜禽规模养殖污染防治条例》，修改《外资保险公司管理条例》和《国际收支统计申报办法》，以及提请全国人大常委会审议《文物保护法》等12部法律的修正案草案和军事设施保护法修正案草案。

的立法工作,[①] 其所完成的计划内的立法工作约占计划中列明的 37 项立法任务的 24%，其所完成的与人权直接相关的立法工作约占相关立法任务的 17%。

2013 年国家人权立法最为重要的实质性进展是废止了沿用 50 余年的劳动教养制度。作为对特定种类的公民实行强制性教育改造的行政处罚制度，劳动教养制度对于人权的尊重和保障具有广泛而重大的影响。从相关法律文件的规定来看，一方面，该制度可以为公民的人身权利和财产权利提供一定保障;[②] 另一方面，该制度可以导致对劳动教养人员多项权利的限制。这些限制既包括其明确许可的对这些人员的人身自由权、选举和被选举权、劳动权和受教育权等宪法权利的直接限制;[③] 也包括其默示许可的对这些人员的言论、出版、集会、结社、游行和示威自由权，宗教信仰自由权，对国家机关和国家工作人员的批评、建议、申诉、控告和检举权，进行科学研究、文学艺术创作和其他文化活动的自由权，辩护权等宪法权利以及根据《刑事诉讼法》享有的各项诉讼权利的间接限制。[④] 从我国批准或签署的联合国核心人权公约的规定来看，除与我国宪法和法律确认的上述权利相同或相近的各项权利外，免于强迫劳动

① 主要是修订《信息网络传播权保护条例》《计算机软件保护条例》《植物新品种保护条例》《著作权法实施条例》《全国年节及纪念日放假办法》，以及提请全国人大常委会审议关于废止《国务院关于劳动教养问题的决定》《国务院关于劳动教养的补充规定》的议案和《海洋环境保护法》等 7 部法律的修正案草案。

② 劳动教养适用的一类对象是实施了某些侵犯公民人身权利和财产权利的违法犯罪行为的人员，这至少在理论上可以作为保障公民权利的一个法律依据。

③ 劳动教养的主要措施是在一定期限内将劳动教养人员收容于劳动教养场所或其他地点，对之进行强制性的教育改造。劳动教养人员在 1～4 年的劳动教养期间应当参加生产劳动和学习，服从教育、管理和改造，不得行使选举权和被选举权。从劳动教养制度的背景、目的和具体内容来看，强制劳动教养人员参加生产劳动和学习是基于对这些人员进行教育、管理和改造的需要，强调的是这些人员负有的劳动和受教育的“义务”，而并非为了保障其享有的劳动和受教育的“权利”。

④ 1982 年《劳动教养试行办法》把反革命、反党、反社会主义，扰乱社会治安，破坏劳动纪律，扰乱生产秩序、工作秩序、教学科研秩序和生活秩序，妨碍公务作为劳动教养的部分法定事由，2002 年《公安机关办理劳动教养案件规定》把相关事由进一步扩展至危害国家安全或公共安全、扰乱社会治安秩序和妨害社会管理秩序。据此，某一言论、出版、集会、结社、游行、示威、宗教信仰、批评、建议、申诉、控告、检举、科学研究、文学艺术创作和其他文化活动一旦被认定属于以上事由，行为人即可在未经检察院批准和法院审判的情况下被实行劳动教养。

的权利也直接受到劳动教养制度的限制。[①] 50多年的实践表明，劳动教养制度尽管曾经在维护社会秩序和社会稳定、促进社会生产、教育改造劳动教养人员等方面发挥了一定作用，但很容易构成对公民人身自由权和其他权利的侵犯。劳动教养制度的废止不仅有助于防止对受到该制度影响的各项人权的侵犯，而且为进一步加强对这些人权的法律保障奠定了重要的基础。[②]

劳动教养制度的废止标志着我国的人权立法工作迈出了历史性的一步。除此之外，通过其他一些法律法规的制定和修改，公民在若干特定领域和特定情况下的人身安全、财产安全、个人信息、人格尊严和健康等方面的权利得到了法律的确认和保障。

（二）2013年国家人权立法工作存在的问题

如前所述，全国人大常委会和国务院在2013年内未能全部完成各自制订的年度立法工作计划。就与人权有关的立法工作而言，全国人大常委会未能如期审议社会救助法、中医药法、传染病防治法修正案和土地管理法修正案等法律草案，其未完成的立法工作占相关立法任务的50%。相比之下，国务院未能如期提请全国人大常委会审议社会救助法草案和中医药法草案以及《固体废物污染环境防治法》《广告法》《教育法》《教师法》《传染病防治法》《食品安全法》《安全生产法》《大气污染防治法》等法律的修订草案，未能如期修订《社会团体登记管理条例》《医疗器械监督管理条例》《乳品质量安全监督管理条例》《无线电管理条例》《农药管理条例》《互联网信息服务管理办法》，也未能如期制定特许律师执业考核条例、城市公共交通条例、事业单位人事管理条例、保守国家秘密法实施条例和清真食品标志使用管理办法，其未完成的立法工作约占相关立法任务的83%。这种情况在客观上延缓了人权法律保障的进程。

---

① 关于相关国际人权公约禁止强迫劳动的规定，参见《儿童权利公约》第32条、《残疾人权利公约》第27条第2款和《公民权利和政治权利国际公约》第8条第3款。

② 例如，2013年12月28日，司法部决定废止专门规定劳动教养工作的7件部颁规章、33件规范性文件以及其他部颁规章和规范性文件中有关劳动教养工作的规定。参见《司法部关于废止有关劳动教养工作部颁规章的决定》和《司法部关于废止有关劳动教养工作规范性文件的通知》。

另一值得注意的现象是，在全国人大常委会和国务院 2013 年开展的法律制定、废止和修改工作所涉及的 77 部法律法规中，有 35 部法律法规本身直接关涉人权的尊重和保障，约占全部法律法规的 45%，但只有 11 部法律法规的制定、废止和修改含有实质性的人权内容，[①] 仅占全部法律法规的 14%。其原因之一是，2013 年国家立法工作（尤其是国务院立法工作）的首要重点是“推进政府机构职能转变、行政审批制度改革、简政放权”，大部分与人权有关的法律法规的修改和个别法规的废止主要是为了落实这一首要工作重点。[②] 这种情况表明，在 2013 年的国家立法工作中，与人权有关的立法工作并未占有十分重要的地位。

2013 年“计划外”的国家人权立法工作尽管取得了显著成就，但依然留有一定缺憾。例如，中共十八届三中全会决定废止劳动教养制度之后仅仅一个多月，国务院便提议全国人大常委会废止国务院关于劳动教养问题的 2 项决定，后者迅即决定废止这 2 项决定及其依据的全国人大常委会的 2 项决议，但并未对确认劳动教养措施的其他依然有效的法律文件做出任何决定。[③] 这一方面体现了全国人大常委会和国务院立法工作的灵活性；另一方面也说明二者立法计划的前瞻性和立法工作的全面性还有待加强。

---

① 含有实质性人权内容的立法工作包括全国人大常委会制定《旅游法》和《特种设备安全法》，修改《消费者权益保护法》，废止关于劳动教养制度的 4 部法律文件，以及国务院制定《外国人入境出境管理条例》《铁路安全管理条例》《城镇排水与污水处理条例》《畜禽规模养殖污染防治条例》。

② 参见《国务院 2013 年立法工作计划》，2013 年 5 月 17 日印发；《国务院关于废止和修改部分行政法规的决定》，2013 年 5 月 31 日；《国务院关于修改部分行政法规的决定》，2013 年 12 月 4 日；宋大涵：《关于〈《中华人民共和国文物保护法等 12 部法律的修正案（草案）》〉的说明》，2013 年 6 月 26 日。

③ 根据《刑法》（2011 年修正版）附件二的规定，1990 年《全国人民代表大会常务委员会关于禁毒的决定》、1990 年《全国人民代表大会常务委员会关于惩治走私、制作、贩卖、传播淫秽物品的犯罪分子的决定》和 1991 年《全国人民代表大会常务委员会关于严禁卖淫嫖娼的决定》“有关行政处罚和行政措施的规定继续有效”，而这 3 项决定所规定的行政处罚措施都包括劳动教养。确认劳动教养措施的其他比较重要的全国性法律文件还包括，但不限于，1980 年《国务院关于将强制劳动和收容审查两项措施统一于劳动教养的通知》、1982 年《国务院关于转发公安部制定的劳动教养试行办法的通知》、1993 年《卖淫嫖娼人员收容教育办法》和 1995 年《人民警察法》。

四 关于未来国家人权立法工作的建议

2012 年 11 月 8 日通过的中共十八大报告提出了全面落实依法治国基本方略、切实尊重和保障人权的目标，2013 年 11 月 12 日通过的中共十八届三中全会公报为贯彻落实这两项目标提出了更为具体的要求，2013 年 10 月 30 日公布的《十二届全国人大常委会立法规划》对本届全国人大常委会和国务院与人权有关的立法工作做出了总体安排。① 未来 4 年乃至更长时间内，我国的人权立法工作仍将面临十分紧迫而艰巨的任务，需要在目的、根据、原则、内容、机制、程序、技术和质量等方面不断加以健全和完善，尤需在以下三个方面做出切实有效的努力。

第一，牢固确立人权在国家立法工作中的引领地位。“尊重和保障人权”是我国宪法的一项重要原则，是执政党治国理政的重要纲领，是全面深化改革的重要目标，是实现社会稳定、和谐与发展的重要基础，是建设法治中国的重要内涵，是各级各类国家机关的重要职责，因此理应作为国家全部立法工作的一项共同目标、根本任务、指导思想、基本原则、核心内容和检验标准。为此建议，尽快对《立法法》进行修改，将“尊重和保障人权”明确规定为所有立法活动应当遵循的指导思想和基本原则。

第二，全面发挥立法在人权保障方面的积极作用。立法对于人权的尊重和保障具有直接、广泛和重大的影响，应该成为国家保障人权的首要途径和基本方式。人权具有广泛的内容和多种实现条件，人权的切实尊重和保障不仅取决于民主制度的完善、法治政府的建成和司法保障的加强，而且取决于经济体制、政治体制、文化体制、社会体制、生态文明体制和党的建设制度改革的全面深化。因此，与人权有关的各项国家立法工作都应充分体现尊重和保障人权的要求，在尽力避免对人权产生消极影响的基础上，最大限度地做出有助于人权的尊重和保障的规定。为此建议，在全国人大常委会和国务院分别建立并实

① 按照《十二届全国人大常委会立法规划》做出的安排，全国人大常委会、国务院以及各自的相关部门将分别负责 68 件法律草案（包括与人权直接相关的 35 件法律草案）的提请审议或牵头起草工作。

施人权影响立法评估机制，对与人权有关的各项立法活动之于人权可能和实际产生的影响进行事前、事中和事后的评估和监督。

第三，不断完善人权立法内容，健全人权立法体系。尊重和保障人权、建设法治中国、全面深化改革、实现社会发展都需要从内容和形式上不断健全中国特色的社会主义法律体系。从切实尊重和保障人权的要求出发，需要及时落实党和国家的各项改革成果，填补人权立法工作的空白，并对不符合尊重和保障人权要求的法律文件及时加以必要的废除、修正或修改。为此建议，优先开展并按时按质完成《十二届全国人大常委会立法规划》中确定的与人权有关的各项立法任务，特别是制定基本医疗卫生法、社会救助法、慈善事业法、刑法修正案、社区矫正法、看守所法、反家庭暴力法、刑事被害人救助法以及修改《立法法》《人民法院组织法》《人民检察院组织法》《行政复议法》《食品安全法》《药品管理法》《水污染防治法》《大气污染防治法》《安全生产法》《行政诉讼法》等对人权影响尤为重大的立法任务，尽快从人权的角度对现行有效的各级各类法律文件进行全面检查和必要清理，及早制定专门性的言论和出版（表达）自由法、结社自由法和宗教信仰自由法以及综合性的平等与反歧视法和人权促进与保障法。

B.19

2013 年中国开展国际人权合作与交流的进展

罗艳华*

摘　要：

2013 年中国在开展国际人权合作与交流方面取得了新的进展。在国际人权合作方面，多边合作仍然是中国的重头戏。中国接受了联合国人权理事会的第二轮普遍定期审议，并以 176 票的高票再次当选为联合国人权理事会成员国。在国际人权交流方面，2013 年中国呈现出了官方和民间多层次共同推进的特点。在官方层面，中国的人权交流内容丰富；在民间层面，中国的人权组织在国际人权交流方面非常活跃，为增进在人权领域的相互理解做出了不懈的努力。

关键词：

中国　人权　国际合作　国际交流

在国际人权合作领域，2013 年对中国来说是非常重要的一年。在这一年，中国接受了联合国人权理事会的第二轮普遍定期审议，进行了联合国人权理事国的竞选并成功再次高票当选。在其他多边和双边人权合作与交流方面，中国也采取了务实和负责任的态度并取得了明显的进展。

---

* 罗艳华，法学博士，北京大学国际关系学院教授，博士生导师，主要研究领域为人权与国际关系、国际关系史、非传统安全研究等。

一　中国与国际人权合作

2013 年对于中国而言，多边人权合作仍然是重头戏。中国积极参加了联合国专门人权机构和国际条约机构的相关活动，认真履行了自己的国际义务。

（一）中国与联合国人权专门机构的合作

1. 中国接受联合国人权理事会的第二轮普遍定期审议

2013 年 10 月 22 日，中国外交部特使、中国第二轮普遍定期审议代表团团长吴海龙大使率领一个由 43 名成员组成的跨部门代表团参加了在日内瓦举行的针对中国人权状况的第二轮审议。中国代表团由来自中央政府 17 个单位以及香港、澳门特区政府代表组成。代表团团长、外交部特使吴海龙在发言中指出，四年前接受首轮审查时，中国政府接受了各国政府提出的 42 条建议，并承诺："当再次接受审查时，世界将看到一个经济更加繁荣、民主更加健全、法治更加完善、社会更加和谐、人民更加幸福的中国。"四年后再度接受审查，中国信守并履行了当时的承诺："四年后的今天，我愿告诉大家，上述建议已经并正在继续得到落实，中方的承诺已基本实现。"① 吴海龙在发言中还就中国公民的政治权利保障、中国政府的司法体制建设、言论自由和宗教信仰自由的保障、特殊群体的人权保障、少数民族的人权保障、香港特区与澳门特区的人权保障情况等多项议题进行了阐述和说明。

137 个国家的代表在会上参加了中国人权状况审议的互动式对话，绝大多数国家充分肯定了中国在人权领域取得的显著进步，理解中国面临的困难和挑战，有的还提出了真诚和建设性的意见。但也有一些西方国家出于偏见和误解，指责中国的人权状况。具体而言，中国得到国际社会肯定的在人权方面取得的积极成果包括：社会经济发展领域所取得的进步；在实现千年发展目标，

① 《中国代表团团长、外交部特使吴海龙在中国接受人权理事会第二轮国别人权审查时的介绍性发言》（2013 年 10 月 22 日，日内瓦万国宫文明厅），中华人民共和国常驻联合国日内瓦办事处和瑞士其他国际组织代表团网站，2013 年 11 月 13 日，http：//www.china - un.ch/chn/zt/gbrqsc1/t1098694.htm。

特别是在消除贫困和确保人人享有教育权利方面所取得的进展；向发展中国家提供的技术援助；承诺制定一项打击滥用童工现象的国家政策；等等。

在审议前，许多国家就向中国代表团提出了一系列的书面质询问题。根据审议程序，波兰、塞拉利昂和阿联酋的代表经过抽签成为中国审议工作组的报告员。他们就中国人权状况代表工作组提出的一些问题包括：中国在促进和保护言论、结社和集会自由方面所做的努力；为确保非政府组织能够自由和不受限制地运作所采取的措施；批准《公民权利和政治权利国际公约》及其议定书的计划；为改革或是全面废除死刑而采取的步骤；鼓励少数民族全面行使它们的人权所实施的政策；为保护宗教和信仰自由所采取的措施；等等。此外，越南、也门、比利时、玻利维亚、巴西、加拿大、法国、韩国、朝鲜、日本、俄罗斯、英国、美国等国的代表在互动对话中发言，就中国进一步改善其人权状况提出了若干建议。除与工作组提出建议相重合的内容之外，这些国家所提建议还包括：采取步骤确保在互联网上和互联网下不受限制的言论自由权利；继续在减贫方面做出努力，加强农村地区的发展；继续解决包括残疾人和儿童等弱势群体所应享有的权益问题；释放所有因政治原因而受到行政拘留的人，废除“劳教”制度；确保禁止酷刑和非法获取证据的现行法律得到执行；确保所有形式的歧视得到禁止，包括基于性取向和性别认同、种族和宗教的歧视；等等。

中国代表团在随后的两轮问题回答中就发展权、批准《公民权利和政治权利国际公约》及其议定书问题、司法独立、死刑、劳教、酷刑、集会与结社自由、维权人士问题、新疆和西藏问题、言论表达和网络自由、男女平等、保护妇女和儿童权利、宗教信仰和家庭教会问题、律师权利、农民工子女接受教育问题、访民与黑监狱问题、非政府组织管理、计划生育与艾滋病、残疾人权利和精神卫生、强行拆迁及环境保护等问题进行了答复。来自香港和澳门的代表就两个特别行政区的一些问题进行了情况汇报。[①]

---

① Human Rights Council, Report of the Working Group on the Universal Periodic Review, China (including Hong Kong, China and Macao, China), Twenty-fifth session, Agenda item 6, *Universal Periodic Review*, 4 December 2013, 参见联合国网站：Outcome of the review, Report of the working Group, http://www.ohchr.org/EN/HRBodies/UPR/Pages/CNSession17.aspx.

10 月 25 日，联合国人权理事会国别人权审查工作组顺利通过了中国接受第二轮审查的报告，报告客观记录了工作组对中国的审查情况，绝大部分内容积极评价了中国的人权成就。

2. 中国以高票再次当选联合国人权理事会成员

2013 年 11 月 12 日，第六十八届联大在美国纽约当地时间举行全体会议，投票改选联合国人权理事会成员。共有 28 个国家参与竞选将于 2014 年任期届满的 14 个人权理事会成员席位。遵循公平地域分配原则，其中非洲及亚太国家集团分别拥有 4 个席位，其余三个地区组，即东欧、拉美和加勒比，以及西欧和其他国家集团则分别有 2 个席位。中国当天以 176 票高票再次当选，任期为 2014～2016 年。

中国常驻联合国副代表王民大使就此表示，中国政府高度重视促进和保护人权并取得了显著成绩，同时积极开展人权领域国际合作。中国当选联合国人权理事会成员名副其实。此次高票当选进一步充分说明了国际社会对中国在人权领域取得巨大成就的高度肯定。中方感谢各国对中国竞选的宝贵支持，将积极深入参与联合国人权理事会工作，发挥建设性作用，推动对话、合作，反对对抗、施压，为国际人权事业的健康发展做出更大贡献。①

3. 中国关于人权国别决议问题的立场

对于一些国家在联合国人权理事会搞国别决议的做法，中国持明确反对态度。对此，刘振民大使在人权理事会第二十二次会议对各项决议草案采取行动后的发言中指出：中国一贯主张，人权理事会应通过建设性对话与合作，妥善处理分歧，帮助各国促进和保护人权。中国反对将人权问题政治化，反对在人权领域进行点名羞辱和公开施压，不赞成在人权理事会搞国别决议和机制。② 具体立场详见表 1。

① 《中国高票当选联合国人权理事会成员》，国务院新闻办公室门户网站，2013 年 11 月 13 日，http：//www. scio. gov. cn/zhzc/8/4/Document/1350602/1350602. htm。

② 《刘振民大使在人权理事会第 22 次会议对各项决议草案采取行动后的发言》，中华人民共和国常驻联合国日内瓦办事处和瑞士其他国际组织代表团网站，2013 年 3 月 22 日，http：//www. china - un. ch/chn/hyyfy/t1024759. htm。

表 1　2013 年中国对于联合国人权理事会国别决议的立场*

关于 L. 1/Rev. 1“促进斯里兰卡和解与问责”决议	中国认为该决议无视斯里兰卡推进国内和解、促进经济社会发展取得的巨大成就，无视斯里兰卡政府为落实教训总结与和解委员会报告建议所做积极努力以及与联合国人权机制开展的合作，对当事国提出一系列不合理要求，企图干预该国国内和解进程。决议是将人权问题政治化的产物，中方坚决反对。
关于 L. 19“朝鲜人权状况”决议	中国认为人权理事会关于朝鲜人权状况的讨论应有助于与朝鲜开展建设性对话，有助于朝鲜人权和人道主义状况的实际改善，有助于维护朝鲜半岛的和平与稳定。该决议显然与上述原则背道而驰，中方表示反对。设立调查委员会不是理事会处理人权问题的有效手段，该决议授权设立朝鲜人权状况调查委员会，无助于对话与合作，只会加剧对抗，还将浪费高专办宝贵的财政资源。
关于 L. 20/Rev. 1“缅甸人权状况”决议	中国认为缅甸政府积极推进国内改革和民族和解，值得欢迎和肯定。人权理事会应给予缅甸政府更多鼓励和帮助，而不是施压。在缅甸政府同意的前提下，人权理事会可在技术援助和能力建设范畴内讨论缅甸问题，同时应避免干涉缅甸内政。
关于 L. 22“伊朗人权状况”决议	中国认为该决议违反人权理事会普遍、公正、客观和非选择性的原则。决议延长伊朗人权状况特别报告员的任期，无助于理事会与伊朗开展建设性的对话与合作。
关于 L. 31/Rev. 1 “叙利亚人权状况”决议	中国认为叙利亚危机只能通过政治对话解决。当务之急是叙利亚有关各方立即停火止暴，尽快开启政治进程。人权理事会关于叙利亚问题的行动，应有助于这一进程。该决议内容有失平衡，不利于推进这一进程。
关于 L. 18“父母被判处死刑或处决的儿童的人权专题讨论会”决议和 L. 28“死刑问题高级别专题讨论会”决议	中国认为目前国际社会在死刑问题上没有共识，也没有统一的国际法规则。决定保留或废除死刑，是各国司法主权，也应考虑各国的国情和民意。

资料来源：根据《刘振民大使在人权理事会第 22 次会议对各项决议草案采取行动后的发言》整理，中华人民共和国常驻联合国日内瓦办事处和瑞士其他国际组织代表团网站，2013 年 3 月 22 日，http：//www. china - un. ch/chn/hyyfy/t1024759. htm。

（二）中国与国际人权条约机制的合作

中国与国际人权条约机制的合作主要表现在积极参加国际人权公约、重视并积极参与人权领域国际规则的制定、大力推荐中国专家参与人权条约机构的工作、切实履行条约义务、认真按照条约规定撰写履约报告并接受相关审议等方面。2013 年中国在如下一些方面有新的努力和进展。

1. 中国接受对《儿童权利公约》和《儿童权利公约关于儿童卷入武装冲突问题的任择议定书》履约情况的审议

2013 年 9 月 27 日，儿童权利委员会审议了中国关于履行《儿童权利公约》的第三、第四次合并报告和履行《儿童权利公约关于儿童卷入武装冲突问题的任择议定书》的首份报告。

中国代表团的代表分别来自外交部、国务院妇女儿童工作委员会、教育部、公安部、国务院新闻办公室、最高人民法院、国防部、司法部、国家民族事务委员会、民政部、国家卫生计生委、国家宗教事务局、国家发展和改革委员会、香港特别行政区政制及内地事务局、香港特别行政区教育局、香港特别行政区入境事务处、香港特别行政区律政司、澳门特别行政区社会工作局、澳门特别行政区法律改革及国际法事务局、澳门特别行政区教育暨青年局、澳门特别行政区治安警察局、中华人民共和国驻联合国日内瓦办事处常驻代表团以及瑞士的其他国际机构。中国外交部条法司副司长贾桂德向委员会呈交了报告，并介绍了中国在保护儿童权利方面所做的努力。他指出：中国有 2.8 亿儿童，是全球儿童数量最多的国家之一。2011 年，中国通过了《中国儿童发展纲要（2011－2020 年）》。2012 年，中国在《刑事诉讼法》中增加了对少年犯的特别刑事程序。2013 年，中国出台了《中国反对拐卖人口行动计划》。中国已经拥有全球最大的教育系统，全国共有 52 万所不同类型的教育机构。香港和澳门特别行政区的代表也向委员会成员提供了有关履行《儿童权利公约》的信息，说明儿童权利在保健和教育等领域得到了加强。

在随后的互动对话中，儿童权利委员会称赞了中国采取的积极步骤，例如改革立法和通过了各种旨在改善儿童境况的项目。委员会成员也向中国代表提出了一些问题，包括中国的独生子女政策和杀婴问题、选择性和强迫流产问题、向少数民族教授少数民族语言问题，以及宗教与言论自由问题。委员会对一些有关持续而蓄意侵犯儿童的报告表示关切，尤其是少数群体儿童、“法轮功”组织的儿童、残疾儿童、移徙者的儿童和患有艾滋病或携带艾滋病毒的儿童。提出的其他问题还涉及少年司法、铅中毒、保健、母乳喂养、获得教育和领养孤儿等。中学军训、兵役制度的最低应征年龄以及出口轻小武器问题也在会上被提及。委员会成员兼中国国别报告员哈特姆·科特拉内（Hatem Kotrane）在发言中指出，中国做出了重大努力来保护和促进儿童权利，教育和健康方面的规定也在不断改善。委员会希望儿童的声音得到倾听，使其更加积极地参与家庭和社会生活的方方面面。应该做出进一步努力，确保更加尊重宗教自由，根除对儿童所有形式的酷刑，消除一切可能对残疾儿童构成实际歧视的措施，增强教育方案和政策。委员会成员兼中国共同报告员本雅姆·达维特·梅兹姆尔（Benyam Dawit Mezmur）指出，中国代表团展现出开放的态度和开展对话的意愿，但仍有很大改善空间。中国应该解决主流学校中军事教育的问题，审议自身在武器出口中的角色——因其未能考虑其他国家儿童的最大利益，并重新审视其作为安理会常任理事国的身份。①

2. 中国继续大力支持和推荐专家参与人权条约机构的工作

2013 年又有中国专家成功连任国际人权条约机构的委员。丛军女士成功连任经济、社会及文化权利委员会委员，邹晓巧女士成功连任消除对妇女歧视委员会委员。中国专家在联合国人权机构任职情况，详见表 2。

除如上进展之外，2013 年中国还在认真撰写《消除种族歧视公约》的第十四、十五、十六次履约报告和《禁止酷刑公约》的第五次履约报告，并于 2013 年 3 月接受了人权事务委员会针对香港特别行政区关于《公民权利和政治权利国际公约》的第三次履约报告和澳门特别行政区关于该公约的第一次履约报告的审议。②

① 《儿童权利委员会审议中国关于〈儿童权利公约〉和武装冲突中儿童问题的报告》，联合国网站，http：//www. ohchr. org/ch/NewsEvents/Pages/DisplayNews. aspx？NewsID = 13795&LangID = C；关于此次审议的详细信息见联合国网站，http：//www. ohchr. org/EN/NewsEvents/Pages/DisplayNews. aspx？NewsID = 13795&LangID = E。

② 关于香港和澳门的审议情况，详见联合国网站网页，CCPR-International Covenant on Civil and Political Rights，107 Session（11 Mar 2013 – 28 Mar 2013），http：//tbinternet. ohchr. org/_layouts/treatybodyexternal/SessionDetails1. aspx？SessionID = 417&Lang = en。

表 2　中国专家在联合国人权机构任职表

姓名	任职的联合国人权条约机构	担任职务	本届任期到期时间	现任职是否连任
丛军(女)	经济、社会及文化权利委员会	委员	2016. 12. 31	是
黄永安	消除种族歧视委员会	委员	2016. 01. 19	是
邹晓巧(女)	消除对妇女歧视委员会	委员	2016. 12. 31	是
王学贤	禁止酷刑委员会	副主席	2013. 12. 31	是

资料来源：根据联合国相关机构的材料整理而成，资料来源分别为联合国网站的如下网页：Membership of the Committee on Economic, Social and Cultural Rights, http: //www. ohchr. org/EN/HRBodies/CESCR/Pages/Membership. aspx; Membership of the Committee on the Elimination of Racial Discrimination, http: //www. ohchr. org/EN/HRBodies/CERD/Pages/Membership. aspx; Membership of the Committee on the Elimination of Discrimination against Women, http: //www. ohchr. org/EN/HRBodies/CEDAW/Pages/Membership. aspx; Membership of the Committee against Torture, http: //www. ohchr. org/EN/HRBodies/CAT/Pages/Membership. aspx。

二　中国与国际人权交流

（一）官方层次的人权交流

1. 中国在联合国举办人权成就展览，让国际社会更多地了解中国的人权状况

2013 年 10 月 21 日，中国国务院新闻办公室和外交部联合举办的中国人权成就图片展在联合国驻日内瓦办事处所在地万国宫开幕。此次图片展分为促进和保护人权的立法与制度框架、促进和保护人权的成绩和做法两大板块，分别从人权立法，人权保障体制，经济、社会和文化权利，公民和政治权利以及对弱势群体的保护等方面，多角度、多层次、直观地展示了近年来中国人权事业的进步。40 多国的大使、各国外交官及国际组织官员共 200 余人专程前来参观。此次展览为参加联合国会议的各界人士打开了一扇了解中国人权真实状况的窗口。①

① 《〈中国人权成就图片展〉在万国宫展出》，中国外交部网站，2013 年 10 月 22 日，http: //www. fmprc. gov. cn/mfa_ chn/wjdt_ 611265/sjxw_ 611273/t1091518. shtml。

2. 中国举办多次双边人权对话与磋商

（1）中德第十一次人权对话

2013 年 5 月 14 日至 15 日，中德第十一次人权对话在宁夏回族自治区银川市举行。外交部人权事务特别代表祁小夏与德国联邦政府人权专员洛宁共同主持了对话。中德双方围绕人权领域新进展、种族歧视、少数民族权利保护、欧债危机对人权的影响等议题深入交换了意见。德国代表团还在宁夏参观走访了清真寺、企业和中学。[①]

（2）中欧第 32 次人权对话

2013 年 6 月 24 日至 25 日，中国 – 欧盟第三十二次人权对话在贵州省贵阳市举行。外交部国际司司长李军华和欧盟对外行动署东亚事务司司长萨巴蒂尔共同主持了对话。对话中，双方介绍了各自在人权领域取得的新进展，并就国际人权领域合作等问题交换了意见。中方介绍了中国近期在加强法治、改善民生、促进各类人权协调发展等方面的新举措和新成就，阐明了中国在涉藏、涉疆、司法个案等问题上的原则立场，强调中国司法机关依法办案，坚决反对任何国家干涉中国内政。中方强调，世界是丰富多彩的，不可能有促进和保护人权的统一标准和模式。欧方应坚持平等相待和相互尊重的原则，尊重中国的人权发展道路，客观看待中方人权事业发展，以建设性方式妥善处理人权领域的彼此分歧。中方希望欧方以新视野、新思维认真考虑如何改进对话。中方还提出了中国公民在欧洲受到歧视的问题，欧方做了初步解答。对话结束后，双方代表团团长共同会见了记者。24 日，贵州省副省长陈鸣明会见了双方代表团。欧盟代表团还在贵州实地考察了贵阳基督教堂、偏坡布依族村和扶贫项目以及清镇市人民法院生态保护法庭。26 日，欧盟代表团在京走访了民政部、国家信访局、国家宗教局、国家新闻出版广电总局等单位。[②]

（3）中美第十八次人权对话

2013 年 7 月 31 日，中美第十八次人权对话在云南省昆明市举行。外交部

---

① 《中德举行第 11 次人权对话》，中国外交部网站，2013 年 5 月 15 日，http：//www.fmprc.gov.cn/mfa_ chn/wjbxw_ 602253/t1040576.shtml。

② 《第 32 次中欧人权对话在华举行》，中国外交部网站，2013 年 6 月 26 日，http：//www.fmprc.gov.cn/mfa_ chn/wjdt_ 611265/sjxw_ 611273/t1053507.shtml。

国际司司长李军华和美国务院负责民主、人权和劳工事务的代理助理国务卿泽雅共同主持了对话。中美分别介绍了各自在人权领域取得的新进展，就人权保护与国家安全关切、国际人权领域的合作、司法问题与人权、言论自由与隐私权保护等问题深入交流了看法。中方介绍了近期在推进民主法治建设、改善民生、保护少数民族权利、推动两类人权协调发展等方面所取得的成就，指出人权对话对建设中美新型大国关系具有重要意义。中方主张对话应遵循相互尊重、平等相待、互不干涉内政等基本原则，希望双方切实管控人权分歧，在此基础上开展务实合作，为中美关系健康稳定发展做出贡献。中方反对美方利用个案干涉中国司法内政，希望美方切实尊重中国的司法主权，停止纠缠个案的做法。对话中，中方向美方提出了美国内种族歧视、土著人权利得不到保障、反恐中使用酷刑、监狱条件恶劣等侵犯人权问题。7 月 30 日，美方代表团在云南走访了石林县圭山镇糯黑彝族村、云南省第三女子监狱、昆明顺城清真寺和圆通寺。8 月 1 日，美方代表团在京走访了中央统战部、最高人民法院、国家宗教局等单位。①

（4）中荷第八次双边人权磋商

2013 年 12 月 18 日，中国与荷兰第八次人权磋商在北京举行，中国外交部国际司副司长钱波与荷兰外交部人权大使费尔共同主持了此次磋商。双方在磋商中介绍了各自在人权领域取得的新进展，并就欧债危机与人权、国际人权领域合作等共同关心的问题交换了意见。18 日至 19 日，荷兰代表团还在京走访了中央统战部、国务院新闻办公室、国家宗教局、中华全国总工会等单位。②

3. 欧盟人权事务特别代表访华

2013 年 9 月 9 ~ 18 日，欧盟人权事务特别代表兰普里尼季斯访华。全国人大常委会副委员长向巴平措、外交部副部长李保东和最高人民法院、国家民委、国务院新闻办公室、国家宗教局等部门相关负责人分别会见了兰普里尼季

① 《中美举行第 18 次人权对话》，中国外交部网站，2013 年 8 月 2 日，http://www.fmprc.gov.cn/mfa_chn/wjdt_611265/sjxw_611273/t1063847.shtml。

② 《中国和荷兰举行第 8 次人权磋商》，中国外交部网站，2013 年 12 月 19 日，http://www.fmprc.gov.cn/mfa_chn/wjdt_611265/sjxw_611273/t1110765.shtml。

斯一行。此外，中方还安排兰普里尼季斯一行在京走访了中央党校和燕城监狱，并参访了西藏、青海。兰普里尼季斯积极评价中方在促进经济社会发展、减贫、发展教育等领域取得的成就，表示欧方在人权问题上亦面临许多问题，如种族歧视、排外、移民人权未得到充分保障等，愿与中方加强交流，增进理解，寻求合作，共同促进人权事业发展。①

（二）中国人权组织的人权交流

1. 与外国人权机构签订谅解备忘录

2013 年 9 月 13 日，中国人权研究会与乌兹别克斯坦国家人权中心在京签署谅解备忘录。谅解备忘录指出，双方以两国于 2013 年 9 月 9 日签署的《中华人民共和国和乌兹别克斯坦共和国关于进一步发展和深化战略伙伴关系的联合宣言》为指导，希望建立友好合作关系，就如何在各自国家提供有效的人权保护和比较两机构所实施的相似行动方面交流经验。

2. 主办国际人权研讨会

（1）中国人权基金会参与主办“第十一届中德人权研讨会”

2013 年 6 月 10 ~13 日，由中国国际交流协会和中国人权发展基金会、艾伯特基金会共同举办的“第十一届中德人权研讨会”在日内瓦和柏林举行。德方派出了以格梅林女士为团长的 10 余人代表团，其中 6 人为联邦议会议员或前议员。中方代表团的 8 名成员来自最高人民检察院、中国社会科学院和民间组织的代表及来自中国人民大学、北京大学的研究人员。此外，研讨会还邀请了联合国人权高专办官员，日内瓦人权研究所、德国人权研究所和英国密德萨斯大学的专家及瑞士、英国、荷兰、德国的一些非政府组织代表与会，共近 30 人。10 日、11 日两天，在德联邦前司法部长格梅林女士和中国人权发展基金会副理事长吉佩定的主持下，会议围绕“中德参加第一轮 UPR 的经验”、“中德国家报告的执行情况”、“非政府组织和联合国人权组织眼中的 UPR 及其评估”和“中德第二轮审议展望”等分议题进行了热烈、坦诚和深入的交流。12 日、

① 《中方接待欧盟人权事务特别代表兰普里尼季斯访华》，中央政府门户网站，2013 年 9 月 22 日，http：//www. gov. cn/gzdt/2013 -09/22/content_ 2492609. htm。

13 日两天，研讨会移师柏林，在德国联邦大厦会议室里继续举行。[①]

（2）中国人权发展基金会参与主办“第五届中美司法与人权研讨会”

2013 年 9 月 11～12 日，中国人权发展基金会和美国美中关系全国委员会在美国纽约共同主办了“第五届中美司法与人权研讨会”。中国人权发展基金会副理事长兼秘书长慈爱民和美国美中关系全国委员会会长欧伦斯分别率团与会。参加此次研讨会的中美代表来自中国最高人民法院、司法部、国务院新闻办公室、中国社会科学院、中国人民大学、中国政法大学和美国联邦第二巡回上诉法院、联邦纽约南区法院、对外关系委员会、纽约大学、斯坦福大学及新闻媒体、律师事务所等机构。中美双方代表就政府信息公开、案例指导制度、《刑事诉讼法》、律师作用等与人权密切相关的议题进行了深入研讨。研讨会期间，中方代表团还旁听了美国联邦纽约南区法院庭审，参观了纽约市拘留监管中心等机构，并与纽约市律师协会的律师进行了座谈。[②]

（3）中国人权研究会和中国人权发展基金会联合主办“第六届北京人权论坛”

2013 年 9 月 12～13 日，中国人权研究会和中国人权发展基金会共同主办了“第六届北京人权论坛”。本届论坛的主题为“建设可持续的人权发展环境”，下设“法治与人权”“社会建设与人权”“区域安全与人权”三个分议题，分别对应人权发展环境中的机制完善与硬件建设、理念普及与软件建设以及地区安全与人权保障。来自联合国以及 33 个国家和地区的人权高级官员和专家学者，相关国家驻华使节代表和国内人权领域专家学者共 100 余人出席了论坛。参会者普遍认为，此次论坛的主题既有很强的理论性也有相当的针对性，基本涵盖了构建可持续人权发展环境的各个方面。专家学者共向本届论坛提交各类具有较高学术水平的论文 60 余篇，积极为建设可持续的人权发展环境献计献策。在本届论坛期间，与会代表通过主旨演讲及分组讨论等多种形式，不仅深入交流了思想，而且增进了共识，并形成了重要的思想和理论成果及政策建议。

---

① 参见张要武《求同存异　密切合作　共促中德人权事业发展进步——记第 11 届中德人权研讨会》，人权网，2013 年 6 月 25 日，http：//www. humanrights. com. cn/gj/6366. html。

② 《第五届中美司法与人权研讨会在美国纽约举行》，福建省人民政府网，2013 年 9 月 13 日，http：//www. fujian. gov. cn/ywzgyw/201309/t20130913_ 655872. htm。

（4）中国人权研究会在联合国万国宫主办“中国人权：整体性路径”① 学术研讨会

2013 年 10 月 22 日，为对外充分介绍中国在人权研究领域取得的学术成果并与外国同行就中国人权发展的真实状况进行交流，中国人权研究会在联合国人权理事会万国宫会场举办了题为“中国人权：整体性路径”的学术研讨会。来自挪威人权研究中心、瑞典瓦伦堡人权研究所、南开大学人权研究中心、中国政法大学人权研究院、中国社会科学院人权研究中心等人权学术机构，联合国人权高专办、挪威驻日内瓦代表团的有关官员及非政府组织等近 50 名代表参加了会议。② 这是中国人权组织首次在联合国举办类似会议。

3. 组团或派代表出访其他国家

（1）中国人权研究会代表团出访美国、古巴

2013 年 5 月 22 ~26 日，中国人权研究会会长罗豪才、副会长叶小文率领中国人权研究会代表团访问美国。在美国期间，代表团会见了美国国务院民主、人权和劳工局助卿帮办拜尔，美国行政会议主席维尔克，加州州立大学北岭分校校长哈里森，并与洛杉矶“扶轮社”主席等部分成员，乔治城大学法学院有关专家学者和学生举行座谈。代表团从民生与人权、制订实施国家人权行动计划、对外交流与合作等方面阐述了中国人权事业取得的成就，并阐释了“中国梦”的内涵。5 月 27 日，中国人权研究会会长罗豪才率中国人权研究会代表团访问了古巴。代表团与古巴外交部多边司、古巴联合国协会举行了会谈，会晤了负责人权事务的官员和非政府组织代表，并在哈瓦那大学与科布雷伊罗校长及法律系教授等进行了座谈。

（2）中国人权研究会代表出访乌兹别克斯坦

中国人权研究会理事、北京大学国际关系学院教授罗艳华代表中国人权研究会于 2013 年 10 月 22 ~25 日赴乌兹别克斯坦首都塔什干参加了由乌兹别克斯坦国家人权中心主办的题为“国家人权保护制度在国家现代化建设中的作用和地位”的国际研讨会，并做了题为“人权机构和公民社会的合作：中国

① 研讨会的英文名称为：“China's Human Rights：An Integrated Approach”。

② 《中国人权研究会在联合国人权理事会成功举办专题学术研讨会》，中国人权网，2013 年 11 月 14 日，http：//www. humanrights. cn/cn/zt/qita/zgrqyjh/yjhdt/t20131114_ 1113853. htm。

的经验”的主旨发言。

（3）中国人权研究会派代表赴韩国参加“第十三届东亚联合国研究研讨会”

2013 年 11 月 15 ~16 日，中国人权研究会副会长陈士球参加了在韩国济州岛举行的“第十三届东亚联合国研究研讨会”，并在“人权与人的安全”议题下分别担任主旨发言人和评论人。本次会议的主题为“全球安全新挑战及东亚在联合国的作用”，主要讨论核不扩散机制与核安全、人权与人的安全、气候变化与环境安全、网络恐怖主义与网络安全、联合国的职责及东亚的作用等五个议题。

4. 向联合国提交“影子报告”，积极参与联合国人权理事会对中国的普遍定期审议

“影子报告”，来自英文“Shadow Report”一词，又称“平行报告”，作为人权公约缔约国的民间组织定期向联合国提交权利落实情况的一个补充报告，主要是由缔约国所在的民间组织撰写，帮助国际机构全面了解履约情况。提交“影子报告”也是民间组织利用国际公约进行政策倡导和对外交流的一种方式。针对 2013 年联合国对中国的第二轮普遍定期审议，共有 20 多个中国大陆的非政府组织向联合国提交了“影子报告”，积极参与了联合国对中国人权状况的普遍定期审议，其中有些组织还提交了不止一份报告，如中华全国总工会、中华全国律师协会、中国西藏文化保护与发展协会、中国社会科学院人权研究中心、中国人权发展基金会、中国人权研究会等组织都提交了两份“影子报告”。[①] 中国人权组织提交的“影子报告”对于帮助国际社会了解中国的

① 这些组织和提交报告的情况如下：ACFTU（All-China Federation of Trade Unions），Beijing，People's Republic of China，submission 1 on workers' health and safety，submission 2 on safeguarding rights of vulnerable groups，including internal migrants；ACLA（All China Lawyers Association），Beijing，China，submission 1 on the rights of internal migrants，submission 2 on the protection of the rights of minors；ACWF（All China Women's Federation），Beijing，China；BAI（Beijing Aizhixing Institute），Beijing，China；BCLARC（Beijing Children's Legal Aid and Research Centre），Beijing，China；BZMW（Beijing Zhicheng Migrant Workers' Legal Aid and Research Center），Beijing，China；CAPDTC（China Association for Preservation and Development of Tibetan Culture），Beijing，China，submission 1 on the shadow report on human rights situation in Tibet，submission 2 on the situation of the political and legal rights of Tibetan women；CASS-HRRC（China Academy of Social Sciences-Human Rights Research Centre），Beijing，China，submission 1 on labour protection，submission 2 on National Plans of Action；CCCS（China Care and Compassion Society），Beijing，China；CEAIE（China Education Association for International Exchange），Beijing，（转下页注）

真实人权状况，消除一些国家对中国人权状况的误解发挥了重要作用。以中国西藏文化保护与发展协会向联合国人权高专办提交的“影子报告”——《藏人自焚的原因及解决的途径》为例。该报告指出：西藏自1959年实行民主改革、废除政教合一的封建农奴制度以来，西藏人权事业取得了举世瞩目的成就。四川、甘肃、青海三省交界地区发生多起藏人自焚事件，与达赖集团有密切关系。中国政府对自焚事件始终是持坚决反对的态度，中国有关部门和地方对藏人自焚事件的积极防范和处置，阻止了一些人的自焚行为，挽救了更多藏人的生命，维护了藏区社会稳定，值得充分肯定。国际社会应该正确对待藏人自焚事件而不是火上浇油，这样才有助于自焚事件的平息。达赖集团必须立即停止煽动、组织、指挥、策划藏人自焚的行为。报告同时希望中国政府加大对藏人自焚行为的防范力度。①。

三　前景预测与政策建议

根据如上所述，从中国在2013年进行国际人权合作与交流的实践可以看

（接上页注①）China; CEMAFEE (China Ethnic Minorities' Association for External Exchanges), Beijing, China; CFGS (China Foundation for Guangcai Programme), Beijing, China; CFHRD (China Foundation for Human Rights Development, Beijing, China, submission 1 on human rights education, submission 2 on Government information disclosure; CLS (China Law Society), Beijing, China; CNIE (China Network of International Exchanges), Beijing, China; CPAPD (Chinese People's Association for Peace and Disarmament), Beijing, China; CRRC (China Religious Research Centre), Beijing, China; CSHRS (China Society for Human Rights Studies), Beijing, China, submission 1 on international human rights treaties, submission 2 on freedom of speech; CSPGP (China Society for the Promotion of the Guangcai Programme), Beijing, China; CUAWG (Chinese Urgent Action Working Group), Beijing, China; CWRS (Chinese Women's Research Society), Beijing, China; ISC (Internet Society of China), Beijing, China; RC (Rights Campaign), Jiangsu province, China. 关于中国普遍定期审议利益攸关方的资料，详见《人权事务高级专员办事处根据人权理事会第5/1号决议附件第15（b）段和第16/21号决议附件第5段汇编的材料概述》，人权理事会普遍定期审议工作组第十七届会议，2013年10月21日至11月1日，日内瓦，联合国网站，http://daccess-dds-ny.un.org/doc/UNDOC/GEN/G13/159/92/PDF/G1315992.pdf?OpenElement。

① 《中国NGO向联合国提交反自焚报告》，中国西藏网，2013年3月13日，http://www.tibet.cn/news/index/xzyw/201303/t20130313_1869445.htm，文中报告见http://www.tibet.cn/download/2013031501.pdf。

出：中国对于国际人权合作是非常重视的，在国际人权交流方面的态度也是非常积极的，并且呈现出了多层次共同推进的特点。2013 年中国官方的人权交流内容丰富，既有主动的人权展览，也有双边人权对话，还包括对国外重要来访的接待。中国的人权组织在国际人权交流方面也非常活跃，不仅与外国人权机构签订了长期交流合作的文书，而且通过主办国际研讨会、派团出访、编写人权蓝皮书、提交“影子报告”等多种方式参与国际人权交流，为增进在人权领域的相互理解做出了不懈的努力。

基于如上情况，本文对中国开展国际人权合作与交流的前景总体判断如下：

其一，在可预见的一段时期内，人权问题在国际关系中的影响力会处于相对低位（相对于 20 世纪 90 年代初而言）。这是因为美国和其他西方国家尚未完全走出国际金融危机的影响，它们的注意力被分散，而且随着中国国际地位的上升，特别是在世界经济领域影响力的上升，它们在一定程度上亦有求于中国，不希望因为强调人权问题使其经济利益严重受损。但这并不意味着这些西方国家就不再拿中国的所谓人权问题做文章，它们仍会利用一切国际场合批评中国，只是在涉及其重大利益时会有所收敛，且重点会集中在几个问题上，如民族和宗教问题、网络自由问题以及所谓“维权人士”问题等。

其二，虽然人权问题在国际关系中的影响力会处于相对低位，但中国在国际人权合作与交流中所面临的挑战仍然是严峻的，中国要继续应对这些挑战。从 2013 年中国与国际社会的人权合作与交流可以看出，一些西方国家对于中国还存在相当严重的偏见和误解，它们仍然戴着有色眼镜看待中国的人权状况，并把自己置于道德的制高点来对中国评头论足，甚至颠倒黑白。以中国的第二轮普遍定期审议为例，一些西方国家利用这一国际场合，抨击中国的人权状况，想趁机把审议变成对中国的“批斗”和“声讨”。它们的代表在发言中罔顾事实，将中国依法打击恐怖暴力活动说成针对特定民族和宗教的所谓“迫害”；他们关注中国的所谓“维权人士”，将中国对其中一些人的刑事犯罪的正常司法审判说成“政治迫害”。对于这些国家的做法，中国无疑需要应对，不仅要尽可能让这些国家了解中国的真实状况，澄清它们的错误认识，改变它们的偏见，必要时还要进行坚决的斗争。

其三，鉴于中国对国际人权合作与交流的高度重视，中国将继续本着认真和负责任的态度进行国际人权合作与交流。而且在国际人权合作中，多边人权合作仍然是重点。中国将积极参与国际人权领域的活动，认真履行自己的条约义务，积极开展人权对话与交流，并不断拓展开展合作与交流的方式。在2013年接受第二轮普遍定期审议的过程中，中国已经公开承诺：今后四年每年向高专办捐款由5万美元增至80万美元；近期将接待“法律和实践中对妇女的歧视问题工作组”访华，邀请健康权特别报告员、安全饮用水特别报告员和外债问题独立专家2014年访华；邀请人权高专在双方方便时访华。[①] 近一两年，中国将着重落实在第二轮普遍定期审议中做出的承诺。

其四，鉴于中国对人权对话的重视，未来几年中国的领导人有与一些西方国家领导人举行最高级人权对话的可能。这种对话既可能是专门的最高级人权对话，也可能是双边最高级会晤中涉及人权问题。

其五，中国的人权组织将继续在国际人权交流的过程中扮演重要角色。主办多边国际人权论坛和人权研讨会将是中国人权组织开展人权交流的重要形式。北京人权论坛已经成功举办六届，2014年的第七届人权论坛仍将会如期举行，且论坛的主题可能与中国的现实和政策重点密切相关，如“中国梦”、国家治理创新等。此外，人权组织也可能会加大对国内人权研究的支持力度，如资助研究项目和著作出版等。

针对国际人权合作与交流中存在的问题，本文提出如下政策建议：

其一，在处理其他国家和国际人权非政府组织对中国的批评意见的问题上要进行分析，区别对待。有的批评意见是因为对中国的情况不了解，针对这种情况，中国要多做介绍、说明、解释工作，让对方了解中国的真实情况；有的批评意见是因为双方观念不同，这种情况就要通过对话来解决，要增加相互的理解；对于那些有政治目的、恶意抹黑中国的情况，中国要进行坚决的斗争。

其二，要进一步设法增强中国在国际人权领域的话语权。可以考虑主动

---

① 《中国代表团团长、外交部特使吴海龙在中国接受人权理事会第二轮国别人权审查时的介绍性发言》（2013年10月22日，日内瓦万国宫文明厅），中华人民共和国常驻联合国日内瓦办事处和瑞士其他国际组织代表团网站，2013年11月13日，http://www.china-un.ch/chn/zt/gbrqsc1/t1098694.htm。

“走出去”，利用在国际场合举办人权研讨会、人权论坛的方式介绍中国的人权状况并与国际社会进行直接的对话、互动与交流，以增进国际社会对中国的了解。2013 年中国人权研究会在联合国万国宫举办人权研讨会是一次很好的尝试。同时，也可以考虑多派代表去参加其他国家的人权研讨会和论坛，利用这些场合介绍中国的情况，解释中国的立场和观点，让其他国家对中国的政策和实践有正确的解读。

其三，要充分利用国内人权研究机构的研究能力。鼓励相关机构进行对策研究，为国家的决策部门出谋划策。可以考虑资助相关的对策型研究项目，使项目的研究成果直接为国家的决策部门服务。

B.20

2003～2013年中国大陆出版的人权著作分析报告

许　尧*

摘　要：

2003～2013年中国大陆出版的人权著作，从研究主题看，未区分具体权利的研究较多，聚焦具体权利深入研究的较少；从学科视角看，法学角度的研究占据三分之二强，跨学科综合研究的态势已经出现，但需要在研究深度和学科交融上再有提高；从研究路径看，社会科学的多数研究方法得到了综合运用，调查实证的研究方法运用相对不足。人权研究应当在具体权利、多学科交叉、实证研究方法、项目资助等方面着重加强，为中国人权事业的发展做出更有力的学术支持。

关键词：

人权著作　人权项目　人权研究

进入21世纪以来，中国人权事业进入了全面、快速、稳定的发展轨道，取得了令世人瞩目的成绩。与此相呼应，中国的人权研究者也从不同学科角度对不同的权利做出了很多富有学术价值和社会价值的研究，为我国的人权事业发展做出了突出的智识贡献。为了及时总结学术界对人权研究的动态，全面掌握学术界对人权研究的现状和趋势，挖掘既有研究的不

---

* 许尧，管理学博士，南开大学人权研究中心（国家人权教育与培训基地）科研与行政秘书，南开大学周恩来政府管理学院讲师，主要研究方向为人权政策、公共冲突管理。南开大学周恩来政府管理学院硕士研究生杜宁宁同学在资料收集中付出大量劳动，特致谢意。

足，探究未来应着重加强的方向，本文对2003～2013年的人权著作进行了全面收集，对其研究主题、研究方法、侧重学科、出版资助等信息进行了分析和归纳。

为准确全面地了解和分析人权著作的情况，第一步就要获得全面的人权著作信息。在进行样本选择时，笔者将选择对象范围限制在从社会科学角度进行的以人权为核心主题的研究类著作。2013年11月1～15日，笔者从国家图书馆网站"馆藏目录检索"中分别以"人权""权利"为"正题名"进行搜索。[①] 由于人权是一个具有非常大的包容性的范畴，为了能够集中分析出人权研究核心文献的情况，以下几种情况未包括在分析对象之内：（1）不属于研究类的著作，如国内外的政府文件或联合国相关文件，比如人权白皮书、人权行动计划、美国人权纪录等。（2）不属于社会科学类的著作，在此社会科学包括法学、政治学、管理学、社会学、历史学、经济学、哲学等，那些不是针对社会问题或研究旨趣和研究方法明显不同于社会科学研究的著作被排除在外，比如关于人权保障的文学故事、艺术作品等。（3）由于人权极其广泛的内涵，很多著作与人权相关，本文选取的主要是以人权作为核心主题的著作，这就意味着与人权有一定相关性，但不是以人权为核心主题的著作不在本文研究的范围内。比如《马克思的"正义"解读》与人权有一定相关性，但不是以人权探讨为核心主题；比如，人格权与人权有一部分交叉，但多数人格权著作是从民法角度进行研究，就不包括在统计范围之内；还比如《被追诉人取证权研究》也与人权保障有一定相关性，但距离较远，不包括在研究分析范围内。相反，与人权具有紧密联系，或者是从人权视角来研究的著作就包含在研究分析的对象范围之内，比如《侦查程序与人权保障：中国侦查程序的改革和完善》，重点讨论侦查程序与人权保障的关系，就属于本文所要讨论的范围。（4）由于收集资料的途径所限，所能搜集到的香港、澳门、台湾的著作只是极少数，无法有效反应港澳台的研究现状，所以，港澳台出版的人权著作

① 以"人权""权利"为正题名进行搜索，可能会无法将一些是人权研究内容但题目中不含"人权"或"权利"的相关著作包含在内。由于与人权相关的著作数量极其庞大，也由于有些书可能并没有在国家图书馆收藏或者被收藏了但尚未被制作为可以通过电子搜索的条目，所以，本文难以保证研究样本的全面性，这是本文的一项缺憾。

也没有包含在分析讨论的范围内，所以，本文中的人权著作主要是指在中国大陆出版的人权著作。（5）其他文字的人权著作未被列入统计范围，国内出版的著作中，有些著作同时具有中、英文版本，尚未发现只有英文版本而没有中文版本的，这种情况下，只统计其中文版本。（6）由外国学者撰写，而后翻译为中文的著作，由于不是本土的研究，不包括在统计范围之内。

经过上述甄别和筛选，统计时间区间内共有符合条件的人权著作487种，本文也将以此487种著作来作为统计分析的对象。

一 研究主题分析

按研究主题不同来分类，这些著作大致可以分为七类，分别为：政治权利和公民权利研究、经社文权利研究、特殊群体权利研究、人权教育研究、人权机构研究、人权教科书或教辅参考书、综合权利研究。综合权利研究主要是指那些没有具体确定研究哪类权利，将人权视为整体来进行的研究，或者涉及很多具体权利，无法归为其中一类权利的研究。

按上述标准进行分类，在487种所分析著作中：以公民权利与政治权利作为研究主题的97种，占总体的19.9%；以经济、社会和文化权利作为研究主题的36种，占总体的7.4%；以特殊群体权利为研究主题的88种，占总体的18.1%；以人权机构为研究主题的3种，占总体的0.6%；以人权教育为研究主题的10种，占总体的2.1%；人权类教科书或教辅参考书13种，占总体的2.7%；以综合权利为研究主题的240种，占总体的49.3%。

这种分布情况说明：（1）国内过去十来年的研究多数并没有集中在某个特定的权利上，近一半研究是在较为宽泛地讨论人权的理论、问题与实践，这也说明，国内学术界侧重于人权一般层面的讨论居多。（2）尽管我国在实践中对经济、社会和文化权利高度重视，因为它们与人的生存权和发展权具有更紧密的相关性，但学术界对经社文权利的研究严重不足，平均约13.5种著作中才有1种是研究经社文权利的，这与政策上的高度重视形成了较明显的反差。（3）对公民权利和政治权利、特殊群体权利的研究在研究总数的比例中均接近五分之一，是一个相对适当的比例，对特殊群体权利的研究多数基于现实推进的需要，带有问题导向性，对公民权利和政治权利的研究则多数与现有法律、法规的制定、解释、修改具有一定联系。接近五分之一的研究著作着眼于公民权利与政治权利说明，尽管我国在政策实践中更倾向于优先提高国民经社文权利的保障水平，但在学术研究中，对公民权利与政治权利的研究并没有被忽视，相对于经社文权利，公民权利和政治权利的研究处于更活跃的状态。

如果对每年出版的不同权利的著作进行具体统计，则有表1。

表1　2003~2013年侧重于不同权利著作的数量统计

单位：种

年　份	公民权利与政治权利	经济、社会和文化权利	特殊群体权利	人权机构	人权教育	人权教科书或教辅书	综合权利	总计
2003	7	1	1	0	0	1	30	40
2004	8	1	10	0	0	2	17	38
2005	8	1	7	0	1	2	15	34
2006	8	3	7	0	0	0	16	34
2007	15	3	4	0	0	1	28	51
2008	12	4	10	0	0	2	23	51
2009	14	4	15	0	2	0	18	53
2010	8	2	9	1	4	1	20	45
2011	5	7	11	2	0	1	20	46
2012	9	6	12	0	2	2	39	70
2013	3	4	2	0	1	1	14	25
总　计	97	36	88	3	10	13	240	487

这种数量发展趋势可以见图1。总体而言，发展趋势具有如下三个特点：（1）每个年度的人权研究类著作总量在总体稳定的情况下略有增长，尤其到2012年，增长较为显著，由于统计数据时，2013年的数据还不完全，所以，该年度的总数不能全面反映实际情况。（2）侧重于不同权利的著作随着时间的推进，没有表现出明显的量上的规律性，几乎在每个年度，都是综合权利类研究最多，多数年份处于二分之一上下，公民权利和政治权利、特殊群体权利研究数量均近似，经济、社会和文化类权利研究相对

较少。(3) 人权研究者的规模和著作类成果数量相对稳定，在过去十年中没有出现剧烈的增减，研究者的研究兴趣分布也如图 1 较为稳定，多侧重于从整体的视野对人权做综合的理论分析或问题讨论，对具体的权利的研究相对不够活跃。

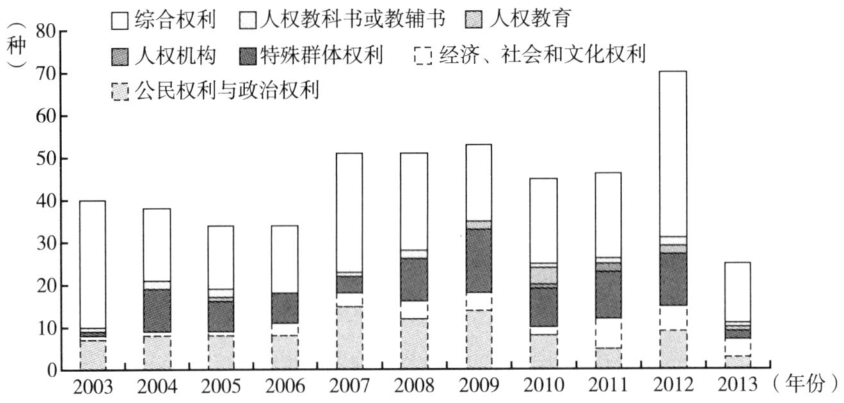

图 1　2003～2013 年侧重于不同研究主题的著作数量分布

二　学科视角分析

对所统计著作的学科进行分析是一件比较困难的工作，原因在于由于人权的跨学科性，不同学科之间交融的现象非常明显。但如果不对著作进行学科分布的统计，就无法对人权研究者的学科分布有个大概的了解。为了尽可能清晰地分析出人权著作所侧重的学科视角，笔者在统计分析时，采用了以下归类的基本原则和标准：(1) 首先以著作的名称和研究内容来确定所偏重的学科，多数法学著作在著作名称或研究框架上就能够进行较为明显的识别，但其他学科，如政治学、哲学、公共管理学、国际关系学、社会学等则存在一定程度的区分困难。(2) 如无法根据著作的名称和研究内容来区分著作所侧重的学科，则通过查询作者所在的具体学术单位和学科背景，综合该著作的图书上架建议、研究方法、出版社等信息加以确定。如果该著作是多名来自不同学科的人参与撰写，从研究内容上来看，也没有明显的学科偏重，则归为跨学科研究。

（3）秉承归类学科数目尽可能少的原则，即如果该著作能归属为一个学科，则不将其列为跨学科，如果是跨学科著作，也尽可能减少在统计时所跨学科的数量。因为很多著作不仅用了本学科的知识和研究方法，也用了其他学科的知识和研究方法，如果涉及学科就加以统计，就会使研究变得凌乱，不易理清条理。

依据上述归类方法，则在所统计的 487 种研究著作中：（1）从法学学科角度进行的研究最多，为 337 种，占总体著作的 69.2%，超过了总数的三分之二，可见在人权研究领域，法学研究者的活跃程度要远远高于其他学科，其细化的研究领域包括法理学、刑法、国际法、经济法等。（2）从政治学、哲学、社会学、国际关系等学科角度进行的人权研究已具有一定规模，但总量不大。（3）总体来看，人权研究已经出现多学科并存、多学科交叉的特点，但从目前来看，从非法学的学科角度进行的研究还较为分散。学科视角的具体分布情况见表 2。

表 2　2003～2013 年人权研究著作的学科视角分布情况

单位：种，%

	学科角度	著作数及占总体的比率	人权研究的具体角度举例
1	法　　学	337(69.2)	基础理论、具体权利研究、人权公约等。
2	跨 学 科	75(15.4)	各种论文集、人权纪录或报告等。
3	政 治 学	29(6.0)	宪政、民主、主权、和谐社会构建等。
4	哲　　学	15(3.1)	伦理、自由、马列、儒家等。
5	社 会 学	8(1.6)	社会阶层、社会保障、社会融入等。
6	国际关系	7(1.4)	人权与主权、人道主义干预、人权外交等。
7	教 育 学	4(0.8)	教育权利保障等。
8	民 族 学	4(0.8)	民族政策、语言文化保护等。
9	历 史 学	3(0.6)	世界史角度进行人权介绍或回顾。
10	公共管理学	2(0.4)	危机、突发事件与人权等。
11	新 闻 学	1(0.2)	新闻传播、新闻报道。
12	宗 教 学	1(0.2)	伊斯兰教人权思潮与现状。
13	体 育 学	1(0.2)	体育权利保障。

如果对跨学科的75种著作进行细化统计，则有表3。

表3 2003～2013年跨学科人权研究著作中相关学科出现的频率

单位：种，%

排序	学科	著作数	占75种的比率
1	法　学	62	82.7
2	政治学	55	73.3
3	公共管理学	30	40.0
4	社会学	25	33.3
5	哲　学	18	24.0
6	历史学	6	8.0
7	经济学	6	8.0
8	医　学	4	5.3
9	国际关系	4	5.3
10	生物、生态学	4	5.3
11	教育学	3	4.0

从表3可以看出：（1）法学在跨学科著作中是最为常见的一种学科视角，政治学的视角在跨学科人权著作中也被经常采用，在75种著作中超过了七成的著作都明显采用了这两个学科的视角去研究和分析，同时，这两个学科视角与其他学科视角具有较强的相容性，经常性地与其他学科交叉，对人权问题进行跨学科的研究。（2）在跨学科人权著作中，有五分之二的样本采用了公共管理学的学科视角，有三分之一的样本采用了社会学的学科视角，这表明，专门从公共管理学视角出发的人权研究较少，但在跨学科的人权研究中，涉及公共政策制定与执行的公共管理学已经成为一个重要的学科视角。（3）在跨学科的人权研究中出现了一些偏理工类的学科，比如生物学、生态学、医学等，在这些学科中，几乎无法在任一学科内单独对人权进行深入研究，但这些学科与其他社会科学结合，却能出现非常好的对人权的研究视角和研究成果，这也表明了人权问题涉及学科的广泛性，以及开展多元学科交叉研究的必要性。

三　学术影响力分析

2013年11月16～20日，笔者在中国社会科学引文索引网（CSSCI）逐条查询了每一种著作的引用率，将每一种列入统计范围的著作作为“被引文献”输入，查出每种著作的被引次数，本次统计未区分自引与他引。由于 CSSCI 网统计的范围所限，所以，查出的被引次数限于该著作被 CSSCI 期刊论文引用的次数。有些著作在 2003 年之前也曾出版过，2003～2013 年的版本只是原有著作的再版，在统计次数时，2003 年之前被引用的次数也被统计在内。

按照上述办法搜索统计后，引用超过 10 次的著作如表 4 所示。

表 4　2003～2013 年引用率较高的人权著作

单位：次

排名	著作名称	作者	出版社、出版时间	引用
1	人权概念起源：权利的历史哲学	夏勇	中国社会科学出版社（2007）	268
2	走向权利的时代：中国公民权利发展研究	夏勇	社会科学文献出版社（2007）	123
3	人权法学	李步云	高等教育出版社（2005）	42
4	国际人权法	徐显明	法律出版社（2004）	34
5	人权法：《公民权利和政治权利国际公约》研究	杨宇冠	中国人民公安大学出版社（2003）	26
6	人权与法治	齐延平	山东人民出版社（2003）	25
7	侵犯公民人身权利罪	肖中华	中国人民公安大学出版社（2003）	24
8	宪法基本权利新论	杨海坤	北京大学出版社（2004）	22
9	宪法学：关于人权保障与权力控制的学说	肖泽晟	科学出版社（2003）	21
10	刑事辩护制度的实证考察	陈瑞华	北京大学出版社（2005）	18
11	论平等权的宪法保护	朱应平	北京大学出版社（2004）	16
12	人权法学	杨成铭	中国方正出版社（2004）	14
13	基本人权保护与法律实践	关今华	厦门大学出版社（2003）	13
13	人权教育手册	人的安全网络组织编写	三联书店（2005）	13
13	中国国际人权公约集	胡志强	中国对外翻译出版公司（2004）	13
16	国际人权法专论	张爱宁	法律出版社（2006）	12
16	欧洲人权法律保护机制研究	朱晓青	法律出版社（2003）	12
16	权利确认与民法机理	眭鸿明	法律出版社（2003）	12

续表

排名	著作名称	作者	出版社、出版时间	引用
19	国际人权公约与中国	莫纪宏	世界知识产权出版社(2005)	11
19	农民权利论	张英洪	中国经济出版社(2007)	11
19	人权伦理学	甘绍平	中国发展出版社(2009)	11
19	弱者的权利:社会弱势群体保护法理研究	余少祥	社会科学文献出版社(2008)	11

通过对人权著作的引用率查询，可以看出：人权研究著作的整体引用次数不高。在所统计的487种著作中有超过半数的著作没有任何引用记录。这表明，国内对人权的研究水平还亟待提高，尤其是高质量的研究著作还很匮乏。从客观条件上看，国内缺乏以人权为主题的CSSCI期刊，只有《人权研究》为CSSCI集刊，这在一定程度上限制了人权研究成果的发表、传播和引用。

四　出版及其资助情况分析

在所统计的487种著作中，是由国内近120家出版社出版的，其中，出版品种数超过10种（不含10种）的出版社有12家，见表5。

表5　2003~2013年出版人权著作较多的出版社及其出版著作CSSCI引用情况

序号	出版社	出版著作种数	出版种数占总体著作比率(%)	CSSCI引用总次数	品种均CSSCI引用次数
1	法律出版社	66	13.6	116	1.8
2	社会科学文献出版社	29	6.0	169	5.8
3	中国社会科学出版社	28	5.7	320	11.4
4	中国人民公安大学出版社	23	4.7	71	3.1
5	北京大学出版社	22	4.5	67	3.0
6	山东人民出版社	19	3.9	61	3.2
7	中国检察出版社	17	3.5	12	0.7
8	中国法制出版社	15	3.1	21	1.4
9	中国政法大学出版社	12	2.5	20	1.7
10	五洲传播出版社	12	2.5	1	0.1
11	知识产权出版社	11	2.3	11	1.0
12	人民出版社	11	2.3	13	1.2

从表5可以看出，在2003～2013年出版人权著作较多的出版社中：（1）法律出版社的出版著作品种数量以绝对优势领先于其他出版社，比排在第二、第三名的出版社的总和还要多，这与人权著作多数以法学视角来进行研究有紧密的联系。（2）中国社会科学出版社出版的人权著作在CSSCI期刊引用率上具有比较突出的优势，为唯一一个品种均引用率超过10次的出版社，这也表明该出版社出版的人权著作在影响力上具有显著优势。（3）综合出版品种量和平均品种的CSSCI引用次数来看，法律出版社、中国社会科学出版社、社会科学文献出版社、北京大学出版社、中国人民公安大学出版社、山东人民出版社在人权著作出版发行中做出了比较突出的贡献，在人权学术界具有较强的社会影响力。（4）在上述出版社中，有侧重于某一专业领域的出版社，有大学出版社，也有比较综合的出版社，不同类型的出版社在出版人权著作方面，没有显著的差异性。

为了对2003～2013年人权著作的立项及资助情况进行总体概论性的描述，本文统计了487种专著的出版资助情况，这些信息主要来自国家图书馆网站“馆藏目录检索”中具体单品种书中的“一般附注”项，本文只统计了明确注明是“××项目”或“受××资助”的情况，标注各种项目的著作被视为受到了该项目设立方的资助。由于各种学术文库、丛书等无法确定其立项与出版资助的具体关系，未被统计在内。

按照上述标准进行统计分析，则有表6。

表6　2003～2013年人权著作出版资助情况

单位：种，%

资助主体	项目类型	具体资助主体或形式举例	品种数	占资助品种数(126)比重	占总体著作(487)比重
国家及部委层面的资助项目	国家出版规划项目	重点图书出版规划、出版基金项目等	21	16.7	4.3
	国家社科规划项目	重点、一般、青年、后期等	17	13.5	3.5
	教育部项目	规划项目、基地项目、新世纪人才项目、优博项目等	18	14.3	3.7
	其他部委项目	司法部项目、国家民委项目、国家教委项目等	7	5.6	1.4

续表

资助主体	项目类型	具体资助主体或形式举例	品种数	占资助品种数(126)比重	占总体著作(487)比重
地方层面的资助项目	省级支持项目	省级社科规划项目、省社科联项目、省人文社科重点基地项目、省级人才计划等	26	20.6	5.3
	城市资助项目	上海、大连等城市资助项目	3	2.4	0.6
	省内厅局项目	教育厅等支持项目	2	1.6	0.4
高校资助项目	高校内部项目	985 项目、211 项目、人才引进项目、基本业务经费等	46	36.5	9.4
国际资助项目	国际资助项目	福特基金会、瑞典国际发展合作署、英国大使馆文化教育处等	12	9.5	2.5
国内 NGO 资助项目	国内 NGO 资助项目	中国人权发展基金会、中国公法基金会	10	7.9	2.1

以上述标准进行统计分析，结果表明：（1）在 487 种著作中，明确注明受到某类项目支持或出版资助的共有 126 种，占人权著作总数的 25.9%，这表明四分之一强的著作受到了不同资助项目（主体）的资助。考虑到有些著作虽然也受到了不同资助主体或项目的支持，但未必标明资助情况，比如各类丛书、文丛等，所以，在现实中，受到资助的比例应当会大于这个数字。（2）在标明受资助著作中，126 种著作共受到 158 个项目或资助主体的资助，其中，有一些著作是受到 2 个或 3 个项目的资助。（3）如果以资助著作种数作为排序的标准，则资助人权著作由多到少的顺序为：高校内部项目、省级支持项目、国家出版规划项目、教育部项目、国家社科规划项目、国际资助项目、国内 NGO 资助项目、部委资助项目（不包括教育部）、城市资助项目、省内厅局资助项目。可见，人权著作的出版得到校内项目资源相对更多一些，省级支持项目和国家出版规划项目也较多，国家社科项目和教育部项目则处于中等水平，国际资助人权著作较活跃。

五　研究路径分析

科学研究的进步和研究领域的成熟离不开有效的研究方法，人权研究作为涉及众多学科领域、众多社会问题并关涉人类发展和每个人生活幸福程度的重要领域，也应当综合运用恰当的研究方法。由于研究方法的多元性，很难对487种著作的研究方法做出量化的表述，本文尝试对人权著作中研究方法的种类和主要情况做一个大概的介绍。在所统计的人权著作中，常用的研究路径见表7。

表7　2003～2013年人权著作常用研究方法列举

研究路径	常运用学科	研究焦点	著作举例
法律分析	法学	解释法律条文、公约规定的含义及如何运用。	《〈公民权利和政治权利国际公约〉与我国刑事诉讼》(陈光中)
案例研究	法学、政治学	通过对案件、判例的具体呈现与分析，探究其背后的意义。	《人权案例选编》(李步云　孙世彦)
比较研究	法学、政治学、公共管理学	比较两种或多种文化、制度、传统、案件等的不同，发现其中的理论意义。	《中瑞刑事法中人权保护比较研究》(罗昌平)
事实纪录	跨学科	对所发生的事件、政策法律的变化做出简要描述与分析。	《中国人权在行动》(中国人权研究会系列丛书)
文献汇编与分析	政治学、法学	对相关经典条约、文本等进行分类汇编或分析。	《人权大宪章》(董云虎)
实证调查	社会学、政治学、公共管理学	通过系统搜集某一方面的数据和案例，对此进行数据分析。	《民权与民生：中国农民权益实证调查》(项继权)
历史回顾	历史学	通过对历史的追溯与分析，阐明某种趋势或联系。	《"世界公民"之路：论德国公民权利发展的历史主线》(赵进中)
知识介绍	跨学科	系统介绍某种知识、技巧、文化，旨在知识普及。	《权利与尊严：妇女自我保护40招》(刘晨)
政策评论	政治学、公共管理学	针对时下的政局、政策、环境进行分析论述，旨在聚焦问题、分析出路。	《人权论集》(胡适等)

续表

研究路径	常运用学科	研究焦点	著作举例
叙事传记	文学	通过深入、细致、情境化的呈现个体经历，从相关理论来解释或进行理论创新。	《一个乡下人在城里的人权际遇》（黎尔平），载《我们时代的人权》（张万洪）
民族志	人类学、法学	通过长时间的田野观察，整体描述一个社会文化群体、系统或某类事件。	《法律赋能的困境与出路》载《我们时代的人权》（张万洪）
理论分析	跨学科	通过对现象或问题进行理论逻辑的分析，得出某种结论。	《人权论证范式的变革——从主体性到关系性》（严海良）

对2003～2013年的人权著作进行分析，可以发现以下三个特点：(1) 研究方法具有多样化的特点，常见的社会科学的研究方法，人权著作中多数都有涉及。(2) 研究方法的采用与学科具有比较显著的相关性，比如法学类的研究著作更频繁地采用法律分析、案例分析的研究方法，社会学的著作则多涉及实证调查方法的采用和数据的分析。(3) 总体而言，人权著作对实证的研究方法的采用还比较少，尤其是法学类的著作很少采用实证性的研究方法。

六　总结

通过对2003～2013年中国大陆出版的487种人权著作的分析，我们可以发现以下六个比较显著的特点。

第一，从对人权研究著作的总量趋势来看，以人权为核心主题的著作数量总体上保持了稳定，并略有增长。这也在一定程度上表明，人权研究者的队伍和总体产出率没有太大的变化。随着国家对人权事业重视程度的增加，以及连续颁布国家人权行动计划作为治国理政的重要指导，又在国家人权行动计划中明确要加强国家人权教育与培训基地建设，相信人权研究者的队伍会在未来一段时期有较为明显的扩大，也会出现更多以人权为主题的研究成果。但受到以往研究基础、历史传统等多方面的局限，在短时间内，不大可能出现迅速的提升，人权的研究还可能继续保持稳中有升的发展态势。

第二，从对不同权利的研究来看，既有研究更倾向于将人权作为一个整体的范畴来进行理论探索和实践探究，对具体权利的研究相对不足，尤其是对经社文权利的研究十分不足，其中的原因可能不在于学术界对于经济、社会和文化研究的不足，而在于相关研究很少从人权的角度来加以深入探析。

第三，从不同学科视角的分布来看，法学的研究最为活跃，也相对较为成熟。法学是将人权相关研究系统化、具体化并形成本硕博教学研究链条的学科，比如，所统计著作中的 12 种人权类教材或教学辅助材料均为法学类，它们也主要是法学院学生学习或教师教学使用。除法学外，人权研究相对活跃的学科还包括政治学、哲学、社会学、公共管理学等。从整体研究著作看，已经形成多学科交叉研究的基本取向，但法学之外的其他学科相对还较为零散。

第四，从对研究路径的选择来看，社会科学研究的基本方法在人权相关研究中多数都有比较明显的使用，研究路径的选择和学科具有较强的关联度。从总体上来看，对人权问题的研究，定性的方法、规范的方法运用较多，定量的方法、实证的方法运用相对较少，这在一定程度上会影响人权研究成熟度的进一步提升，尤其是影响对具体人权问题的深入分析和对策探讨。

第五，从人权著作的出版来看，出版社的构成比较多样化，其中法律出版社出版的人权著作最多，中国社会科学出版社出版的人权著作单品种引用率最高。

第六，从人权著作受资助的情况来看，资助主体具有多元化的特点，其中，高校内部资助的品种数是最多的，很多著作都受到了高校 985 经费、211 经费的资助，相对而言，国家社科规划项目和教育部项目的资助从著作数量上看并不突出，这也表明，在国家社科规划项目和教育部项目的评审立项中，对以人权为主题的选题还缺乏足够的重视。

鉴于上述特点，我们在日后的人权研究中，应当着重加强以下五个方面：

第一，进一步加强对不同权利的细化研究。尤其对在中国现代化过程中具有显著现实意义的具体权利，应当着重加强研究。比如，我们一贯强调经社文权利的重要性，但对其深入的研究却不多；随着老龄化社会的来临，老年人权利的保障将成为社会的难点问题；农民工及农民工子女权利的保障，是中国城市化过程中必须解决的重大问题；环境权的保障也已经成为很多地方矛盾的聚焦点，这还将继续影响中国未来的发展方向；网络的迅速发展对公民知情权、隐私权的保障也带来前所未有的机遇和挑战；等等。这些方面都需要人权研究者从人权保障的视角进行深入的分析和研究。

第二，进一步促进人权研究的多学科交叉研究。人权是一个具有很强综合性、政策性的研究领域，只有进行多学科的交叉透视，才可能实现对人权问题的较为通透的分析和认知。应当进一步加强政治学、哲学、法学等学科从思辨层面对人权问题的认识，加强社会学、公共管理学等学科对具体人权问题、人权政策的深入剖析，加强国际关系学、历史学等学科对人权外交的纵深认知，加强环境科学、生命科学等与法学、政治学、公共管理学等学科针对人权问题或人权政策的交叉研究，最终形成一个以人权问题为聚焦点的多学科交叉、多学科共融、共同促进的研究体系，促进对人权问题的深入系统认知。

第三，进一步推进人权研究方法的讨论，尝试用不同的研究方法来深入地研究现存的人权现象和公共问题，逐渐形成比较成熟的、有效的研究人权问题的系列方法，提高人权研究中实证化研究的程度，从而为人权知识的积累和人权政策建议的科学化提供更好的技术支持。

第四，进一步加强人权研究成果发表、传播的平台建设。人权著作的引用率较低与国内缺乏人权研究成果的发表平台和渠道有密切关系。国内集中于人权研究的专业期刊非常少，只有山东大学人权研究中心主办的《人权研究》为 CSSCI 来源集刊，每年出版一本，文章容量非常有限，其他有限的期刊都不是 CSSCI 期刊。这种困境导致了两个方面的严重后果：一方面，多数研究者，尤其是地方院校的研究者，只能将人权研究当作一种兴趣，而无法作为主攻方向，因为，这种成果难以发表的现状可能不足以使其达到职称评定、科研量评估等要求；另一方面，由于缺乏必要的成果发表平台和渠道，严重限制了人权研究者之间的学术交流，也严重制约了人权研究学术成熟度的形成。所以，要加强人权学术期刊的拓展工作，为人权研究成果的发表提供更多元的平台和更顺畅的渠道。

第五，进一步加强对人权研究的资助力度，尤其是应当加强国家社科规划项目、教育部项目对人权研究的支持，促进人权研究的学术化和主流化；同时，教育部、司法部、外交部、中国人权研究会、中国人权发展基金会等机构应当加大人权项目的立项工作，使人权研究能够得到更多资源的支持。还要慎重对待、积极挖掘国外一些政府部门、科研机构中的经费支持，在保持正确的政治方向的同时，充分利用相关的资源来做一些具体的实事，为促进中国人权的研究和人权事业的进展做出新贡献。

调研报告和案例研究

Research Reports and Case Studies

B.21

2012～2013年四川农村妇女土地权益保障调查报告

何 霞 施克玲 钱晓蓉 张虹玉*

摘 要：

我国不断完善保障妇女权益的法律法规并在实践中取得了显著成就。但近年来农村妇女土地权益受损问题却日益突出。以户为单位的确权登记制度使妇女土地权益依附于家庭，而传统文化中对出嫁、离婚、丧偶女性亲属身份的排斥以及部分地区村规民约中对其不利的制度安排，致使农村妇女的土地权益因婚

---

* 何霞，法学博士，西南财经大学法学院副教授，硕士生导师，四川省妇女发展与权利保护研究中心执行主任，主要研究方向为反歧视法、性别与法；施克玲，四川省妇女联合会副主席，主要研究方向为性别与公共政策；钱晓蓉，四川省妇女联合会权益部部长，主要研究方向为性别与公共政策；张虹玉，南京大学法学院经济法专业研究生。在这次调研中，四川省妇女联合会权益部及16市妇女联合会参与并协助了问卷的发放和回收工作，西南财经大学法学院、统计学院、金融研究中心的曹凡旸、邓晓晨、王植、陈凯、周霞、刘凯、许韶辉、吴凯强、陆昕慧等同学参与了数据的录入工作，在此特别致谢。

姻关系的变化而出现易受损状态。要完善妇女土地权益的保障，就应当在法律、政策的制定和实施中增强社会性别意识，加强对村规民约的监督以及完善救济措施，加大性别平等的社会倡导，逐步消除制度性和结构性歧视。

关键词：

妇女土地权益　社会性别意识　土地确权登记制度　村规民约

一　调查背景与方法

（一）调查背景

土地是农民的生存之本、发展之源。我国高度重视“三农问题”，改革开放以来，我国相继制定、颁行了多项政策和多部法律法规，以物权的形式确认了农户对土地承包经营权的权属并逐步扩展了农户对土地的收益和处分权。1978年以来，我国农村逐步建立了以家庭承包经营为基础、统分结合的双层经营体制；20世纪90年代，我国确定了“三十年不变”的土地承包政策，并在之后的《农村土地承包法》中加以确认。2013年11月十八届三中全会提出赋予农民更多的财产权利，允许农民对承包土地的经营权抵押、担保。为此，我国目前正加紧农村集体土地承包经营权确权工作，同时建立完善土地流转市场，扩大和增加农民财产性收益。①

这些土地政策和法律法规特别强调了对妇女土地权益的平等保护。《农村土地承包法》《妇女权益保障法》规定了妇女具有平等的土地承包权利，任何个人和组织不得因妇女结婚、离婚或丧偶侵犯其土地权利；并规定了侵害农村妇女土地权益应承担的法律责任和行政司法救济措施。十八届三中全会的决定也强调了切实维护妇女的土地承包权益。

我国在促进男女平等、保障妇女权利上取得了显著成就，然而近年来农村

① 陈锡文：《构建新型农业经营体系刻不容缓》，《求是》2013年第22期。

妇女的土地权益受损问题却日益突出。近10年以来，中国妇女的社会地位有明显提高，例如女性健康及保健状况明显改善；女性教育结构明显改善，男女两性受教育差距显著缩小；农村妇女非农就业比重提高；城镇单位女性社会保障状况明显改善，性别差距缩小；女性参与决策和管理的程度提高，政治参与意识和主动性不断增强等诸多方面取得了突出进步。[①] 但女性的土地权益状况却不容乐观。2010年12月进行的“第三期中国妇女社会地位调查”显示，2010年没有土地的女性比2000年增加了11.8%。女性失地情况比男性严重，因婚姻变动（含结婚、再婚、离婚、丧偶）而失去土地的占27.7%，而男性仅为3.7%。[②] 2012年全国妇联系统信访处理妇女土地权益投诉9979件次，比上年上升17%，其中因为土地征收征用补偿和集体经济受益分配分别上升了27.7%和42.1%。特别是在土地发包、流转和征用过程中，一些地方以村规民约、村民代表大会决议等形式，剥夺部分出嫁、离婚或丧偶妇女的村民待遇，损害了这部分妇女的经济利益和保障性收益。[③]

（二）抽样设计与执行

为进一步了解农村妇女土地保障权益的现状和探索其权益受损的原因，课题组在2012年和2013年选择了四川省进行调查。四川省是农业大省和人口大省，地形多样化，人多地少，在城镇化过程中妇女土地权益问题较突出。

四川省地处中国西部，是西南、西北和中部地区的重要接合部，是承接华南华中、连接西南西北、沟通中亚南亚东南亚的重要交汇点和交通走廊。辖区面积48.6万平方公里，居中国第5位，辖21个市（州），183个县（市、区），是我国的资源大省、人口大省和经济大省。四川省土地资源紧缺，主要以林牧业为主，林牧地占总土地面积的68.9%；耕地则集中分布于东部盆地

---

① 第三期中国妇女社会地位调查课题组：《第三期中国妇女社会地位调查主要数据报告》，《妇女研究论丛》2011年第6期，第6~11页。

② 苏琳：《10年间：中国妇女的社会地位明显进步》，人民网，http://acwf.people.com.cn/GB/99061/233094/233095/16043853.html，最后访问日期：2013年12月27日。

③ 王金梅：《独家对话全国妇联副主席、全国政协委员甄砚：妇联要做广大妇女信赖的温暖娘家》，中国网，http://cppcc.china.com.cn/node_7189622.htm，最后访问日期：2013年12月27日。

和低山丘陵区，占全省耕地的85%以上；园地集中分布于盆地丘陵和西南山地，占全省园地的70%以上；交通用地和建设用地集中分布在经济较发达的平原区和丘陵区。近年来在经济转型的过程中农村外出打工人数众多，截至2012年末，四川省常住人口8076.2万人，其中城镇人口3515.6万人，乡村人口4560.6万人，城镇化率43.53%。①

四川由18个市以及三个自治州组成。本次调查在四川省妇联的支持和协助下，采用发放调查问卷和实地访谈的方式，于2012年7月在全省抽选了成都市、达州市、巴中市、德阳市、广安市、广元市、乐山市、泸州市、眉山市、南充市、攀枝花市、雅安市、宜宾市、资阳市、遂宁市、自贡市16个市，195个乡镇，717个行政村，发放调查问卷8000份，回收有效问卷7008份，回收率达到87.6%。课题组在2013年再次进行了入户调查。调查内容主要包括7个方面：（1）经济状况；（2）生活来源；（3）家庭地位；（4）承包地权益；（5）拆迁中土地权益；（6）法律维权意识；（7）维权途径。问卷发放的基本情况见表1。

表1　问卷发放基本情况

单位：份，%

地　区	问卷	百分比	乡(镇)
成都市	1570	22.4	城厢乡、大同乡、龙王乡、清泉乡、姚渡乡、军屯乡、大丰乡、安西乡、邓双乡、方兴乡、五津乡、祥福乡
巴中市	337	4.8	平昌县、茶坝乡、山乡、东城乡、回风街道、江北台乡、梁水乡、清江乡、西城乡、玉堂街道、枣林乡
达州市	411	5.9	陈家乡、葫芦乡、江阳乡、金檀乡、复兴镇、盘石乡、双龙镇
德阳市	581	8.3	万安镇、广门镇、彭家镇、白马乡、龙台镇、新丰镇、西外乡、万安镇、三水乡、新平镇、松林镇、南丰镇、高坪镇、金鱼镇、小汉镇、北外乡、向阳镇、南兴镇、连山镇、和兴镇、西外镇、西高镇
眉山市	296	4.2	悦兴镇、太和乡、富牛镇、文林镇、大化镇

① 《四川概况》，四川省政府网，http：//www.sc.gov.cn/10462/10778/10876/2013/3/27/10253724.shtml，最后访问日期：2013年12月27日。

续表

地　区	问卷	百分比	乡(镇)
南充市	406	5.8	河西乡、双店乡、太平镇、西兴镇、石圭镇、南江镇、龙泉镇、华兴镇、曲阳镇、金凤镇、吉安镇、曲水乡、马家镇、长乐镇、羊口镇、土门镇、大同镇、七宝寺镇、礼乐乡、黄溪乡、阙家镇、溪头乡、李渡乡、盐溪乡、木老乡、百泉乡、白家乡、走马乡、龙门乡、永安乡、螺溪镇、万家乡、喻家乡、青莲乡、江陵镇、隆兴乡、佛门乡、会龙镇、老君镇、胜观镇、鄢家镇、凤凰乡、小龙镇、新场镇、临江镇、金宝镇、太和镇、李渡乡
乐山市	326	4.7	绥山镇、高桥镇、九里镇、符溪镇、龙门乡
泸州市	353	5.0	泰安镇、丹林乡、石寨乡、金龙乡、长安乡、焦滩乡、二里乡、蓝田街道、方山镇、丹林乡、华阳镇、邻玉街道、泰安镇、江北镇、分水岭乡、茜草街道
攀枝花市	391	5.6	仁和镇、格里坪镇、前进镇、银江镇、桐子林镇、总发镇、中坝乡、攀莲镇、草场乡
雅安市	94	1.3	大兴镇、晏场镇、草坝镇、孔坪镇、沙坪镇、姚桥镇、合江镇
宜宾市	406	5.8	高场镇、刘家镇、罗龙镇、南溪镇、裴石乡
资阳市	422	6.0	南津镇、迎接镇
广安市	221	3.2	恐龙乡、白庙镇、浓溪镇、浓洄街道、广福街道、北辰街道、龙孔镇、普安镇、牟家镇、平安乡、鱼峰乡、九龙镇、临溪镇、同兴镇、新场镇、坪滩镇、中和镇、伏龙乡、赛龙乡、粽粑乡、石垭镇、花板乡、兴隆镇、车板镇
广元市	136	1.9	元坝镇、雪峰街道、雷锋镇、宝轮镇
遂宁市	534	7.6	太和镇、文井镇、下东镇、赤城镇、象山镇、隆盛镇、河沙镇、唐家乡、仁里镇、拦江镇
自贡市	524	7.5	飞龙镇、沿滩镇、瓦市镇、王井镇、卫坪镇、荣边镇、凤凰镇、永嘉乡
合　计	7008	100	

为保证调查质量，我们对调查实施的问卷设计、问卷审核、问卷回收、数据录入、问卷分析、实地调研、调研反馈、专家意见等各个环节加强了质量控制。在调查实施过程中，采用四川省妇联统筹安排，各个市级妇联分派本市问卷和协助调研，最后回收汇总至四川省妇联的方法，从而保证了调研工作的顺利进行。全部调研结束后，团队成员与四川省妇联权益部又通过电话回访复

核、数据校验等多种途径，对问卷和数据质量进行校验，较好地控制了非抽样误差的发生，保证了调查数据的可靠性。

（三）样本基本分布

在对数据进行描述统计分析之前，我们首先对基本信息进行呈现，其中包括我们选用的变量：年龄构成、妇女类型、收入状况、职业状况。具体情况如表 2～表 5 所示。

表 2　年龄的样本构成

年龄	20 以下	20～34	35～49	50～65	65 以上
频率	45	1409	4502	785	206
百分比(%)	0.6	20.1	64.2	11.2	2.9
有效百分比(%)	0.6	20.3	64.8	11.3	3.0
有效总数(N＝6947)，缺失数据 61					

表 3　妇女类型的样本构成

类型	农嫁农	农嫁非农	非农嫁农	离异	丧偶
频率	5964	558	274	74	95
百分比(%)	85.1	8.0	3.9	1.1	1.4
有效百分比(%)	85.6	8.0	3.9	1.1	1.4
有效总数(N＝6965)，缺失数据 43					

表 4　收入的样本构成

月均纯收入(元)	1000 以下	1000～1499	1500～2000	2000 以上
频率	2995	1673	1303	983
百分比(%)	42.7	23.9	18.6	14.0
有效百分比(%)	43.1	24.1	18.7	14.1
有效总数(N＝6954)，缺失数据 54				

表 5　职业的样本构成

职业	在外工作	在家务农	都有
频率	1129	3512	2305
百分比(%)	16.1	50.1	32.9
有效百分比(%)	16.3	50.6	33.2
有效总数(N＝6946)，缺失数据 62			

二　四川农村妇女土地权益保障现状及问题

四川省先后出台了《四川省〈中华人民共和国妇女权益保障法〉实施办法》《四川省〈中华人民共和国土地管理法〉实施办法》《四川省〈中华人民共和国农村土地承包法〉实施办法》《四川省人民政府办公厅关于进一步加强农村土地管理工作的意见》《四川省人民政府关于汶川特大地震灾后恢复重建中土地权益保护的指导意见》等一系列的地方性法规和文件，对农村妇女土地权益的确权及流转等进行了规范。

（一）四川农村妇女土地权益保障现状

我们的调查显示，四川省农村妇女土地权益状况具有以下两个特点。第一，农村妇女土地权益基本能够得到保障；第二，在土地权益受到损害时，农村妇女具备良好的维权意识。

1. 妇女土地财产权益基本得到保障

通过图 1 可以清楚地看到，87. 1% 的被调查农村妇女都回答有自己的承包地。图 2 显示，55. 8% 的承包地夫妻、子女都可以作为继承人，而 10. 7% 的被访者表示承包地只能由丈夫继承，妻子不能，6. 7% 的人表示承包地男孩可以继承，女孩不能；同时也存在 26. 8% 都不能继承的情况。

2. 在土地权益受到损害时，农村妇女具备良好的维权意识

《妇女权益保障法》第 52 条规定：“妇女的合法权益受到侵害的，有权要求有关部门依法处理，或者依法向仲裁机构申请仲裁，或者向人民法院起诉。对有经济困难需要法律援助或者司法救助的妇女，当地法律援助机构或者人民法院应当给予帮助，依法为其提供法律援助或者司法救助。”同时第 53 条规定：“妇女的合法权益受到侵害的，可以向妇女组织投诉，妇女组织应当维护被侵害妇女的合法权益，有权要求并协助有关部门或者单位查处。有关部门或者单位应当依法查处，并予以答复。”

维权途径的法律规定是农村妇女在土地权益受到侵害时的有效保障，同

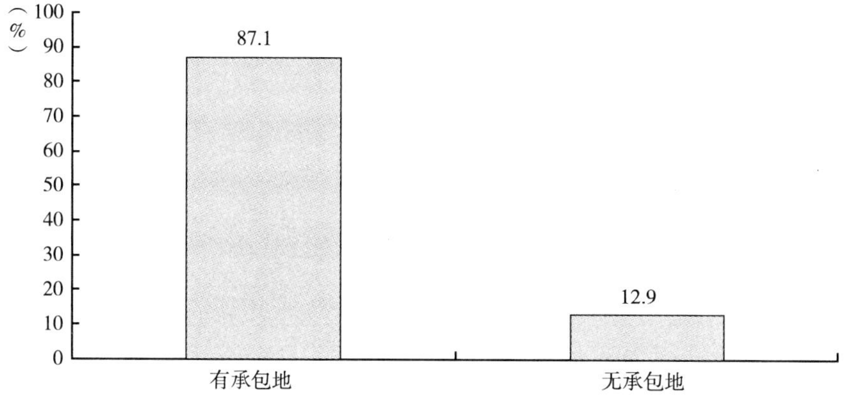

图 1　您是否有自己的承包地？

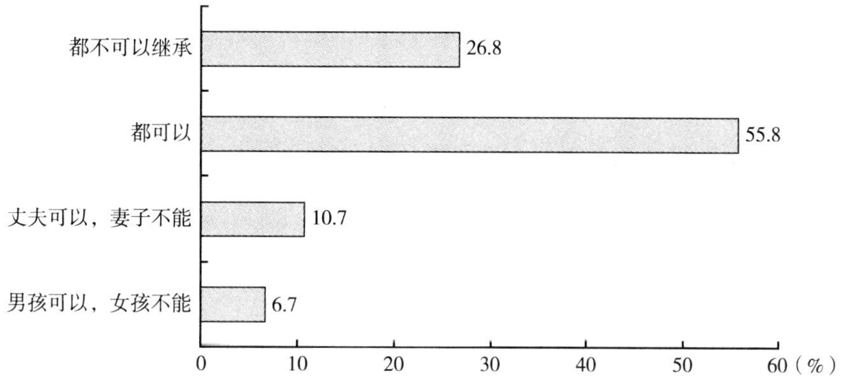

图 2　您的承包地是否可以继承？

时农村妇女主动寻求救济也体现了妇女的维权意识。如图 3 显示，43.6% 的农村妇女在土地权利受到侵害时会选择找村委会，34.8% 的妇女会向妇联寻求帮助，15.4% 的妇女在土地权益受到侵害时会向地方政府求助，而 5.3% 的农村妇女会采用诉讼的方式，只有 0.9% 的农村妇女会无所作为。不难看出，99.1% 的农村妇女具备了较强的维权意识，在合法权益受到侵害时都会有所作为；大多数（78.4%）农村妇女在土地权益受到侵害时会选择村民自治的方式或者向群团组织寻求救济；极少（5.3%）的农村妇女选择寻求司法救济。

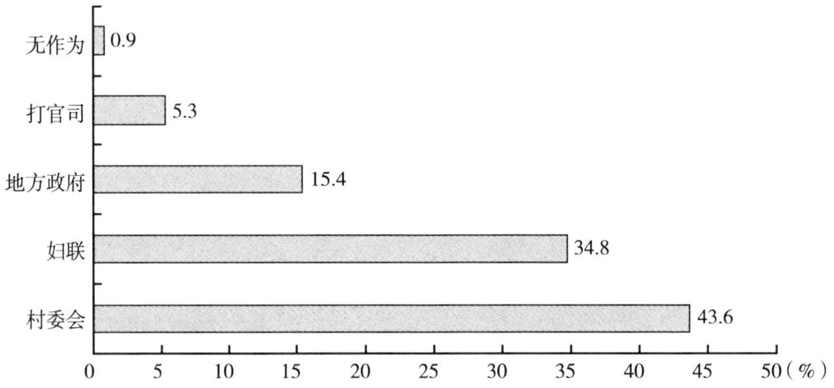

图3　如果您的土地权利被侵害，你会选择哪些途径？

（二）四川农村妇女土地权益保障存在的问题

1. 四种类型妇女的土地权益容易受到损害

农村妇女的土地权益受损通常发生在婚姻关系的变动中，婚姻关系的变动往往导致农村妇女同时在家庭与集体组织中的身份和权益发生变化，而我国的土地权属的制度安排与集体经济组织和家庭成员的身份密切相关。

（1）“出嫁女”

出嫁女是指结婚后其户口仍然留在集体经济组织中，并履行该集体经济组织章程义务的女性。我国农村有“从夫居”的传统，妇女结婚后户口仍保留在原集体经济组织中，可能是“农嫁非农”，户口不能转移到城市（城镇），或者是女性所在集体经济组织有较好的经济收益，女性出于对自己利益的考虑不愿意把户口迁移。户口迁移与否，这本是女性的自主选择权，但我们在访谈和问卷中，发现了一些村以村规民约或者村民大会决议的形式要求女性出嫁后必须迁出户口，对于没有迁出户口的女性，村里收回其承包土地或不予分配村组福利的情形。还有一些村规定一户如果只有女儿，则只能保留一个已结婚女儿的户口，同时可以上其丈夫的户口，但其余的女儿在结婚后必须迁出；对于一户有多个儿子的则没有类似的规定。

（2）已婚且将户口迁移到夫家的妇女

虽然已婚农村妇女将户籍迁入夫家所在集体经济组织，但由于我国实行

“三十年不变”“增人不增地，减人不减地”的土地承包政策，再加之如村委会没有预留的机动地，也没有新开垦地或村民自愿交回的承包地，这样已婚女性很难在夫家村取得土地，也不能享受和土地相关的经济权益。

如图 4 所示，有 50.4% 的妇女嫁进婆家不能分得土地，而对已婚女性在娘家的土地如何处理的问题，如图 5 显示，44.5% 的调查对象表示其原承包土地仍可由娘家的父母使用，由妇女自己使用的比例占 17.9%，也有较大比例（33.5%）的土地由娘家所在村集体收回。有很多已婚女性虽在娘家仍有土地，但因人地分离不便耕种管理，因此默认娘家父母或者兄弟经营。因此这种默认和长时间的由娘家人合法占有使用的事实，也给女性在土地权益发生较大增值后向家人主张权利增加了道德上的障碍。

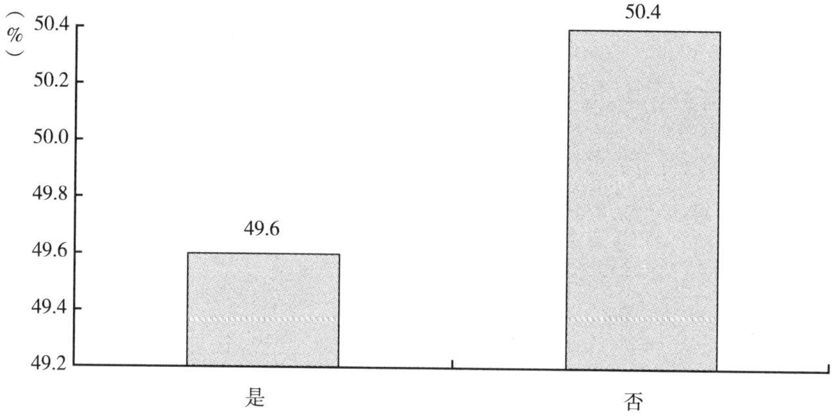

图 4　如果一妇女嫁进你们村，是否能分到土地？

（3）离婚妇女

如图 6 所示，多数妇女在离异时土地权益得到了相应的保护，69.3% 的妇女离异时可以从婆家分得属于自己的一份承包地，11.4% 的妇女可以“和丈夫对半分地”，10.9% 的妇女则不能分到土地。但在个案访谈中，我们发现因为缺乏可操作的土地分割登记程序，为数不少的农村妇女在离婚分户后，并不能及时地将土地分割登记至自己名下，土地耕保金和粮食补贴仍然发放到婆家或者其前夫的账户上。

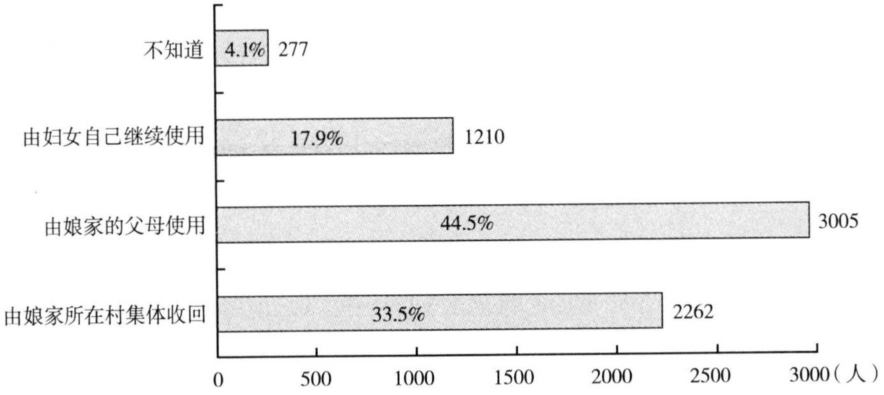

图 5　在你们村里，如果一妇女嫁给外村人，她在娘家的土地将如何处置？

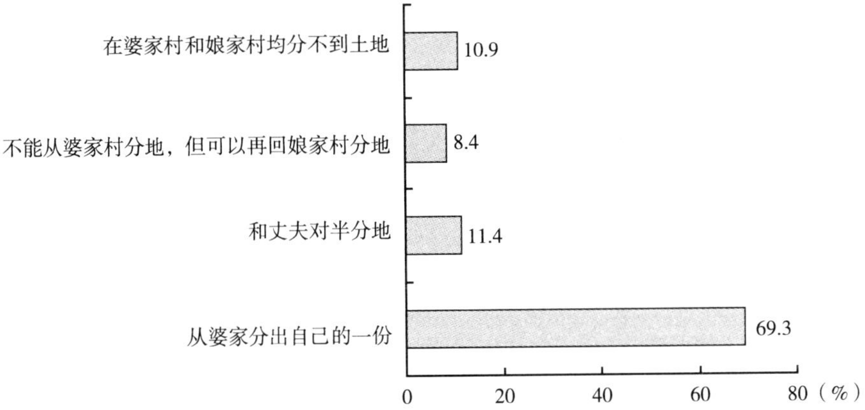

图 6　当一妇女离婚时，她家庭的承包地将如何处理？

（4）丧偶妇女

在中国农村，丧偶妇女特别是年轻丧偶妇女，其土地承包经营权易受侵害。丧偶妇女由于再婚或者其他原因离开原居住地，承包地就可能被强行收回，同时承包合同也有可能被单方终止，其对土地的承包经营权就被非法剥夺了。

图 7 显示，在妇女丧偶的情况下，43.6% 的妇女可以继承丈夫的土地，27.7% 的农村妇女在丈夫去世后要将土地归还给村集体，另有 28.7% 的妇女表示土地承包经营权由成年儿子或者家庭其他成员继承。

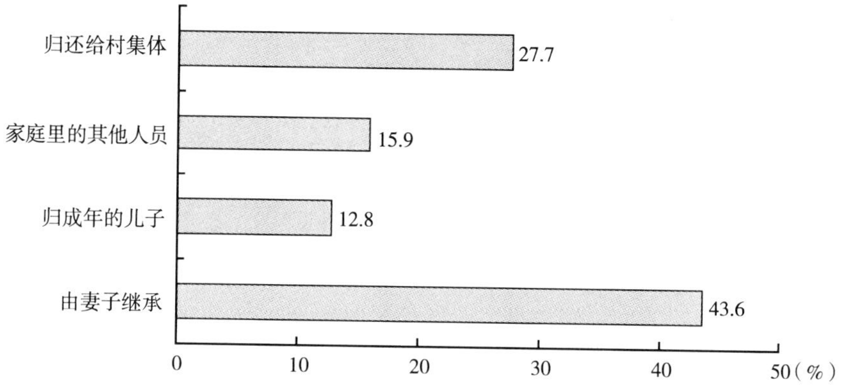

图7　如果有的妇女丈夫去世，丈夫的承包地将如何处理？

2. 土地征收过程中妇女土地权益问题突出

工业化、城镇化、农业现代化是我国农村发展的趋势。但伴随城镇化的加快，土地的经济价值凸显，妇女土地权益受侵害的情形也随之增加。

（1）土地征收补偿分配资格的不公平对待

土地征收补偿分配资格的不公平是妇女土地权益保护的突出问题，也是群体性上访的主要原因。如图8显示，在土地征收补偿过程中，只有43.3%的出嫁女能得到补偿，户口在本村但没有分得土地的娶进媳妇中15.1%的人能

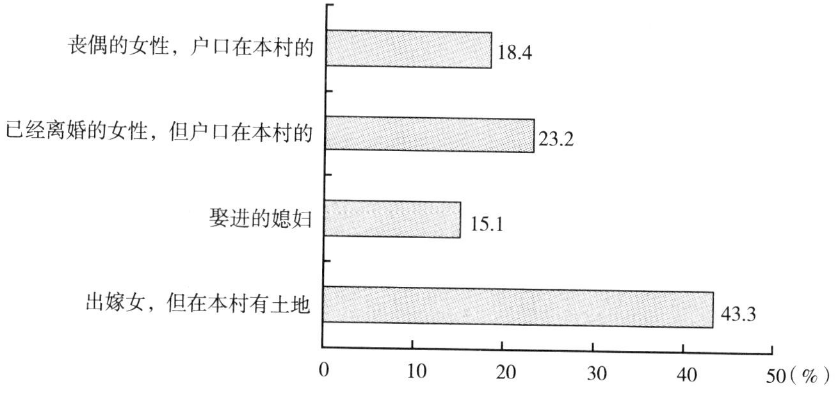

图8　你们村土地拆迁补偿款下列人员哪些人能分得？

得到补偿，离婚但户口在本村的女性中有23.2%的人能得到补偿，户口在本村的丧偶女性中仅有18.4%的人能得到补偿。

土地征收补偿的主体资格与集体经济组织成员资格的认定密切相关，从我们调查的情况来看，目前没有统一的认定标准。有些村是以户口所在地来认定，而有些是以是否分得土地来认定，有些则结合两项标准。

（2）补偿标准不统一

如图9所示，我们在调查中发现，征地补偿标准按照国家法律法规规定实施的占到了83.3%，但也有16.7%依据村规民约、村委会协商决定及自己同拆迁方约定等形式确定。法律的不完善及部分地区对村规民约的过度依赖导致了一些乡村在土地征收过程中出现了村规民约代替相关法律法规的现象。

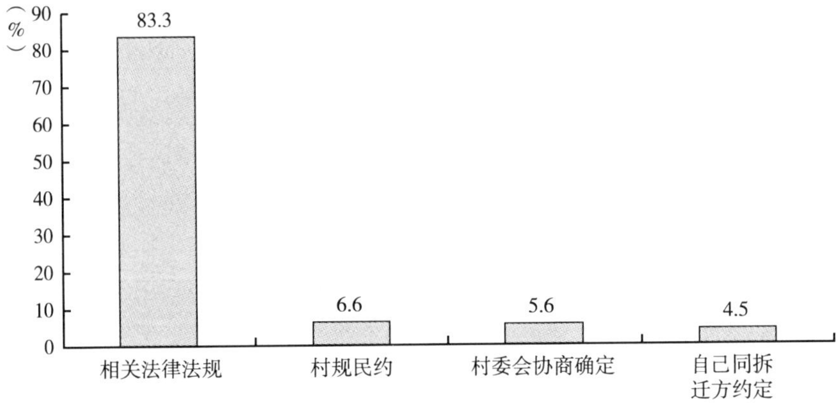

图9　在你们村，对于拆迁的补偿标准是按哪种方式确定的？

三　四川农村妇女土地权益受侵害的原因分析

虽然我国的土地法律政策、四川省的地方性法规都强调了对妇女土地权益的平等保障，但数千年的“男尊女卑”的传统文化，以及法律存在的漏洞和实施中的问题，使得妇女的土地权益仍然出现了易受损的状况。

集体所有的农村土地产权制度使个体的土地权益依附于集体经济组织成员身份，以户为单位的确权登记制度使妇女的土地权利依附于家庭，传统的

“男尊女卑”的思想意识，以及农村医疗养老保障机制的不健全强化了传统的性别意识和“以男性为中心”的社会结构，因此农村妇女的土地权益的受损通常出现在因婚姻关系而发生的流动中。

我国农村传统的“从夫居”的生活习惯使得妇女因婚姻而流动。人地分离致使妇女不便耕种原有土地，土地流转途径的限制又使土地的经济利益不能充分得以实现，而三十年不变的土地承包政策使得妇女在夫家可能分不到土地，因此妇女的土地权利可能因婚姻关系的变化而落空。

（一）“以男性为中心”的传统观念和社会结构的影响

1.“从夫居”的婚俗习惯和传统观念的消极影响

尽管从国家到地方的成文法和政策中都明确规定了男女平等的原则和保护妇女的权利，但在法律的实施过程中，家庭和社会的双重干预大大抵消了现行法律和政策运行的效率。乡村生活中“从夫居”的婚姻习俗，以男性为户主的习惯，在农村社会保障有待完善的情形下依靠儿子养老的现实，是对“以男性为中心”的思想意识的强化。这样的传统是排斥出嫁妇女的村规民约的思想基础。

2. 村规民约的消极影响

在土地稀缺、经济状况较好或者面临征地的村庄，既有的村规民约或者村民大会通过集体决议来排斥女性的情况比较常见。我们在调查中发现，有的村里约定家里只有女儿的，只能有一个女儿可以招上门女婿，其余女儿结婚后户口必须迁走；但是对家里有多个儿子的，却没有类似的规定。在另一个村庄中，为防止假结婚来获取征地利益，村民决议规定女性必须结婚满三年才能把户口迁入。

（二）现阶段土地法律政策存在不足

1. 土地集体所有权主体的虚位与个体权利的易受损性

根据《物权法》的规定，土地承包经营权是他物权，具有绝对性和排他性；但同时土地集体所有的法律规定却让土地承包经营权的获得与行使同成员资格密切相关。现行法律对集体经济组织成员资格的认定缺乏明确的依据和统一的标准。因此，集体所有的农村土地产权制度使个体的土地权益依附于集体经济组织成员身份，而集体土地所有权主体的模糊不清，又使个体权利无法得到充分的保障。

因土地的固定性和男性集体经济组织成员身份的相对稳定性，所以男性村民土地权利受侵害通常发生在土地征用中，而女性由于“从夫居”生活习惯所导致的集体成员资格主动或者被动的变化，以及传统观念的排斥，其权利更易受到损害。

2. 现有土地法律政策缺乏社会性别视角

首先，“增人不增地，减人不减地”“三十年不变”的土地承包法律和政策规定，对于稳定农村的土地承包权，鼓励农民保护土地，增加农业投入起到了积极作用，但对女性的土地权利保护却产生了不利的影响。这一系列的法律和政策规定对性别因素考虑甚少，没有考虑到既定“从夫居”的婚姻结构条件下，政策的实施对不同性别的影响，忽视了在承包期内新增人口，特别是大量的由于婚姻而流动的农村妇女的权益。所以在夫家村庄没有机动地或者没有进行土地整理的情形下，嫁到夫家的妇女有半数以上不能分到土地。而现有法律下土地的流转途径受到限制，妇女在娘家的土地因为婚后人地分离不便耕种管理，又不能通过有效流转的方式实现其经济价值，导致其土地权利的行使处于落空状态。

其次，我国现有土地承包经营权的确权登记是以户为单位，而户主通常为男性。家庭成员的土地权利并没有明确到个体，因此造成了妇女的权利行使依附于男性。为了更有效地保障农民的权益，我国的粮食直补和耕地保护金是直接发放到农户的银行账户中。我们在调查中发现不少地方是一户发放一张以户主作为开户人的银行卡或存折，包括妻子和其他家庭成员在内的补贴直接发放到这张卡或存折内。因为不是以妻子的名义开户，所以如妻子需要提取属于自己的耕保金和粮补则必须得到丈夫同意并向银行出示丈夫的身份证。

3. 法律政策不够具体明确，欠缺可操作性

我国的法律虽然强调了对妇女土地权利的保护，但多为原则的宣示，缺乏具体的操作程序。首先，法律规定妇女的土地权应在结婚、离婚后受到保障，但没有规定规范化的方便易行的财产分割确权程序。例如《农村土地承包法》和《关于切实维护农村妇女土地承包经营权益的通知》强调出嫁妇女必须有一份承包土地，但对土地分配的主体以及如何调整妇女嫁入村与嫁出村的土地，出嫁女如何实际享有在娘家承包土地的使用权和收益权等问题并未予以规定和落实。其次，法律对集体经济组织成员资格认定不明确，对入户、迁出户口的权利主体、条件、程序等没有明确规定。最后，法律法规对村民自治缺乏监督，对村民代表大会做出决议的法律效力和村民对其不服时的救济措施没有明确规定。

（三）妇女土地权益救济不力

农村妇女在其土地权利及相关利益受侵害时，一般先找婆家村或娘家村的村委会，要求村委会出面调解。而村委会对于妇女提出的要求，通常的做法是按照有关规定组织村民会议或村民代表会议讨论决定。但在我们调查到的个案中，有不少侵害妇女土地权益的决定是村民在经济利益驱使下，以村民大会决议的形式做出的。

行政保护力度弱。当农村妇女无法在村委会得到土地纠纷的解决时，她们一般会转向妇联或者乡镇政府寻求帮助。然而由于现行法律对违法的村规民约和村民大会决议缺乏有效的纠正机制，政府给予的救济有限。而妇联由于缺乏行政执法权力，不能直接对违法侵权行为进行救济。

司法救济不力。因法律对集体经济组织的诉讼地位规定不明确，因此出现了在司法实践中受理难的问题。有些基层法院以“村委会是村民自治组织，不属于行政诉讼范围”为由拒绝受理，有些基层法院以“村委会和妇女个体是不同的民事主体，不属于民事诉讼范围”为由拒绝受理，有的地方法院认为农村土地分配是村民自治范围内的事务，不支持妇女提出的土地请求。法院在判决妇女胜诉后，也存在着执行难的问题，对于村集体没有机动土地或者征地费用已经分配完毕的情形下，法院的判决也无从执行。

四　完善四川农村妇女土地权益保障的建议

完善农村妇女土地权益的保障，必须消除结构性和制度性的性别歧视。在法律法规的制定和实施中增强社会性别意识，强化法律的可操作性，完善救济措施来消除制度本身的漏洞可能带来的对农村女性的不利影响。通过加强性别平等的社会倡导、完善农村社会养老保障机制、加强对村规民约和村民决议的监督来改善传统性别意识和社会结构。

（一）在法律法规的制定和实施中增强社会性别意识

1. 完善土地承包登记确权制度，明确妇女个体的土地财产权利

为避免妇女的土地权益因婚姻关系变化而受到不利影响，建议在土地承包经营确权登记中实行家庭成员实名制，不仅在土地承包经营权证书上载明夫妻双方和家庭成员的姓名，还应载明其各自的份额或者具体的土地位置。通过实施细则或地方性法规的方式配套实施方便易行的土地分割和变更登记程序。土地的耕保金和粮食补贴的发放也应改变以户为单位的形式，逐步过渡到以土地承包权利人个体为单位发放。

2. 进一步畅通承包土地的流转途径，解决人地分离导致的土地权利落空

2013 年，党的十八届三中全会的决定明确提出，赋予农民更多的财产权利，并且“在坚持和完善最严格的耕地保护制度前提下，赋予农民对承包地占有、使用、收益、流转及承包经营权抵押、担保权能”。土地流转途径的进一步畅通，是构建新型农业经营体系的需要，是对现有农村耕地“谁来种”“怎么种”两大核心问题的回应，也是对因婚姻流动从而人地分离的农村妇女土地权益的有力保障。承包土地的经营权可以出租、转包、向金融机构抵押、担保融资，以及作为股份投入农业产业化的经营中，因结婚而离开承包地所在村庄的妇女，可以自主选择各种实现土地收益的经营形式，从而更好地实现土地权益。

（二）健全农村社会保障体制，消除结构性性别歧视

我国农村社会养老、医疗保障机制的不完善强化了“养儿防老”的社会意识和以男性为中心的社会组织结构。稳步扩大农村养老保险的覆盖面和增加养老金的数额，发展农村社区医疗护理、养老照顾服务，从而解决村民的后顾之忧，消除结构性的性别歧视。

（三）加强对村规民约和村民决议的监督机制

进一步完善对村规民约的监督机制。建议在《村民组织法》中对“村民自治章程、村规民约以及村民会议或者村民代表会议的决定不得与宪法、法律、法规和国家的政策相抵触，不得有侵犯村民的人身权利、民主权利和合法

财产权利的内容”的规定进行完善，明确规定对违法村规民约的审查主体和监督执法主体。

在实践中试行以乡镇为单位对村规民约进行备案和清理的机制。要求涉及村民权利分配的村民大会或村委会的决议必须书面记录，报上级人大和地方政府备案。立法或行政机关有权要求与国家法律相抵触的村规民约或村民大会决议进行整改或撤销，法院依法对村规民约和村民大会决议进行审查和决定是否适用。

（四）完善妇女土地权益的救济机制

建立一套政府主导、社会相关部门积极参与的救济机制。完善土地争议调解仲裁制度。建议对《中华人民共和国农村土地承包经营纠纷调解仲裁法》制定实施细则，规定对涉及妇女土地承包经营权的仲裁案件，仲裁员中应当有来自妇联的符合仲裁员条件的人员。

完善司法救济途径。司法作为保障公民权利的最后一道屏障，其化解社会矛盾的功能是不可替代的。建议人民法院切实将确定村民资格、土地权属争议、征地补偿等案件纳入受理范围，从而减少群体性上访事件，依法保障农村妇女的合法权益。司法所、法律援助中心等也应在保障权益的工作中发挥积极作用。

各级妇联应积极探索社会服务创新之道。妇联在做好宣传教育工作的同时，也应积极地提高社会服务能力，发挥好和政府部门沟通联系的作用，通过影响决策、社会倡导、参与仲裁以及支持诉讼等方式实现对妇女权益的更好维护。

附件：

农村妇女土地权益保护的调查问卷

调查地点：________省________市（县）________乡（镇）________村，

调查地点位于（1）城乡接合部　（2）农村腹地

一　基本信息

家庭人口____人，其中劳动力____人，全家分地人口____人，承包地____亩，其中耕地____亩。

调查农户去年家庭人员月均纯收入是________元

A. 999 及以下　B. 1000 ~ 1499　C. 1500 ~ 1999　D. 2000 及以上

您的年龄：

A. 19 岁及以下　B. 20 ~ 34 岁　C. 35 ~ 49 岁

D. 50 ~ 64 岁　E. 65 岁及以上

您属于以下哪种类型：

A. 农嫁农　B. 农嫁非农　C. 非农嫁农

D. 离异　E. 丧偶

二　问卷主体（涉及妇女地位、承包地、拆迁问题）

1. 请问你是在外工作还是在家务农？

A. 在外工作　B. 在家务农　C. 两种情况都有

2. 你们家谁当家作主？

A. 男人说了算　B. 女人说了算　C. 男女共同商量　D. 看情况

3. 你的家庭主要收入主要依靠谁？为什么？

A. 丈夫：（1）因为丈夫打工挣钱多　（2）因为种地主要靠丈夫　（3）因为丈夫干技术活（比如运用机械、做手艺等）钱多　（4）其他

B. 妻子：（1）丈夫不管家　（2）丈夫做生意亏了　（3）妻子有稳定的工资收入（比如教师、医生等）（4）其他

4. 你有没有承包地？

（1）有：

你的承包地现在哪里？

A. 娘家　　B. 婆家

你的承包地是在谁的名下？

A. 我的名下　　B. 父母的名下

C. 丈夫的名下　　D. 儿子的名下

（2）没有，因为

A. 从未分地　　B. 出嫁后失去　　C. 国家征地后失去

D. 外来户或企业搞规模经营土地被集中了

5. 在你们村里，如果一妇女嫁给外村人，她在娘家的土地将：

A. 由娘家村集体收回　　B. 由娘家的父母使用

C. 由该妇女自己继续使用　　D. 不知道

6. 如果一妇女嫁进你们村，是否能分到土地？

A. 是　　B. 否

7. 当一妇女离婚时，她家庭的承包地将如何处理？

A. 从婆家分出属于自己的一份　　B. 与丈夫家对半分地

C. 不能从婆家村分得土地，但可以再回娘家村分土地

D. 在婆家村和娘家村均分不到土地

8. 如果有的妇女丈夫去世，丈夫的承包地将如何处理？

A. 由妻子继承　　B. 自动归于已成年的儿子

C. 家庭里的其他人员　　D. 交还给村集体

9. 你的承包地能不能继承？（多选）

A. 男孩可以，女孩不能　　B. 丈夫可以，妻子不能

C. 都可以继承　　D. 都不能继承

10. 家庭成员户口迁出后，妇女是否有权继续种他（她）那份承包土地？

（1）能继续使用

（2）无权继续使用，因为（多选）

A. 人口减少，土地由集体收回　　B. 土地按户籍分配

C. 妇女一般无权使用　　D. 其他

你们村的土地是否遇到拆迁问题，如果遇到回答11～12题，若未遇到请直接跳至13题。

11. 你们村土地拆迁补偿款下列人员哪些人能分得?

A. 出嫁女，但在本村有土地

B. 娶进的媳妇，但本村因为没有土地了所以没能分得土地的

C. 已经离婚的女性，但户口在本村的

D. 丧偶的女性，户口在本村的

12. 在你们村，对于拆迁的补偿标准是按哪种方式确定的?

A. 相关法律法规　　B. 村规民约

C. 村委会协商确定　　D. 自己同拆迁方约定

13. 如果你的土地权利被侵害，你会选择哪些途径?(可多选)

A. 找村委会　　B. 找妇联帮助　　C. 找政府上访

D. 打官司　　E. 说了无用，什么也别说

14. 你通过什么方式了解有关妇女权益保护的法律、法规的相关内容?

A. 媒体（电视、广播、报纸）　　B. 宣传材料

C. 乡镇或村组织的学习讲座　　D. 没有途径让我了解

B.22

深圳“残友”自主就业模式调研报告

李成 周佺*

摘 要：

“残友”在其基金会、社会组织群和社会企业群“三位一体”架构下，通过立足社会企业搭建残疾人自主就业平台，依靠社会组织提供专业、无缝的就业支持服务，营造独特企业文化，稳定残疾员工队伍以及提高社会企业市场竞争力，确保残疾人就业可持续等措施，完成了残疾人从“被动安置”到“自主就业”的转型，有力促进了该群体劳动权利的实现。“残友”模式的经验提示我们，应当做好残疾人自主就业的指导和培训工作，导入社会组织服务残疾人自主就业，扶持和规范社会企业发展并重视发挥残疾人自身在自主就业中的带动和示范作用。

关键词：

关键词：残疾人　劳动权利　自主就业　残友

截至2006年，我国残疾人总数已达8296万人，涉及全国7050万户家庭。[①] 因为在肢体、视力、听力等方面的生理缺陷，残疾人在劳动力市场中

* 李成，法学博士，四川大学中国西部边疆安全与发展协同创新中心、四川大学法学院讲师，主要研究方向为宪法、反歧视法；周佺，社会学硕士，“残友”集团下属公司总经理，主要研究方向为残疾人就业、社会企业、社会创新。

① 第二次全国残疾人抽样调查领导小组、中华人民共和国国家统计局：《2006年第二次全国残疾人抽样调查主要数据公报（第一号）》，中央政府门户网站，http://www.gov.cn/fwxx/cjr/content_1311944.htm；第二次全国残疾人抽样调查领导小组、中华人民共和国国家统计局：《2006年第二次全国残疾人抽样调查主要数据公报（第二号）》，中央政府门户网站，http://www.gov.cn/fwxx/cjr/content_1311943.htm。

长期处于弱势地位，劳动参与率始终不高。《2012年度中国残疾人状况及小康进程监测报告》的数据显示，当年劳动年龄段生活能够自理的城镇残疾人就业比例仅为37.2%，农村为50%；2012年全国登记失业率为4.1%，而残疾人同期登记失业率则达到9.2%，且实际失业率可能远不止如此。①

解决残疾人面临的就业难题，促进其劳动权利充分实现是残疾人平等、充分参与社会生活，共享社会物质文化成果的基本前提。为了保障残疾人劳动权利的实现，促进残疾人就业，我国先后发展出集中就业和按比例就业两种残疾人就业模式。残疾人集中就业起源于新中国成立后部分城市实施的“以工代赈”的社会福利生产。1960年，根据第六次全国民政会议精神，一些原有的生产自救性工厂被改造为专门安置残疾人就业和为残疾人服务的生产单位，②也即福利企业，这成为残疾人集中就业的重要渠道。20世纪90年代中期，在福利企业中集中就业的残疾职工人数一度达到93万余人。③残疾人按比例就业则由1990年颁布实施的《残疾人保障法》首次予以规定，并为2007年《残疾人就业条例》进一步完善。按照法律规定，用人单位负有按照一定比例安排残疾人就业，并为其提供适当工种、岗位的义务。通过这种方式，每年大约能帮助8万余名残疾人实现就业。④

集中就业和按比例就业虽为残疾人劳动权利实现的法定形式，但实际施行情况并不尽如人意。一方面，作为集中就业载体的福利企业虽有“企业”之名，却不完全按照市场规律运作，更近似于安置残疾人的慈善机构，因而在市场经济条件下遭遇发展瓶颈，出现了企业数量和残疾职工人数双双下降

① 中国残联研究室、北京大学人口研究所、国家统计局统计科学研究所：《2012年度中国残疾人状况及小康进程监测报告》，中国残疾人联合会网站，http://www.cdpf.org.cn/2007special/zkjc/content/2013-07/09/content_30449447.htm。

② 北京市崇文区民政局课题调研组：《我国社会福利企业发展的政策研究》，中国残疾人联合会网站，http://www.cdpf.org.cn/jiuy/content/2011-03/04/content_30342452.htm。

③《中国残疾人事业“八五”计划纲要执行情况》，中国残疾人联合会网站，http://www.cdpf.org.cn/zcfg/content/2001-11/06/content_30317535.htm。

④ 根据2003~2012年《中国残疾人事业发展统计公报》中公布的数据整理。

的局面；[1] 另一方面，为数众多的用人单位以缴纳残疾人就业保障金的方式逃避按比例安置残疾人就业的法定义务，促进残疾人就业的制度本身和其实施的保障手段被本末倒置，损害到残疾人劳动权利的实现。如何改进和完善促进残疾人就业、保障残疾人劳动权利的工作方式，实现《国家人权行动计划（2012－2015年）》提出的“稳定和扩大残疾人就业”目标由此成为新时期残疾人工作面临的一大考验。在这个背景下，员工队伍95%以上由残疾人组成的深圳“残友”以社会企业为就业平台，以社会组织为就业辅助，通过商业手段推动残疾人自救、自主、自治的自主就业模式在传统的集中安置与按比例就业之外，为残疾人就业工作提供了新的参考。

一　自主就业模式的形成过程

（一）自主就业模式的肇始

“残友”自主就业模式最早可以追溯到1999年“残友”创始人郑卫宁等人创办的“中华残疾人服务网”。在这一阶段，“残友”自主就业模式中的若干基本思路已经初现雏形：其一，利用电子计算机、互联网信息技术等为残疾人就业搭建平台，突破生理缺陷对残疾人造成的就业限制。尤其是在2002年以后，随着一批技术骨干的加盟，“残友”立足信息产业带动残疾人就业的意图愈发明显，在逐渐摆脱早期缺乏核心技术尴尬的同时，开始进入政府和企业网站建设等业务领域；其二，引入社会组织构建残疾人自主就业社会服务支持体系。2001年，即在“中华残疾人服务网”创办2年后，“中华残疾人服务网义工队”宣告成立。义工队主要由健全人组成，负责为“残友”残疾员工提供生活、工作方面的无障碍保障服务。2005年，以义工队为基础，“残友”发

① 福利企业数量从2005年的31211个下降到2012年的20232个；在其中就业的残疾职工也从2005年的63.7万人下降到2012年的59.7万人。有关数据详见《2005年民政事业发展统计公报》，中华人民共和国民政部网站，http：//cws.mca.gov.cn/article/tjbg/200801/20080100009380.shtml；《2012年社会服务发展统计公报》，中华人民共和国民政部网站，http：//cws.mca.gov.cn/article/tjbg/201306/20130600474746.shtml。

起成立深圳市信息无障碍研究会，进一步丰富了社会组织支持残疾人自主就业的内容和形式。

（二）自主就业模式的确立

从2007年开始，“残友”自主就业模式逐步走向成熟。在这一阶段，作为残疾人自主就业平台的“残友”社会企业群，作为自主就业服务支持体系的社会组织群以及作为企业与社会组织运营决策机构的基金会相继成型。

2007～2009年3年间，“残友”旗下社会企业获得了长足发展，包括残友软件有限公司、善友股份有限公司等在内的多家“残友”社会企业陆续成立。企业数量和规模的持续扩张为实现残疾人自主就业奠定了良好的物质基础。

“残友”支撑残疾人自主就业的社会组织服务支持体系在这一阶段也获得了快速发展。2009年，“残友”发起成立深圳市残友社工服务社，成为“中国大陆第一家整体引入国际标准社会服务之‘16项服务质素’的社工服务社”,[①] 实现残疾人就业社工服务的专业化。

2009年，“残友”创始人郑卫宁将自己在残友集团的所有股份捐赠给郑卫宁慈善基金会，最终确立“残友”特有的以“基金会为组织顶端，社会组织与社会企业为双轮驱动，三位一体共同推进”的残疾人自主就业模式。

“残友”三位一体中的“三位”即郑卫宁慈善基金会、残友协会及旗下社会组织群、残友集团及下属社会企业群；“一体”则重在强调三者间在促进残疾人自主就业方面互相支撑协作的关系：郑卫宁慈善基金会居于三者顶端，整合社会公益资源打造平台，扮演决策机构角色，从战略上掌握社会企业群的公益属性，同时支持社会组织群的标准化、专业化项目运行；社会组织群为“残友”社会企业提供残疾员工标准化无障碍生活社区服务与扶助推动残疾群体生存状态改变的社会服务；社会企业群负责参与市场竞争，以商业化手段赚取利润，保障“残友”的可持续发展。“残友”自主就业架构见图1。

---

① 深圳市残友社工服务社网站，http：//www. cysws. org/index. asp？ bianhao =1。有关服务质素具体内容可参见《十六项服务质素标准》，香港特别行政区政府社会福利署网站，http：//www. swd. gov. hk/sc/index/site_ ngo/page_ serviceper/sub_ serviceper/id_ servicequa/。

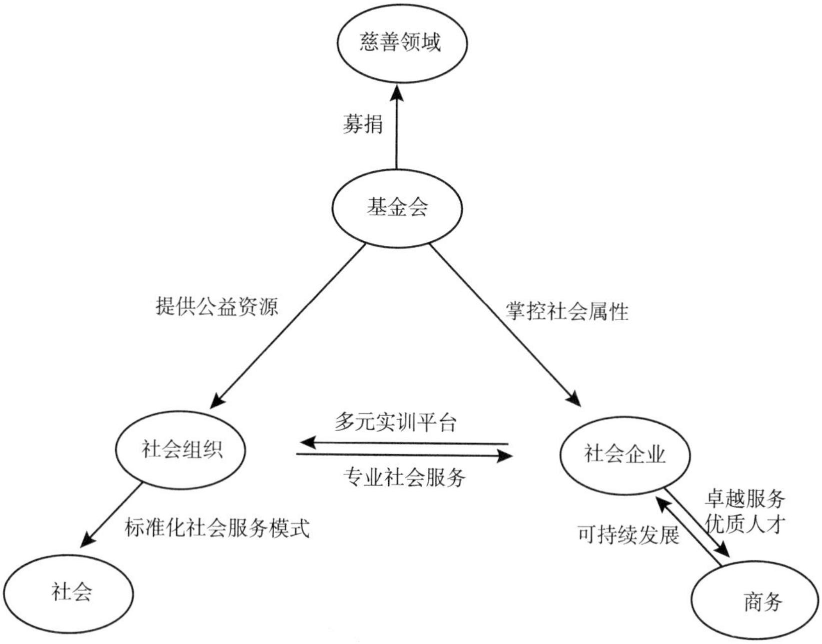

图1 “残友”自主就业架构

资料来源：“残友”集团提供。

（三）自主就业模式的输出与复制

2010年，以“三位一体”模式成型为契机，“残友”提出“残疾人社会企业孵化”构想，尝试将其在促进残疾人自主就业方面的成功经验和做法对外推广。“残友”自主就业模式的输出是通过郑卫宁慈善基金会向各地残友提供资金、品牌运营和企业加社区的管理模式和无障碍保障等孵化条件，依托当地的产业环境，利用当地政府民生部门的闲置资源，以商业手段，最终实现当地残疾人高科技就业的社会目的。[①] 具体而言，即由“残友”向各地派出管理团队，寻找当地企业合作，由“残友”控股并按照“残友”模式组织运营，设定雇用残疾员工比例（一般是70%以上），解决当地残疾人就业问题；当地

① 《“残疾人社会企业孵化”项目2010年度中国社会创新奖申请书》，人民网，http：//theory. people. com. cn/GB/148980/13650546. html。

政府以提供场地等形式为“残友”提供支持，逐步实现当地“残友”的自我维持、自我盈利，从而在外地、外省再造“残友”。表1中的数据显示，自2010年以来，“残友”已经先后在海南、新疆、山东、四川等省区成立了相关企业及关联社会组织。

表1 2010~2013年“残友”自主就业模式对外输出情况

序号	名称	成立时间	地点
1	海南残友科技发展有限公司	2010	海南海口
2	喀什残友科技有限公司	2011	新疆喀什
3	山东残友信息科技有限公司	2012	山东日照
4	成都市残友科技有限公司	2013	四川成都
5	海南残友信息技术研究院	2010	海南海口
6	喀什残友就业发展中心	2012	新疆喀什
7	北京残友科技发展有限公司	筹建中	北　京
8	上海残友科技发展有限公司	筹建中	上　海
9	残友（澳门）高新技术实训基地	筹建中	澳　门
10	残友（香港）高新技术实训基地	筹建中	香　港

资料来源：根据“残友”事业及相关省市工商行政管理部门发布信息整理。

此外，一些地方在残疾人就业工作中也开始采用“残友”的成功经验。成都市青羊区残联2013年设立残疾人动漫培训就业基地，对残疾人实行“免费培训+定向就业”，并计划在未来设立“残疾人文化创意园区”，从事动漫原创、平面设计、三维设计、网络文学以及非物质文化遗产等方面创意产业的做法即带有明显的“残友”模式印记。[①]

二　自主就业模式的具体措施

“残友”自主就业模式的意义不仅在于解决了4000余名残疾人的就业问题，更在于实现了残疾人从自救到自主再到自治发展的生存方式革命。[②] 对于管理层

① 陈方耀：《创新服务理念　打造社会建设新典范——青羊区多项残疾人工作走在省市前沿》，《成都日报》2013年9月10日，第2版。

② 2013年6月8日郑卫宁先生在四川省成都市青羊区残联座谈会上的讲话。

均由重残人士组成，残疾员工占员工队伍95%以上的企业而言，这无疑是一个不小的成就。“残友”在促进残疾人自主就业方面取得的成就有赖于其立足社会企业搭建符合残疾人生理特点的就业平台，依靠社会组织实现残疾人就业服务的专业化、无缝化，营造适合残疾员工的企业文化确保残疾人就业稳定连续，以及注意提高残疾人就业平台市场竞争能力，实现残疾人自主就业可持续发展等一系列措施。

（一）立足社会企业搭建符合残疾人生理特点的就业平台

社会企业是“残友”实现残疾人自主就业的基石。“残友”通过社会企业群的搭建解决了残疾人自主就业中面临的三个冲突。第一，残疾人就业的公益目的与实现企业营利商业目的之间的冲突。按照“残友”对旗下社会企业的定位，这种生产组织形态兼具传统商业主体与慈善主体的部分特点而又与两者有所区别：相较于市场经济条件下的公司企业，以残友软件为代表的“残友”社会企业群侧重于解决残疾人就业问题，营利是实现其设立目标的手段而非目的，因而企业对残疾员工具有较高的接纳度；相较于传统意义上作为残疾人安置单元的福利企业，“残友”社会企业群参与市场竞争，按照市场规律组织生产，具备自我维持、自主发展的能力，能够通过企业自身发展带动残疾人就业规模的扩大和就业品质的提升。第二，残疾人就业生理缺陷限制与实现残疾人高品质就业之间的冲突。残疾人的生理缺陷不仅妨碍其劳动权利的实现，也威胁到该群体的就业质量。因此，如何策略性地选择就业平台搭建领域，在解决残疾人就业基本需求的同时，保障就业的稳定、连续是实现残疾人自主就业需要解决的重要问题。“残友”以知识经济为切入点，以软件开发、创意设计、电子商务等为主营业务，通过电子计算机和互联网信息技术在很大程度上解放生理缺陷对残疾人就业造成的束缚，使重新发掘、塑造残疾人社会价值成为可能。更为重要的是，伴随着知识经济时代的来临，信息技术的市场前景愈发广阔，在该领域内搭建就业平台为残疾人从事高附加值产品生产奠定了基础，从而显著改善了残疾人的就业品质。第三，挖掘社会企业吸纳残疾人就业潜力与带动不同层次残疾人就业问题之间的冲突。由于主营业务的特殊性质，“残友”社会企业难以满足各种残疾类型、不同文化层次残疾人的就业需求。但“残友”同样通过开展手机美容、手工艺制作等业务延伸其产业链，挖掘企业吸纳残疾人就业的潜力，照顾不同层次残疾人的就业需求。

（二）依靠社会组织实现残疾人就业服务的专业化、无缝化

在为残疾人搭建社会企业就业平台的同时，“残友”同步建设了由社会组织担纲的就业服务支持体系，以社工、义工等为残疾员工提供专业化的全天候服务代替传统保姆式的生活照顾。在这其中，社工扮演着项目设计和督导的角色，而义工则主要负责具体的落实和执行。

“残友”残疾人自主就业服务支持体系具备两个鲜明的特点：其一，服务内容专业化。“残友”就业服务支持体系执行在香港普遍采用的16项社会服务质素标准，对服务提供者的宗旨、目标、运作形式、权利义务等均做出明确规定，有效保证了服务质量。其二，服务领域无缝化。就业服务支持在全面覆盖残疾员工24小时生命周期的同时，向工作场所以外的社区、社会延伸，确保残疾员工不仅能像健全人一样工作，还能尽可能无障碍地参与社会生活。

如图2所示，“残友”实施的EAP计划（Employee Assistance Program，员工帮扶计划）囊括工作服务、社区服务和社会服务三部分内容。工作服务旨在通过个案、小组等服务形式，疏导残疾员工的负面情绪，帮助员工减压放松，促进工作效能与技能提升。社区服务主要考虑到“残友”作为残疾人集中自养企业集群存在一定区域的人口集中，具备社区需求的各种特征，因而在8小时工作时间外向全体残疾员工提供包括就餐、住宿、洗衣、无障碍环境营造、无障碍出行等在内的免费服务，确保残疾员工能够像健全人一样自由生活、居住。社会服务旨在针对残疾员工特殊成长经历所体现出的不完整社会属性，以多元、生态化服务，助推其融入社会、自主生活。“残友”提供的社会服务从组织残疾员工无障碍出游，帮助员工个人或其家属入户，到鼓励残疾员工参与社会交往，购买生活必需品等，涉及日常生活的方方面面。

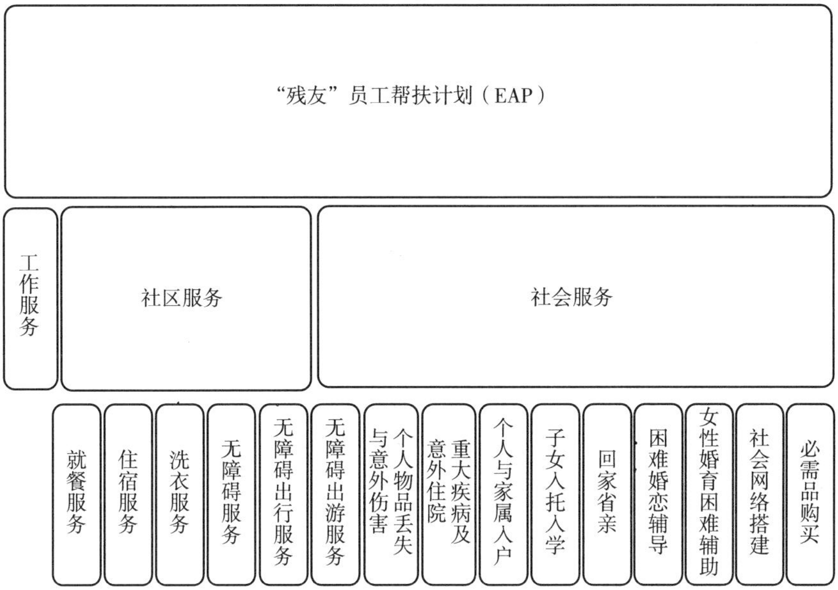

图 2　“残友”员工帮扶计划

资料来源：根据“残友”员工帮扶计划相关内容整理。

（三）营造适合残疾员工的企业文化，确保残疾人就业稳定连续

残疾人就业的稳定连续是残疾人自主就业的重要组成部分。残疾员工用得上、留得住归根到底取决于员工工作能力的提升与工作热情的激活。

一方面，针对残疾员工的特点，“残友”为其量身定做了独有的企业培训机制，通过改善残疾员工的工作能力帮助其树立自信。第一，就业指导制度。“残友”会根据各部门用工特点以及新进残疾员工的身体状况，发掘其自身职业优势，细分残疾员工就业方向，确保残疾员工与工作岗位之间的契合度。第二，轮岗制度。即安排新进残疾员工在不同岗位间轮换实习，让其发现自己真正的工作兴趣所在，保证残疾员工定岗后能以高度热情投入工作。第三，学员制度。“残友”针对没有工作基础的新进残疾员工实行为期9个月的学员制度，从零开始培训员工掌握一门实用工作技能。第四，师徒制度。为帮助新进残疾员工尽快熟悉环境，“残友”安排在公司有一定工作年限的老员工在工作和生活中指导、帮助新进员工，促使新员工熟悉工作规

程，尽快融入“残友”集体。这样一套专门针对残疾人身心特点设计的培训机制保证了残疾员工能够根据自身条件和工作兴趣，选择适合的工作岗位，在尽可能短的时间内与“残友”发展协调一致。在“残友”看来，残疾人并不需要特别激励，只要提供一个合适的平台，能让残疾人和健全人一样生活、接受教育，他们就会很快达到自我完善的层次，从外部推动转变为自我驱动，开始努力学习和工作。

另一方面，注重强化残疾员工对本企业的认同感与归属感。“残友”不仅实现了工、住场所的无障碍化，解除残疾员工的行动障碍，其推出的“员工妈妈菜”等也广受残疾员工欢迎。除此以外，“残友”还实行了独特的顶薪退养制度，对为“残友”做出重大贡献并且连续工作超过三年的重症残疾员工提供顶薪退养福利待遇。残疾员工可以在认为自己的身体已经不能承受“残友”工作强度的时候向“残友”提出退养要求，并可以在退养后一直享受工作期间的最高工资（连续获得超过三个月的最高工资）。对于患有进行性残疾的员工而言，退养制度解决了他们的后顾之忧，激励全体员工为能够获得尽可能高的退养待遇而努力工作。“残友”塑造的企业文化有效激活了残疾员工的工作能力和工作热情，其残疾员工队伍极为稳定，流失率近乎为零，避免了残疾人因为无法适应工作要求和工作环境反复退出劳动力市场的尴尬。

（四）提高就业平台市场竞争能力实现残疾人就业可持续发展

为了避免被淘汰出局导致残疾人重新退出劳动领域的情况出现，“残友”对旗下社会企业的能力建设给予高度重视。以残友软件公司为例，该公司先后在2007年取得科技部认定“双软企业”（软件企业认定、软件产品登记）资质，[①] 2008年通过卡耐基－梅隆大学软件工程研究院 SEI CMMI 三级权威认证，[②] 2009年成为国家高新技术企业，[③] 并在2012年通过 SEI CMMI 最高难度

① 《信息产业部软件企业备案公告》（2007年12月），中国双软认定网，http：//www.chinasoftware.gov.cn/GGDetail.asp？sID＝2432&ssID＝87776#87776。

② 李晓水：《残友软件：通过 CMMI 三级认证》，《深圳晚报》2008年10月24日，第A15版。

③ 《关于公布深圳市2009年第三批高新技术企业名单的通知》，中华人民共和国商务部网站，http：//www.mofcom.gov.cn/aarticle/difang/guangdong/201007/20100707009910.html。

的五级认证，[①] 与中数通信息有限公司、联通系统集成有限公司以及 IBM 等一道，成为大陆 66 家获此资质的企业之一。[②]“残友”提高就业平台的努力促成了残疾员工素质提升、残疾人就业可持续发展与企业可持续发展之间相得益彰的多赢局面：通过提高平台竞争力，锻炼了残疾员工队伍素质，为社会企业集群赢得了行业声誉，促进了企业发展；与此同时，社会企业集群的发展带来业务范围的拓展和升级，增强了吸纳残疾人就业的能力，实现了残疾人高品质就业的目标。

三　自主就业模式的实施效果和限制

（一）自主就业模式的实施效果

1. 推动残疾人自主就业，解决残疾人基本生存问题

“残友”旗下社会企业群先后吸纳 4000 余名残疾人就业。作为在深圳发展起来的本土企业，十余年来，“残友”无条件接收了当地高等院校毕业的全部残疾大学生。以残友软件公司为代表的“残友”社会企业群成为北京大学、湖南大学、中南大学、吉林大学等国内知名高等院校软件及计算机专业肢体残疾优秀毕业生的会聚之地。根据“残友”测算，在将餐饮等后勤服务以及无障碍维护成本货币化后，“残友”残疾员工的收入水平完全能够达到当地平均水平，解决了残疾人的基本生存问题。此外，“残友”在高科技领域取得的成功也深刻改变了残疾人历来多从事假肢制造、殡葬等冷门行业的状况。

2. 维护残疾人个人尊严，改变残疾人群社会刻板印象

“残友”通过其社会企业群将长期受到排斥的残疾人带入劳动力市场，为其自力更生、回馈社会提供条件，使残疾人有机会从社会财富的消费者转变为创造者，让残疾人能够有尊严地活着。“残友”先后荣获 2010 年中国社会创

① 方胜：《深圳残友通过 CMMI 5 级认证》，《深圳特区报》2012 年 9 月 26 日，第 A2 版。

② CMMI Institute 网站：https：//sas. cmmiinstitute. com/pars/pars. aspx。

新优胜奖[1]和2012年首届国际社会企业奖,[2] 代表着国家和社会对残疾人群体努力实现个人价值和以“残友”为代表的社会企业在促进残疾人劳动权利实现方面取得成果的认可。事实上，由于“残友”在信息技术领域取得的巨大成功，在深圳当地，用人单位对残疾人的固有偏见已经大为改观，“以前深圳人见到坐轮椅的都躲着走，现在则会问会不会做软件”。[3]

3. 通过商业模式解决社会问题，探索促进残疾人就业的新渠道

“残友”在传统福利企业集中安置残疾人就业和残疾人按比例分散就业的两条路径中发展出了促进残疾人劳动权利实现的新思路，即以社会企业为平台将市场化商业运作与传统慈善救助有机结合起来，通过商业模式解决残疾人就业的社会问题，实现残疾人的“自救”、“自主”和“自治”。相对于传统意义上的福利企业，“残友”模式下吸纳残疾人就业的社会企业按照市场规律办事，实施市场化运作，具备相对较强的市场生存能力，就业残疾员工前景较为稳定。社会企业的盈利能力同时保证了残疾人能够独立自主，减轻了政府财政供养负担；相对于按比例分散就业，“残友”的社会企业属性制约其因追求利润而过分商业化，遏止以缴纳残疾人就业保障金代替实际雇用残疾人的冲突，使得“残友”对残疾人具备更高的接纳度和认可度，能够成为残疾人实现劳动权利的可靠平台。

（二）自主就业模式面临的限制

1. 自主就业模式适用残疾人群较为狭窄

“残友”残疾人自主就业立足于信息技术，导致能够通过该模式实现就业的残疾人群相对有限。一方面，信息技术主要回避的是肢体残疾造成的就业障碍，视力残疾、智力残疾等其他类型的残疾人群从事信息技术工种的难度仍然较高。事实上，从“残友”自身残疾员工队伍的构成情况来看，95%左右的残疾员工都属于

① 马芳、杜啸天、余晓波:《深圳残友获中国社会创新奖》,《南方日报》2010年12月29日，第SC03版。

② “UK Social Enterprise Awards 2012 winners announced”，英国社会企业网，http: //www. socialenterprise. org. uk/news/social - enterprise - awards - 2012 - winners - announced。

③ 2013年6月8日郑卫宁先生在四川省成都市青羊区残联座谈会上的发言。

肢体残疾的范畴，反映出依托信息技术的自主就业模式存在着适用对象上的局限。另一方面，信息技术工种的工作内容要求从业者具备较高素质，与我国残疾人整体受教育水平偏低的客观现实形成张力。“残友”社会企业群招聘的诸如软件工程师、测试工程师、UI/WEB 设计师等职位大都要求应聘残疾人具备大专以上文化程度；行政岗位则要求应聘残疾人具备本科以上学历。[①] 但事实上，受过高等教育的优质残疾人才仍然较为匮乏。以 2010 年为例，当年每十万残疾人口中接受大学教育的人数仅为 1139 人，[②] 同期全国每十万人中具有大学文化程度的人数则达到 8930 人。[③] 此外，全国范围内最近五年被普通高等院校录取的残疾学生人数分别为 6273 人（2008 年）、[④] 6586 人（2009 年）、[⑤] 7674 人（2010 年）、[⑥] 7150 人（2011 年）、[⑦] 7229 人（2012 年）。[⑧] 考虑到专业不对口等情况，有条件进入信息技术领域的残疾人实际较为有限。即使是“残友”这类国内一流的残疾人高科技企业，其员工中学历在本科及以上的也只占员工总数的 1/3。对于试图依托信息技术实现残疾人自主就业的努力而言，人才“瓶颈”将是其他社会企业及用人单位不得不面临的一道难题。

2. 自主就业所需社会组织就业服务体系尚待健全

从“残友”的经验来看，专业化的就业服务是推动残疾人自主就业不可或缺的一环。但作为服务提供者的社工组织和社工则在我国呈现出分布失衡的

---

① 《残友招募宣言》，深圳市残友动漫文化发展有限公司网站，http：//www.canyoucg.com/Home/JoinUs.aspx；深圳市残友软件有限公司网站，http：//www.canyousoftware.com/recruitmentlist.aspx。

② 全国人民代表大会内务司法委员会：《关于〈中华人民共和国残疾人保障法〉立法后评估的报告》，《中华人民共和国全国人民代表大会常务委员会公报》2012 年第 5 期。

③ 中华人民共和国国家统计局：《2010 年第六次全国人口普查主要数据公报（第 1 号）》，《人民日报》2011 年 4 月 29 日，第 9 版。

④ 《2008 年中国残疾人事业发展统计公报》，中央政府门户网站，http：//www.gov.cn/fwxx/cjr/content_1311945.htm。

⑤ 《2009 年中国残疾人事业发展统计公报》，中央政府门户网站，http：//www.gov.cn/fwxx/cjr/content_1626562.htm。

⑥ 《2010 年中国残疾人事业发展统计公报》，中央政府门户网站，http：//www.gov.cn/fwxx/cjr/content_1839338.htm。

⑦ 《2011 年中国残疾人事业发展统计公报》，中央政府门户网站，http：//www.gov.cn/fwxx/cjr/content_2104842.htm。

⑧ 《2012 年中国残疾人事业发展统计公报》，中央政府门户网站，http：//www.gov.cn/fwxx/cjr/content_2421000.htm。

状况。在广东以外的其他省区，无论专业的社工组织抑或专业社工均相对缺乏。就社工组织而言，广东省社工组织的发展状况在全国一枝独秀。截至2013年10月，广东省社工机构约400家，是上海、江苏、北京等社工发展较快省区的5~8倍。[①] 就社工群体而言，截至2011年，广东省同样以社会工作师累计合格1655人，助理社工师累计合格6523人，两者总计8178人的水准，在全国31个省区中排名第一。[②] 其他省区不仅社工组织欠发达，而且专业社工人才储备不足，同时，也不具备毗邻香港，便于学习交流社工服务成熟经验的优势，势必对自主就业模式在当地的落地生根带来不利影响。

3. 自主就业平台经营运作缺乏法律制度支持

作为“残友”自主就业平台的社会企业尚不是我国法定的企业形式。社会企业的具体类型、组织架构、评价标准、应当享受的权利和承担的义务等在立法上一直未予明确规定。由此带来的后果是现阶段缺乏相应法律对社会企业的资产使用、监管，公益目标的保持等重大事项做出明确规定。在激烈的市场竞争中保证基本公益属性和价值导向，不蜕变为纯粹的利益追逐者，更多有赖于社会企业的自律。在深圳，“残友”依赖郑卫宁慈善基金会的绝对控制把握社会企业群的整体走向。但“残友”通过基金会实现外部监督的模式几乎难以大范围推广。我国法律对基金会的设立、组织机构、财产的管理和使用等均有明确规定，其成立难度客观上高于一般企业以及其他社会组织。更为重要的是，基金会的运营成本将转化成为社会企业的经营压力。事实上，在“残友”三位一体的结构当中，基金会是最后方才出现的部分，其存在和发展依靠“残友”社会企业群的利润支撑。对于无力负担基金会的社会企业而言，在既缺乏有效外部监督又面临市场竞争压力双重因素的作用下，保持解决残疾人就业这一社会问题的公益目的将成为“残友”创造的残疾人自主就业模式面临的一大考验。

4. 自主就业的实现成本偏高

自主就业模式下，除正常企业运营开支以外，还涉及工、住场所的无障碍

① 许晓蕾、周世玲：《广东社工机构数量占全国三成　今年社工缺口超4万》，深圳新闻网，http：//news. sznews. com/content/2013－11/25/content_ 8791548_ 2. htm。

② 中华人民共和国民政部编《中国民政统计年鉴2012》，中国统计出版社，2012，第1版，第176~177页。

化成本，培训残疾员工的人力成本以及提供就业服务的社会组织运营成本，等等。首先，按照《无障碍环境建设条例》的规定，城镇新建、改建、扩建道路、公共建筑、公共交通设施、居住建筑、居住区等虽应符合无障碍设施工程建设标准，但作为《条例》配套措施的《无障碍设计规范》仅有第3.7.3（3、5）等6条（款）属于必须执行的强制性条文,[①] 涉及升降机平台、人行天桥等有限领域，对残疾人自主就业迫切需要的工作、居住环境以及公共交通设施等的无障碍改造助益较为有限。其次，由于残疾人的受教育水平相对偏低，残疾员工的培训周期也相应较长，无形间推高了企业使用残疾员工的人力成本。最后，社会组织提供的就业服务必不可少，而社会组织提供服务的运营经费归根到底需要由使用残疾员工的企业来负担。在现阶段，虽然残疾人就业保障金可以在无障碍改造等领域当中一定程度地缓和由此带来的成本上升问题，但其余部分仍需由企业自行解决。成本上的劣势将会影响社会企业的市场竞争力，从而面临比一般企业更大的经营风险。

四　完善自主就业模式的对策建议

（一）加强残疾人自主就业服务工作，做好残疾人就业指导和培训

在残疾人就业工作当中，各级政府和残联应当高度重视技术手段革新对残疾人劳动权利实现的促进作用，充分发挥科技手段在丰富残疾人就业方式、消除残疾人生理缺陷带来的就业障碍以及提高残疾人就业几率和就业品质等方面的积极作用。对于有条件的残疾人群，如受过良好教育的肢残群体，鼓励其从事软件设计、动漫制作等附加值较高的工作；同时，要注意深挖各行业吸纳残疾人就业的潜力，拓展残疾人就业领域，促进包括重残人群在内的残疾人劳动权利得到充分实现。各级政府和残联应当注意根据残疾人的残疾类型、劳动能力等自身特点，针对不同残疾人群分门别类做好就业指导工作。要进一步提升

① 住房和城乡建设部：《关于发布国家标准〈无障碍设计规范〉的公告》，中华人民共和国住房和城乡建设部网站，http：//www.mohurd.gov.cn/gsgg/gg/jsbgg/201205/t20120504_209758.html。

残疾人职业培训的水平和针对性，注意将培训内容与企业用工需求、短期就业目标与长期职业规划结合起来。

（二）加大政府购买公共服务力度，引导社会组织服务残疾人自主就业

残疾人自主就业是一项系统工程。“残友”模式的经验提示，促进残疾人劳动权利实现既要关注权利本身，也要重视为实现权利创造良好的社会条件。首先，要加强以社工组织和社工队伍为主体的残疾人就业社会服务体系建设。要进一步放宽社工组织登记条件，简化组织登记手续，改善社工从业环境，重视社工队伍建设和社工能力建设，切实提高专业社工的职业技能和薪酬待遇，吸引更多优秀人才投身社会服务工作，为残疾人自主就业提供全方位、高质量的社会化后勤保障。其次，要进一步加大政府购买社工组织提供公共服务的力度，鼓励社工组织为残疾人就业提供门类齐全的高质量支持服务，满足残疾人就业中社交、情感、技能提升、无障碍出行等各种正当需求。最后，积极引导社工组织与雇用残疾人的用人单位间建立长期、稳定的合作关系，为社工组织根据用人单位及残疾员工的实际需要制订个性化就业服务方案提供便利。

（三）扶持和规范社会企业参与实现残疾人自主就业，建设残疾人就业新平台

具有造血功能，但又不以营利为首要目的的社会企业应当在新时期成为有别于传统福利企业的，促进残疾人劳动权利实现的新平台。考虑到社会企业大规模吸纳残疾人就业面临的市场生存压力，各级政府以及工商、税务、民政等职能部门宜在其发展初期给予必要的政策扶持和保护，避免社会企业因为缺乏市场竞争力过早夭折。宜考虑通过立法在工商登记中将社会企业作为一种独立的企业形态予以确认，赋予其相应法律地位，明确社会企业的公益职责；有意识地孵化、扶持一批有能力参与市场竞争的社会企业作为解决残疾人就业问题的平台并在税收、银行贷款、政府采购、工作场所无障碍改造、残疾员工岗位培训等方面给予优惠或补贴；同时，要建立健全社会企业政府或者第三方监督管理和评估机制，确保社会企业的运营效率和促进残疾人劳动权利实现的公益属性。

（四）重视残疾人在解决本群体就业问题中的能动作用，鼓励残疾人带动残疾人实现就业

“残友”的成功证明，由残疾人聚集而成的社会企业按照市场规律经营，完全可以实现残疾人的自我救助、自我管理和自我提升，维护残疾人群尊严，减轻政府财政供养负担。促进残疾人劳动权利实现要逐渐改变长期以来输血式援助为主的工作方式，跳出既有残疾人不适宜参加劳动或者只能从事简单劳动的固定思维模式，重新认识和正确评估残疾人人力资源潜能，组织和动员残疾人通过各种途径主动实现就业。要重视在残疾人群体中培养一批在促进本群体劳动权利实现方面取得突出成就的先进典型，总结经验，积极开展实现残疾人劳动权利的自助和互助。充分发挥残疾人之间具备相似遭遇和经历，彼此认同度较高，了解妨碍残疾人劳动权利实现症结所在的优势，通过先进典型的亲身经历和示范效应，带动其他残疾人回归劳动力市场。要营造包容和谐、健康向上的就业文化，鼓励残疾人自强自立，克服等、靠、要等惰性思维；加强对残疾人在实现劳动权利方面取得成就的宣传报道，引导社会公众逐渐消除对残疾人群参与就业长期持有的偏见。

B.23

纠正、预防刑事错案与人权保障

周伟 张明涛*

摘 要：

2013年，我国将健全错案纠正、预防和责任追究机制纳入人权司法保障体制建设中，制定了一系列法律措施，并纠正了一批刑事错案。但面对人民群众的新要求和新期待，我国刑事错案纠正、预防机制在侦查活动监督，法院审判中心地位保障，刑事司法理念，独立行使审判权、检察权及律师辩护权保障等方面还存在诸多不足，需要完善立法、制度创新，落实司法机关分工与制约原则，促进公正司法，保障人权。

关键词：

刑事错案 人权保障 司法公正

近年来，尤其是2013年以来，随着浙江萧山五青年杀人案、浙江叔侄强奸案、河南平顶山李怀亮涉嫌杀人案等刑事错案的相继曝光，如何解决刑事错案纠正和预防的深层次问题已经被提到了重要议事日程。

一 2013年纠正、预防刑事错案，保障人权的新进展

2013年，我国在纠正、预防刑事错案，保障人权方面取得的新进展主要集中体现在以下四方面。

---

* 周伟，四川大学法学院教授，博士生导师，研究方向为宪法、反歧视法、民族政策法律；张明涛，四川大学法学院博士研究生，研究方向为宪法、人权法。

（一）把纠正、预防错案纳入完善人权司法保障制度内容中

《中共中央关于全面深化改革若干重大问题的决定》要求，完善人权司法保障制度；健全错案纠正、预防责任追究机制，严禁刑讯逼供、体罚虐待，严格实行非法证据排除规则。《中共中央关于全面深化改革若干重大问题的决定》关于错案追责的阐述，为纠正、预防刑事错案工作指明了方向，提出了具体任务。

习近平总书记强调，我们提出要努力让人民群众在每一个司法案件中都感受到公平正义，所有司法机关都要紧紧围绕这个目标来改进工作，重点解决影响司法公正和制约司法能力的深层次问题。司法工作者要密切联系群众，规范司法行为，加大司法公开力度，回应人民群众对司法公正公开的关注和期待。[①] 习近平总书记这一论述为纠正、预防刑事错案工作提出了总目标、总要求。

为加强刑事错案纠正、预防工作指导，2013 年全国刑事审判工作调研座谈会提出，刑事审判生杀予夺，事关公民的名誉、财产、自由乃至生命，事关国家安全和社会稳定，一定要坚决守住防范冤假错案的底线。[②] 依法公正审理每一个刑事案件，及时准确查明事实，正确应用法律，依法惩罚犯罪和保障人权，确保每一个案件都经得起事实、法律和时间的检验。如果办了冤假错案，公平正义就荡然无存，司法的公正和权威也必将丧失殆尽。[③]

（二）建立、健全刑事错案纠正制度

2013 年以来，中央政法委发布了《关于切实防止冤假错案的规定》（以下简称《中央政法委规定》），最高人民法院发布了《最高人民法院关于切实践行司法为民　大力加强公正司法　不断提高司法公信力的若干意见》（以下简称《最高院若干意见》）、《最高人民法院关于建立健全防范刑事冤假错案工作

① 《依法治国依法执政依法行政共同推进　法治国家法治政府法治社会一体建设》，《人民日报》2013 年 2 月 25 日，第 1 版。

② 《刑事审判要坚决守住防范冤假错案的底线》，《人民法院报》2013 年 4 月 26 日，第 1 版。

③ 沈德咏：《我们应当如何防范冤假错案》，《人民法院报》2013 年 5 月 6 日，第 2 版。

机制的意见》（以下简称《最高院防范错案意见》）和《最高人民法院关于推进司法公开三大平台建设的若干意见》（以下简称《司法公开平台若干意见》），最高人民检察院发布了《关于切实履行检察职能纠正和预防冤假错案的若干意见》（以下简称《最高检若干意见》），公安部发布了《公安部关于进一步加强和改进刑事执法办案工作切实防止冤假错案的通知》（以下简称《公安部通知》），为纠正、预防冤假错案提供了可操作性规范。

《中央政法委规定》针对执法司法中存在的突出问题，根据现行有关法律规定，对公检法机构提出明确要求：（1）建立健全合议庭、独任法官、检察官、人民警察权责一致的办案责任制，法官、检察官、人民警察在职责范围内对办案质量终身负责。（2）明确冤假错案的标准、纠错启动主体和程序，建立健全冤假错案的责任追究机制。（3）建立健全科学合理、符合司法规律的办案绩效考评制度。另外，对审判环节疑罪从无原则、证据裁判原则、严格证明标准及保障律师辩护权利等做了重申性规定。

除了《中央政法委规定》要求公检法部门建立健全的共性制度外，最高人民法院、最高人民检察院和公安部发布的规范性文件还针对本部门特殊情况，提出了针对性要求。《最高院若干意见》要求各级人民法院依法办案，独立行使审判权，抵制一切法外因素的干扰，坚决维护宪法法律的尊严和权威；全面提升审判工作的质量与效率，建立健全审判质量监督体系，完善审判质量评估体系，健全和完善错案评价标准和问责机制；深入推进审判公开的制度化建设，深化司法公开与司法民主，提升司法公信力；深化审判权内部运行机制改革，建立权责一致的办案制度。

《最高院防范错案意见》要求各级人民法院坚持刑事司法基本原则，树立科学司法理念；严格执行法定证明标准，强化证据审查机制；切实遵守诉讼程序，强化案件审理机制；认真履行案件把关责任；完善审核监督机制；充分发挥各方职能作用，建立健全制约机制。

《司法公开平台若干意见》要求各级人民法院应当以促进社会公平正义、增加人民福祉为出发点和落脚点，全面推进审判流程公开、裁判文书公开、执行信息公开三大平台建设，加强司法公开，促进司法公正，提升司法公信力。为落实司法公开平台建设，最高人民法院发布了《最高人民法院关于人民法院在互联网公布裁判文书的规定》，规范人民法院在互联网公布裁判文书工作。

《最高检若干意见》要求各级人民检察院充分认识到检察机关在防止和纠正冤假错案中的重要职责；严格把好审查逮捕和审查起诉关；坚决依法纠正刑事执法和司法活动中突出的问题；完善防止和纠正冤假错案的工作机制。

《公安部通知》要求：增加法治思维，根本上转变破案定罪过于依赖“口供”的做法，尽快实现侦查办案由“抓人破案”到“证据定案”的转变；进一步健全完善执法制度和办案标准，从源头上有效防止冤假错案发生；强化案件审核把关，及时发现纠正刑事执法办案中存在的问题。

与此同时，部分地方政法委及公检法机关发布相应司法文件，认真贯彻、落实中央政法委、最高人民法院、最高人民检察院和公安部的防范冤假错案相关规定，如云南省委政法委发布了《云南省委政法委员会关于贯彻落实中央政法委〈关于切实防止冤假错案的规定〉的实施意见》，河南省公安厅发布了《关于进一步加强和改进刑事执法工作　切实防止冤假错案的十项措施》，上海市人民检察院发布了《关于严防冤假错案的指导意见》等。

（三）加强刑事错案纠正指导和协调

2013 年以来，中央政法委、最高人民法院、最高人民检察院和公安部通过召开专题会议等形式，重申防止、纠正冤假错案任务的重要性，加强冤假错案纠正、预防工作指导。

2013 年 1 月，全国政法工作电视电话会议召开。会议提出，要坚持以推动社会主义司法制度自我完善和发展为方向，以解决群众反映强烈的突出执法司法问题为重点，进一步深化司法改革，努力建设公正高效权威的社会主义司法制度，不断提升执法司法公信力。中央政法委书记孟建柱提出，政法机关要着力提升维护社会公平正义能力，“努力使每一起案件的办理、每一件事情的处理都成为维护社会公平正义的具体实践”。[①]

---

① 孟建柱 2013 年 1 月 7 日在全国政法工作电视电话会议上的讲话《深入学习贯彻党的十八大精神　在新的历史起点上开创政法工作新局面》。

2013 年 1 月，最高人民检察院召开全国检察长会议。最高人民检察院检察长曹建明要求各级检察机关严格执行“两高”等六部门关于实施刑事诉讼法若干问题的规定和人民检察院刑事诉讼规则，重点加强对侦查、审判、执行环节的法律监督，加强新增监督职责的实践探索，加强对非法取证、滥用强制措施、侵犯诉讼权利等问题的监督，切实把修改后刑诉法关于维护司法公正、依法保障人权、规范执法行为的要求落到实处。①

2013 年 7 月，最高人民法院召开全国高级人民法院院长座谈会。最高人民法院院长周强要求各级法院要坚守防止冤假错案底线，增强人民群众对法治建设的信心。要坚持依法纠正错案，发现一起、查实一起、纠正一起。② 最高人民法院副院长沈德咏指出，人民法院工作成败，最终取决于执法办案的质量、效率与效果。全国各级法院要坚持以事实为根据、以法律为准绳，从各个环节、每道工序切实把住审判质量关，坚决守住防范冤假错案的底线。③

2013 年 10 月，最高人民法院召开第六次全国刑事审判工作会议。最高人民法院院长周强指出，“切实做好冤假错案预防纠正工作，匡扶社会正义，发挥依法纠错对于推进公正司法、提升司法公信的正能量”。④

同时，地方各级政法机关及公检法机关，特别是省级政法机关及公检法机关，纷纷通过召开专题会议等形式，深入贯彻、落实各项具体规定，针对冤假错案纠正、预防工作做出具体部署。

（四）纠正了一批典型刑事错案

2013 年以来，各级人民法院依法重审、纠正了一批典型刑事错案，提高了司法公信力，维护了司法权威，保障了宪法法律的有效实施，积极回应了人民群众对于新时期人民法院工作的新要求和新期待。

在看到 2013 年取得新进展的同时，也应该注意到，从 20 世纪 80 年代至

---

① 曹建明 2013 年 1 月 10 日在全国检察长会议上的讲话《以“三个强化”为总要求推进平安中国法治中国建设》。

② 周强 2013 年 7 月 4 日在全国高级法院院长座谈会上的讲话《努力让人民群众在每一个司法案件中都感受到公平正义》。

③《全国高级法院院长座谈会闭幕》，《人民法院报》2013 年 7 月 6 日，第 1 版。

④《第六次全国刑事审判工作会议在京开幕》，《人民法院报》2013 年 10 月 15 日，第 1 版。

今，为了保障人权，我国纠正、预防刑事错案制度一直在不断发展、完善过程中：

第一阶段：20 世纪 80 年代末期至 1996 年。

1988 年 10 月 4 日我国批准《禁止酷刑和其他残忍、不人道或有辱人格的待遇或处罚公约》。该公约的批准，表明了我国将禁止刑讯逼供纳入纠正、预防刑事错案的法律制度框架中，是我国预防刑事错案法律制度建设的重大进展。

1993 年春，最高人民法院将错案追责作为纠正、预防刑事错案，保证司法公正的重要举措在全国各级人民法院逐步推行。与此同时，一些省级地方人大常委会和高级人民法院制定相应地方性法规、地方司法文件，如陕西省人民代表大会常务委员会于 1996 年制定并颁布了《陕西省各级人民法院、人民检察院、公安机关错案责任追究条例》,[①] 河南省高级人民法院于 1992 年制定并发布了《全省法院错案责任追究暂行规定（试行)》。[②]

为了健全纠正、预防刑事错案法律制度，全国人大常委会于 1994 年颁布《国家赔偿法》，1995 年颁布《法官法》。这两部法律对造成冤假错案的司法工作人员应当承担的法律责任做出初步规定。1996 年《律师法》颁布，进一步明确律师辩护职责；1996 年,《刑事诉讼法》进行了全面修订，确立了无罪推定原则，完善了刑事辩护制度，初步规定了刑讯逼供非法证据排除，完善了刑事错案纠正、预防制度。

第二阶段：1997 年“依法治国、建设社会主义法治国家方略”提出至 2012 年十八大召开。

1997 年，党的十五大报告提出“依法治国”，“建立冤案、错案责任追究制度”,[③] 为纠正、预防冤假错案指明了方向，提出了任务。

我国政府 1997 年 10 月 27 日签署《经济、社会和文化权利国际公约》，2001 年 2 月 28 日批准该公约；1998 年 10 月 5 日签署《公民权利和政治权利

① 蔡肇发主编《陕西年鉴（1996)》，陕西年鉴社，1996，第 29 页。

② 蔡肇发、夏宇、张正路主编《河南年鉴（1993)》，河南年鉴社，1994，第 93 页。

③ 摘自江泽民在中国共产党第十五次全国代表大会上的报告《高举邓小平理论伟大旗帜，把建设有中国特色社会主义事业全面推向二十一世纪》。

国际公约》；2003 年 12 月 10 日签署《联合国反腐败公约》，2005 年 10 月 27 日批准该公约。国际公约的签署和批准，表明了我国尊重和保障人权的态度，表明了我国将纠正、预防刑事错案作为保障人权的重要措施。

为衔接和落实国际公约规定，我国相关主要法律进行了修改。《律师法》经历了 2001 年、2007 年和 2012 年三次修改，完善了律师制度、辩护制度等，为纠正、预防刑事错案，保障犯罪嫌疑人和被告人的合法权益提供了健全的法律制度。1997 年，《刑法》进行了全面修订，确立了罪刑法定原则、平等适用刑法原则和罪刑相适应原则。《国家赔偿法》经历 2010 年和 2012 年修改，完善了错案赔偿制度。

2010 年，最高人民法院等五机关共同发布《关于办理刑事案件排除非法证据若干问题的规定》，对非法证据效力及审查和排除非法证据的程序等问题进行了具体的规范。此外，最高人民法院也发布了《人民法院审判人员违法审判责任追究办法（试行）》《人民法院工作人员处分条例》等司法文件，完善了错案追究法律制度。

与此同时，地方立法机关及地方各级公检法机关，发布地方法规和司法文件，健全错案追责机制，如海南省人大常委会 1997 年颁布了《海南省各级人民法院、人民检察院、公安机关错案责任追究条例》，河南省高级人民法院 2012 年发布了《错案责任终身追究办法（试行）》等。

第三阶段：2012 年《刑事诉讼法》的修改。

2012 年《刑事诉讼法》修改涉及刑事错案预防和公正审判的主要有以下几方面：首先，将“尊重和保障人权”写入总则。这是部门法第一次明确规定保障人权。其次，完善制度，遏制刑讯逼供。规定“不得强迫任何人证明自己有罪”,① 完善口供适用原则,② 建立及时送交看守所羁押制度,③ 建立询问过程同步录音、录像制度,④ 明确非法证据排除标准和程序。⑤ 再次，完善辩护权

① 《刑事诉讼法》第 50 条部分内容。

② 《刑事诉讼法》第 53 条。

③ 《刑事诉讼法》第 83、91 条对该制度进行了详细规定。

④ 《刑事诉讼法》第 121 条对该制度进行了详细规定。

⑤ 《刑事诉讼法》第 50、54、55 ~ 58 条对此进行了详细规定。

制度。减少辩护限制、提前律师辩护介入时间,[①] 保障辩护人权利。[②] 最后,保障法院审判中心地位。贯彻直接言词原则,[③] 扩大二审开庭审理范围。[④]

为正确贯彻落实新《刑事诉讼法》,《最高人民法院、最高人民检察院、公安部、国家安全部、司法部、全国人大常委会法制工作委员会关于实施刑事诉讼法若干问题的规定》、《最高人民法院关于执行〈中华人民共和国刑事诉讼法〉若干问题的解释》、《人民检察院刑事诉讼规则(试行)》和《公安机关办理刑事案件程序规定》发布。针对形成刑事错案的重要原因之一刑讯逼供等非法证据采集,四法律对《刑事诉讼法》中规定的非法证据排除和讯问全程同步录音、录像制度进行了全面设计,从源头上避免刑事错案的产生,把保障人权原则贯彻于司法程序全过程。

二 2013年纠正的典型刑事错案及存在的问题

(一)2013年纠正的典型刑事错案[⑤]

1. 浙江萧山五青年杀人案[⑥]

1995年3月20日和8月12日,在浙江省萧山农垦一场16队四号桥南的机耕路、坎山镇青风加油站东侧路段,分别发生抢劫出租车司机并致出租车司机死亡的事件。经公安机关侦查认定,是萧山籍男青年陈建阳、田伟冬、王建平、朱又平、田孝平所为。1997年7月11日,杭州市中级人民法院分别以抢劫罪判处陈建阳、田伟冬死刑,以盗窃罪判处其有期徒刑二年,两罪并罚执行死刑;以抢劫罪分别判处王建平死刑、朱又平死刑,缓期二年执行,田孝平无期徒刑。陈建阳、田伟冬、王建平、朱又平提出上诉,田孝平未提出上诉。

---

① 《刑事诉讼法》第50、54、55~58条对此进行了详细规定。

② 《刑事诉讼法》第37、38、46、47条对此进行了详细规定。

③ 《刑事诉讼法》第33、36条对此进行了详细规定。

④ 《刑事诉讼法》第223条对此进行了详细规定。

⑤ 2013年12月24日云南省曲靖市中级人民法院对施伟强奸、故意伤害案做出无罪判决。因该案件与文章中所述六个案例成因具有雷同性,故不再增加相应案例内容介绍,特此说明。

⑥ 案情来源:《萧山劫杀出租车司机案再审有果》,《人民法院报》2013年7月3日,第1版。

1997年12月29日，浙江省高级人民法院改判陈建阳、田伟冬、王建平三人死刑，缓期二年执行，核准朱又平死刑，缓期二年执行。直到2011年7月27日，杭州警方发现一盗窃前科人员“项古顶”的指纹信息与1995年3月20日发生在萧山的抢劫杀人案现场提取的指纹信息认定同一。2013年6月25日，浙江省高级人民法院对萧山五青年杀人案进行再审。7月2日，陈建阳等五青年被浙江省高级人民法院宣告无罪。

2. 浙江张氏叔侄强奸案[①]

2003年5月18日21时许，张高平和侄子张辉驾驶皖J－11260解放牌货车，载货从家乡安徽省歙县前往上海，受熟人之托，搭载了1名欲到杭州寻找姐姐的同乡女孩王某。在杭州艮秋立交桥处，王某下车。5月19日早晨，王某被人杀害。公安机关将张辉与张高平确定为重大犯罪嫌疑人。经审讯，张辉与张高平先后“交代”了强奸致死王某的犯罪事实。2004年4月21日，杭州市中级人民法院以强奸罪分别判处张辉死刑、张高平无期徒刑。10月19日，浙江省高级人民法院二审分别改判张辉死刑、缓期二年执行，张高平有期徒刑15年。由于张辉之父张高发不断申诉，2013年3月20日，浙江省高级人民法院对该案进行再审。3月26日，浙江省高级人民法院撤销原审判决，宣告张辉、张高平无罪。

3. 河南平顶山李怀亮涉嫌杀人案[②]

2001年8月2日夜，平顶山市叶县邓李乡湾李村13岁女孩郭某某在村北沙河河堤遇害。9月13日，李怀亮因涉嫌故意杀人被批捕。2003年9月19日，叶县人民法院以犯故意杀人罪，一审判处李怀亮有期徒刑15年，剥夺政治权利5年。12月2日，平顶山市中级人民法院二审，以“事实不清，证据不足”为由，撤销了一审判决，发回叶县人民法院重审。此后，该案被移送到平顶山市中级人民法院进行一审。2004年8月3日，平顶山市中级人民法院以犯故意杀人罪，一审判处李怀亮死刑，剥夺政治权利终身，并附带民事赔偿。宣判后，李怀亮以没有杀人为由，提出上诉。2005年和2006年，河南省

---

① 案情来源：《浙江高院五方面反思张氏叔侄案》，《法制日报》2013年5月22日，第8版。

② 案情来源：《一起12年悬案压垮两个家庭》，《法制日报》2013年5月3日，第4版。

高级人民法院两次以“事实不清、证据不足”为由，撤销原判决，将案件发回平顶山市中级人民法院重审。此后，该案再无开庭消息，李怀亮也一直被羁押。2012 年 4 月 25 日，平顶山市中级人民法院判决李怀亮无罪，不承担民事赔偿责任。

4. 福建福清纪委爆炸案①

2001 年 6 月 24 日，福清市纪委办公楼信访接待室发生爆炸案。案件发生后，公安机关经侦查认定陈科云、吴昌龙、杜捷生、谈敏华、谢清为犯罪嫌疑人。检察机关对这 5 人依法提起公诉后，福州市中级人民法院曾于 2004 年 11 月 30 日、2006 年 10 月 10 日两次一审判决认定陈科云、吴昌龙犯爆炸罪，判处死刑，缓期二年执行；认定杜捷生、谈敏华犯非法买卖爆炸物罪，判处有期徒刑；认定谢清犯伪证罪，判处有期徒刑。2013 年 5 月 3 日，福建省高级人民法院依法对该案做出了终审判决，认为现有证据不能相互印证，存在无法排除的矛盾和疑点，无法得出现有结论，对上诉人陈科云、吴昌龙、杜捷生、谈敏华、谢清宣告无罪，当庭释放。

5. 湖南 “校园杀妻案”②

2007 年 5 月 28 日，湖南南县一中教师陈新平妻子蒋毓筠在南县一中校园遇害。7 月 9 日，陈新平被传唤至南县公安局。次日，陈新平被刑事拘留。7 月 21 日，陈被逮捕。2008 年 2 月 28 日，益阳市人民检察院以涉嫌故意杀人罪对陈新平提起公诉。6 月 2 日，益阳市中级人民法院判处陈新平无期徒刑，剥夺政治权利终身。2010 年 4 月 14 日，湖南省高级人民法院经过再审，裁定撤销一审判决和二审裁定，发回益阳市中级人民法院重审。10 月 20 日，益阳市中级人民法院第二次认定陈新平犯故意杀人罪，判处无期徒刑，剥夺政治权利终身。2011 年 8 月 30 日，湖南省高级人民法院再次撤销一审判决，将案件发回重审。一件故意杀人案经历了六次审理，三次被认定有罪，又两度推翻了有罪判决发回重审，在司法实践中极为罕见。2013 年 9 月 13 日，益阳市中级人民法院以被告人陈新平犯故意杀人罪事实不清、证据不足，判决被告人陈新平

---

① 案情来源：《5 被告雪冤　获赔 426 万》，《新华每日电讯》2013 年 9 月 4 日，第 5 版。

② 案情来源：《“南县校园杀妻案” 翻盘前后》，《湘声报》2013 年 10 月 11 日，第 F04 版。

故意杀人罪不成立。

6. 安徽杀妻案[①]

1996年12月2日上午，原任蚌埠市东市区（现龙子湖区）区长助理于英生之妻韩露被发现在位于蚌埠市蚌山区南山路的家中遇害，于英生被锁定为犯罪嫌疑人。此案经蚌埠市公安机关侦查、蚌埠市人民检察院提起公诉，蚌埠市中级人民法院以故意杀人罪判处于英生无期徒刑，安徽省高级人民法院二审裁定维持原判。终审裁定生效后，于英生的父亲为该案曾上诉多年。2013年5月31日，安徽省高级人民法院根据《刑法》第243条第1款规定，决定对该案立案复查；8月13日，安徽省高级人民法院对此案再审公开宣判，认为原审认定于英生故意杀害其妻韩露的事实不清、证据不足，判决宣告于英生无罪。

（二）导致刑事错案发生的主要因素

通过分析2013年纠正的典型刑事错案，发现导致刑事错案产生的因素主要有以下几个。

1. 侦查活动缺乏有效监督，非法采集证据行为屡禁不止

根据我国《刑事诉讼法》和《行政诉讼法》及相关司法解释规定，侦查行为具有可诉性，不具有诉讼行为属性；同时，侦查活动是一个相对封闭的行政程序，缺乏有效法律监督。《刑事诉讼法》对侦查阶段的法律监督规定过于简单和原则，导致公安机关侦查权滥用。通过分析近年来已经曝光的刑事错案，特别是2013年已经纠正的刑事错案，可以发现非法取证行为屡禁不止，侦查阶段是刑讯逼供等非法取证行为产生的重要源头。刑讯逼供等非法采集证据行为的屡禁不止与司法实践中破案定罪过于依赖“口供”的做法有重要关系。在证据不足、事实不清的情况下，冤假错案的定罪过分倚重于非法采集获取的被告人口供。

2. 法院审判中心地位缺乏保障

通过对上述2013年已经纠正的典型刑事错案的分析可以看出，每一起刑

---

① 案情来源：《背负“杀妻”罪名17年，高科技帮沉冤得雪》，《新华每日电讯》2013年12月4日，第6版。

事错案都存在事实不清、证据不足的问题。根据法律规定：人民法院审理案件必须以事实为依据，以法律为准绳；未经人民法院依法判决，对任何人都不得定有罪。从这些刑事错案的发生到定罪可以看出，庭审流于形式，难以有效发挥审判中心地位，是人民法院无法有效阻止冤假错案发生的重要原因之一。人民法院庭审应当是诉讼活动的中心。在我国以侦查权为中心的刑事诉讼结构模式中，公安机关、人民检察院和人民法院之间分工配合多于监督制约。我国宪法所规定的分工制约原则难以得到有效落实。同时，司法决策的行政化也导致庭审的形式化。法律意义上的司法裁判主体合议庭或者独任制法官难以成为真正的裁判者。权责脱离的办案现象时有发生。此外，证据裁判原则在司法实践中得不到有效落实，也加剧了庭审的形式化。很多冤假错案中都存在定罪证据未经辨认、质证，直接作为定案依据的情况。

3. 刑事司法理念有待提升：疑罪从轻、重实体轻程序

罪刑法定原则是我国刑法的一项基本原则，但是在刑事案件的侦查过程中，侦查人员会先入为主地认定犯罪嫌疑人有罪，一切侦查活动都围绕收集有罪证据展开，而忽视嫌疑人轻罪的证据。侦查机关移交案件时，往往移交有罪证据，而隐匿轻罪或无罪证据。

刑事诉讼法中的疑罪从无基本原则在司法实践中也难以得到有效贯彻实施。疑罪从轻，重打击犯罪、轻人权保护等落后司法理念影响依然不容小视。2013 年已经纠正的 6 个典型刑事错案中，无一例外都存在证据不足、事实不清的问题。面对诸多疑问，为简单完成任务，避免承担“打击犯罪不利”等责任及压力，司法机关往往采取疑罪从轻。

同时，程序正义没有得到应有的重视，刑事诉讼法及相关法律法规的规定没有得到认真实施。在 2013 年纠正的典型刑事错案中，部分案件久拖不决，严重违反刑事诉讼法规定。“重实体，轻程序”的错误司法理念影响根深蒂固，极大地损害了司法公正，严重地侵害了公民的合法权利。

4. 依法独立行使审判权、检察权状况亟待改善

2013 年纠正的刑事错案中的“被告人”往往被定重罪（主要集中在故意杀人罪），并且案件本身存在犯罪事实不清、证据不足等问题，司法机关往往要面对很大的外部压力，如上级机关“限期破案”、地方“维稳”、当事人及其亲属上访闹访及社会舆论炒作等。疑罪从轻、枉法裁判成为意料之中。赵作海案中的政法委过度协调和“三长会”（公安局长、检察长和法院院长）、李怀亮案中的“死刑保证书”，就是司法机关不能依法独立行使审判权、检察权的最好说明。

司法权地方化也是导致司法机关不能公正司法的重要原因之一。司法权地方化突出表现在人民法院、人民检察院的财权、人事权受制于地方。在行政权力主导的社会，司法机关的财权和人事权由地方负责，必然带来行政权对司法权的干预，造成地方司法机关严重依附于同级地方党政机关。

5. 律师辩护权缺乏有效尊重

律师辩护权是预防刑事错案发生的有效制度保障，是对司法权力的有效制衡。被指控方多处于羁押状态，缺乏必要的法律知识和技能，只有依靠法律专业人员的帮助才能实现与公诉方的均衡对抗。

在2013年已纠正的刑事错案中，面对事实不清、证据不足等诸多疑问，案件结果却一边倒，这从一定程度上说明：律师辩护意见没有得到有效尊重和采纳，律师辩护权缺乏有效尊重。在刑事诉讼过程中，辩护律师面临“三难一高”问题。“三难”，即“会见难”、“阅卷难”和“调查取证难”；“一高”，即“风险高”。[①] 这些客观情况导致我国刑事诉讼中律师辩护效果不明显。在诉讼过程中，律师的辩护意见难以得到司法机关认真对待和全面回应；司法机关不理解、不尊重律师的职业立场和关切重点。司法机关对律师作用的不认可导致被指控方防御机制的弱化，加剧了其合法权利被司法机关侵害的风险。

6. 不科学、不符合司法规律的绩效考核机制

刑事案件所依赖的事实都发生在过去，依靠各种证据来重现。基于客观条件限制，并不是所有的案件真相都能够查清，“事实不清”客观存在。诉讼活动有其自身的客观规律。以“破案GDP”为目的，片面追求破案率、批捕率、起诉率、定罪率等指标，必然导致司法人员违背诉讼规律，急于求成，降低办案质量，造成一些冤假错案。近年来曝光的刑事错案在一定程度上反映了不科学、不符合司法规律的绩效考核机制给司法公正、人权保障带来的消极影响。

① 何家弘：《诉讼制度的改良与刑事错案预防》，《法律适用》2013年第9期，第7～10页。

不符合司法规律的绩效考核机制给办案质量和效果带来的负面影响必须引起重视。

7. 刑事错案追究机制不健全

针对陆续暴露出来的刑事错案，立法界和司法界进行了一系列改革。“但这些改革的特点集中于错案形成的防范上面，对于错案的救济却未能给予足够的重视。这一点从2012年刑事诉讼法的修改中可以得到印证。无论是侦查程序的改革，证据制度的修正，还是庭审程序的完善，刑诉法都将防止冤狱的形成作为改革的重心。但对冤狱形成之后的救济却没有较为有效的制度建树。这是导致我国刑事错案救济不畅的重要原因。”①

刑事错案追责的重要前提是明确刑事错案标准，但是我国法律没有规定，只是散见于最高人民法院和地方各级人民法院制定的司法文件中。虽然《刑事诉讼法》规定了再审的启动条件，但是过于简单、原则。最近几年曝光的部分刑事错案的发现具有一定的偶然性。例如，赵作海案的宣判无罪是因为“被害人”赵振晌的“意外”出现；浙江萧山五青年杀人案得以平反是因为真凶“项古顶”的被抓获。刑事错案纠正涉及公检法部门之间关系及部门内部相关责任人员，过程具有较大复杂性。制度的不健全，导致司法机关之间推脱责任，刑事错案的纠正异常艰难曲折，短则数年，长则十余年。

四　纠正、预防刑事错案，加强人权保障的建议

（一）更新刑事司法理念，尊重和保障人权

“尊重和保障人权”在2004年已经被写入《宪法》，并于2012年写入《刑事诉讼法》。但是司法人员的司法理念还未完成转型。“传统刑事司法理念的主要特征是重犯罪打击，轻人权保护；重诉讼效率，轻司法公正，特别是忽视程序公正。”② 司法制度设立的宗旨是保护公民权利，司法工作人员必须积

① 陈卫东：《刑事错案救济的域外经验：由个案、偶然救济走向制度、长效救济》，《法律适用》2013年第9期，第20~21页。

② 李建明：《刑事错案预防的宏观对策研究》，《人民检察》2006年第9期（下），第5~6页。

极更新理念，回应人民群众对于新时期人民法院工作的新要求和新期待：坚持尊重和保障人权原则；坚持司法公正、公开原则；坚持司法机关分工制衡原则；坚持罪刑法定，疑罪从无原则。刑事司法理念的更新依赖法律的引导。通过立法贯彻现代司法理念，引导司法人员革除传统、落后司法理念；建立制度，追究违法人员责任，保障现代司法理念落实。

（二）加强刑事诉讼和刑罚执行过程的法律监督

首先，加强侦查阶段的法律监督。完善侦查阶段的监督机制，加强对公安机关办理刑事案件的过程监督。对重大疑难案件，检察机关应加强与公安机关的配合，同时派员介入，加强法律监督。其次，在审判过程中，检察机关在承担公诉职能的同时，积极履行法律监督职能，特别是针对重大疑难案件。再次，加强死刑复核案件的法律监督。检察机关应当认真对待当事人及其近亲属的申诉，认真核查相关卷宗及证据，坚持疑罪从无。最后，加强刑罚执行过程监督。高度重视服刑人员的申诉，对具有冤案可能的申诉案件，要认真复查并依法进行处理。

（三）保障独立行使审判权，坚持法院审判中心地位

优化司法资源配置，创新管理体制，建立省级以下地方人民法院与人民检察院的垂直管理机制与人财物统一管理，去地方化，切实解决影响司法公正和制约司法能力的深层次问题。

划清人民法院内部权责，厘清上下级人民法院的关系，确保法官独立行使审判权，在审理过程中坚持证据裁判原则，抵制因地方政府压力、社会媒体舆论影响和当事人干涉等一切法外因素的干扰；同时，严格办案责任制，确保每个个案的责任落实到具体责任人身上。

（四）保障律师辩护权

“律师是法律职业共同体的重要一员，是人民法院的同盟军，是实现公正审判、有效防范冤假错案的无可替代的力量。”[①] 律师是抗衡司法权，维护犯罪

---

① 沈德咏：《我们应当如何防范冤假错案》，《人民法院报》2010 年 5 月 6 日，第 2 版。

嫌疑人或被告人合法权益的重要力量。在司法实践中，要高度重视律师的作用；落实法律规定，切实保障律师会见、阅卷、调查取证和庭审中发问、质证、辩论等辩护权利；认真对待并回应律师的辩护意见和主张，尊重律师职业立场；立法进一步规范律师与法官的关系；探索、建立律师和法官之间的有序交流制度。

（五）建立科学的、符合司法规律的绩效考核机制

司法活动有其自身的发展规律。违反司法规律，片面追求各种不科学、不合理的指标给司法工作带来巨大的负面影响，严重影响司法公正，损害司法公信力。完善司法绩效考核机制，首先，尊重司法规律，兼顾司法活动特殊性；其次，体现价值导向，发挥激励作用；最后，绩效考评与奖励常态化相结合。绩效考核机制要在尊重司法规律的前提下，体现考核结果的正价值，有效激励司法人员的荣誉感和责任心。

（六）建立、健全刑事错案的责任追究机制

根据我国《法官法》规定，非经法定事由和法定程序，法官不被免职、辞退或处罚。错案追责必然涉及对法官的处分。因此，刑事错案追责机制必须由法律明确规定。首先，法律明确刑事错案的标准。关于错案的认定，《人民法院审判人员违法审判责任追究办法（试行）》和《人民法院工作人员处分条例》与地方各级人民法院制定的具体实施办法标准并不一致，甚至存在矛盾。其次，法律明确刑事错案启动的主体及程序。我国要通过司法系统内部来启动错案纠正，不现实、不合理，效果也不明显。可以通过立法引入第三方力量启动错案纠正，例如，引导类似国外的“洗冤工程”或“无辜者组织”等社会力量介入错案纠正。最后，健全刑事错案追责机制。追责机制应建立在权责一致的办案责任制基础上，同时尊重和保障法官审判独立、自由。

附　　录

Appendices

B.24 2013年中国接受联合国人权定期审议记述

常　健*

2013年10月，中国接受联合国人权理事会对中国的第二轮国别人权审议。

一　中国接受第二轮联合国国别人权审议

2006年3月，联合国大会决定建立人权理事会，并授权理事会设立国别人权审查工作组，也称普遍定期审议机制工作组，定期审议每个国家履行人权义务和承诺的情况。2009年中国首次接受国别人权审查工作组的审议。2013年10月22～25日，中国再次在日内瓦联合国万国宫接受第二轮国别人权审议。

---

* 常健，南开大学人权研究中心（国家人权教育与培训基地）副主任，南开大学周恩来政府管理学院教授、博士生导师、副院长。

（一）中国提交《国家人权报告》

2013 年 9 月 25 日，《人民日报》在第 22 版全文刊登了中国向联合国人权理事会提交的《国家人权报告》（以下简称“报告”）。报告共分四个部分。

第一部分叙述了报告撰写的方法和协商程序、首轮审议的后续行动以及中国特色社会主义人权观和理论体系。它特别强调了中国在国际人权领域的原则立场，指出：“中国尊重人权的普遍性原则，认为各国均有义务按照《联合国宪章》的宗旨和原则及《世界人权宣言》、有关国际人权文书的基本精神，结合本国国情，不断采取促进和保护人权的措施。国际社会应同等重视公民政治权利和经济社会文化权利以及发展权的实现，促进个人人权和集体人权的协调发展。中国致力于与世界各国开展人权交流与合作，推动国际社会以公正、客观和非选择性方式处理人权问题。”① 在中国人权发展的道路、制度和理论方面，报告做出了非常精练的概括：“中国政府努力探索中国特色社会主义人权发展道路，建立健全中国特色社会主义的人权保障制度，不断丰富中国特色社会主义人权理论。中国政府大力倡导科学发展观，强调‘以人为本’，以促进和保护生存权、发展权为先导，协调推动公民权利、政治权利、社会权利、文化权利和特殊群体权利的保障，发展更加广泛、更加充分、更加健全的人民民主，全面推进各项权利协调发展，促进社会更加公正、和谐，努力使每一个公民生活得更有尊严、更加自由、更加幸福。”②

第二部分阐述了中国促进和保护人权的立法与制度框架。报告指出，在 2010 年底中国宣布中国特色社会主义法律体系如期形成之后，中国又继续加强人权立法工作，制定了《非物质文化遗产法》《精神卫生法》等 6 部新法律，通过了《刑法修正案（八）》并修改《刑事诉讼法》《民事诉讼法》《律师法》《劳动合同法》《职业病防治法》等 25 部法律。截至 2012 年底，中国已制定宪法和现行有效法律共 243 部，中国特色社会主义人权法律体系不断得到充实和完善。在人权保障体制方面，报告从司法体制、制定国家人权发展综

① 《国家人权报告》，《人民日报》2013 年 9 月 25 日，第 22 版。

② 《国家人权报告》，《人民日报》2013 年 9 月 25 日，第 22 版。

合规划、人权教育以及非政府组织、学术机构、媒体参与人权保障四个方面进行了概括。其中特别谈到了对建立国家人权机构所进行的理论和现实可行性的研究。政府支持国内研究机构就国家人权机构的职能、作用和中国设立国家人权机构的可行性进行深入研究。这些研究机构设立了专题研究小组，前往已经设立国家人权机构的国家考察学习，出版了一批相关的研究成果，举行了国内和国际研讨会。报告还特别谈到了非政府组织和媒体在人权保障方面的工作。截至 2012 年底，中国有 49.2 万家注册登记的非政府组织，活跃在人权保障的各个领域。各类人权学术机构自觉开展人权理论研究，普及人权理念和知识，提高全社会的人权意识。媒体通过出版、撰文、新闻报道等方式，积极宣传普及人权知识，监督保障公民权利。中国政府鼓励和支持非政府组织和学术机构通过人大代表和政协委员提案、立法专家建议稿、理论研讨、网上征求意见等多种途径参与人权立法，邀请他们参加《国家人权行动计划》和国际人权条约履约报告的撰写。

第三部分概述了中国促进和保护人权的成绩和做法。在经济、社会及文化权利方面，报告重点总结了生存权、工作权、社会保障权、住房权、受教育权、文化权、健康权七个方面的情况，其中特别引人注目的是对住房权保障、进城务工人员随迁子女就学、环境保护三个方面情况的概括。在满足住房需求方面，报告指出："中国政府在通过发展商品房市场满足群众住房需求的同时，继续实施保障性安居工程，满足困难群众基本住房需求。"① 在征地拆迁方面，报告指出："近年来，中国政府完善征地拆迁制度措施，规范征地拆迁行为，严格征地拆迁程序，严禁非法拆迁，加大监督检查力度，维护人民群众合法权益。"在进城务工人员随迁子女就学方面，报告指出："中国政府高度重视保障进城务工人员随迁子女平等接受义务教育的权利，现有 1393.87 万进城务工人员随迁子女在城市接受义务教育，占义务教育阶段学生总数约 9.7%，其中 80.2% 在公办学校就读。中国政府将采取允许他们在当地参加升学考试等措施，逐步解决该人群在城镇接受义务教育后在当地继续升学的问

① 《国家人权报告》，《人民日报》2013 年 9 月 25 日，第 22 版。

题。"① 在环境权保护方面，报告指出："中国政府把环境保护放在更加突出的战略位置，将主要污染物减排作为经济社会发展的约束性指标，提出建设生态文明等战略思想，着力解决突出环境问题。环境保护部已在京津冀、长三角、珠三角等重点区域及直辖市和省会城市开展与人体健康关系密切的细颗粒物 PM 2.5 等指标监测并公布信息。"②

在公民权利和政治权利方面，报告重点从保障生命权、人身自由权、选举权和政治参与、禁止酷刑、公正司法权、宗教信仰自由、言论和新闻媒体自由、监督权八个方面进行了总结，其中特别引起关注的是有关劳教制度、社区矫正和禁止酷刑三个方面的内容。在劳教制度方面，报告指出："劳教制度是基于中国国情制定的教育和矫治措施，有法定的审批程序、监督机制和救济渠道。目前有关部门正在研究劳教改革的具体方案，积极稳妥地推进劳教制度改革。"③ 在社区矫正方面，报告指出："《刑法修正案（八）》和新修订的《刑事诉讼法》确立了社区矫正法律制度，扩大了非监禁刑的适用范围。有关部门联合出台的《社区矫正实施办法》规范了社区矫正工作流程，为社区矫正工作提供了制度保障。目前，全国累计接收社区矫正人员 140.1 万人，效果良好。"④ 在禁止酷刑方面，报告指出："修改后的《刑事诉讼法》明确规定不得强迫任何人证实自己有罪，保障犯罪嫌疑人、被告人供述的自愿性；完善了非法证据排除制度，规定采取刑讯逼供等非法方法收集的供述和采用暴力、威胁等非法方法收集的证人证言等应予以排除。同时，增加规定拘留、逮捕后及时送看守所羁押、在看守所内进行讯问和对讯问过程录音录像制度。新修订的配套司法解释明确和细化了执法标准，加强对刑事案件办案程序的监督，规定对司法人员在诉讼活动中刑讯逼供等行为应当调查核实，依法追究相应责任。"⑤

在特殊群体权利保障方面，报告总结了妇女权利、儿童权利、老年人权

① 《国家人权报告》，《人民日报》2013 年 9 月 25 日，第 22 版。
② 《国家人权报告》，《人民日报》2013 年 9 月 25 日，第 22 版。
③ 《国家人权报告》，《人民日报》2013 年 9 月 25 日，第 22 版。
④ 《国家人权报告》，《人民日报》2013 年 9 月 25 日，第 22 版。
⑤ 《国家人权报告》，《人民日报》2013 年 9 月 25 日，第 22 版。

利、残疾人权利和少数民族权利的保障情况。

在参与国际人权领域活动方面，报告重点论述了与联合国人权高专及高专办合作、特别机制合作以及开展双边和多边人权交流与合作情况。

第四部分分析了面临的困难和挑战以及未来工作目标。在对存在的问题分析方面，报告指出："发展中不平衡、不协调、不可持续问题依然突出。扶贫对象规模仍近1亿，扶贫压力较大。就业总量压力不减，结构性矛盾突出。收入分配结构不合理。适应居民消费需求的住房制度设计不完善。基本医疗卫生服务与群众健康需求仍有差距。经济发展与资源环境的矛盾日趋突出。部分民族地区社会事业总体水平相对落后。妇女发展社会环境有待进一步优化，老年人、残疾人等特殊群体权利保障仍面临压力。司法领域依然存在不公现象，人权司法保障机制有待进一步完善，执法人员人权意识和依法行政水平仍需提高。"① 在未来工作目标方面，报告提出："中国政府将按照依法推进、全面推进和务实推进的原则，进一步促进和保护人权，推动中国人权事业更上新台阶。"②

（二）吴海龙大使对中国人权发展情况的介绍

2013年10月22日，中国在日内瓦联合国万国宫接受了第二轮人权理事会国别人权审议。

中国代表团团长、外交部特使吴海龙首先介绍了中国在2009年第一轮审议后在促进和保护人权方面所做的努力，以及面临的困难和挑战。

吴海龙指出："中国是一个有着13亿人口和56个民族的发展中大国。尽管中国在经济和社会发展方面取得了显著的成就，但中国还有8500万残疾人，在农村地区有6500万留守儿童，还有1.94亿老年人，他们都需要得到我们的照顾和帮助。中国刚刚开始工业化、信息化、城市化和农业现代化的进程，农村还有近1亿人口处于贫困状态，每年有600万至700万的大学毕业生和2500万人需要找到工作。人们可以想象或难以想象，在这样的复杂国情以及所处的关键的历史阶段上，中国在促进和保障人权方面要完成的工作任务有多么繁

① 《国家人权报告》，《人民日报》2013年9月25日，第22版。

② 《国家人权报告》，《人民日报》2013年9月25日，第22版。

重，面临的挑战有多么多。”①

在谈到人权发展战略时，吴海龙指出，经济是促进和保障人权的基础。人权保障水平不能脱离国家的经济和社会发展阶段。考虑到中国的发展阶段以及其人口众多和资源有限的基本国情，必须优先保障中国 13 亿人的生存权和发展权。在过去的四年，中国坚持将发展作为第一要务，有效回应了全球金融危机的影响，在其他主要经济体经济普遍放缓的情况下，实现了 GDP 年均 9.3% 的增长，城乡居民收入分别年均增长 8.8% 和 9.9%，农村贫困人口大幅下降。2012 年，中国成为世界第二大经济体。

在介绍了中国在保障经济、社会、文化、公民和政治权利以及各种特殊群体权利方面的进展之后，吴海龙指出：“当前，中国正在为实现中国梦而努力奋斗。中国梦就是要实现经济繁荣、民族振兴和人民幸福。它归根结底是人民之梦，是每一个中国人追求和过上幸福生活之梦，它也是人权之梦。我们已经为自己确定了两个目标：在 2012 年中国共产党成立百年之际完成小康社会的建设；在 2049 年中华人民共和国成立百年之际将中国建成繁荣、富强、民主、文明、和谐的社会主义现代化国家。随着中国梦和这两个百年目标的实现，我相信中国的人权事业也将取得更大的成就。”②

在谈到与联合国人权机构的合作方面，吴海龙宣布，从 2014 年至 2017 年，中国对联合国人权高专办的捐款将从每年 5 万美元提升至 80 万美元；中国准备在 2013 年接待联合国关于对妇女在法律上和实践中歧视问题工作组；中国也愿意邀请联合国健康权特别报告员、安全饮用水和卫生设施人权特别报告员以及外债影响问题独立专家在 2014 年双方方便的时候访问中国。

（三）各国对中国人权状况的评价

在审议的互动阶段，共有 137 个国家的代表对中国的人权状况做出了评价和建议。中国人权保障的进步得到绝大多数国家的肯定（见表 1）。

---

① Opening Statement by H. E. Ambassador Wu Hailong at the 17th Session of Working Group of the Human Rights Council on UPR, Geneva, 22 October 2013.

② Opening Statement by H. E. Ambassador Wu Hailong at the 17th Session of Working Group of the Human Rights Council on UPR, Geneva, 22 October 2013.

表 1　各国对中国人权保障状况的肯定

类别	具体内容	提到次数
人权制度和法律	推进立法、司法和行政改革，为批准 A 公约做准备	20
	制定和实施国家人权行动计划	19
	建立保障人权的制度框架和机制	5
	充分体现以人为本	1
	保持变革与稳定之间的最佳平衡	1
	合计	46
经济、社会和文化权利	促进经济发展，应对全球经济危机，实现千年发展指标，推进经济转型，保障经济权利	20
	促进社会发展，保障社会权利，提高社会福利	14
	保障健康权利，建立全覆盖的医疗保险体制	11
	保障受教育权利	10
	保障生存权，保障基本生活、食品供应与食品安全，促进人民幸福	8
	努力消除贫困	6
	保障文化权利	6
	保障住房	3
	建立普遍的社会养老保障体制	3
	保障就业	1
	合计	82
公民权利和政治权利	减少死刑	8
	保障公民权利和非国民权利	3
	修改刑事诉讼法	2
	保障政治权利	2
	打击暴力、诈骗、仇恨犯罪	2
	促进机会平等	1
	保障宗教信仰自由	1
	报告起草过程中咨询社会组织、学术机构和公众意见	1
	高投票率	1
	普及互联网	1
	改革出入境法和难民地位确定程序	1
	合计	23
特殊群体权利	保障少数民族权利（包括新疆、西藏地区）	9
	保障儿童权利，打拐	8
	保障妇女权利	6
	保障老年人权利	3
	保障弱势群体权利	3
	保障残疾人权利	2
	合计	31

续表

类别	具体内容	提到次数
人权教育	人权教育	8
	普法计划	1
	合计	9
国际人权合作	第一轮审议后实施各国建议	6
	与国际人权机构的合作	6
	倡导和促进发展权	4
	与发展中国家合作	3
	加入和遵守国际人权公约	3
	开展人权对话	1
	捍卫主权	1
	合计	24
总计	215	

资料来源：Human Rights Council：*Draft Report of the Working Group on the Universal Periodic Review*：*China*，Fourteenth session，Geneva，21 October - 1 November 2013.

从表 1 可以看到，各国在互动评论阶段对中国人权保障状况的肯定总计 215 次，其中涉及制度和立法建设方面 46 次，经济、社会和文化权利方面 82 次，公民权利和政治权利方面 23 次，特殊群体权利方面 31 次，人权教育方面 9 次，国际人权合作方面 24 次。阿根廷、坦桑尼亚和波黑等国家要求中国与发展中国家分享发展的经验，赞比亚等国家恳请中国继续开展国际合作，支持其他发展中国家的发展。

在互动评论阶段，一些国家还对中国人权状况提出了关切的问题。各国对中国人权状况的关切共达 41 次，其中涉及制度建设 4 次，经济、社会和文化权利 3 次，公民权利和政治权利 28 次，特殊群体权利 4 次，人权教育和国际合作各 1 次。

从提出关切的国家的国别来分析，发展中国家提出 16 次，发达国家提出 25 次。在发达国家提出的 25 次中，有 21 次涉及公民权利和政治权利，2 次涉及特殊群体权利，1 次涉及对官员的人权教育，1 次涉及特别报告员进入。

根据人权理事会议事规程，来自波兰、塞拉利昂和阿联酋的三位报告员组成“三国小组”，本着独立、公正、透明的原则撰写了审议报告。报告共收集了各国向中国提出的建议 252 条（其中有些条被多个国家提出）（见表 2）。

表2　各国提出的改进建议

类别	具体内容	次数
加入国际人权公约	批准《公民权利和政治权利国际公约》(ICCPR)	30
	批准《保护所有人免遭强迫失踪国际公约》(CPED)	5
	批准《禁止酷刑公约》任择议定书(OP－CAT)	4
	加入《移徙工人权利公约》(ICRMW)	3
	批准《公民权利和政治权利国际公约》任择议定书(ICCPR－OP)	3
	批准《儿童权利公约关于来文程序的任择议定书》(OP－CRC－IC)	3
	批准国际刑事法院罗马规约(Rome Statute of the ICC)	2
	批准《经济、社会和文化权利国际公约任择议定书》(OP－ICESCR)	1
	批准《消除对妇女一切形式歧视公约任择议定书》(OP－CEDAW)	1
	合计	52
制度建设	司法改革	11
	实施国家人权行动计划	7
	建立国家人权机构	5
	合计	23
经济、社会和文化权利	义务教育	15
	促进发展权,改善生活条件,特别是农村地区和农民工的生活条件,消除贫困	10
	健康权,公共卫生、体育运动设施	7
	工作权利,包括工作条件、报酬和福利、就业、参加工会	5
	社会保障	5
	安全饮用水、住房保障	3
	环境保护	1
	合计	46
公民权利和政治权利	宗教、表达、集会、结社自由	34
	限制和废除死刑,公开死刑数量	20
	废除劳教和非经司法的拘禁	7
	发挥律师作用	6
	发挥公民社会和NGO作用	4
	人权活动者	4
	选举和参与公共事务	4
	打击恐怖主义	4
	难民保护	3
	合计	86

续表

类别	具体内容	次数
特殊群体权利	采取进一步措施保护各种弱势群体，禁止各种歧视，包括妇女、儿童、残疾人、同性恋者、艾滋病感染者和患者、少数民族等	34
	少数民族各种权利保障	17
	合计	51
人权教育	人权教育与培训	10
	合计	10
国际合作	继续与联合国人权系统合作	15
	国际合作，分享经验，消除国际贫困，促进发展	5
	合计	20
总计	288	

资料来源：Human Rights Council：*Draft Report of the Working Group on the Universal Periodic Review：China*，Fourteenth session，Geneva，21 October－1 November 2013.

由表 2 可见，在各国总共提到的 288 次建议中，涉及加入国际人权公约方面的 52 次，人权制度建设方面的 23 次，经济、社会和文化权利方面的 46 次，公民权利和政治权利方面的 86 次，特殊群体权利方面的 51 次，人权教育方面的 10 次，国际人权合作方面的 20 次。

在人权理事会 2013 年主席亨赛尔宣布工作组通过审议报告后，中国代表团团长吴海龙发言指出，工作小组审议报告中所载绝大部分建议是善意和建设性的，中方将对此予以认真研究，结合国情积极考虑，并在 2014 年 3 月人权理事会全会之前反馈中方立场。他表示，世界上没有“放之四海而皆准”的人权发展模式。由于历史文化传统、经济发展水平及社会制度不同，各国在人权领域所面临的挑战和优先任务不同，人权发展道路注定会有所不同。经过 60 多年的艰苦探索和实践，中国政府和人民走出了一条具有中国特色的社会主义人权发展道路。13 亿中国人民的各项权利得到实实在在的保障，中国的人权水平发展到前所未有的高度。事实证明，中国人民选择的人权发展道路是符合中国国情的。他表示相信，当中国接受下一轮审议之时，中国的民众生活水平、民主建设水平、依法治国水平、文化发展水平、社会保障水平、环境保护水平、对外人权交流与合作水平，都会再上一个新台阶。

B.25

2013年中国第三次当选联合国人权理事会理事记述

常 健*

2013年11月12日，第六十八届联合国大会投票改选联合国人权理事会成员，中国以176票第三次当选。任期自2014年至2016年。

一 背景与选举情况

（一）选举背景

2006年3月15日，第六十届联合国大会通过第60/251号决议，成立人权理事会，取代人权委员会，总部设在日内瓦。人权理事会为联大附属机构，主要职责是在全球范围内加强促进和保护人权的工作，解决侵犯人权的状况以及对此提出建议。人权理事会共设47个席位，联大每年改选三分之一左右的理事会成员。第一届理事会成员的任期分为1年、2年和3年三种情况，根据抽签决定。此后各届当选国家的任期统一为3年，最多可连任一次。连续两任后须间隔一年方可寻求新任期。理事会成员国的组成遵循公平地域分配原则，亚洲组13国、非洲组13国、拉美组8国、东欧组6国、西方组7国。理事会成员由联大秘密投票选举产生，必须获半数以上会员国支持才能当选。在选举理事会成员时，应考虑候选国在促进和保护人权方面所做的贡献，及其在这些方面自愿做出的承诺。经三分之二成员国同意，联大可中止严重违反人权国家的

* 常健，南开大学人权研究中心（国家人权教育与培训基地）副主任，南开大学周恩来政府管理学院教授、博士生导师、副院长。

人权理事会成员国资格。

2006 年 5 月 9 日，第六十届联合国大会以无记名投票的方式选出了新成立的人权理事会首届 47 个成员，中国以 146 票成功当选，任期至 2009 年。

2009 年 5 月 12 日，第六十三届联合国大会改选 18 名联合国人权理事会成员。中国以 167 票成功连任，任期至 2012 年底。

2013 年，在任期结束间隔一年后，中国第三次当选联合国人权理事会成员，任期自 2014 年至 2016 年。

（二）选举情况

本次理事会成员选举，共有 14 个空的席位，有 28 个国家申请，经过一轮投票便选出了 14 个理事国，包括阿尔吉利亚、中国、古巴、法国、马尔代夫、墨西哥、摩洛哥、纳米比亚、俄罗斯、沙特阿拉伯、南非、马其顿、英国和越南（见表 1）。

表 1　2013 年人权理事会投票结果

所属洲	名额	当选国	得票数	落选国	得票数	名额数/申请国数
非洲	4	南非	169	南苏丹	89	4/6
		阿尔及利亚	164	突尼斯	2	
		摩洛哥	163			
		纳米比亚	150			
亚太	4	越南	184	约旦	16	4/8
		中国	176	伊朗	1	
		马尔代夫	164	新加坡	1	
		沙特阿拉伯	140	泰国	1	
东欧	2	马其顿	177	斯洛文尼亚	1	2/4
		俄罗斯	176	拉脱维亚	1	
拉美和加勒比	2	古巴	148	乌拉圭	93	2/3
		墨西哥	135			
西欧与其他	2	法国	174	安道尔	1	2/7
		英国	171	希腊	1	
				卢森堡	1	
				葡萄牙	1	
				圣马利诺	1	

资料来源：第 68 届联合国大会决议（GA/11454），2013 年 11 月 12 日，联合国网站，http：//www. un. org/News/Press/docs/2013/ga11454. doc. htm。

与其他国家相比，中国在2013年最新的选举中得票数与俄罗斯并列第三，不仅高于许多其他发展中国家，而且超过英国和法国等欧洲发达国家（如图1所示）。

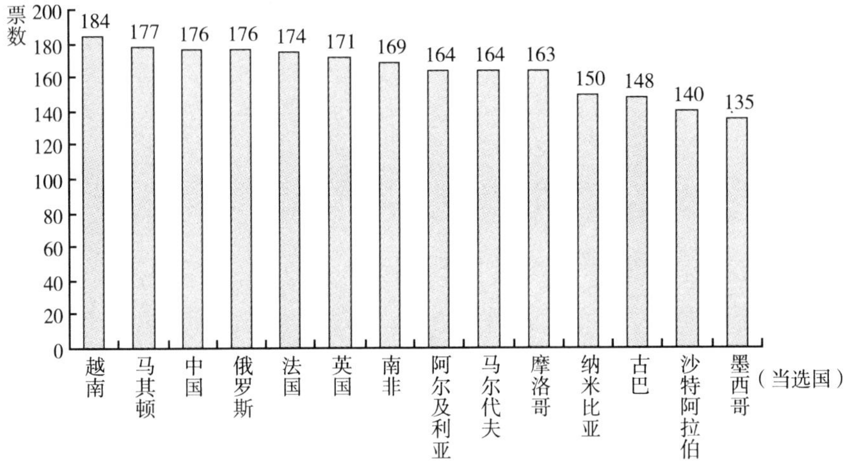

图1　2013年联合国人权理事会当选国家得票数排序

资料来源：根据表1数据。

二　联合国人权理事会历年选举票数分析

2006～2013年，在联合国193个成员国中，共有90个国家当选过联合国人权理事会成员（见表2）。

表2　历年联合国人权理事会当选国家的得票数

年度	2006	2007	2008	2009	2010	2011	2012	2013	当选次数	次均得票
国家数 / 当选国	191	192	192	192	192	192	193	193		
中国	146(3)			167				176	3	163
南非	179(1)	175						169	3	174
阿尔及利亚	168(1)							164	2	
摩洛哥	178(1)							163	2	
纳米比亚								150	1	

续表

年度	2006	2007	2008	2009	2010	2011	2012	2013	当选次数	次均得票
当选国 \ 国家数	191	192	192	192	192	192	193	193		
越南								184	1	
马尔代夫					185			164	2	
沙特阿拉伯	126(3)			167				140	3	144
马其顿								177	1	
俄罗斯	137(3)			146				176	3	153
古巴	135(3)			163				148	3	149
墨西哥	154(3)			175				135	3	155
法国	150(2)		123					174	3	149
英国	148(2)		120					171	3	146
加蓬	175(2)		178				187		3	180
科特迪瓦							183		1	
塞拉利昂							182		1	
肯尼亚							180		1	
埃塞俄比亚							178		1	
阿联酋							184		1	
哈萨克斯坦							183		1	
日本	158(2)		155				182		3	165
韩国	148(2)		139				176		3	154
巴基斯坦	149(2)		114				171		3	145
爱沙尼来							184		1	
黑山							182		1	
巴西	165(2)		175				184		3	175
阿根廷	159(1)		172				176		3	169
委内瑞拉							154		1	
美国				167			131		2	149
德国	154(3)						127		2	141
爱尔兰							124		1	
贝宁						174			1	
博茨瓦纳						177			1	
布基纳法索			180			182			2	
刚果						176			1	
印度	173(1)	185				181			3	180
印度尼西亚	165(1)	182				184			3	177
菲律宾	136(1)	179				183			3	166

续表

年度	2006	2007	2008	2009	2010	2011	2012	2013	当选次数	次均得票
国家数 / 当选国	191	192	192	192	192	192	193	193		
科威特						166			1	
捷克	105(1)					148			2	
罗马尼亚	98(2)					131			2	
智利			176			159			2	
哥斯达黎加						138			1	
秘鲁	145(2)					136			2	
奥地利						155			1	
意大利		101				180			2	141
安哥拉		172			170				2	
利比亚					155				1	
毛里塔尼亚					167				1	
乌干达					164				1	
马来西亚	158(3)				179				2	
卡塔尔		170			177				2	
泰国					182				1	
波兰	108(1)				171				2	
摩尔多瓦					175				1	
厄瓜多尔	128(1)				180				2	
危地马拉	142(2)				180				2	
西班牙					177				1	
瑞士	140(3)				175				2	158
塞内加尔	181(3)			165					2	
毛里求斯	178(3)			162					2	
尼日利亚	169(3)			148					2	
喀麦隆	171(3)			142					2	
吉布提	172(3)			141					2	
约旦	137(3)			178					2	
吉尔吉斯斯坦				174					1	
孟加拉国	160(3)			171					2	
匈牙利				131					1	
乌拉圭	141(3)			173					2	
挪威				179					1	
比利时				177					1	
赞比亚	182(2)		182						2	

续表

年度	2006	2007	2008	2009	2010	2011	2012	2013	当选次数	次均得票
当选国 \ 国家数	191	192	192	192	192	192	193	193		
加纳	183(2)		181						2	
巴林	134(1)		142						2	
斯洛伐克			135						1	
乌克兰	109(2)		125						2	
埃及		168							1	
马达加斯加		182							1	
斯洛文尼亚		168							1	
玻利维亚		169							1	
尼加拉瓜		174							1	
荷兰	137(1)	121							2	
波黑		112							1	
马里	178(2)								1	
突尼斯	171(1)								1	
斯里兰卡	123(2)								1	
加拿大	130(3)								1	
芬兰	133(1)								1	
阿塞拜疆	103(3)								1	
总　数	47	14	15	18	14	15	18	14	155	

注：括号中的数字表示根据抽签确定的任期年数，这只存在于 2006 年成立时第一次当选的情况，此后当选的任期都为 3 年。

资料来源：第 60 ~ 68 届联合国大会决议（GA/10459、GA/10593、GA/10710、GA/10829、GA/10939、GA/11082、GA/11310、GA/11454）。

由表 2 可见，只当选过 1 次的有 42 个国家，当选过 2 次的，有 31 个国家，当选过 3 次的有 17 个国家。而中国 3 次竞选，都能以较高票数成功当选，这说明中国的人权状况得到了世界大多数国家的肯定。

从中国三次当选的得票数来看，分别为 146 票、167 票和 176 票，呈现逐次增加的趋势。这在一定程度上表明，世界大多数国家对中国人权的进步是认可的。

共有 17 个国家当选过 3 次联合国人权理事会的理事国，包括中国、南非、沙特阿拉伯、俄罗斯、古巴、墨西哥、法国、英国、加蓬、日本、韩国、巴基斯坦、巴西、阿根廷、印度、印度尼西亚、菲律宾。这些国家 3 次当选的平均得票数排序如图 2 所示。

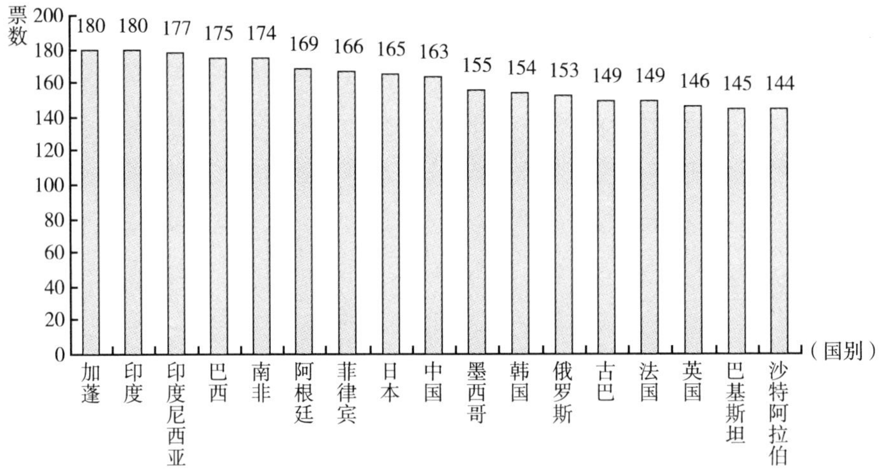

图2　当选3次联合国人权理事会成员的17个国家次均得票数排序

资料来源：根据表2数据。

由图2可以看到，在17个3次当选联合国人权理事会成员的国家中，中国以次均163票排在第9位，而法国和英国则分别以149和146票排在14和15位。在其他西方发达国家中，还有4个国家曾当选过2次联合国人权理事会成员国，分别是瑞士、美国、德国和意大利，它们2次平均的得票数分别为158、149、141、141票，都低于中国的次均得票数。

同时，每年都有一些国家申请成为联合国人权理事会成员，但因得票数不够而落选（如表3所示）。在8次竞选中，共有86国次落选。

表3　历年联合国人权理事会选举中未当选国家

年份＼地区	非洲	亚太	东欧	拉美和加勒比	西欧和其他	历年合计
2006	埃及、肯尼亚、马达加斯加、坦桑尼亚	伊朗、伊拉克、吉尔吉斯斯坦、黎巴嫩、马尔代夫、卡塔尔、泰国	亚美尼亚、阿尔巴尼亚、格鲁吉亚、匈牙利、拉脱维亚、立陶宛、塞尔维亚和黑山、斯洛文尼亚	哥伦比亚、哥斯达黎加、洪都拉斯、尼加拉瓜、委内瑞拉	希腊、葡萄牙、西班牙	27

续表

年份 \ 地区	非洲	亚太	东欧	拉美和加勒比	西欧和其他	历年合计
2007	突尼斯、摩洛哥	东帝汶、巴林	白俄罗斯	洪都拉斯、巴拉圭、伯利兹、智利、哥斯达黎加	丹麦、奥地利、希腊、葡萄牙	14
2008	肯尼亚、马里、冈比亚、贝宁	斯里兰卡、东帝汶	塞尔维亚、捷克	委内瑞拉、厄瓜多尔	西班牙	11
2009	肯尼亚	马来西亚	阿塞拜疆		瑞士、希腊、新西兰	6
2010				秘鲁		1
2011	刚果（金）、南非、埃及	叙利亚	格鲁吉亚	尼加拉瓜	澳大利亚	7
2012	苏丹			玻利维亚、巴拿马	希腊、瑞典、荷兰	6
2013	南苏丹、突尼斯	约旦、伊朗、新加坡、泰国	斯洛伐克、拉脱维亚	乌拉圭	安道尔、希腊、卢森堡、葡萄牙、圣马利诺	14
各地区合计	17	17	15	17	20	86

资料来源：第 60 ~ 68 届联合国大会决议（GA/10459、GA/10593、GA/10710、GA/10829、GA/10939、GA/11082、CA/11310、CA/11454）。

三　各方反应

美国《华盛顿邮报》的报道指出，现在，所有安理会五个常任理事国都是人权理事会成员，它们都强调人权理事会将发挥越来越重要的作用。法新社的文章称，受叙利亚内战及其他冲突影响，联合国人权理事会的外交重要性与日俱增。英国 BBC 在报道中承认，虽然西方猛烈批评中俄两国反对制裁和军事打击叙利亚，但中俄两国此次的得票数却超过英国和法国。“德国之声”的报道称，就连“人权观察”组织中国部主任索菲·理查森也承认，中国在签署人权协定方面的表现“可以说良好”。俄罗斯人权委员会指出，联合国人权理事会没有一个成员能够像俄罗斯和中国这样连任两届。俄新社 2013 年 11 月

13 日称，虽然在选举前，一些人在联合国总部前举行集会，指责俄罗斯和中国违反人权，但这并没有影响俄中两国再次当选。分析人士指出，这表明俄中两国在国际舞台上的影响力进一步增强。

中国常驻联合国副代表王民大使在选举结束后表示，中国政府高度重视促进和保护人权并取得了显著成绩，同时积极开展人权领域国际合作。此次高票当选充分说明国际社会对中国在人权领域取得巨大成就的高度肯定。王民说，中方感谢各国对中国竞选的宝贵支持。中国将积极深入参与联合国人权理事会工作，发挥建设性作用，推动对话、合作，反对对抗、施压，为国际人权事业的健康发展做出更大贡献。

中国外交部发言人秦刚指出，中国不仅为中国的人权事业，也为推进国际人权事业做出了巨大贡献。中国当选联合国人权理事会成员完全有资格，名副其实。当然，世界上任何一个国家的人权状况都不是完美的，所以中方主张各国在人权问题上应本着相互尊重的原则，加强交流，增进相互了解，共同促进国际人权事业的发展。中方反对施压对抗。

中国人权研究会副会长李君如认为，中国此次赢得联合国人权理事会成员席位，证明中国在人权发展方面获得世界更多的承认。“西方一些媒体批评中国现行的政治体制，但是它们应该注意到一点，中国在保障民众的生存权和发展权方面取得了非常大的提高。”中国政法大学教授解志勇指出，中国在保障人权上进步明显，例如消除贫困和保障公共卫生建设等方面。中国现阶段的确存在一些问题，主要是因为一些政府官员不知道如何来保护和尊重人权。未来人权保护应该更多地关注个人和维护社会公平公正方面。新近发表的十八届三中全会公报也要求完善人权司法保障制度，这体现了一种进步。

B.26

中国人权大事记·2013

许 尧*

一月

5日

中共中央政治局常委、国务院副总理、国务院深化医药卫生体制改革领导小组组长李克强主持召开医改领导小组第十二次全体会议。李克强指出，要在巩固覆盖面的基础上提高保障水平，特别是要推进大病保险、医疗应急救助等制度的建立和完善，要坚决防止“等钱救命”等冲击社会道德底线的现象发生。

7日

全国政法工作电视电话会议召开。会议要求全国政法机关要坚持以推动社会主义司法制度自我完善和发展为方向，以解决群众反映强烈的突出执法司法问题为重点，进一步深化司法改革，努力建设公正高效权威的社会主义司法制度，不断提升执法司法公信力。

8日

国家发展改革委发出通知，决定从2013年2月1日起调整呼吸、解热镇痛和专科特殊用药等药品的最高零售限价，共涉及20类药品，400多个品种、700多个代表剂型规格，平均降价幅度为15%，其中高价药品平均降幅达到

* 许尧，管理学博士，讲师，南开大学人权研究中心科研和行政秘书，主要研究方向为公共冲突管理、人权理论。

20%。本批调价的化学药品，大部分属于临床常用药品，这次调整可以有效减轻患者负担。

9日

国务院总理温家宝主持召开国务院常务会议，决定继续提高企业退休人员基本养老金水平。会议决定，自2013年1月1日起，继续提高企业退休人员基本养老金水平，提高幅度按2012年企业退休人员月人均基本养老金的10%确定。

11日

中国人权研究会、中国人权发展基金会和湖南大学出版社在北京召开人权知识读本丛书出版座谈会。中国人权研究会会长罗豪才出席座谈会。该丛书被国家新闻出版总署列入国家“十二五”重点图书出版规划项目，国家出版基金资助项目。

16日

卫生部介绍，2013年，中国农村医疗保障重点将向大病转移。肺癌、胃癌等20种疾病全部纳入大病保障范畴，大病患者住院费用实际报销比例不低于70%，最高可达到90%。卫生部要求，各级新农合经办机构须简化并规范重大疾病的结算报销流程，积极推行定点医疗机构的及时结报和异地结报，结合实际推进新农合与医疗救助“一站式”服务，方便参合农民患者及时得到补偿。

22日

最高人民法院发布《最高人民法院关于审理拒不支付劳动报酬刑事案件适用法律若干问题的解释》，自2013年1月23日起施行。这一司法解释针对拒不支付劳动报酬罪所涉及的术语界定、定罪量刑标准、单位犯罪等问题，进一步明确了相关刑事案件的法律适用标准。

31日

中央一号文件发布，连续第10年聚焦“三农”。2013年，中央一号文件将这一年中国农业农村的工作目标概括为："保供增收惠民生、改革创新添活力。"

二月

1 日

《信息安全技术公共及商用服务信息系统个人信息保护指南》《加强药用辅料监督管理的有关规定》《儿童化妆品申报与审评指南》等一批法律法规正式实施。这些法律法规对个人敏感信息保护、安全风险较高要用辅料实行许可管理等方面做出了明确规定。

5 日

国务院批转了发展改革委、财政部、人力资源社会保障部制定的《关于深化收入分配制度改革的若干意见》。该意见提出了城乡居民收入实现倍增、收入分配差距逐步缩小、收入分配秩序明显改善、收入分配格局趋于合理等目标。继续完善促进就业机会公平、促进中低收入职工工资合理增长等机制。

18 日

国务院办公厅发布《国民旅游休闲纲要（2013 - 2020 年)》。《纲要》提出国民旅游休闲发展目标：到 2020 年，职工带薪年休假制度基本得到落实，城乡居民旅游休闲消费水平大幅增长，国民旅游休闲质量显著提高，与小康社会相适应的现代国民旅游休闲体系基本建成。

20 日

国务院常务会议出台楼市调控"国五条"。会议重申坚持执行以限购、限贷为核心的调控政策，坚决打击投资投机性购房，并要求各地公布年度房价控制目标。此外，会议在明确既有政策的基础上，还提出了对房价上涨过快的城市及时采取限购措施，以及建立稳定房价工作问责制等内容。

国务院办公厅正式印发《关于巩固完善基本药物制度和基层运行新机制的意见》。《意见》在保持基层医改政策连续性、稳定性的基础上，从基本药物采购配送、基本药物使用监管、多渠道补偿机制等七个方面，对基层医改中出现的一些新情况新问题提出了相应的政策措施。

22日

国家统计局发布《2012年国民经济和社会发展统计公报》。数据显示，2012年中国GDP为519322亿元，按可比价格计算同比增长7.8%。全年城镇居民人均可支配收入24565元，扣除价格因素实际增长9.6%；农村居民人均纯收入7917元，扣除价格因素实际增长10.7%。城乡居民收入增幅首次双双跑赢GDP。

25日

中国社会科学院法学研究所、社会科学文献出版社联合发布蓝皮书《中国法治发展报告（2013）》。蓝皮书对立法、犯罪形势、不动产征收、城市防灾减灾等问题进行了分析，并围绕政府透明度、司法透明度、检务透明度、政府采购等进行了专题调研，提出了相应的制度完善建议。

27日

全国人大常委会公布2987名十二届全国人大代表名单。十二届全国人大代表中，农民工代表数量大幅增加，党政领导干部代表比例明显下降。这是中国在明确取消城乡差别、一步到位实行城乡按相同人口比例选举人大代表后，首次产生的中国最高国家权力机关的民意代表。

28日

中国常驻联合国日内瓦办事处和瑞士其他国际组织代表刘振民在日内瓦表示，中国建议国际社会在人权工作中弘扬平等互信、包容互鉴、合作共赢的精神。

三月

3 ~12 日

全国政协十二届一次会议在北京举行。全国政协在工作中提出的促进义务教育均衡发展，统筹城乡就业，推进新型农村社会养老保险，健全全民医疗保障体系，推进公立医院改革试点，维护农民工、农村留守人员、残疾人、国企改制职工合法权益等建议，促进了民生改善和人权保障。

5 ~17 日

十二届全国人大一次会议在北京举行。中共中央总书记、国家主席、中央军委主席习近平强调，要随时随刻倾听人民呼声、回应人民期待，保证人民平等参与、平等发展权利，维护社会公平正义，在学有所教、老有所得、病有所医、老有所养、住有所居上持续取得新进展，不断实现好、维护好、发展好最广大人民根本利益。

10 日

最高人民法院院长王胜俊在十二届全国人大一次会议上做报告，提请人大代表审议。王胜俊在报告中表示，五年来，最高人民法院受理案件50773 件，审结 49863 件，分别比前五年上升 174% 和 191% ，审限内结案率 82. 4% 。

最高人民检察院检察长曹建明在十二届全国人大一次会议上做报告，提请人大代表审议。他表示，检察机关要认真贯彻实施修改后《刑事诉讼法》和《民事诉讼法》，强化公正、程序、证据、效率意识，全面加强对侦查、审判、执行等活动的法律监督，切实尊重和保障人权、维护司法公正。

20 日

国务院总理李克强主持召开国务院第一次全体会议并发表讲话。他指出，要不断改善民生，围绕保障基本民生，做到织好网、补短板、兜住底，让人民群众安心创业就业。要促进社会公正，从制度上为所有人、所有企业创造公平竞争、公平发展的机会。

四月

7 日

国务院办公厅印发《2013 年食品安全重点工作安排》，要求各地区、各有关部门要全面组织开展食品安全风险隐患大排查大整治，在种植、养殖、屠宰、生产、流通、餐饮以及进出口等各环节排查各类食品安全风险隐患，开展饲料农药兽药、私屠滥宰、保健食品等专项整治。

16 日

中国人权研究会在京举办“民生与人权”座谈会。十届全国政协副主席、中国人权研究会会长罗豪才主持会议，来自中共中央党校、中国社会科学院、南开大学、中国政法大学等机构的数十名人权研究专家针对“中国梦”、“民生”与“人权”等议题进行了热烈的讨论。

17 日

教育部办公厅印发《关于加强高校毕业生就业信息服务工作的通知》。强调严禁就业歧视，保护毕业生合法权益。凡是教育行政部门和高校举办的高校毕业生就业招聘活动，要做到“三个严禁”：严禁发布含有限定 985 高校、211 高校等字样的招聘信息，严禁发布违反国家规定的有关性别、户籍、学历等歧视性条款的需求信息，严禁发布虚假和欺诈等非法就业信息。

21 日

国务院新闻办公室发表《2012 年美国的人权纪录》，回应美国国务院发表的《2012 年国别人权报告》对中国人权事业的歪曲指责。该人权纪录以详实的数据揭露了美国存在的严重的人权问题。这是国务院新闻办公室针对美国一年一度的国别人权报告连续第14年发表美国的人权纪录。

23日

为依法惩治敲诈勒索犯罪，保护公私财产权利，最高人民法院、最高人民检察院联合发布《关于办理敲诈勒索刑事案件适用法律若干问题的解释》，对敲诈勒索公私财物"数额较大""数额巨大""数额特别巨大"等问题进行了明确。该司法解释自2013年4月27日起施行。

25日

《中华人民共和国旅游法》在十二届全国人大常委会第二次会议上表决通过。旅游者的人格尊严、民族风俗习惯和宗教信仰等相关权益，残疾人、老年人、未成年人等特殊人群在旅游中的相关权益，旅游地的生态环境和文化习俗等被突出强调。

五月

1日

《中华人民共和国精神卫生法》正式实施。该法对心理健康促进和精神障碍预防，精神障碍的诊断、治疗、康复，及相关保障措施和法律责任做出了明确的规定。对规范精神卫生服务、维护精神障碍患者的合法权益具有显著的促进意义。

3日

最高人民法院、最高人民检察院颁布出台《关于办理危害食品安全刑事案件适用法律若干问题的解释》，对生产和销售不符合食品安全标准的具体情形、生产和销售有毒有害食品、生产和销售不符合食品安全标准的食品添加剂等具体情况与量刑标准做出了比较详细的规定。

14日

国务院新闻办公室发表《2012年中国人权事业的进展》白皮书，白皮书全面介绍了中国人权事业发展取得的新成就。白皮书以大量数据和事实从6个方面介绍了中国人权事业的新进展，包括：经济建设中的人权保障、政治建设中的人权保障、文化建设中的人权保障、社会建设中的人权保障、生态文明建设中的人权保障、人权领域的对外交流与合作。

14~15日

中德第十一次人权对话在宁夏回族自治区银川市举行。外交部人权事务特别代表祁小夏与德国联邦政府人权专员洛宁共同主持对话。双方围绕人权领域新进展、种族歧视、少数民族权利保护、欧债危机对人权的影响等议题深入交换了意见。双方认为，本次对话坦诚、深入、富有建设性。德国代表团参观走访了清真寺、企业、中学等。

16日

国务院办公厅公布《关于做好2013年全国普通高等学校毕业生就业工作的通知》。通知专门对就业公平做出了明确规定，用人单位招用人员、职业中介机构从事职业中介活动，不得对求职者设置性别、民族等条件，招聘高校毕业生，不得以毕业院校、年龄、户籍等作为限制性要求。

22~26日

中国人权研究会会长罗豪才、副会长叶小文率领中国人权研究会代表团访问美国。在美期间，代表团会见了美国国务院负责民主、人权和劳工的助理国务卿帮办拜尔，美行政会议主席维尔克，加州州立大学北岭分校校长哈里森，并与洛杉矶“扶轮社”主席等部分成员、乔治城大学法学院有关专家学者和学生举行座谈。代表团从民生与人权、制定实施国家人权行动计划、对外交流与合作等方面阐述了中国人权事业取得的成就，并阐释了“中国梦”的内涵。

27～28 日

中国人权研究会会长罗豪才率中国人权研究会代表团访问古巴。访问期间，代表团与古巴外交部多边司、古巴联合国协会举行了会谈，会晤了负责人权事务的官员和非政府组织代表，并在哈瓦那大学与科布雷伊罗校长及法律系教授等进行了座谈。

28 日

人力资源和社会保障部发布《2012 年度人力资源和社会保障事业发展统计公报》。从劳动就业、社会保险、劳动关系与劳动者权益维护、法制建设和基础建设等八个方面介绍了 2012 年各项工作取得了显著成绩。

六月

4 日

环境保护部发布《2012 中国环境状况公报》。公报显示，全国环境质量总体保持平稳：地表水总体为轻度污染；海洋环境质量总体较好，近岸海域水质一般；城市环境空气质量总体稳定，酸雨分布区域无明显变化；城市区域声环境质量和道路交通噪声基本保持稳定；辐射环境质量总体良好。

10～13 日

由中国国际交流协会和中国人权发展基金会、艾伯特基金会共同举办的以联合国人权理事会“普遍定期审议机制”为主题的第十一届中德人权研讨会在日内瓦和柏林举行。研讨会共有来自中、德、英、瑞士等国和联合国人权机构的近 30 名专家学者参加。

17～27 日

2013 年全国食品安全宣传周举行，主题为“社会共治，同心携手维护食品安全”，旨在进一步动员全社会关心、支持、参与食品安全工作，推动形成食品安全社会共治的格局。作为宣传周的重要内容，第五届中国食品安全论坛、2013 中国国际食品安全与创新技术展览会等活动同期举行。

18 日

最高人民法院、最高人民检察院公布《关于办理环境污染刑事案件适用法律若干问题的解释》，界定了严重污染环境的 14 项认定标准，界定了“有毒物质”的范围和认定标准，规范了环境污染专门性问题的鉴定机构及程序，并对实施污染环境、非法处置和擅自进口固体废物等具体的情形和量刑标准进行了规定。

24 ~25 日

中国 – 欧盟第三十二次人权对话在贵州举行。中国外交部国际司司长李军华和欧盟对外行动署东亚事务司司长萨巴蒂尔主持对话。中欧双方介绍了各自在人权领域取得的新进展，并就人权领域合作、少数民族、刑事处罚等问题交换了意见。

27 日

在十二届全国人大常委会第三次会议上，受国务院委托，财政部部长楼继伟向全国人大常委会做 2012 年中央决算报告。2012 年，中央公共财政收入 56175. 23 亿元，完成预算的 100. 5% ，比 2011 年增长 9. 4% 。中央财政重点增加了保障性安居工程、农业水利、节能环保等民生领域的投入，与人民群众生活直接相关的支出增长 22. 9% 。

七月

1 日

修改后的《老年人权益保障法》正式实施。对家庭成员要设法满足老年人的精神需求，基层群众性自治组织、老年人组织或者赡养人、扶养人所在单位应当督促赡养人、扶养人履行赡养、扶养义务等内容做出了明确的规定。

22 日

最高人民法院、最高人民检察院联合发布的《关于办理寻衅滋事刑事案件适用法律若干问题的解释》开始施行。该司法解释对“寻衅滋事”“情节恶劣”“造成公共场所秩序严重混乱”等的判断标准进行了具体的规定。

31 日

中美第十八次人权对话在云南昆明市举行。中国外交部国际司司长李军华和美国国务院负责民主、人权与劳工事务的代理助理国务卿泽雅共同主持对话。双方介绍了各自在人权领域取得的新进展，就人权保护与国家安全、国际人权领域合作、司法问题与人权、言论自由与隐私权保护等问题交换了意见。

八月

4 日

国务院办公厅发布《关于做好当前高温干旱防御应对工作的通知》，要求进一步做好高温干旱防御应对工作，最大限度地减轻影响和损失，保障受灾地区正常生产生活秩序。《通知》强调，要全力保障正常生产生活秩序和饮水安全，把确保城乡居民饮水安全放在抗旱工作的首位，保障群众基本生活用水。

5 日

中国社会科学院政治学研究所、社会科学文献出版社联合发布首部政治发展蓝皮书——《中国政治发展报告（2013）》。蓝皮书称，人权事业的发展状况是反映一国政治发展状况的直观指标，也是一国政治发展的重要出发点和落脚点。新中国的成立，使人民成为国家与社会的主人，中国人权事业实现了历史性发展。

7日

为规范劳务派遣，维护劳动者的合法权益，促进劳动关系的和谐稳定，人力资源和社会保障部研究起草了《劳务派遣若干规定（征求意见稿）》，向社会公开征求意见。

9日

最高人民法院公布《关于人民法院办理自赔案件程序的规定》，自2013年9月1日起施行。该司法解释结合人民法院国家赔偿工作实际，对人民法院办理本院作为赔偿义务机关的国家赔偿案件程序做出统一规定。有利于确保及时、公正处理赔偿请求人提出的国家赔偿请求。

12日

中央政法委出台首个关于切实防止冤假错案的指导意见，要求法官、检察官、人民警察在职责范围内对办案质量终身负责，并建立健全冤假错案的责任追究机制。指导意见要求建立健全合议庭、独任法官、检察官、人民警察权责一致的办案责任制，明确冤假错案标准、纠错启动主体和程序。对于刑讯逼供、暴力取证、隐匿伪造证据等行为，依法严肃查处。

13日

国务院新闻办公室第十二期人权知识培训班在银川市举行，来自中央和全国30个省区的近90人参加了为期4天的培训。此次培训内容涉及全面建成小康社会与新时期中国人权的发展、司法领域的人权保障、大案要案的舆论引导与人权保障、互联网发展与人权、生态文明建设与人权保障等主题。

南开大学、中国政法大学、广州大学共建的“人权建设协同创新中心”培育启动仪式在北京举行。南开大学党委书记薛进文、中国政法大学校长黄进、广州大学副校长董皞分别代表三校签署了《共建人权建设协同创新中心框架协议》。

“加强协同创新，推进中国人权研究智库建设”座谈会在教育部举行。来自教育部、国务院新闻办公室、中国人权研究会、南开大学、中国政法大学、广州大学的近40位政府官员和专家学者参加了会议。教育部副部长李卫红出席会议并发表重要讲话。南开大学党委书记薛进文主持座谈会。

16日

国务院总理李克强主持召开国务院常务会议，确定了深化改革加快发展养老服务业的任务措施。会议指出，到2020年全面建成以居家为基础、社区为依托、机构为支撑的覆盖城乡的多样化养老服务体系，把服务亿万老年人的“夕阳红”事业打造成蓬勃发展的朝阳产业，使之成为调结构、惠民生、促升级的重要力量。

19日

中共中央组织部、中央机构编制委员会办公室、财政部、人力资源和社会保障部、国务院国有资产监督管理委员会、国家公务员局和中国残疾人联合会联合发布《关于促进残疾人按比例就业的意见》，要求党政机关、事业单位及国有企业带头安排残疾人就业。

20日

国家食品药品监管总局、国家互联网信息办公室、工信部、公安部、国家工商总局五部门共同开展的“联合打击网上非法售药行动”正式启动，将通过清理网上售药有害信息、捣毁窝点、对售药网站进行资格审核、宣传引导和鼓励举报等方式，整顿、关闭、曝光一批违法售药网站，全方位打击网上非法售药行为。

21日

由中国人权研究会编写的《中国人权事业发展报告（2013）》（人权蓝皮书）发布。该报告聚焦中国人权事业的最新进展，概括了2012年尊重和保障人权的实践情况，分析了党的十八大对尊重和保障人权提出的新要求，探讨了两期国家人权行动计划的特点和历史意义。专题报告涉及公民的就业、隐私、环境和诉讼权利、农村扶贫开发等具体内容，首次推出了《中国大众人权观念调查报告》。

30 日

首批国家人权教育与培训基地工作汇报会在北京举行。来自国务院新闻办公室、教育部社科司、南开大学、中国政法大学、广州大学的相关负责同志20 余人出席了汇报会。会议由国务院新闻办公室七局局长鲁广锦主持，教育部社科司司长张东刚做总结讲话。

九月

3 日

由中国国际扶贫中心和华中师范大学社会学院联合编写的《中国反贫困发展报告（2012）》发布，该报告隶属教育部哲学社会科学发展报告序列，是中国首份反贫困发展报告。报告基于对改革开放以来反贫困不同阶段现状及实践的梳理和反思，从理论体系、战略体系、规划体系和保障体系等层面分析了连片特困地区扶贫攻坚的现状、实践及其途径。

9 ~18 日

欧盟人权事务特别代表兰普里尼季斯访华。全国人大常委会副委员长向巴平措、外交部副部长李保东和最高人民法院、国家民委、国务院新闻办、国家宗教局等部门相关负责人分别会见。兰普里尼季斯积极评价中方在促进经济社会发展、减贫、发展教育等领域取得的成就，表示欧方在人权问题上亦面临许多问题，愿与中方加强交流，增进理解，寻求合作，共同促进人权事业发展。

9日

最高人民法院、最高人民检察院发布《关于办理利用信息网络实施诽谤等刑事案件适用法律若干问题的解释》，于2013年9月10日起施行。该司法解释结合网络新型犯罪方式的特点，对刑法相关条文的适用依法进行解释，为在司法实践中准确有力地惩治利用网络实施的相关犯罪提供了明确的司法解释依据。

11～12日

中国人权发展基金会和美国美中关系全国委员会在美国纽约共同主办了第五届中美司法与人权研讨会。中国人权发展基金会副理事长兼秘书长慈爱民和美国美中关系全国委员会会长欧伦斯分别率团与会。中美双方代表就政府信息公开、案例指导制度、刑事诉讼法、律师作用等与人权密切相关的议题进行了深入研讨。

12～13日

由中国人权研究会和中国人权发展基金会共同主办的第六届北京人权论坛在北京举行，主题为“建设可持续的人权发展环境”。来自联合国以及33个国家和地区的人权高级官员和专家学者、相关国家驻华使节代表和国内人权领域专家学者100余人出席了论坛。与会人员通过主旨演讲、分会讨论、对话交流等多种形式，对论坛主题和分议题进行了坦诚、热烈的交流和讨论。

13日

中国人权研究会与乌兹别克斯坦国家人权中心在北京签署谅解备忘录。谅解备忘录指出，双方以两国于2013年9月9日签署的《中华人民共和国和乌兹别克斯坦共和国关于进一步发展和深化战略伙伴关系的联合宣言》为指导，希望建立友好合作关系，就如何在各自国家提供有效的人权保护和比较两机构所实施的相似行动方面交流经验，达成多项共识，双方将在多个领域展开合作。

国务院印发《关于加快发展养老服务业的若干意见》。《意见》提出，加快发展养老服务业，要充分发挥政府“保基本”的作用，通过简政放权，创新体制机制，激发社会活力，营造平等参与、公平竞争的市场环境，逐步使社会力量成为发展养老服务业的主体。到2020年，全面建成以居家为基础、社区为依托、机构为支撑，功能完善、规模适度、覆盖城乡的养老服务体系。

17～19日

中国残疾人联合会第六次全国代表大会在北京人民大会堂召开。党和国家领导人习近平、李克强、俞正声、刘云山、王岐山、张高丽等到会祝贺，张高丽代表党中央、国务院发表了题为“在实现中国梦的伟大实践中创造残疾人更加幸福美好的新生活”的祝词。来自全国各地的600多名代表出席了会议。

18日

国务院总理李克强主持召开国务院常务会议，审议并原则通过了《城镇排水与污水处理条例（草案)》，对城镇排水与污水处理规划、运营情况的监管、应急预案、违法违规排污查处等提出明确的要求。

24日

教育部、公安部、共青团中央、全国妇联联合发布《关于做好预防少年儿童遭受性侵工作的意见》。《意见》从加强预防性侵犯教育、加强常规管理、密切家校联系、积极应对性侵犯事件、营造良好的社会环境和舆论氛围等方面对做好预防少年儿童遭受性侵工作提出了要求。

25日

《人民日报》刊登中国向联合国人权理事会提交的《国家人权报告》全文，内容由报告撰写方法与协商程序、背景，促进和保护人权的立法与制度框架，促进和保护人权的成绩和做法，挑战和未来工作目标四大部分组成。

26～27日

联合国儿童权利委员会在日内瓦审议中国履行《儿童权利公约》的第三、四次合并报告以及履行《儿童权利公约关于儿童卷入武装冲突问题的任择议定书》的首次报告。中国派出由中央政府有关部门、香港特别行政区政府和澳门特别行政区政府代表组成的代表团接受审议。

十月

14日

国务院印发《关于促进健康服务业发展的若干意见》。《意见》提出，要在切实保障人民群众基本医疗卫生服务需求的基础上，充分调动社会力量的积极性和创造性，着力扩大供给、创新发展模式、提高消费能力，促进基本和非基本健康服务协调发展。力争到2020年，基本建立覆盖全生命周期、内涵丰富、结构合理的健康服务业体系，健康服务业总规模达到8万亿元以上。

14～15日

第六次全国刑事审判工作会议在北京举行，对刑事审判工作进行研究部署。孟建柱强调要努力实现惩罚犯罪与保障人权相统一，让人民群众在每一个刑事案件审判中都感受到公平正义。

15日

国务院办公厅发布《关于进一步加强政府信息公开回应社会关切提升政府公信力的意见》。《意见》提出，依法实施政府信息公开是人民政府密切联系群众、转变政风的内在要求，是保障公众知情权、参与权、监督权的重要举措。要加强组织领导、业务培训和督查指导，做到政府经济社会政策透明、权力运行透明，让群众看得到、听得懂、能监督，不断把人民群众的期盼融入政府决策和工作之中。

16日

财政部、民政部向浙江、福建下拨1.18亿元中央自然灾害生活补助资金，用于23号台风“菲特”及其造成的暴雨洪涝灾害受灾群众紧急转移安置、过渡性生活救助、倒损住房恢复重建和向因灾遇难人员家属发放抚慰金，帮助做好受灾群众基本生活救助工作。

21日

国务院新闻办公室和外交部联合举办的中国人权成就图片展在联合国驻日内瓦办事处所在地万国宫开幕。此次图片展分为促进和保护人权的立法与制度框架、促进和保护人权的成绩和做法两大板块，分别从人权立法，人权保障体制，经济、社会和文化权利，公民和政治权利以及对弱势群体的保护等方面，多角度、多层次、直观展示了中国人权事业的进步。

22日

中国人权研究会在联合国人权理事会万国宫会场举办了题为“中国人权：整体性路径”的学术研讨会。来自挪威人权研究中心、瑞典瓦伦堡人权研究所、南开大学人权研究中心、中国政法大学人权研究院、中国社会科学院人权研究中心等人权学术机构，联合国人权高专办、挪威驻日内瓦代表团的有关官员及非政府组织等近50名代表参加了会议。

国务院新闻办公室发表《西藏的发展与进步》白皮书。白皮书全文约2万字，以大量数据和事实从6个方面介绍了西藏60多年来的发展进步情况，包括：西藏发展进步是历史的必然、经济发展与民生改善、政治进步与人民当家作主、文化保护和宗教信仰自由、社会变迁与各项事业的发展、环境保护与生态文明建设。

联合国人权理事会在日内瓦联合国万国宫举行会议，中国接受第二轮人权理事会国别人权审查。中国代表团团长、外交部特使吴海龙在发言中介绍了中国过去四年在促进和保护人权方面所做的努力，以及面临的困难和挑战。中国代表团成员就发展问题、司法公正和死刑问题、司法改革、言论自由、少数民族权利保障、言论表达与网络自由、妇女和儿童权利等问题回答了各国代表提出的质询。

24日

最高人民法院、最高人民检察院、公安部和司法部印发《关于依法惩治性侵害未成年人犯罪的意见》。《意见》共34条，通篇体现“最高限度保护”“最低限度容忍”的指导思想，着重从依法严惩性侵害犯罪、加大对未成年被害人的保护力度两个主要方面做了规定，要求依法及时发现和制止性侵害罪行。

25日

联合国人权理事会国别人权审查工作组通过中国接受第二轮审查的报告，报告客观记录了工作组对中国的审查情况，绝大部分内容积极评价了中国的人权成就。中国代表团副团长、中国驻联合国日内瓦办事处及瑞士其他国际组织代表团临时代办吴海涛在发言中表示，报告中所载建议绝大部分是善意和建设性的，中方将予以认真研究，结合国情积极考虑。

28日

国家卫生计生委办公厅印发《2013年空气污染（雾霾）健康影响监测工作方案》和《2013年农村环境卫生监测工作方案》。提出将通过3~5年时间，建立覆盖全国的空气污染（雾霾）健康影响监测网络。通过开展农村环境卫生监测，掌握农村环境卫生健康危害因素水平及动态变化。

29日

国务院法制办公室通过中央政府门户网站、中国政府法制信息网、国家食品药品监管总局网站就《中华人民共和国食品安全法（修订草案送审稿）》公开征求意见。修订草案增加了食品网络交易监管制度、食品安全责任强制保险制度、禁止婴幼儿配方食品委托贴牌生产等规定和食品安全责任约谈、突击性检查等监管方式。

30日

十二届全国人大常委会立法规划公布，其中已明确的68件立法项目中，修改《立法法》、《行政复议法》、《行政诉讼法》、《食品安全法》、《安全生产法》、《矿山安全法》和《药品管理法》；修改《职业教育法》，制定社会救助法、慈善事业法、基本医疗卫生法、社区矫正法，制定公共图书馆法等多项立法项目都与保障人权具有紧密的联系。

28～31日

中国妇女第十一次全国代表大会在北京举行。习近平、李克强、张德江、俞正声、刘云山、张高丽等党和国家领导人到会祝贺，王岐山代表党中央发表了题为“在中国特色社会主义伟大实践中撑起半边天”的祝词。来自全国各行各业的1400多名中国妇女十一大代表和100多名特邀代表出席大会。

十一月

5～6日

由中国人权研究会主办、武汉大学公益与发展法律研究中心承办的第五次全国人权研究机构工作经验交流会在武汉召开，本次会议主题为“人权实证研究与服务社会”。来自全国各地的50多个人权研究机构的百余名专家学者参加了会议，分享了研究和开展工作的经验。

9～12日

中国共产党第十八届中央委员会第三次全体会议在北京召开。全会听取和讨论了习近平受中央政治局委托做的工作报告，审议通过了《中共中央关于全面深化改革若干重大问题的决定》。全会明确提出要维护宪法法律权威，深化行政执法体制改革，确保依法独立公正行使审判权检察权，健全司法权力运行机制，完善人权司法保障制度。

12日

第六十八届联合国大会在联合国总部举行全体会议，投票改选联合国人权理事会成员。中国、俄罗斯、古巴、沙特阿拉伯等14个国家均以高票成功当选，任期自2014年至2016年。

15日

《中共中央关于全面深化改革若干重大问题的决定》公布，《决定》指出要完善人权司法保障制度，健全错案防止、纠正、责任追究机制，严禁刑讯逼供、体罚虐待，严格实行非法证据排除规则，逐步减少适用死刑罪名。废止劳动教养制度，健全社区矫正制度和国家司法救助制度，启动实施一方是独生子女的夫妇可生育两个孩子的政策。

21日

最高人民法院公布《关于建立健全防范刑事冤假错案工作机制的意见》。《意见》提出，要坚持尊重和保障人权原则，尊重被告人的诉讼主体地位，维护被告人的辩护权等诉讼权利；坚持依法独立行使审判权原则，不能因舆论炒作、当事方上访闹访和地方“维稳”等压力，做出违反法律的裁判；坚持审判公开原则，依法保障当事人的诉讼权利和社会公众的知情权，审判过程、裁判文书依法公开。

26日

全国妇联在京举行中澳项目国家级“家庭暴力危机干预中心”启动研讨会。这一中心将为反家暴提供有价值的社会调研情况，并提出相关立法建议，推动反家暴专门立法。

28日

中国人权研究会在北京举行学习贯彻十八届三中全会精神座谈会，中国人权研究会常务理事、在京理事等近20人围绕完善人权司法保障制度、推进法治中国建设等话题进行了热烈讨论。十届全国政协副主席、中国人权研究会会长罗豪才出席会议并讲话。

最高人民法院发布《关于人民法院在互联网公布裁判文书的规定》，要求从 2014 年 1 月 1 日起，符合条件的法院生效裁判文书应当在中国裁判文书网全面公布。

十二月

5 日

财政部、民政部向吉林、广西、海南等 3 省区共拨付 1.11 亿元中央自然灾害生活补助资金，用于帮助吉林松原市“10·31”地震灾区和广西、海南“海燕”台风灾区做好受灾群众紧急转移安置、过渡性生活救助、倒损住房恢复重建等工作。

10 日

十届全国政协副主席、中国人权研究会会长罗豪才出席了由中国政法大学人权研究院主办的“人权建设与改革学术研讨会——暨纪念《世界人权宣言》通过六十五周年纪念活动”并致辞，强调要务实、全面、依法推进人权事业发展。

18 日

中国与荷兰第八次人权磋商在北京举行，中国外交部国际司副司长钱波与荷兰外交部人权大使费尔共同主持。双方介绍了各自在人权领域取得的新进展，并就欧债危机与人权、国际人权领域合作等共同关心的问题交换了意见。双方认为磋商坦诚、深入，富有建设性，增进了彼此在人权领域的相互了解和理解。

23 日

最高人民法院召开涉民生案件专项集中执行活动动员部署会。全国法院将开展为期半年的专项集中执行活动，重点针对追索劳动报酬、赡养费、扶养费、抚养费、抚恤金、医疗损害赔偿、交通事故人身损害赔偿、工伤赔偿以及最高人民法院挂牌督办的相关案件等十大类。

25日

国务院总理李克强主持召开国务院常务会议，听取最低生活保障政策落实督查情况汇报，部署进一步加强和改进低保工作，决定将《社会救助暂行办法（草案）》向社会公开征求意见。

国家食品药品监督管理总局在北京召开发布会，发布婴幼儿配方乳粉生产许可审查细则（2013年版），重点对婴幼儿配方乳粉生产企业的原辅料把关、产品配方管理、生产工艺、过程控制等9个方面的内容进行了重新规定，提出了新的更高要求。

28日

全国人民代表大会常务委员会关于废止有关劳动教养法律规定的决定通过并开始施行。在劳动教养制度废止前，依法做出的劳动教养决定有效；劳动教养制度废止后，对正在被依法执行劳动教养的人员，解除劳动教养，剩余期限不再执行。

29日

中共中央办公厅、国务院办公厅印发《关于领导干部带头在公共场所禁烟有关事项的通知》。《通知》要求各级领导干部要充分认识带头在公共场所禁烟的重要意义，模范遵守公共场所禁烟规定，不得在学校、医院、体育场馆、公共文化场馆、公共交通工具等禁止吸烟的公共场所吸烟，不得在各级党政机关公务活动中吸烟，把各级党政机关建成无烟机关，并主动接受群众监督和舆论监督。

30日

中共中央、国务院印发《关于调整完善生育政策的意见》，要求坚持总体稳定、城乡统筹、分类指导、协调发展的原则，各省区人民政府在全面评估当地人口形势、计划生育工作基础及政策实施风险的情况下，制订单独两孩政策实施方案，报国务院主管部门备案，由省级人民代表大会或其常委会修订地方性法规或做出规定，依法组织实施。

国家卫生计生委公布了与人力资源社会保障部、安全监管总局、全国总工会共同印发的《职业病分类和目录》，将职业病调整为132种（含4项开放性条款），新增18种。本次调整倾向生产一线作业人员，如煤炭、冶金、有色金属、化工、林业、建材、机械加工行业作业人员，另外，还涉及低温作业人员、医疗卫生人员和人民警察等。

31日

全国老龄办等24个部门联合发布《关于进一步加强老年人优待工作的意见》，《意见》要求政府和社会在做好公民社会保障和基本公共服务的基础上，在医、食、住、用、行、娱等方面，积极为老年人提供各种形式的经济补贴、优先优惠和便利服务，不断提升老年人生活质量。

Abstract

This is the fourth Blue Book on China's human rights, which focuses on the latest progress of China's human rights cause in 2013.

The book includes general reports, thematic reports, research reports and case studies, and appendices.

The general reports include 3 monographs. The first article "Cooperation to Promote Human Rights and Build Chinese Dream" is written by Mr. Luo Haocai, the president of China Society for Human Rights Studies, which analyzes the relationship between Chinese dream and China's human rights cause; the second article "Promoting the Progress of China's Human Rights in 2013 in Roots" is written by Mr. Li Junru, vice president of China Society for Human Rights Studies, which summarizes the overall progress of China's human rights cause in 2013; the third article "The Reading of the Documents Made in the Third Plenary Session of 18th Central Committee of CPC from the Perspective of Human Rights" is written by Mr. Chang Jian, which analyzes the new requirements for promoting the progress of China's human rights in "The Bulletin of Third Plenary Meeting of the 18th Central Committee of CPC" and "The Decisions on Certain Major Issues of Comprehensive Deepening Reform by CPC Central Committee".

17 thematic reports are focusing on the most important issues of China's human rights cause in 2013. In terms of economic, social and cultural rights, 3 reports are related to the protection of labor's right of receiving remuneration, the right to health and the right to environment; in the area of civil and political rights, respectively, 6 reports discuss the human rights protection in deliberative democracy, anti-corruption, detainees, access to legal help, the reform of the system of education-through-labor, public litigation and community corrections; in terms of the human rights protection for special groups, 5 reports discuss the rights protection for women victims of domestic violence, rural stay-at-home children, girls suffering sexual abuse, overseas Chinese citizens and drug users. In addition, 3 reports analyze national

human rights legislation in 2013, the international human rights cooperation and exchange carried out by China, and the books on human rights published in 2003 - 2013.

In the part of research reports and case studies, 3 reports related to the protection of women's land rights in Sichuan, the Canyou's self-employment patterns in Shenzhen and the correction and prevention of misjudged criminal cases.

4 appendices related respectively to the UN Periodic Review of Chin's human rights in 2013, China's reelection to the UN Human Rights Council's membership in 2013, Chronicle of China's human rights in 2013, and the laws and regulations enacted, amended or modified in 2013 that directly related to human rights.

All reports are written with serious attitude and follow the blue book requirements on authority, frontier, originality, positive, forward-looking and timeliness. The authors try to realistically reflect the actual development of China's human rights cause in 2013, objectively analyze the progress and the problems, and make policy recommendations to promote the protection of human rights and prediction on the prospects of China's human rights cause on the basis of a full study.

Contents

B I General Reports

B. 1 Cooperation to Promote Human Rights and Build Chinese Dream *Luo Haocai* / 001

Abstract: The Chinese dream of achieving the great rejuvenation of the Nation sets forth explicit requirements for further promoting the progress of human rights. We should always adhere to the people-oriented principle, focus on people's livelihood, and promote overall advancement of human rights; regard development as the top priority, deepen the reform comprehensively, and build a sustainable environment for the progress of human rights; continue to promote the rule of law in China and respect and safeguard human rights.

Keywords: Chinese Dream; Human Rights Progress; Respecting and Safeguarding Human Rights

B. 2 Promoting the Progress of China's Human Rights Cause in 2013 in Roots *Li Junru* / 004

Abstract: China's human rights cause has a comprehensive progress in 2013. Under the guidelines of the decision of deepening reform made by the 18th National Congress of CPC, the human rights in China have been promoted in values, management and institutional innovation in roots.

Keywords: China's Human Rights Cause; The 18th National Congress of CPC; Comprehensive Deepening of the Reform

B. 3 Reading the Documents of Third Plenary Session of the 18th Central Committee of CPC from the Perspective of Human Rights *Chang Jian* / 010

Abstract: The Communique of the Third Plenary Session of 18th National Congress of CPC and the Decision on comprehensive deepening of the reform put forward new requirements and specific measures for the further development of China's human rights cause. Character frequency analysis shows that the Communique emphasizes on the dominant position of the people, the values related to human rights, reform and institution-building, and the balance in various fields related to human rights safeguarding. The Decision proposed many concrete reform measures that are related to human rights protection and development, and characterized of promoting human rights protection and development practically.

Keywords: Third Plenary Session of the 18th Central Committee of CPC; China's Human Rights Cause; Comprehensive Deepening of the Reform

B Ⅱ Thematic Reports

Economic, Social and Cultural Rights

B. 4 The Protection of Labor's Right of Receiving Remuneration in 2013 *Chen Chao* / 022

Abstract: In the year of 2013, the government of China has taken workers' labor remuneration right into the reform of income distribution system. It has taken many steps including enacting a higher minimum wage standard, adjusting wage guide line, improving the scope of collective contracts, implementing the newly revised *Labor Contract Law* in order to achieve protection of labor remuneration right. However, the protection of labor remuneration right in China still get challenged, China needs to improve present regulation system from three aspects which are accelerations for improvements of minimum wage standard and the wage guideline, the adjustment of collective wage bargaining's legal framework, and functions of enterprise labor unions.

Keywords: Labor Remuneration Right; Minimum Wage Standard; Collective Wage Bargaining; Labor Union

B.5 The Safeguard of Citizen's Health Rights and Reform of Public Hospital *Man Hongjie* / 036

Abstract: Public hospitals are the major suppliers in the health care service system in China. However, there are problems in the present public hospital system, such as the imbalance of distribution of health care resources, the insufficiency of governmental budget, the inappropriate managing model, and the unfairness in the market competition between public and private hospitals. In the New Medical Reform Scheme of 2009, the reform of public hospital system was chosen as one of the major issues. In the year of 2013, central and local governments kept increasing the budget for public hospitals. In the experimental area the currant policy of profiting from medication was abandoned, the overall distribution of hospitals was improved, hospital groups were established, whereas the local hospitals in county level were developed. New managing system was also tried, in order to improve the efficiency of health care service.

Keywords: Public Hospitals; Experiment; Reform; Right to Health Care

B. 6　Progress on the Protection of Civil Environmental Rights in Ecological Civilization Construction　*Tang Yingxia* / 062

Abstract: During 2013, China has faced increasingly serious environmental problems, and ecological civilization construction has received more and more attention; the protection of civil environmental interests has some outcome after the attempts of all parties, but there are still many severe problems such as large area of hazy weather, water pollution, heavy metal pollution requiring our efforts. For this purpose, governmental measures and market means work together to deal with the problems above, we could find many high points during the process of the revise of the *Environmental Protection Law*: judicial interpretation and typical cases going hand in hand in the environmental judicature, at the same time, China actively participates in the drafting of international environmental treaties, so as to protect the civil environmental interests.

Keywords: Civil Environmental Rights; Air Pollution; Water Pollution; Emission Trading

Civil and Political Rights

B. 7　Socialist Deliberative Democracy and the Protection of Civil Rights　*Guo Daojiu* / 081

Abstract: Socialist deliberative democracy is an important form of the people's democracy. It has an important role in protecting citizen' rights to know, to participate, to express, to decide, to supervise, and other personal, economic and social rights. The concept of socialist deliberative democracy has been put forward in the report delivered at the 18th National Congress of the Communist Party of China, which has established theoretical foundation for the development of socialist deliberative democracy. The deliberative democracy of political parties and people's congress, political power, the Chinese People's Political Consultative Conference, and community-level develops rapidly since the 18th National Congress, and has achieved positive results on the protection of civil rights. It needs to be improved and perfected on the system construction, transparency in information, mechanism of citizen participation and social foundation, and makes greater contribution on the protection of civil rights.

Keywords: Socialist Deliberative Democracy; Civil Rights; The Chinese People's Political Consultative Conference (CPPCC)

B. 8 Anti-corruption and the Protection of Human Rights

Li Yunlong / 106

Abstract: Corruption infringe upon human rights, anti-corruption is the Protection of Human Rights. China government inncreased the anti-corruption efforts and launched a series of major anti-corruption initiatives in 2013, which have had a great influence on the whole society. China government attached great importance to anti-corruption work, seriously investigated the corruption cases. In spite of this, China's anti-corruption situation is still severe.

Keywords: Anti-corruption; Human Rights; China

B. 9 The New Developments of Rights to Legal Assistance for Criminal Detainees

Ding Peng / 126

Abstract: Due to the enforcement of the new *Criminal Procedural Law* and related regulations in 2013, the protection of the rights of criminal detainees to legal assistance and fair trial has been effectively improved. The legal aid stations newly established in the criminal detention centers substantially support the pre-trial detainees to know their rights, apply for legal aid, prepare their defense and effectively participate in the process of criminal justice. Police, procuratorate and courts also play an active role to protect the rights of detainees in terms of timely notification of rights to legal consultation, management of the interview in detention centers, on-site supervising and judicial review. To meet the soaring needs for criminal legal aid in the future, the role of duty lawyers should be enhanced, both quantity and quality of criminal legal aid must be ensured, more sorts of proper lawyers and paralegals should be included to provide legal assistance or public defense for criminal detainees.

Keywords: Legal Aid; Criminal Justice; Pre-trial Detention; Fair Trial

B. 10 The Education-through-labor System Reform in China and Human Rights Protection *Chen Youwu* / 139

Abstract: China's system has played a certain positive role in the maintenance of social stability and social order and its inherent flaws of infringement of citizens' basic human rights is an objective fact. With the development of the rule of law construction, the system of education-through-labor not only deviates from human rights protection in the constitutional law, and conflicts with the provisions of the international convention on human rights and infringes upon citizens' basic human rights in the implementation. Therefore, to abolish the education-through-labor system and carry on the corresponding reform of the system are the necessary requirements of the progress of the rule of law and human rights protection in China.

Keywords: Education-through-labor System; Human Rights Protection

B. 11 Public Interest Litigation and Human Rights Protection

Zhou Wei, *Liu Hongchun* / 150

Abstract: Public interest litigation of China reflects the judicial protection for human rights like environmental rights, consumer rights, rights to know, rights of non-discrimination, rights to work, women's rights, rights of AIDS patients, and rights of disabled people in the state. In 2013, Public interest litigation was stipulated in the revised *Civil Procedure Law* and *Law on Protection of Consumer Rights*. Attention should be paid to problems such as concept concerning litigation, outdated matching procedures, and to be perfected plaintiff qualification, application scope, professional competence and administrative public proceedings.

Keywords: Public Interest Litigation; Protection for Human Rights; Influencing Elements; Improvement Suggestions

B. 12 Human Rights Protection in Community-based Correction

Lyu Tao / 169

Abstract: As a new executive mode for the non-imprisonment penalty, community-based correction has been practicing since the pilot reform in China, which is achieving specialization, standardization and normalization. The process design of Chinese community-based correction system reflects the thinking in which government would both combat against crime and pay attention to the protection of human rights. Along with the function of community correction changed from punishment to education and the methods changed from supervision to social work, community-based correction objects' rights to live have been ensured by system, rights of personality have been respected by law, but the rights of labor have been relying on policy support, rights to education could be social concern. Meanwhile, the protection for other rights have been improving gradually. On the whole, community correction objects' rights have been protected by system to a certain extent, but which are not concrete and complete. Different types of community correction objects' rights have not been distinguished effectively; special objects' rights protection would be strengthened further. Base on studying for Chinese community-based correction system's development and experience of some regions, this article summarized basic facts on the rights protection of community-based correction objects in China, analyzed the real problems in this field, offered some operated suggestions, and expected to be conducive to Chinese community-based correction works and the protection of human rights in this field.

Keywords: Community-based Correction; the Protection of Human Rights

Protection of Human Rights of Special Groups

B. 13 The Elimination of Domestic Violence and the Protection of Women's Rights *Zhang Xiaoling, Li Si and Wang Haodong* / 187

Abstract: Domestic violence, especially violence against women, by essence, is a kind of gender discrimination women suffer most in the family life, which is an important reflection of inequality between men and women and infringement of basic human rights of women, and is one of the biggest obstacles hindering the development and progress of women. Eliminating domestic violence is the pre-requisite to protect family and children, to achieve gender equality and to realize women's human rights. This paper conducted a careful consideration on the close relationship between the elimination of domestic violence and the protection of women's human rights, explored the development of practices China has undergone to prevent domestic violence from the aspect of legislation, law enforcement, justice and public awareness, analyzed the problems remaining in the existing relief mechanism of domestic violence, and put forward some suggestions on strengthening the protection of women's human rights.

Keywords: Anti-domestic Violence; Protection of Women's Rights; Suggestions on Legislation

B. 14 Protection of Right of the Stay-at-home Children in Rural Areas *Xiang Yan, Bai Lu* / 209

Abstract: The right for stay-at-home children in rural areas mainly includes right to survival, right to education, right of protection and right of development. For the reasons that China lacks of special legal authority concerning the right for stay-at-home children in rural areas and their own characteristics, stay-at-home children in rural areas is facing the status of right deficiency and weak protection. To make sure stay-at-home children in rural areas can fulfill their rights and get full development, the nation should perfect the legal system and strengthen public awareness, establish nationwide information database of stay-at-home children in rural areas, combine the actions for stay-at-home children with actions for migrant children, accelerate the construction of medical, educational and recreational facilities, and give full play to the effect of social parts to protect the right for stay-at-home children.

Keywords: Stay-at-home Children in Rural areas; Right Status; Social Part; Legal Protection

B. 15 Legal Protection Report on Freedom from Sexual Assault Against Chinese Girls in 2013 *Zhao Shukun* / 230

Abstract: Sexual assault against the girls has become universal human rights issue. How to protect the girls is also a significant subject in China. In 2013, the cases of sexual assault against the girls in China were widely reported. This article shows the present situation of sexual assault of girls based on 26 cases selected in 2013, and analyses the problems existed in the present legal protections and remedies. In the end, we put forward suggestions from the dimensions of legislation, judicature and society.

Keywords: Sexual Assault against Girls; Legal Protection; Legal Remedy

B. 16 Protection of the Legitimate Rights for Overseas Chinese Citizens *Liu Jie, Shi Dongxu* / 248

Abstract: With the increasing degree of Chinese opening, and with growing economic, political, military, cultural strength, more and more Chinese citizens go abroad. Emergencies which relate to Chinese citizens and organizations' legitimate rights often occur. Strengthening the protection of the legitimate rights of the overseas Chinese citizens has become an important issue. In recent years, because of the government attaches great importance to the protection of rights of overseas citizens, the citizen's awareness of rights has increased, and because of the establishment of organizations for protecting rights, the protection for overseas Chinese citizens has gradually improved. In the future, legislation and the system and mechanism should be adopted for increasing the level of rights protection.

Keywords: Overseas; Chinese Citizen; Legitimate Rights; Protection

B. 17 Protection for the Rights of the Drug Addicts *Li Hao* / 262

Abstract: China announced the administrative regulation in 2013, which include the isolated compulsory drug-rehab, the community-based drug rehabilitation and the community-based recovery. It expanded that the drug addicts' human rights components in the meantime. With the improvement of the drug addicts rights' assurance system, it is focusing on consolidation of 'people first' voluntary drug rehabilitation modalities, strengthening the care and assistance function of the community-based drug rehabilitation recovery, specification for comprehensive treatment the isolated compulsory drug-rehab, and promoting the maintenance treatment with the drug-relief medicines of the scientific drug rehabilitation. At present, the overall situation of Chinese rehab work is still grim, it should be strengthened the rights protection legislation for the drug addicts, which need to improve the detoxification mechanism for the implementation of the rights and remedies, and to make a further progress of the protection for the rights of the drug addicts.

Keywords: Drug Addicts, Human Rights; Isolated Compulsory Drug-rehab; Community-based Drug Rehabilitation Recovery

Human Rights Legislation and International Cooperation

B. 18 Analysis Report on China's Human Rights Related Legislation in 2013 *Ban Wenzhan* / 285

Abstract: In 2013, the NPC Standing Committee and the State Council of China carried out a series of human rights related legislative measures in fields of social management, culture, education and environment. As a result, the legal protection of human rights has been further strengthened and has experienced a breakthrough in one or two aspects. In the years ahead, China's legislation on human rights will still facing urgent and arduous task and need to undertake further and effective measures for its improvement.

Keywords: Human rights; Legislation; Law; Regulation

B. 19 The Development of China's International Cooperation and Exchanges in Human Rights Field in 2013 *Luo Yanhua* / 300

Abstract: In 2013, China made new progress in conducting international human rights cooperation and exchanges. As for international cooperation, multilateral human rights cooperation is the most important part for China. China received the second UPR, and gained 176 votes to be reelected as the member of the UN Human Rights Council. In the aspect of international human rights exchanges, it presented a jointly driving process both officially and non-officially. In the official level, there were various contents of exchanges; in non-official level, human rights organizations were very active and made unremitting efforts to enhance mutual understanding.

Keywords: China; Human Rights; International Cooperation; International Exchange

The Study of Human Rights Situation

B. 20 An Analysis Report on the Human Rights Books Published in Mainland China during 2003 -2013 *Xu Yao* / 318

Abstract: The human rights books published in mainland China during 2003 - 2013 have several characteristics. From the theme perspective, a few books make deep study on concrete rights. From the perspective of different disciplines, most research belongs to the class of law research. The tendency of studying human rights in an interdisciplinary way has emerged, but the quality of interdisciplinary study should be greatly improved. From the research way perspective, most social science research methods are comprehensively used in the human rights study. Relatively speaking, few books take the empirical investigation as the key way. In the future, we should do more work to further the specific rights study, interdisciplinary study and empirical study; also more research projects should be approved to support human rights study. So we can make more powerful academic support for the human rights progress.

Keywords: Human Rights Books; Human Rights Project; Human Rights Study

B Ⅲ Research Reports and Case Studies

B. 21 Survey on the Protection of the Land Rights of Rural Women in Sichuan from 2012 to 2013

He Xia, Shi Keling, Qian Xiaorong and Zhang Hongyu / 334

Abstract: China has continually developed laws and policies to protect women's rights and made remarkable achievements. But in recent years, rural women's land rights issues are becoming increasingly prominent. Women's land rights are attached to the family due to the household registration system of land rights. However, the traditional culture excludes the family status of the married, divorced and widowed women, and some village regulations and agreements are unfavorable for women, which have caused the land rights of rural women vulnerable while marital status changes. To improve protection of women's land rights, gender awareness should be enhanced in the formulation and implementation of laws and policies, supervision of the village regulations and agreements should be strengthened, remedy measures should be completed, advocacy of gender equality should be increased, and institutional and structural gender discrimination should be eliminated step by step.

Keywords: Women's Land Rights; Gender Awareness; Land Rights Registration System; Village Regulations and Agreements

B. 22 A Study of Shenzhen "CANYOU" Self-employment Model

Li Cheng, *Zhou Quan* / 355

Abstract: Under its trinity structure of social enterprise clusters, social organizations and foundation, CANYOU accelerated the transition from "passive placement" to "self-employment" of persons with disabilities by building self-employment platform on the basis of providing professional employment support through social organizations, creating unique corporate culture to stabilize its disabled employees and enhancing competitiveness of its social enterprises to guarantee sustainability of the employment of persons with disabilities, thus promoted significantly the right to work enjoyed by this group. The "CANYOU" experience indicates that it is essential to strengthen guidance and training in self-employment, introduce social organizations to provide services necessary to self-employment for persons with disabilities, encourage and regulate development of social enterprise and attach more importance to the leading and demonstrating effects of persons with disabilities themselves in self-employment.

Keywords: Persons with Disabilities; Right to Work; Self-employment; CANYOU

B. 23 The Human Rights Protection through Correction and Prevention of Criminal Wrong Case

Zhou Wei, Zhang Mingtao / 372

Abstract: China brings responsibility for criminal wrong case and perfection of mechanism of correction and prevention of criminal wrong case into system of judicial protection of human rights, formulates a series of laws and corrects a group of typical criminal wrong cases. In the face of people's new requirements and expectations, there are some shortcomings in correction and prevention system of criminal wrong case in China, such as supervision over investigative activities, support for trial center of curt, criminal judicial idea, independent execution of judicial and prosecutorial power, protection of lawyer's right to defense and so on. In order to carry out the principle of division and restriction of judicial departments, promote justice and protect human rights, law should be perfected and new system should be created.

Keywords: Criminal Wrong Case; Human Rights Protection; Judicial Justice

B Ⅳ Appendices

B. 24 Overview of UN Periodic Review of China's Human Rights in 2013 *Chang Jian* / 388

B. 25 Overview of China's Re-election of UN Human Rights Council's Membership in 2013 *Chang Jian* / 398

B. 26 Chronicle of Human Rights in China in 2013 *Xu Yao* / 407

B. 27 The Law and Regulations Enacted, Amended and Modified in 2013 that Directly Relate to Human Rights *Ban Wenzhan*

中国皮书网

www.pishu.cn

发布皮书研创资讯，传播皮书精彩内容
引领皮书出版潮流，打造皮书服务平台

栏目设置：

- □ 资讯：皮书动态、皮书观点、皮书数据、 皮书报道、 皮书新书发布会、电子期刊
- □ 标准：皮书评价、皮书研究、皮书规范、皮书专家、编撰团队
- □ 服务：最新皮书、皮书书目、重点推荐、在线购书
- □ 链接：皮书数据库、皮书博客、皮书微博、出版社首页、在线书城
- □ 搜索：资讯、图书、研究动态
- □ 互动：皮书论坛

中国皮书网依托皮书系列“权威、前沿、原创”的优质内容资源，通过文字、图片、音频、视频等多种元素，在皮书研创者、使用者之间搭建了一个成果展示、资源共享的互动平台。

自2005年12月正式上线以来，中国皮书网的IP访问量、PV浏览量与日俱增，受到海内外研究者、公务人员、商务人士以及专业读者的广泛关注。

2008年、2011年中国皮书网均在全国新闻出版业网站荣誉评选中获得“最具商业价值网站”称号。

2012年，中国皮书网在全国新闻出版业网站系列荣誉评选中获得“出版业网站百强”称号。

权威报告　热点资讯　海量资源

当代中国与世界发展的高端智库平台

皮书数据库　www.pishu.com.cn

皮书数据库是专业的人文社会科学综合学术资源总库，以大型连续性图书——皮书系列为基础，整合国内外相关资讯构建而成。该数据库包含七大子库，涵盖两百多个主题，囊括了近十几年间中国与世界经济社会发展报告，覆盖经济、社会、政治、文化、教育、国际问题等多个领域。

皮书数据库以篇章为基本单位，方便用户对皮书内容的阅读需求。用户可进行全文检索，也可对文献题目、内容提要、作者名称、作者单位、关键字等基本信息进行检索，还可对检索到的篇章再作二次筛选，进行在线阅读或下载阅读。智能多维度导航，可使用户根据自己熟知的分类标准进行分类导航筛选，使查找和检索更高效、便捷。

权威的研究报告、独特的调研数据、前沿的热点资讯，皮书数据库已发展成为国内最具影响力的关于中国与世界现实问题研究的成果库和资讯库。

皮书俱乐部会员服务指南

1. 谁能成为皮书俱乐部成员？

- 皮书作者自动成为俱乐部会员
- 购买了皮书产品（纸质皮书、电子书）的个人用户

2. 会员可以享受的增值服务

- 加入皮书俱乐部，免费获赠该纸质图书的电子书
- 免费获赠皮书数据库100元充值卡
- 免费定期获赠皮书电子期刊
- 优先参与各类皮书学术活动
- 优先享受皮书产品的最新优惠

3. 如何享受增值服务？

（1）加入皮书俱乐部，获赠该书的电子书

第1步 登录我社官网（www.ssap.com.cn），注册账号；

第2步 登录并进入“会员中心”—“皮书俱乐部”，提交加入皮书俱乐部申请；

第3步 审核通过后，自动进入俱乐部服务环节，填写相关购书信息即可自动兑换相应电子书。

（2）免费获赠皮书数据库100元充值卡

100元充值卡只能在皮书数据库中充值和使用

第1步 刮开附赠充值的涂层（左下）；

第2步 登录皮书数据库网站（www.pishu.com.cn），注册账号；

第3步 登录并进入“会员中心”—“在线充值”—“充值卡充值”，充值成功后即可使用。

4. 声明

解释权归社会科学文献出版社所有

皮书俱乐部会员可享受社会科学文献出版社其他相关免费增值服务，有任何疑问，均可与我们联系

联系电话：010-59367227　企业QQ：800045692　邮箱：pishuclub@ssap.cn

欢迎登录社会科学文献出版社官网（www.ssap.com.cn）和中国皮书网（www.pishu.cn）了解更多信息

社会科学文献出版社

皮书系列

“皮书”起源于十七、十八世纪的英国，主要指官方或社会组织正式发表的重要文件或报告，多以“白皮书”命名。在中国，“皮书”这一概念被社会广泛接受，并被成功运作、发展成为一种全新的出版形态，则源于中国社会科学院社会科学文献出版社。

皮书是对中国与世界发展状况和热点问题进行年度监测，以专业的角度、专家的视野和实证研究方法，针对某一领域或区域现状与发展态势展开分析和预测，具备权威性、前沿性、原创性、实证性、时效性等特点的连续性公开出版物，由一系列权威研究报告组成。皮书系列是社会科学文献出版社编辑出版的蓝皮书、绿皮书、黄皮书等的统称。

皮书系列的作者以中国社会科学院、著名高校、地方社会科学院的研究人员为主，多为国内一流研究机构的权威专家学者，他们的看法和观点代表了学界对中国与世界的现实和未来最高水平的解读与分析。

自 20 世纪 90 年代末推出以《经济蓝皮书》为开端的皮书系列以来，社会科学文献出版社至今已累计出版皮书千余部，内容涵盖经济、社会、政法、文化传媒、行业、地方发展、国际形势等领域。皮书系列已成为社会科学文献出版社的著名图书品牌和中国社会科学院的知名学术品牌。

皮书系列在数字出版和国际出版方面成就斐然。皮书数据库被评为“2008~2009 年度数字出版知名品牌”;《经济蓝皮书》《社会蓝皮书》等十几种皮书每年还由国外知名学术出版机构出版英文版、俄文版、韩文版和日文版，面向全球发行。

2011 年，皮书系列正式列入“十二五”国家重点出版规划项目；2012 年，部分重点皮书列入中国社会科学院承担的国家哲学社会科学创新工程项目；2014 年，35 种院外皮书使用“中国社会科学院创新工程学术出版项目”标识。

法律声明